南开大学历史学院教育基金资助 (范曾先生捐赠)

南开大学中外文明交叉科学中心资助

南开史学家论丛

第四辑

明清时期中国传统市场研究

许檀 著

中华书局

图书在版编目(CIP)数据

明清时期中国传统市场研究/许檀著. —北京:中华书局,
2022.4
(南开史学家论丛.第四辑)
ISBN 978-7-101-15555-6

Ⅰ.明… Ⅱ.许… Ⅲ.国内市场–研究–中国–明清时代
Ⅳ.F729.4

中国版本图书馆 CIP 数据核字(2022)第 000353 号

书　　名	明清时期中国传统市场研究	
著　者	许　檀	
丛 书 名	《南开史学家论丛》第四辑	
责任编辑	刘冬雪	
出版发行	中华书局	
	(北京市丰台区太平桥西里 38 号　100073)	
	http://www.zhbc.com.cn	
	E-mail:zhbc@zhbc.com.cn	
印　　刷	三河市航远印刷有限公司	
版　　次	2022 年 4 月北京第 1 版	
	2022 年 4 月第 1 次印刷	
规　　格	开本/920×1250 毫米　1/32	
	印张 13⅝　插页 2　字数 417 千字	
印　　数	1–1500 册	
国际书号	ISBN 978-7-101-15555-6	
定　　价	78.00 元	

出版说明

新世纪伊始,南开大学历史学科魏宏运、刘泽华、张国刚等先生与著名国画大师范曾先生商定,设立"范伯子史学基金",资助出版《南开史学家论丛》第一辑,一为纪念南开史学的奠基一代,二为总结南开史学文脉一系,三为传承郑天挺、雷海宗等先生的教泽。第一辑收录了郑天挺、雷海宗、杨志玖、王玉哲、杨生茂、杨翼骧、来新夏、魏宏运等先生的文集(中国日本史、亚洲史研究的开拓者吴廷璆先生,因文集另外出版,故暂未收入),九位先生可谓南开史学在20世纪50年代崛起的奠基一代,令人高山仰止。第一辑于2002年由中华书局出版后,产生了良好的学术和社会反响,形成了南开史学的品牌效应。

2003年,《南开史学家论丛》第二辑出版,收录刘泽华、冯尔康、俞辛焞、张友伦、王敦书、陈振江、范曾先生的文集。七位先生是20世纪80—90年代南开史学持续提升的学术带头人,可谓一时风流。

2007年,《南开史学家论丛》第三辑出版,收录南炳文、李治安、李喜所、陈志强、杨栋梁、王晓德六位先生的文集。确定入选者朱凤瀚、张国刚、李剑鸣先生此时调离南开,王永祥先生英年早逝,四位先生的文集未及编辑。诸位先生皆是南开史学崛起的股肱帅才。

《南开史学家论丛》第一至三辑,共收录了自郑天挺、雷海宗先生以下二十一位南开历史学科著名学者的文集,大致可分为三代学人,他们或治中古史、或修中近史、或览欧美文化、或观东洋史实。三代衣钵相继,奠基、传承、发扬,对相关学术方向皆有重要贡献,享誉史林,才有了南开史学近百年的无上荣光。这是一份能激动人心的史学积淀,一份能催人奋进的学脉遗产。

有鉴于此,南开大学历史学科学术委员会决定继续出版此套丛书的第四辑,委托江沛教授主持编务,以持续梳理南开史学的学术史,总结学科名家的高水平成果,向2023年南开史学的百年华诞献礼。

《南开史学家论丛》第四辑入选学者是:中国史学科的郑克晟、白新良、赵伯雄、张分田、杜家骥、乔治忠、许檀、王先明、常建华,世界史学科的杨巨平、李卓教授。十一位学者在各自领域皆有公认的学术成就,其学术活跃期多在20—21世纪之交前后三十年间,同样是南开史学第四代的代表性学者。

从四辑的入选学者名单可以看出,南开史学历经百年发展,先有梁启超、蒋廷黻、刘崇铉、蔡维藩等先生筚路蓝缕,继有郑天挺、雷海宗先生代表的第二代深耕根基,再经刘泽华、冯尔康先生领衔的第三代发扬光大,继有多为20世纪50年代出生学者扛鼎的第四代学人守正创新,终于成就蔚然之史学重镇。

如今,南开史学百余名教师,秉承"惟真惟新、求通致用"的院训,以高水准的人才培养、求真创新的学术成果,打造出一支公认的实力雄厚、享誉全球的史学群体,努力为探寻中华传统文化、构建人类命运共同体而全力拼搏。

2019年,南开大学提出"4211"发展战略,其中一个"1",即是建立十个交叉科学中心,努力实现跨学科融汇,强调人文与自然科学两大学科间贯通、协同发展,以服务于国家战略及社会发展需求,这是中外文明交叉科学中心的宗旨所在。在文科率先成立的中外文明交叉科学中心,依托历史学科建设。《南开史学家论丛》第四辑,是一个学术品牌的延续,也是中国史、世界史两大学科成果的总结,凝结了对中外历史与文明的比较及思考。故而第四辑的出版,得到了南开大学中外文明交叉科学中心的资助,在此衷心致谢。

在《南开史学家论丛》第四辑出版之际,衷心感谢著名国画大师范曾先生对本丛书连续四辑的慷慨捐赠和大力支持,他致力弘扬中华优秀传统文化、尊师重道的精神令人敬仰。希望早日迎来第五、六辑的持续出版,让南开史学始终站在历史学的潮头,共同迎接中华民族的伟大复兴。

南开大学历史学科学术委员会

2020年12月12日

目 录

表图目次

引言:明清时期中国经济发展轨迹探讨

　　明清时期中国经济发展究竟达到一个什么水平? 中国的传统经济还有没有内在的发展动力? 这是多年来经济史学界一直着力探讨的重要问题,也是论争的焦点之一。不过,以往的研究较多地集中在生产力和生产关系领域,重生产、重分配,却在相当程度上忽视了流通在经济发展中所起的作用。今天,当我们亲身经历了改革开放四十余年的历史进程,面对二十一世纪,重新审视明清以来数百年的历史发展过程,我们更深刻地认识到市场机制的建立对于中国经济发展的重要意义。

　　正是基于上述认识,笔者主要是从市场发育、商品流通和地区经济发展的相互关系角度探讨中国传统经济在明清时期的发展水平、发展轨迹和发展动力问题。

一

　　明清时期中国经济发展的轨迹与特点至少可以归纳为以下三个方面:

　　第一,区域经济的发展。各具特色的区域经济的发展是明清时期中国经济发展的一个重要内容和特点。中国地域辽阔,南北东西自然条件差异很大,发展背景各不相同。明清时期各区域的发展轨迹与特点也有较大差异,从而形成几个颇具特色的经济区。

　　1. 高效农业与丝、棉纺织业并重的江南经济。以太湖平原为中心的江南,自唐宋以来一直是全国经济最发达的地区。明清时期江南的发展主要是合理利用现有农业资源,进一步提高生产的集约化程度,高投入高产出的农业经营方式是江南经济的特色之一;农副产品加工业,特别是丝、棉纺织业的发达是江南经济的又一特色;市场发育起步较早,以农副产品加工、集散为主的市镇密布;城镇人口和非农业人口比例较高,其都市化进程远远走在全国前列。

2. 以外贸为导向迅速崛起的珠江三角洲。珠江三角洲的开发大体始于宋代,虽起步较晚但发展迅速,到清代中叶已跃居全国先进之列。农业生产结构的变化,市场机制的初步形成,经商人口急剧增加,一个以外贸为导向、以转口贸易为中心的经济格局正逐渐形成。

3. 华北平原。华北平原的冀鲁豫三省地处黄河下游,是中国历史上开发最早的地区之一。十二至十四世纪的数百年间,这一地区屡经战乱兵燹,经济发展遭到破坏,经济地位逆转。进入明代,政府的移民屯垦等政策使华北平原经济重新崛起,清代又有进一步的发展。明清时期华北平原经济的发展主要表现为种植结构的调整,农副产品加工业的兴起和农村集市网的形成。

4. 长江中上游地区——全国最大的商品粮输出区。长江中上游地区以江西开发最早,从元末起江西开始向湖广移民。两湖地区的开发正是随着江西移民的大量涌入开始的,明代中叶形成第一次高潮,清代前期为第二次高潮,并进一步推进到四川盆地。"江西填湖广,湖广填四川",大规模的移民与开发过程相伴随;到清代前期已形成"江浙粮米历来仰给湖广,湖广又仰给于四川"的粮食供求格局。长江中上游地区作为全国最重要的粮食输出区地位的确立,不仅提高了其自身的地位,对于江南乃至全国经济的发展也具有重要意义。

此外,清代是我国统一的多民族国家形成时期,清王朝建立之后对边疆地区进行了大力开发和治理。其中,经济效益较著者当属东北和台湾。经过近二百年的移民开发,到清代中叶,东北和台湾的农业经济都有了长足的发展,已成为新的粮食生产基地;农产品加工业、商业等也有了初步发展,从而为其后更大规模的发展奠定了坚实的基础。[①]

第二,商品流通的发展。从明代到清代,全国商品流通的范围和规模均有大幅度的增长,流通格局也有很大的变化。商品流通的发展是明清时期中国经济发展中的又一显著特点。主要表现在:

---

① 参见许檀:《明清时期区域经济的发展》,《中国经济史研究》1999 年第 2 期。

1. 流通范围的扩大。明代长时期禁海，长江航运也不甚发达，南北贸易以运河为主干，东西贸易主要局限于长江中下游。清代随着海禁的开放，华北平原、长江中上游诸省的经济发展，以及东北与台湾等新区的开发，沿海、沿江贸易都有大规模的发展。据《中国资本主义的萌芽》一书估计，清代前期我国内河航运里程已达五万公里以上，沿海航线一万公里，基本已达到近代的规模。[①]另一方面，随着清代国家版图的扩大和边贸的发展，新疆、蒙古与内地的贸易也有大规模的发展，山西商人开辟的从蒙古草原直抵俄罗斯的北疆陆路贸易线更长达万里之遥。

2. 流通规模的扩大。清代，全国商品流通的品种和数量都较明代有大幅度的增长。首先，粮食流通的增长十分显著，运河、长江中流通的商品粮数量都从明代的数百万石增至上千万石，沿海的流通量更是大幅度增长；其次，随着棉花、烟草等经济作物种植规模的扩大，花生、番薯的引种和推广，它们都成为清代流通中的大宗商品；随着外贸的发展，呢绒制品、钟表、眼镜等洋货的输入量也大为增加；而豆饼、麻饼、芦苇、荆条、桑皮、香屑等低值商品成为长距离流通中的大宗商品，也是明代所罕见的。

税收额的增长可从另一个方面反映流通规模的扩大。康熙年间全国关税总额为 120 万两，乾嘉年间已增至四五百万两，一百二十余年翻了两番；关税在全国财政收入中所占比重也从康熙雍正年间不足 4% 上升到 12% 左右。清代前期全国各主要税关的税则未见重大变更，税率也未见大幅度的提高，故税收额的增长主要是商品流通量增长的结果。[②]

3. 流通布局的变化。从明代到清代，全国商品流通最重要的发展应是宏观布局的变化，即从以运河流通为主转向以沿海、长江流通为主。明代禁海，南北物资交流主要依赖京杭大运河；清代随着海禁的开放和长江中上游各省的经济发展，沿海、长江航运逐渐取代运河成为全国最主要的流通干线。

流通布局的这一变化，在榷关设置和税收方面均有所反映。明

---

① 许涤新、吴承明主编：《中国资本主义的萌芽》，人民出版社 1985 年版，第 271 页。
② 许檀、经君健：《清代前期商税问题新探》，《中国经济史研究》1990 年第 2 期。

代京杭大运河是全国商品流通的主干,全国八大钞关有七个设在运河上,从北至南依次为:崇文门(北京)、河西务(清代移至天津)、临清、淮安、扬州、浒墅(苏州城北)、北新(杭州),这七关商税占八大税关税收总额的90%左右。清初运河七关全部保留下来,其后随着沿海、沿江贸易的发展,清政府陆续增设了一批税关。沿海税关如江海(上海)、浙海(宁波)、闽海(福州、厦门)、粤海(广州)四海关,此外天津关、山海关等也逐渐成为北方沿海的重要税关;长江税关如夔关,武昌关,九江关,芜湖关,龙江、西新关(南京)等。

从康熙到嘉庆全国关税总额从120万两增至480万两,大约翻了两番。其中,沿海诸关税额增长最快,从18万两增至180余万两,所占比重也从15%上升到38%;运河各关税收额虽有增长,但它在全国关税总额中所占比重则从清初的50%降至30%左右。三条水道合计,税收额占全国关税总额80%—90%。到清代中叶,长江、沿海、运河三条水道在全国性商品流通中三分天下的格局已经确立。[①]

第三,城乡市场网络体系的形成。城乡市场网络体系的形成,是明清时期中国经济发展的又一重要内容和组成部分。这一市场网络体系可分为流通枢纽城市、中等商业城镇和农村集市三大层级。[②]

流通枢纽城市,主要指作为全国性或大区域流通枢纽的城市,其贸易范围一般可以覆盖数省或十数省,并多为中央一级的税关所在地。明代南北物资交流主要依赖京杭大运河,流通枢纽城市也多集中在运河沿线;清代,沿海、沿江一批重要的流通枢纽城市迅速兴起,如上海、天津、广州、厦门、重庆、汉口、九江等,这些城市大多成为鸦片战争后的第一批通商口岸。

所谓中等商业城镇,这里主要指作为地区性商业中心在商品流通中发挥着承上启下作用的城镇,如山东的济宁、聊城、胶州、黄县、烟台、潍县、周村;河南的开封、洛阳、周口、赊旗、朱仙镇、北舞渡;江西的赣州、大庾、樟树、吴城、河口、玉山;等等。其他各省此类中等商业城镇的发展也大体相同,少则数个,多者可达十余个。

---

① 参见许檀:《清代前期流通格局的变化》,《清史研究》1999年第3期。

② 参见许檀:《明清时期城乡市场网络体系的形成及其意义》,《中国社会科学》2000年第3期。

农村集市的发展，是明清时期经济发展中十分引人注目的现象。中国历史上农村集市起源很早，但它的大规模发展是在明中叶以后，嘉靖—万历年间已形成一个初具规模的农村集市网，乾隆—道光年间加速发展，清代中叶全国集市总数至少可达 22 000—25 000 个，集市密度大体在每 100 平方公里 1—2 集，平均交易半径 4—6 公里。[①]农村集市网的形成，是明清时期城乡市场网络体系形成中十分关键的一环。正是这一集市网的形成，才使得城乡市场联结成为一个整体。

区域经济的发展、商品流通的扩大，以及城乡市场网络体系的形成，三者之间既相辅相成，又相互促进。一方面，各区域自身的发展使之对市场的依赖不断增加，区域间的经济交流日益频繁，市场网络逐渐形成；另一方面，区域之间经济联系的加强，商品流通的扩大，又使各区域可以扬长避短，因地制宜地发展，从而形成各自的经济特色，并获得较高的收益。换言之，因地制宜的地区发展有赖于区域之间的商品流通和优势互补；而商品流通的发展，又有赖于一个畅通的、有相当规模的市场网络。明清时期城乡市场网络体系的形成既是区域经济发展的结果，也是大规模的商品流通的产物。

二

笔者认为，明清时期中国经济中最具时代意义和历史意义的发展，应是向市场经济的转化。具体而言，就是政府对经济直接干预的逐渐减弱，和市场机制在经济发展中作用的不断加强。这与希克斯在《经济史理论》一书中所阐述的，从习俗经济、命令经济向市场经济转换这一世界经济发展的总体趋势是一致的。[②]

政府对经济直接干预的减弱，与生产直接相关的是从明代中叶开始的一系列赋役制度的变革：力役折银和匠班制的废除，以及最终的摊丁入地，使农民逐渐摆脱了官府的人身控制；赋税折银则使农业生产与田赋脱钩，有利于小农的自主经营。这一赋役制度的变革为

---

① 关于集市的各项数据，详见许檀：《明清时期农村集市的发展》，《中国经济史研究》1997 年第 2 期。

② ［英］约翰·希克斯：《经济史理论》，厉以平译，商务印书馆 1987 年版。

各家各户各地区因地制宜的经济发展解除了枷锁,提供了广泛的可能。与流通相关的政策变化,如漕运制度中允许漕船带货→雇商船海运→最终废除漕运;从明代的禁海→清初的开海;从乾隆二十二年的"独口通商"→鸦片战争后的开口通商;市场管理方面,从明初的禁牙→明代中叶设立官牙→清代前期整顿牙行、税收制度;等等。这一系列的制度变化,无疑为市场网络与市场机制的逐渐形成打开了绿灯,提供了可能。

到清代中叶,在全国范围内已经形成一个涵盖广阔、运作自如的城乡市场网络体系。沿海、沿江贸易的发展逐渐取代运河成为最重要的流通干线,在沿海和长江沿线一批重要的流通枢纽城市相继崛起,这些港口城镇大多成为鸦片战争后最早的一批通商口岸;而在广大农村,最迟在乾隆—道光年间,一个具有相当密度的集市网已经形成,这一基层集市网与处于流通干线上的商业城镇相联系,沟通城乡市场,使商品流通几乎可以覆盖全国的每一个州县,甚至每一个村落,从而将自然条件、发展程度各异的各经济区域联结成一个整体,使地区之间分工互补,调整经济布局,优化资源配置成为可能。明清时期中国传统经济在生产力和生产关系没有重大突破的条件下,仍然保持着内在的动力与活力,主要就是市场机制在起作用。明清时期城乡市场网络体系的形成,正是传统经济向市场经济转化的一个重要标志。

明清时期城乡市场网络体系的形成,也是中国近代化过程的一项重要内容。中国近代市场体系的形成并非始于开埠之后,至少从明代中叶已经起步,清代中叶已具有相当的规模。十九世纪中叶外国资本主义入侵之后,并不是创建了一个新的市场体系,而是利用和部分地改造了中国原有的市场体系来为之服务。鸦片战争后侵略者选择的通商口岸,几乎全部是明清时期,特别是清代前期发展起来的商业城市。第一、第二次鸦片战争后依据不平等条约开设的主要通商口岸有广州、厦门、上海、宁波、福州、潮州、天津、牛庄(营口)、镇江、汉口、九江和烟台等,这十几个口岸在开埠之前商业均已相当发展,它们或者是国家级的税关所在地,或者是地区性的商业中心。但在近代史的论著中对它们开埠之前的发展水平往往评价过低,从而夸大了帝国主义对中国经济发展的影响。

一个最具典型性的例子是，在近代史论著中多把开埠之前的烟台称作"一个渔村"，而税收资料显示，烟台是当时山东沿海税收额最高的港口城镇。咸丰九年（1859），烟台所在的福山县沿海贸易税收为12 123两，占山东沿海 14 州县海口税收的 28.6%。①郭嵩焘的奏报对此有一个说明，"烟台为南北之冲，海船经过收泊较多于他处，故此一口（收税）为较盛"。英国驻烟台领事馆在《1865 年烟台贸易报告》中也写道："在《天津条约》签订之前，烟台的贸易已表明它是一个重要之地"，"将近三十年来，它和渤海湾的其他几个港口一起成为欧洲与中国商品的巨大贸易中心"。②也就是说，最迟在道光中叶烟台已成为西方商品输入华北的重要转运码头。第二次鸦片战争后，烟台在山东诸港口中首先被外国侵略者看中成为通商口岸，显然是由于它当时在山东沿海贸易中的地位，而绝非侵略者的拓荒之举。

对开埠之前营口的发展状况，近代史的论著大多语焉不详。实际上，东北开设的第一个通商口岸营口，是在清代前期随着东北沿海贸易的发展而兴起的。牛庄是东北境内最古老的海运码头，明初由海路向辽东运送军需物品即多运至此地。清代海禁开放之后，从康熙中叶到乾隆中叶是牛庄作为海船贸易码头发展的鼎盛时期。其后由于辽河河道淤浅，海船不能进入，海运码头逐渐向下游转移，其具体地点经历了一个从牛庄→田庄台→营口的迁移过程，至乾隆末嘉庆初已移至营口（当时称"没沟营海口"）。据税收资料统计，嘉庆二年"牛庄属没沟营"海口征收税银37 527两，嘉庆三年为21 899两，分别占当年东北沿海税收总额的31%和26%，在东北沿海二十余个港口中仅次于锦州，居第二位。最迟在道光末年或咸丰初年，没沟营在东北沿海贸易中的地位已超过锦州，成为东北沿海税收额最高的港口。③

又如，近代史论著中将鸦片战争前的上海描述为不过是"一个小小的县城"，是不符合历史实际的，上海作为东部沿海最大的港口城

---

① 许檀：《明清时期山东商品经济的发展》，中国社会科学出版社 1998 年版，第141—142 页。

② 丁抒明主编：《烟台港史》，人民交通出版社 1988 年版，第 22 页。

③ 许檀：《清代前中期东北的沿海贸易与营口的兴起》，《福建师范大学学报》2004 年第 1 期。

市的地位,实际上在乾隆—道光年间已经奠定。

经济的发展有其连续性,近代化是一个历史的过程。中国的近代化过程无疑渗入了外来势力的影响,但不能因此而忽视中国传统经济自身的发展动力。

(本文原载《天津师范大学学报(社会科学版)》2002 年第 2 期,有删节)

第一章　明清时期区域经济的发展

第一节　明清时期山东经济的发展

　　山东是中国历史上开发最早的地区之一,是传统的农业区,自春秋战国直到唐宋时期,山东一直居于全国经济发展前列。十二至十四世纪的数百年间,山东几经战乱兵燹,经济发展受到很大破坏,经济地位严重逆转。进入明代,政府的移民屯垦为山东经济的重新发展奠定了基础,京杭运河山东段的浚通推动了鲁西平原商品经济率先起步,而明中叶赋役制度的变革则为山东经济的全面发展提供了更加广阔的可能性。从明中叶开始,山东经济发展进入了新的阶段。

　　明代中叶山东人口仅 740 余万,清代嘉庆年间增至 2 890 余万,道光年间突破 3 000 万,清末更达 3 700 余万。山东成为全国屈指可数的几个人口大省之一。从明代中叶到清末,三百余年间山东耕地面积从 57 万顷增至 110 余万顷[①],大约增加了一倍;而人口则翻了两番还要多,人均耕地从明代的 7.7 亩降至仅 3 亩零。人口的大幅度增长使山东的人地矛盾日益严重;另一方面,它也反映出这三百余

---

　　① 户口、耕地数字,明代据嘉靖《山东通志》卷 8《户口》、《田赋》;清代据梁方仲:《中国历代户口田地田赋统计》,上海人民出版社 1980 年版,甲表 82、85;许道夫:《中国近代农业生产及贸易统计资料》耕地表 2,上海人民出版社 1983 年版,第 8 页。

年间山东经济的发展使土地的负载能力大大地提高了。

明清时期山东经济的发展,主要表现为农业生产结构的调整与经济布局的优化,以及非农产业的发展——农副产品加工业、商业运输业在山东经济中占有越来越重要的地位。

一、农业生产结构的调整

山东农业生产结构的调整,主要包括粮食种植结构的调整和经济作物种植的发展。这一变化大大提高了土地的利用率及其经济收益,同时也提高了种植业的商品化程度,将小农与市场越来越紧密地联系在一起。

1. 粮食作物种植的变化

粮食种植最主要的变化是两年三熟制的普及,而这一制度得以推广又与粮食种植结构的调整密切相关。[①]

山东两年三熟制的搭配是以麦→豆→秋杂轮种为主。康熙《巨野县志》记载:"种植五谷以十亩为率,大约二麦居六,秋禾居四。二麦种于仲秋,小麦更多,先大麦布种,历冬至夏五月收刈,大麦先熟,小麦至夏至方收"。"秋禾以高粱、谷豆为主,其次黍稷,沙地多种棉花,芝麻与稻间有者";"初伏种豆,末伏种荞麦,多用麦地,俱秋杪收刈"。[②]咸丰年间沂水县令吴树声《沂水桑麻话》记载的是鲁中沂州府一带的情况:"坡地(俗称平壤为坡地)两年三收,初次种麦,麦后种豆,豆后种蜀黍、谷子、黍稷等";"涝地(俗谓污下地为涝地)两年三收,亦如坡地,惟大秋概种穄子……麦后亦种豆"。无论哪一种搭配都是以豆麦复种为中心,即先种越冬小麦→麦收后复种大豆,晚秋收获→翌春种植大秋作物,如高粱、谷子、棉花等等。小麦在粮食作物中品优价高,是北方旱地农业中收益最高的作物;小麦又是越冬作物,农历八月播种,来年五月收获,可合理利用地力、农时。大豆生长期短,且有很强的固氮作用,能够提高土壤肥力;在两季大粮作物中插入一季大豆,可以在不增加肥料投入的前提下提高土地总产量,在

---

① 关于山东粮食作物种植的变化,郑启东《清代华北的农业改制问题》(《清代区域社会经济研究》,中华书局1992年版,第118—130页)和李令福《明清山东粮食作物结构的时空特征》(《中国历史地理论丛》1994年第1辑)二文,对笔者启发颇大。

② 康熙《巨野县志》卷7《风俗志》。

经济上是十分划算的。正是由于麦豆复种的这一优越性，使其经过长期发展最终成为山东两年三熟制的核心；而明清时期山东粮食种植的发展变化，也正是这一种植结构的调整过程。

明代山东税粮征收分为夏秋两季，夏税征麦，秋粮征粟。山东280余万石税粮中，夏税麦85万余石，约占1/3；秋粮粟近200万石，占2/3①，这反映了宋元以来山东粮食作物结构中粟，即谷子是最重要的粮食作物。崇祯《历乘》也说："北人以粟为主，粟收遂称大稔。"②明中叶前后这一种植结构开始发生变化。首先是小麦种植面积的大幅度增加，这一变化以农业种植条件较好的鲁西南平原开始最早，也最为显著。如万历十九年，在曲阜县孔府屯庄张阳庄的161亩分种地中种麦66亩，约占41%；顺治十年汶上县孔府12个屯庄的1 220余亩耕地，共种植小麦947.95亩，种大麦84.93亩，两者合计占播种面积的72.4%，占耕地面积的80%以上。汶上县孔府各庄二麦种植比例详见表1—1。

孔府所占土地可能土质较好，故种麦比例较高，我们再来看一下一般情况。康熙《巨野县志》记载："种植五谷以十亩为率，大约二麦居六，秋禾居四"③；《峄县志》亦载，"二麦则阖境有之，视他禾十居六七"④；稍晚的记载如乾隆年间鱼台县，"谷之品惟麦收独厚，小麦尤多"⑤；光绪时菏泽县"通计小麦居十之六七，余谷居十之三四"⑥。鲁北平原种植比例稍低于鲁西，但也达50%左右。如嘉庆年间寿光县，"十亩之田必种小麦五亩，其收早而利赢也"⑦。甚至土质条件较差的山东半岛招远县，冬小麦所占比重也已是"大率于百谷居十之四云"⑧。

---

① 《山东经会录》卷3《税粮因革》，日本京都大学人文科学研究所藏，隆庆五年山东布政司衙门刊本，该资料是日本学者小野和子教授惠赠，特此致谢。
② 崇祯《历乘》卷12《方产考》。
③ 康熙《巨野县志》卷7《风俗志》。
④ 康熙《峄县志》卷2《物产》。
⑤ 乾隆《鱼台县志》卷1《物产》。
⑥ 光绪《菏泽县志》卷6《风俗志》。
⑦ 嘉庆《寿光县志》卷9《物产》。
⑧ 顺治《招远县志》卷5《物产》。

表1—1 顺治十年汶上县孔府屯庄二麦种植比例统计

单位:亩

屯庄名	耕地面积	播种面积	复种率%	种小麦	种大麦	二麦合计	占耕地%
陈家闸	181.0	183.0	1.0	165.0	10.0	175.0	96.7
胡城口	96.0	148.8	55.0	80.69	3.43	84.12	87.6
马村庄	123.03	148.5	20.7	91.76	8.0	99.76	81.1
高家庄	179.4	179.4	—	150.0	5.0	155.0	86.4
罗 庄	64.5	78.5	21.7	41.0	1.5	42.5	65.9
鹿家庄	115.0	123.1	7.0	82.3	12.9	95.2	82.8
瞳里庄	82.5	117.7	42.7	58.0	5.0	63.0	76.4
檀家庄	69.9	112.8	61.4	47.5	1.2	48.7	69.7
游村庄	58.0	62.0	6.9	49.1	3.9	53.0	91.4
西平原庄	53.0	53.0	—	48.0	—	48.0	90.0
东平原庄	125.0	125.5	0.4	86.5	34.0	120.5	96.4
所 庄	73.0	95.1	30.3	48.1	—	48.1	65.9
合 计	1 220.83	1427.4	16.9	947.95	84.93	1 032.88	84.6
占耕地面积%				77.6	7.0	84.6	
占播种面积%				66.4	6.0	72.4	

资料来源:据刘重日等编《曲阜孔府档案史料选编》第3编第11册第44—150页各庄春秋总账统计。

冬小麦种植的发展是两年三熟制实行的基础,大豆种植由春播向夏播复种的转化使两年三熟制的实行从可能变为现实。

山东大豆种植由来已久,品种甚多。不过山东大豆种植原是以春播豆为主,而春播豆三四月份下种,不适合麦后复种。明清时期山东大豆种植有一个由春播为主到夏播为主的转化。[①]这一转化过程在鲁西、鲁北平原开始较早,估计约在明中叶前后,到万历年间东昌

---

① 李令福:《明清山东粮食作物结构的时空特征》。

府恩县一带,黄、黑、绿诸豆已是"俱五月初种,九月中收"[①];康熙年间淄川蒲松龄《农桑经》总结麦茬复种大豆的经验,五月"留麦楂,骑麦垄耩种豆,可以笼豆苗"。在东部的山东半岛这一转化可能稍晚,清初"三月种大豆"仍是较为普遍的农作习俗。[②]

麦地复种大豆比例的提高直接影响着两年三熟制的普及率。如康熙年间邹县毛家堂 100 亩耕地中,每年有 70 亩左右种植冬麦,其中约有 20%—30%复种大豆,70%左右休耕;夏家铺的比例稍高些,在 38 亩耕地中一般总有 20 亩种植小麦,麦后复种大豆者 10—15亩,另有少数麦地复种荞麦,麦地复种率约 70%,休耕部分为 30%。乾隆年间美化庄 790 余亩耕地中冬小麦种植多为 400—500 亩,约占耕地面积的 60%;麦地复种率有明显提高,复种大豆占麦地的 80%,另有 10%左右复种晚谷、晚黍、荞麦等,休耕地只有百分之五六了。[③]总之,麦地复种均以大豆为主,其他作物比例十分有限,故大豆复种率的提高直接关系着耕地复种指数。上述毛家堂、夏家铺二庄的复种指数分别为 120 和 140,而美化庄则已超过 150。

关于山东两年三熟制的发展,有同志认为始自雍乾之际[④],笔者上述考察显示,明代后期至少在鲁西平原的兖州府、东昌府已经实行。如顺治十年汶上县孔府 12 个屯庄中有 10 个实行了复种,平均复种指数为 116.9;此时的山东还处于明末战乱破坏后的恢复时期,故复种应是沿明代旧例。万历年间东昌府恩县一带夏播大豆的普遍化当也与麦后复种有一定的关系。至于两年三熟制的普及当是在康熙中叶—乾隆年间,显然与山东人口的大幅度增长密切相关。上举邹县、汶上县屯庄康熙二十年代麦后复种尚有间歇,到三十年代渐趋稳定,乾隆年间复种比例已经相当高了。又如,雍正皇帝本人对山东麦收之地能否适时"耕犁布种晚谷秋豆"[⑤]也十

① 万历《恩县志》卷 3《贡赋》。
② 顺治《登州府志》卷 8《风俗》。
③ 据刘重日等编:《曲阜孔府档案史料选编》第 3 编第 11 册,齐鲁书社 1985 年版,各该庄租粮账册统计。
④ 参见郑启东:《清代华北的农业改制问题》,第 120 页。
⑤ 山东巡抚岳浚雍正十二年五月十九日奏折,中国第一历史档案馆编:《雍正朝汉文朱批奏折汇编》第 26 册,江苏古籍出版社 1989 年版,第 363 页。

分关心,时有垂问。显然,此时两年三熟制已成为山东一种较普遍的种植方式了。

粮食种植结构的上述变化,使小麦、大豆取代粟谷成为山东主要粮食作物,提高了小农的经济收益。小麦在粮食作物中品位最高,市场需求也大,价格大大高于杂粮。山东民食以高粱、谷粟为主,而小麦主要是作为商品出售的,粜精籴粗是小农提高土地收益的重要手段。每到麦收季节,外地商人纷纷赴山东收购小麦外运,或籴麦踏曲,故民间多有"一麦抵三秋","一麦胜三秋"之谚。①大豆种植也主要是为出售的,如《临朐县志》记言,"黄豆黑豆最为民利,与麦同重。农人有田十亩,常五亩种豆,晚秋丰获,输租税,毕婚嫁,皆持以为资。岁偶不熟,困则重于无禾"②。山东大豆自明代即向江南大量输出,清乾隆年间大豆的输出量每年在 200 万石左右。③

粮食种植结构的上述变化,使山东农业种植实现了从一熟制向两年三熟制的转变,从而提高了土地复种率,使同样面积的耕地可养活更多的人口。这一方面适应了清代人口增长对粮食的需求,另一方面也为经济作物种植面积的扩大提供了可能。下面,我们就具体考察山东经济作物种植的发展。

2. 经济作物种植的发展

山东经济作物的种植首推棉花。明王朝建立之初即推行指令性植棉政策,规定"凡民田五亩至十亩者,栽桑、麻、木棉各半亩,十亩以上倍之"④,这一政策对山东棉花种植的迅速推广起了很大作用。但更为重要的原因显然是植棉的经济收益,如嘉靖《山东通志》记载,棉花"六府皆有之,东昌尤多,商人贸于四方,其利甚溥"⑤;万历《东昌府志》则言,"高唐、夏津、恩县、范县宜木棉,江淮贾客列肆赍收,居人

---

① 崇祯《历乘》卷 14《方产》;康熙《濮州志》卷 4《土产》。
② 光绪《临朐县志》卷 8《物产》。
③ 许檀:《明清时期山东的粮食流通》,《历史档案》1995 年第 1 期。
④ 《明史》卷 78《食货二·赋役》,中华书局点校本,1974 年版,第 1894 页。
⑤ 嘉靖《山东通志》卷 8《物产》。

以此致富"①。又如兖州府郓城县,土宜木棉,"五谷之利不及其半"②;济南府临邑县"木棉之产独甲他所,充赋治生依办为最"③。据笔者统计,嘉靖—万历年间山东六府 104 个州县中,见于史籍记载的植棉州县已有四十余个④,约占州县总数的 40%。

清代山东植棉进一步发展,植棉州县增至九十余个,达州县总数的 87%;特别是专业化、大面积种植得到很大发展,一些主要产区棉花种植已占相当比重,出现了粮棉并重,乃至棉花种植排挤粮食作物的现象。如康熙年间鲁西南曹县,木棉之利"几与九谷平分轻重"⑤;乾隆间鲁北沾化县"通县所赖惟小麦、棉花二种"⑥。在鲁西北棉区棉花种植比重更高,清平县棉花"连顷遍塍,大约所种之地过于种豆麦"⑦;夏津县则以棉花收成的好坏作为衡量"年之丰歉"的标准⑧;高唐州更是"种花地多,种谷地少",道光年间棉花种植排挤粮食作物的现象引起地方政府的极大担忧。⑨大体而言,到清代中叶近代山东三大棉区已基本形成,依次为:(1)鲁西北棉区,以高唐、临清为中心,包括夏津、清平、恩县、冠县、武城、馆陶、丘县、堂邑等州县;(2)鲁北大清河棉区,以滨州为中心,包括惠民、乐陵、蒲台、利津、沾化、商河以及博兴、高苑、临邑等州县;(3)鲁西南棉区,包括曹县、郓城、巨野、单县、定陶等州县。

果树种植在明清时期也有很大发展。山东果树种植以枣、梨为最,核桃、柿子等次之。嘉靖《山东通志》称,梨"六府皆有……出东昌、临清、武城者为佳";枣"六府皆有之,东昌属县独多","商人先岁

① 万历《东昌府志》卷 2《物产》。

② 万历《兖州府志》卷 4《风土志》。

③ 同治《临邑县志》卷 2《风俗》引万历志。

④ 从翰香:《试述明代植棉和棉纺织业的发展》(《中国史研究》1981 年第 1 期)一文对明代全国植棉分布有详细研究,该文附录中统计明代山东植棉州县为 27 个,笔者据文献所见略加补充,共计为 41 州县。

⑤ 康熙《曹县志》卷 4《物产志》。

⑥ 光绪《沾化县志》卷 12《艺文》。

⑦ 嘉庆《清平县志》卷 8《户书》。

⑧ 乾隆《夏津县志》卷 2《街市》。

⑨ 道光《高唐州志》卷 3《田赋志》。

计其木,夏相其实而值之,货于四方"。①平原、恩县两县接壤的马颊河西岸临河一带,北自梅家口、董家口,南至津期店"凡五六十里"多种果树,"枣梨桃李之属获利颇多"②;"每岁以梨枣附客江南",以出售果品的收入开支全家衣食日用所需和交纳赋税。③运河沿岸的临清、聊城、张秋、济宁、峄县等都有果品集散市场。据不完全统计,乾隆年间山东经运河输往江南的枣、梨等干鲜果品每年即有五六千万斤之多。④青州府益都、临朐等县所产果品以核桃、栗子、柿饼为多,柿树"盈亩连陌",其果实加工为柿饼,与核桃、栗子等一起"贩之胶州、即墨,海估载之以南",远销江淮闽粤。⑤

山东烟草种植始于清初,大约以滋阳、济宁一带种植最早。据康熙《滋阳县志》记载,烟草"滋阳旧无",顺治年间城西乡民试种之,"相习渐广";到康熙年间已是"遍地栽种","每岁京客来贩,收买不绝",颇为民利。⑥济宁烟草种植最晚始于康熙年间,乾隆时烟草种植已开始与粮食作物争劳力争农时,道光年间济宁"环城四五里皆种烟","大约膏腴尽为烟所占,而五谷反皆瘠土"。⑦青州府寿光县烟草种植也是从济宁传去的,康熙年间有济宁人移居寿光,购种在当地种植,"获利甚赢";于是邑人"转相慕效","不数年而乡村遍植,负贩者往来如织"。⑧他如济南府的章丘、长山、德平,山东半岛的潍县、高密、黄县、宁海,以及兖州府、曹州府的大部分州县,清中叶前后都相继种植烟草。到清末英美烟草公司在山东推广美烟种植之前,山东已有 40% 左右的州县种植烟草(参见表1—2),其中以兖州府之济宁、滋阳、宁阳、邹县,青州府之临朐、寿光,莱州府之潍县所产较丰。

---

① 嘉靖《山东通志》卷8《物产》。
② 乾隆《平原县志》卷3《食货》。
③ 康熙《堂邑县志》卷16《人物》。
④ 许檀:《明清时期运河的商品流通》。
⑤ 咸丰《青州府志》卷23《物产》。
⑥ 康熙《滋阳县志》卷2《物产》。
⑦ 乾隆《济宁直隶州志》卷2《物产》;王培荀:《乡园忆旧录》,第455页;道光《济宁直隶州志》卷3《食货志·物产》。
⑧ 嘉庆《寿光县志》卷4《物产》。

表 1—2 清代山东各州县烟草种植分布年表

鲁西南平原	鲁西北平原	鲁北平原	鲁中山区	山东半岛
滋阳(顺治)	冠县(康熙)	寿光(康熙)	蒙阴(康熙)	潍县(乾隆)
济宁州(康熙)	馆陶(乾隆)	阳信(康熙)	泰安(乾隆)	高密(乾隆)
鱼台(乾隆)		章丘(乾隆)	沂水(道光)	宁海州(咸同)
曲阜(乾隆)		乐陵(乾隆)	临朐(光绪)	黄县(同治)
菏泽(嘉庆)		德平(乾隆)	新泰(光绪)	栖霞(同光)
巨野(道光)		长山(嘉庆)	莱芜(光绪)	昌邑(光绪)
城武(道光)		商河(道光)	肥城(光绪)	掖县(光绪)
东阿(道光)		淄川(光绪)		
金乡(同治)				
嘉祥(光绪)				
邹县(光绪)				
宁阳(光绪)				
峄县(光绪)				
郓城(光绪)				
朝城(光绪)				
范县(光绪)				
单县(光绪)				
东平州(光绪)				
合　　计	42 州县			

资料来源:据各州县方志统计。

说明:括号中是始见于记载的年代。

此外,染料、蔬菜、花卉等经济作物的专业化种植,在明清时代也有较大的发展。

3. 丘陵山区及贫瘠土地的开发利用

棉花、烟草种植对耕地条件要求较高,故多集中于平原沃壤。清代随着人口的迅速增长,不仅平原区人口密度翻了两番,就连明中叶"土旷人稀,一望尚多荒落"的沂州、登、莱三府在清代中叶也已人满为患,人均耕地不足 4 亩。山东丘陵山地占全省总面积的 1/3,随着人口的不断增长,如何有效地利用这部分土地,越来越具重要意义。

清代对鲁中山区、山东半岛丘陵山地的开发利用,以发展山蚕养殖和花生、番薯的引种推广最为有效。

山东自古为蚕桑之地,史称"齐鲁千亩桑麻",自汉唐历宋元,乃至明初仍是全国重要桑蚕区之一。明中叶以后山东桑蚕业逐渐衰退,其原因一方面可能是由于自十四世纪起华北平原气候转冷,年积温下降[①],不利于桑蚕生产;另一方面显然是由于植棉的推广,棉花日益取代丝绢成为衣服的主要原料,植棉的经济收益亦属可观。而山蚕业的发展与桑蚕业的衰退恰形成鲜明对照。山蚕,山东古亦有之,明末清初开始由野生发展为大规模人工放养。据乾隆年间张崧《山蚕谱序》记言:"山蚕盖自古有之,特前此未知饲养之法,任其自育于林谷之中,故多收辄以为瑞。宋元以来其利渐兴,积至于今,人事益修,利赖日益广。立场畜蛾之方,纺绩织纴之具踵事而增,功埒桑麻矣。"[②]宋元以来数百年间积累的经验,为清代山蚕养殖的迅速发展奠定了基础。放养山蚕虽需人工,但与家蚕相比却是工省利厚;同时无论丘陵山地,只要可种植槲、椿、枳、柞等树之处均可放养,不需占用耕地即可获厚利,故清代山蚕养殖业发展十分迅速。

山东的山蚕业主要分布于鲁中山区的沂州、泰安二府和山东半岛青莱登三府的部分州县。康熙时人张新修所著《齐雅》记载:"山桑,叶大于常,登莱青兖四府凡有山谷之处无不种植。不论顷亩,以一人所饲为一把手,有多至千手之家。不供赋税,坐享千金。"[③]康熙年间沂州府已是"各属山中多种树畜蚕,名为蚕场","弥山遍谷,一望蚕丛";又有记载说:"山蚕,齐鲁诸山所在多有……而沂水所产为最。"[④]稍后,登州府山蚕业也迅速发展起来,各州县农户"均以养蚕为业,种柞为本,依此山茧以为养生之源"[⑤]。

除民间自行传播外,山东地方官也加意提倡。乾隆二十四年山

① 邹逸麟:《黄淮海平原历史地理》第一章第五节"元代后期至清末寒冷期黄淮海平原的气候",安徽教育出版社1997年版。
② 同治《宁海州志》卷25《艺文》。
③ 光绪《临朐县志》卷8《物产》。
④ 乾隆《沂州府志》卷33《艺文》。
⑤ 孙钟亶:《山蚕辑略》,转引自孙祚民主编:《山东通史》上卷,山东人民出版社1992年版,第426页。

东巡抚阿尔泰下令济南、泰安、兖州府属各州县地方官购买勃罗树（即栎树）种，"给民遍种，以期成树畜蚕"①。此项措施很快收到了相当的实效，如乾隆四十七年的《泰安县志》即载有："栎……叶可饲蚕，谓之山蚕，织绸谓之山绸。向惟莱芜有之，近特收橡种发给贫民，设法劝种，七属山麓殆遍。栎之大者为橡，故俗呼橡子树，饲蚕宜小树，土人所谓勃罗科也。"②山东半岛莱州府宁海州种柞养蚕，也是乾隆年间知州李湖所倡导，邑民"世受其利"，故立生祠以祀之。③

花生在山东的引种、推广稍晚于烟草，大体始于乾嘉年间。引种最早的当推鲁西北运河沿岸的临清、丘县，乾隆年间已见于记载。④可能是大面积植棉的缘故，鲁西北虽引种较早，但真正推广却已是光绪年间了。

花生对土壤要求不高，在耕地条件较差的山东半岛和鲁中山区更能够显示其经济效益，故推广较快。山东半岛多是在嘉庆年间开始引种，如安丘县"嘉庆十年以后始有种者，获利无算"，以致汶河两岸原不宜五谷的"废田"因种植花生获利，反被视为"膏沃之地"。⑤胶州也发展较快，道光二十五年州志即称，州境"南鄙以蕃薯蕷为食，东鄙以落花生代稼"⑥；平度州花生种植系嘉庆末年知州周云凤所教，同治间州人又从传教士手中获得美国花生种，子粒硕大，遂改种美种花生，光绪时则"连阡陌矣"⑦。咸丰年间山东半岛花生已有输出，郭嵩焘在即墨金家口港就见到"小车运载豆饼、花生上船，以数百辆计，填塞街道"⑧。鲁中山区的益都、临朐在道咸之际开始种植，因花生"工省而易收"，且对砂碛之地有较强适应性而被视为"贫民之利"，自咸丰至光绪初年逐渐推广，"种者颇多"⑨；兰山、费县、莱芜等县更是

---

① 《清高宗实录》卷599，乾隆二十四年十月，《清实录》第16册，第714页。
② 乾隆《泰安县志》卷2《物产》。
③ 同治《宁海州志》卷12《职官志》。
④ 乾隆《临清州志》卷11《物产志》；乾隆《丘县志》卷1《物产》。
⑤ 道光《安丘县志》卷10《方产考》。
⑥ 道光《重修胶州志》卷14《物产》。
⑦ 道光《平度州志》卷10《物产》；《平度州乡土志》卷14《物产》。
⑧ 郭嵩焘：《郭嵩焘日记》第1卷，湖南人民出版社1980年版，第266页。
⑨ 咸丰《青州府志》卷23《物产》；光绪《临朐县志》卷8《物产》。

"连阡累陌"①,产量甚丰。此外,鲁西南平原花生种植也有较大发展,如宁阳县引种花生始于嘉庆年间,到同光之际"其收获乃至与五谷埒"②;峄县西境地多砂碛,不宜五谷,光绪间始种花生,"每亩可获十余石","南商每以重价购之,由是境内人远近皆传植之,贩鬻日众",居民因以致小康。③光绪年间,山东花生种植已发展到 40 余州县(参见表 1—3),其中鲁中山区的兰山、费县、莱芜、新泰,山东半岛的平度、胶州,鲁西南的宁阳、峄、滕等县产量较丰。

表 1—3　清代山东各州县花生种植分布年表

鲁西南平原	鲁西北平原	鲁北平原	鲁中山区	山东半岛
宁阳(嘉庆)	临清(乾隆)	陵县(光绪)	费县(乾嘉)	海阳(嘉庆)
巨野(道光)	丘县(乾隆)	德州(光绪)	益都(道光)	安丘(嘉庆)
城武(道光)	冠县(道光)	平原(光绪)	蒙阴(咸丰)	平度州(嘉庆)
金乡(同治)	恩县(光绪)	齐东(光绪)	沂水(咸丰)	胶州(道光)
郓城(光绪)	清平(光绪)	淄川(光绪)	兰山(光绪)	即墨(同治)
朝城(光绪)	高唐州(光绪)	禹城(光绪)	临朐(光绪)	黄县(同治)
嘉祥(光绪)		齐河(光绪)	肥城(光绪)	潍县(光绪)
邹县(光绪)			新泰(光绪)	诸城(光绪)
滕县(光绪)			莱芜(光绪)	高密(光绪)
峄县(光绪)				昌邑(光绪)
范县(光绪)				
合　　计	43 州县			

　　资料来源:据各州县方志。
　　说明:括号中是始见于记载的年代。

　　高产作物番薯的引入和推广对于利用沙瘠土地,提高粮食总产量,解决日益增多的人口的食粮问题起了重要作用。番薯引入山东约在乾隆初年,山东半岛南岸的胶州是较早引种的地区之一,乾隆

---

① 光绪《费县志》卷 1《物产》。
② 光绪《宁阳县志》卷 6《物产》。
③ 光绪《峄县志》卷 7《物产略》。

《胶州志》记言：番薯由闽人余瑞元、陈世元等"移种于胶，滋息适合土宜"[1]。据《金薯传习录》记载，陈世元系乾隆十四年到胶州，其时正值"东省旱、涝、蝗三载为灾"，他"于次年捐资运种及犁锄铁耙等器，复募习惯种薯数人同往胶州之古镇，依法试种。始人尤不信可佐谷食，秋间发掘，子母钩连，如拳如臂，乃各骇异，咸乐受种"[2]；至道光年间已是"蕃衍与五谷等"了。[3]安丘县也是"乾隆十四年有越人携种至北郭"，至道光年间"蕃衍域内"。[4]运河沿线番薯的传入也在乾隆初年，乾隆十五年黄可润"丁优"归故里时途经德州，见番薯"甚多且贱"，"问之，云四五年前有河南、浙江粮艘带来，民间买种以为稀物，今则充斥矣"[5]，番薯的传种之速实在惊人。又如沂州府费县系"道光以后始盛行种植，同治六年荒歉，人赖全活"[6]。在民间自然传播的同时，清政府也在山东大力推广番薯种植，并获成效。如泰安府"自乾隆十七年各县奉文劝种，于高阜沙土地依法种植"，至乾隆末年已是"所在有之"[7]；鲁西南济宁、巨野、郓城等州县也是"乾隆十七年奉文劝种"，道光年间"遍于中土"。[8]

　　清代中叶，山东至少已有三十余州县推广番薯种植。番薯传入山东后之所以能在很短时间内得以迅速推广，主要是由于它产量高于一般粮食作物数倍乃至十倍，而对土地的要求甚少，因而很快成为解决日益膨胀的人口对粮食需求的有效手段。

二、经济布局的合理化趋势

　　前已述及，明清时期山东农业结构的变化从空间分布来看并不是均衡的，而是因地制宜，各有侧重。事实上，农业生产结构的调整

---

① 乾隆《胶州志》卷6《物产》。
② 陈世元：《金薯传习录》卷上，《续修四库全书》第977册，上海古籍出版社2013年版，第41—42页。
③ 道光《重修胶州志》卷14《物产》。
④ 道光《安丘县志》卷10《方产考》。
⑤ 徐栋、丁日昌等编：《牧令书辑要》卷3《农桑》；黄可润：《种薯》，同治八年刊本，第30—31页。
⑥ 光绪《费县志》卷1《物产》。
⑦ 乾隆《泰安县志》卷2《物产》。
⑧ 道光《济宁直隶州志》卷3《物产》。

过程同时也是一个经济布局的合理化过程。

山东几个小区之间由于自然地理条件的不同,农业主产条件差异较大。明中叶以前山东赋税以实物征收为主,夏税为麦,秋粮为粟,同时各州县还需交纳一定数量的棉花、棉布和丝绢,故而无论土壤是否合宜,都需按比例种植。一条鞭法实行后,山东农业发展摆脱了实物赋税束缚,十六至十九世纪这三百余年中一个最明显的变化就是种植分布由均衡趋向集中。如棉花种植的发展主要分布于鲁西、鲁北平原;清代新发展起来的柞蚕、烟草、花生等分布也相对集中。另一个典型的例子是,明中叶以前山东各州县均有桑蚕业,夏税丝绢定额少则百余匹,多者至数千匹①;嘉靖初年全国征收税绢206 198匹,出自山东者就达54 990匹,占总额的26.7%。②明中叶赋税改革之后,山东桑蚕业走上自然分化的道路,少数州县保持并发展了原来的优势,而大部分州县桑蚕业逐渐萎缩,甚至消亡。如元代曾以"茧丝之富"号为山东名郡的高唐州,明代植棉迅速发展,成为该邑的财富之源,到清代中叶甚至已是"野无一亩桑麻矣"③。时人包世臣也说:"兖州古称桑土,今至莫识蚕丝;青州女工甲天下,今至莫能操针线。"④其言不免夸大,却也说明山东桑蚕业的衰退此时已相当严重。清代中叶山东的桑蚕业大致已集中于二三十个州县。农业生产布局从均衡趋向集中的这一变化过程,实际上正是经济布局的优化过程。

到清代中叶,山东几个自然地理小区基于各自的耕地、人口、水源、交通条件之优劣,因地制宜,已逐渐形成各具特色的农业生产结构,现分述如下(参见表1—4)。

鲁西南平原区包括兖州府、曹州府和济宁直隶州,是山东最主要的粮食产区。从表1—4的数字可以看出该区人口密度较高,但耕地资源相对充裕,清代中叶人均耕地仍在4亩以上;加之地理位置在山东最南部,气候温暖,水源较丰,是山东各区中农业种植条件最好的地区,这里是山东两年三熟制实行最早也最为普遍的地

---

① 《山东经会录》卷1《税粮》。

② 据梁方仲《中国历代户口田地田赋统计》乙表41统计。

③ 徐宗幹:《斯未信斋文编·艺文》卷1《与高唐绅士书》,《清代诗文集汇编》第593册,上海古籍出版社2010年版,第241页。

④ 包世臣:《齐民四术》卷2《庚辰杂著二》,潘竟能点校本,中华书局2001年版,第56页。

区。表1—5是乾嘉年间兖州府汶上、曲阜二县孔府屯庄复种率的统计,请参见。

表1—4 清代中叶山东人口、耕地的分区统计

分 区	面 积 (平方公里)	人口数 (人)	耕 地 (亩)	人口密度 (人/平方公里)	人均耕地 (亩)
鲁西南	29 400	6 684 248	27 272 559	227.36	4.08
鲁西北	9 400	2 780 399	12 474 251	295.79	4.49
鲁 北	41 200	9 524 971	28 605 154	231.19	3.00
鲁中山区	33 400	4 654 794	10 204 868	139.37	2.19
山东半岛	34 400	5 286 518	17 797 064	153.68	3.37

资料来源:人口、耕地数字据宣统《山东通志》;各府面积据《中国历史地图集》清代山东省图以称重法求出。

表1—5 乾嘉年间孔府屯庄的复种率统计

屯 庄	年 代	耕地面积 (亩)	播种面积 (亩)	复种指数 (以耕地为100)
汶上县 美化庄	乾隆三十一年	842.39	1 310.89	155.6
	乾隆三十二年	792.39	1 242.46	156.8
	乾隆三十三年	792.39	1 201.29	151.6
	乾隆三十五年	792.39	1 203.19	151.8
	乾隆三十六年	792.39	1 268.29	160.1
	乾隆三十七年	792.39	1 343.79	169.5
	乾隆三十八年	792.39	1 189.36	150.1
	乾隆四十年	792.39	1 236.14	156.0
	平 均	—	—	156.4
曲阜县 齐王庄	乾隆五十五年	537.57	805.51	149.8
	嘉庆十年	535.0	780.26	145.8
	嘉庆十三年	296.21	428.85	144.8
	嘉庆十五年	299.87	438.38	146.2
	平 均	—	—	147.0

资料来源:据刘重日等编:《曲阜孔府档案史料选编》第3编第9册、第11册该庄租粮账册统计。

　　表1—5显示,耕地复种指数已达150左右。我们不排除孔府所占耕地可能土质较好的因素,但估计差距不会太大。乾隆年间,鲁西南一带每年约有数百万石小麦、大豆、杂粮销往江南、直隶、河南及鲁西北的东昌府,直到清末这里仍是山东的余粮区。[①]经济作物则以棉花、烟草、花生种植较广。鲁西南是山东引种烟草最早、发展最盛的地区;花生自清中叶以后推广,发展很快;明代山东三大棉区中鲁西南位居第二,或许是由于土质原因,清代未见进一步发展,退居第三。

　　鲁西北平原区包括东昌府和临清直隶州,是粮、棉、果种植并重的地区。该区是山东最主要的棉产区,棉田面积占山东全省的60%以上。[②]棉花种植自明代中后期起直至清末一直保持着较高的发展势头。表1—6是光绪末年鲁西北临清等州县棉田面积统计,表中临清、高唐棉田比重分别占耕地的26.5%和35.1%,夏津县将近50%,与文献记载大体吻合;唯清平县仅4.4%,与方志记载所反映的状况差距较大,数字可能有误;九州县平均棉田比重为14.5%,也是很高了。东昌府是山东十府中人均耕地最多的一府,虽然棉田所占比重较大,但除临清、高唐、夏津等州县需经常输入粮食外,其余大体尚能自给。临清是清代山东乃至华北最大的粮食市场,每年的粮食交易量高达五六百万至一千万石。[③]这一粮食市场的存在,也为鲁西北棉花种植的发展提供了坚实可靠的保障。东昌府还是山东最主要的果品输出区,每年由运河南下的山东梨、枣大部分产自这里。或许是大量植棉的缘故,鲁西北虽最早种植花生,但在相当长的时间内并未得到推广,棉花与花生都适于沙质土壤,棉花收益显然更高于花生。

　　鲁北平原包括济南、武定二府全部及青州、泰安府的部分州县,是粮、棉、桑并重的地区。济南府是农业开发最早的地区,明代中叶人口密度居全省之首,棉、桑种植均较发达;清代蚕桑业在部分州县得到进一步发展,是山东桑蚕业得到保留的少数地区之一。清中叶前后,武定府、青州府大小清河流域不少州县相继发展为新的棉产区,使该区棉花种植后来居上超过鲁西南棉区跃居全省第二。此外,

---

① 参见许檀:《明清时期山东的粮食流通》,《历史档案》1995年第1期。
② 据光绪三十四年《山东省实业统计》计算。
③ 参见许檀:《明清时期的临清商业》。

武定府沿海滩地虽不宜农稼,但盐产颇丰,山东盐区所需食盐有 2/3即出于此,年产在亿斤以上。①

表 1—6　光绪三十四年临清等州县棉田面积统计

州　县	耕地(亩)	棉田(亩)	棉田占比(%)
临清州	995 262	264 098	26.5
夏津县	726 727	356 700	49.1
清平县	731 884	32 000	4.4
高唐州	798 221	279 800	35.1
堂邑县	880 266	20 000	2.3
恩　县	1 332 996	11 000	0.8
丘　县	658 181	80 920	12.3
馆陶县	1 245 333	115 000	9.2
冠　县	1 113 091	71 000	6.4
合　计	8 481 961	1 230 518	——
平　均	——	——	14.5

资料来源:耕地面积据宣统《山东通志》;棉田面积据光绪三十四年《山东省实业统计》。

鲁中山区包括沂州全府和青州、泰安二府各一部分州县。该区人口密度不高,但耕地资源较差,人均只有两亩零,且多属贫瘠山地,故粮产不丰。由于交通不便,鲁中山区的粮食流通受到较大影响,大规模输入相当困难,一遇灾歉即有大量人口外出逃荒。如乾隆五年山东巡抚硕色等奏报,沂州府之"郯城、兰山、蒙阴三县连岁歉收,是以……流移独多","流民散至湖广、江西者将及万人"。②蚕桑业和大豆、花生种植是该区农业的主要特色。桑树、柞树均可利用山地,其中沂水、兰山、费、新泰等县多山蚕,临朐、莱芜等县多桑蚕。如沂水

_____

① 许檀:《清代山东的食盐运销》,《中国盐业史国际学术讨论会论文集》,四川人民出版社 1991 年版。

② 《清高宗实录》卷 118,乾隆五年六月,《清实录》第 10 册,第 721 页。

县"多山,山必有场,种勃罗(即槲树)以养山蚕,岁出山茧、山绸无算"[1];临朐县则以桑蚕为盛,光绪年间"约有三分之一的农家种桑育蚕",生丝及丝织品为该县商品之最大宗,岁入达百数十万两之多。[2]大豆、花生对土壤的要求也不高,沂州府在明代就是大豆产区;清代花生引入后得到迅速推广,光绪三十四年兰山等四县平均花生种植面积占耕地的 7.4%,花生的商品率占 83.9%,清末鲁中山区已成为山东花生的主要输出区之一,产销量占全省的一半以上。[3]

表1—7 光绪三十四年兰山等县花生种植面积及产销量统计

县别	种 植 量(亩)			产 销 量(担)		
	耕地数	种花生	占比(%)	产量	销量	商品率(%)
兰山	1 521 393	140 000	9.2	165 000	165 000	100.0
新泰	409 556	48 000	11.7	140 000	130 000	92.8
莱芜	829 679	35 000	4.2	388 500	388 500	100.0
费县	552 679	21 000	3.8	602 000	403 000	66.9
合计	3 313 307	244 000	——	1 295 500	1 086 500	——
平均			7.4			83.9

资料来源:耕地面积据宣统《山东通志》;种植面积及产量据光绪三十四年《山东省实业统计》。

山东半岛主要包括登、莱二府,该区三面环渤海,是一个渔、农兼作,贸易发达的地区。二府土地多盐碱砂碛,农业种植条件不佳,特别是登州府境内"无五十里之平壤",即便丰年粮食仍不足自给,需由关东大量输入[4];这里又是山东的主要缺棉区,因地土不宜有十余州县几乎完全不植棉[5],所需棉花多自江南输入。半岛北环渤海,南濒

---

[1] 吴树声:《沂水桑麻话》,《沂水县文史资料》第 3 辑,1987 年版,第 79 页。

[2] 李文治编:《中国近代农业史资料》第 1 辑,三联书店 1957 年版,第 433 页;光绪《临朐县志》卷 8《物产》。

[3] 据光绪三十四年《山东省实业统计》。

[4] 参见许檀:《明清时期山东的粮食流通》。

[5] 《山东省民国十一年度棉业调查》,林修竹:《茂泉实业文集》,沈云龙编:《近代中国史料丛刊三辑》第 465 册,台湾文海出版社 1988 年版,第 205—258 页。

黄海,近海渔业是该区重要财源之一;丘陵地带适合种柞植果,养蚕收果是另一项利源;清中叶以后,烟草、花生种植也有较大的发展。而沿海贸易则是该区经济的主要支柱,据《登州府志》记载,府境"无五十里之平壤,食货所资惟田农拙业,而地狭人稠不足以更费;其山民务茧丝,海民竞渔盐……若夫操末业走四方者多营末富"①。《黄县志》亦言:"黄民多畜牧之利,水居兼利鱼虾,山居兼利薪刍果木,附郭而居兼利蔬菜果蓏……总黄之民而计之,农十之三,士与工十之二,商十之五。"②山东半岛从事沿海贸易者为数甚多,粮食、棉花的输入,本地产品的输出,以及南北货物的转运均十分频繁。因而虽土地资源匮乏却无缺粮之虞,恰与鲁中山区形成鲜明的对照。还应一提的是,登州府虽棉产不丰,家庭棉纺织业却相当发达,自给之外也有棉布可供输出,这一点我们将在后文详述。通过与关东、江南地区的双向流通,山东半岛不仅摆脱了耕地资源匮乏的劣势,而且后来居上,日渐成为山东的"富庶之区"③。

三、农副产品加工业的发展

两年三熟制的发展和经济作物的广泛种植提高了土地的经济收益,经济布局的调整则使土地资源的利用更趋合理化。然而土地资源毕竟是有限的,明清时期山东经济发展的另一重要内容,就是农副产品加工业的发展,其中棉纺织业的普及尤为重要。

山东的农副产品加工业以棉纺织、丝织,以及粮食、烟草、果品加工最为普遍,大多为小农的家庭手工业。它以土地产品为原料,通过再一次的劳动投入得到一个附加值,从而增加了小农家庭的总收益。山东的农副产品加工业主要是在种植业基础上发展起来的,因而与种植业分布密切相关。棉纺织业是山东最普遍的家庭手工业,主要分布于鲁西北、鲁北棉区。

明代山东棉纺织业尚不发达,故棉花大量输往江南,而从江南返销棉布。同时,山东还承担着繁重的军需棉布供应任务,政府每年以

---

① 光绪《登州府志》卷首《小序》。
② 同治《黄县志》卷3《食货志》。
③ 同治《黄县志》卷首《重修黄县志序》。

每布一匹折粮一石的方式从山东征收数十万匹阔布,其征收数量各州县均有定额,少则数百匹,多者达数千匹。①"遍征闾里竭民力,散作边关御士寒"②,这一诗文即是对阔布征收状况的写照。明政府的棉布折粮政策对山东棉纺织业的发展无疑起了一定的推动作用,但它同时也使棉纺织业的商品化受到阻碍。明中叶以降随着赋税制度的变革,政府所需棉布渐转向以市场购买为主,山东棉纺织业也从赋税强制下解脱出来,开始向商品生产转化。据不完全统计,明代中后期山东已有近二十个州县有商品布生产。

清代山东棉纺织业得到迅速发展,逐渐成为农户家庭经济的重要组成部分。如康熙《齐东县志》记载,该县"土地硗瘠,计其所入仅足以糊口,而婚丧之费莫无所借,惟恃纺花织布。男妇昼夜之所作,自农工之外只此一事,是以远方大贾往往携重资购布于此,而士民赖以活"。到嘉庆年间该县商品布生产能力已相当可观,每年从各集"布市"汇集输出的棉布达数十万匹之多,"通于关东,终岁且以数十万计"③。乾隆年间,平原县"地鲜树桑,久无蚕事。而纺棉织布或织线毯、线带,近时士夫之家闺阁亦然,民间则男子亦共为之"④。陵县棉纺织业也相当发达,清代中叶布商在该县的滋博店、神头镇、凤凰店等集镇设有布店七座,"资本雄厚,购买白粗布运销辽沈,全县收入颇有可观"⑤。又如武定府蒲台县"户勤纺织,布有数种,曰半头、曰长头、曰庄布,既以自给,商贩转售,南赴沂水,北往关东,闾阎生计多赖焉";滨州"地产木棉,种者十八九;妇女皆勤于纺织,男则抱而贸于市,乡间比户杼轴之声相闻"⑥。青州府博兴县"女勤纺织,故布货充韧",该县商人多以贩布、贩花为业。⑦就连僻处山东半岛最东部的登州府虽地不宜棉,棉花多需从江南输入,家庭棉纺织业也相当普遍,除自给外亦有外销,府志记载:"纺织花布以自衣被,穷乡山陬无问男

① 《山东经会录》卷1《税粮》。
② 崇祯《历乘》卷12《方产》。
③ 康熙《齐东县志》卷8《杂录编》;嘉庆《齐东县志续》,周以勋:《布市记》。
④ 乾隆《平原县志》卷1《风俗》。
⑤ 民国《陵县志》卷3《工商业》。
⑥ 乾隆《蒲台县志》卷2《物产》;咸丰《滨州志》卷6《风俗》。
⑦ 康熙《博兴县志》卷1《风俗》;道光《博兴县志》卷5《风俗》。

妇为之,其织作须织工,勤有余布亦兼鬻于乡市,复有布贾贩之城市,庶人、在官、末作、游寓者均需焉。"①

到清代中叶山东已有六十余州县有较发达的棉纺织产业,并形成几个重要的商品布输出区。如济南府齐东、章丘、邹平、长山一带所产棉布多汇集于周村,输往关东,亦销华北;鲁西北陵县、平原、馆陶、恩县、聊城、清平、茌平等县所产多运销辽沈和北口外;武定府蒲台、滨州、惠民、利津、乐陵等县棉布北销关东、直隶,南销鲁中山区;青州府寿光、博兴、高苑一带所产棉布也是南北兼销,北上直隶,南下鲁中山区和山东半岛。大体而言,到乾嘉年间山东已由明代的棉布输入区转为棉布输出区,从十八世纪后期至十九世纪八九十年代洋布、洋纱销行之前的大约一百年时间,是山东土布生产最发达的时期,估计每年有 300 万—500 万匹的输出能力,主要销往东北、华北、西北。此时的华北、西北棉布市场已基本为山东、直隶、河南三省棉布所占领,江南棉布被排挤在外;在东北市场上也形成一个山东、直隶、江南棉布竞争、分割市场的新格局。

丝织业,分为桑蚕丝织与山蚕丝织两大类。桑蚕丝织是传统手工业,其产品绫、绢、绸等曾是历代政府征课的对象,明中叶以前山东的丝织业也与政府的赋税制度密切相关,几乎所有州县均有丝织生产;明中叶以后,随着赋税制度的变革,山东桑蚕丝织业向商品性生产转化的同时,在地域分布上则向自然条件、技术条件较好的州县集中。清代山东的桑蚕丝织业主要分布于济南、东昌、兖州等府的二三十个州县。如济南府丝织品以齐河县所产最佳,名"齐河绢";邹平县"贸丝织绢颇饶",尤以"辛家寨之绢"为著;章丘县之清平乡地宜蚕桑,织纱绢"为利不赀"。②东昌府冠县、堂邑、馆陶及临清都有丝织生产。临清是鲁西北最主要的丝织品产地和集散地,其丝织产品种类甚多,有首帕、汗巾、帕幔、帛货(哈达)、绫绸、绵绸、茧绸、丝布等。其中以帕幔最为精美,堪称第一流的佳品,主要销往京师、开封等城市;帛货为祭神所用,远销西藏、西宁及内外蒙古;绵绸、茧绸、丝布等则

① 顺治《登州府志》卷 8《风俗》。
② 乾隆《山东通志》卷 24《物产》;康熙《邹平县志》卷 8《物产》;康熙《章丘县志》卷 1《风土》。

属较低档的丝织品,多为农民家庭手工业产品,临清南水关外土桥有绵绸市,每逢三八日集期,"货卖者俱堂邑、冠县、馆陶人",每集所聚"不下千余匹"①,一年上市当有数万匹或十数万匹。兖州府不少州县仍保留有丝织生产,不过其产品多为土绢、土绸、土缎、土罗之类,未见有精致之品。②

山蚕丝织业是随着山蚕养殖的发展逐渐发展起来的,虽起步较晚,但从一开始就以商品生产为主。山蚕丝织品有槲绸、椿绸、椒绸等数种,统称茧绸,其产区主要集中在鲁中山区和山东半岛。康熙年间沂州府属各县集镇山茧、山绸交易均已设行征税③;兰山县多樗蚕,"小于常蚕,作茧亦小而坚厚,织绸尤佳"④;莱芜县产槲绸,"出长春岭一带"⑤;沂水县更是"岁出山茧、山绸无算,西客皆来贩买;设经纪以抽税,岁入数千金"⑥。兰山县青驼寺,蒙阴之敖阳,泰安之崔家庄都是较重要的茧绸产地,商人入山采买,贩鬻四方。⑦

山东半岛是又一重要的茧绸产区,据说"山民有(以茧绸)起家至巨万者"⑧。登州府莱阳县产"樗茧织茧绸","有巨贾发银收贩"⑨;莱州府昌邑县所产亦丰,本境山茧不足供给,需从日照、寿光等县输入原料。⑩他如登州府之福山、招远、栖霞,莱州府安丘、诸城等县均有茧绸出产。山东半岛所产茧绸是漳、泉海船赴山东贸易回程所载的主要商品之一。

济南府长山、淄川等县也产茧绸。长山县"俗善织山茧","茧非本邑所出而业之者颇多,男妇皆能为之"。乾隆年间织山绸已成为淄

---

① 乾隆《临清州志》卷 11《市廛志》。
② 光绪《滋阳县志》卷 4《物产志》。
③ 乾隆《沂州府志》卷 33《艺文》。
④ 王培荀:《乡园忆旧录》,第 454 页。
⑤ 康熙《莱芜县志》卷 2《物产》。
⑥ 吴树声:《沂水桑麻话》,《沂水县文史资料》第 3 辑,1987 年版,第 79 页。
⑦ 吴中孚:《商贾便览》卷 8《天下水陆路程》,乾隆五十七年刻本,第 7 页。
⑧ 宋起凤:《稗说》卷 3《山茧》,《明史资料丛刊》第 2 辑,江苏人民出版社 1982 年版,第 81 页。
⑨ 康熙《莱阳县志》卷 3《民业》。
⑩ 《莱州府乡土志》卷下《物产》。

川县小民糊口和谋利的一项新的家庭手工业①,出现了不少只有一张织机的小机户。这里非山蚕养殖区,原料丝系从鲁中山区的泰安、莱芜等县输入。栗家庄树荆堂恒盛机房的创始人毕丰涟就是上述小机户中的一个。毕氏在乾隆时以一张织机起家,道光时发展为织机二十余架,光绪年间更成为一个拥有场房二十余间、织机72架、雇工百余人、月产山绸300匹的大规模手工工场。②

据不完全统计,清末山东山蚕养殖已发展到三十余州县,其中至少一半以上的州县具有相当规模的茧绸生产。

明清时期山东的粮食加工主要有酿酒、制曲、榨油等。酿酒制曲业主要分布于平原粮产区,而榨油业则以山东半岛和鲁中山区较盛。

明代山东制曲就很发达。如嘉靖年间临朐县西南乡"好造曲,交易以为利"③。濮州商人许卫招伙计数人"籴麦踏曲,岁数万",载至直隶真定府发卖,"货至千金"。④青州府乐安县的唐头寨是明代沿海贸易的一个重要码头,每年二三四五月间山东、辽东、永平、天津商人汇聚于此"贩运……曲块……往来不绝"⑤。康熙年间张秋镇曲行税收居该镇诸行之首⑥外地商人赴山东收购小麦就地加工制曲者也大有人在,鱼台县谷亭镇在明代是一个重要的粮食加工和集散市场,"贾人陈橡其中,鬻曲孳岁以千万"⑦;山东小麦主要产区滕县,无论明代清代每届麦收即有商人前来购麦制曲⑧;临清更是山东最著名的粮食转运中心和加工地,每到麦收之际富商大贾往往"挟持巨赀"前来"广收新麦""安箱踏曲"⑨,明清两代皆然,虽屡禁而不止。

山东酿酒以高粱烧酒为数最多。"酒,以麦造曲,和高粱酿于池,上用锡釜,下用铁釜甑之",大约每高粱一石配曲70块,出烧酒100

① 康熙《长山县志》卷4《物产》;乾隆《淄川县志》卷1《物产》。
② 罗仑、景苏:《清代山东经营地主经济研究》,齐鲁书社1985年版,第87页。
③ 嘉靖《临朐县志》卷1《风土志》。
④ 康熙《濮州志》卷4《货殖传》。
⑤ 梁梦龙:《海运新考》卷上《海道湾泊》,国家图书馆藏万历刻本,第31页。
⑥ 康熙《张秋志》卷6《税课》。
⑦ 康熙《鱼台县志》卷9《风土》。
⑧ 万历《滕县志》卷3《方物志》;道光《滕县志》卷3《方物志》。
⑨ 乾隆《临清州志》卷11《市廛志》。

斤。①青州府博兴县地势低洼,秋粮多种抗涝的高粱,再以高粱加工酿酒,白酒是该县最大宗的商品之一。②嘉道年间禹城县有烧锅四十余所,每年用于酿酒的"米麦高粱不下数千石"③;滕县更是"酿户大者池数十,小者三四,池日一酿,酿费粟一石二斗","十室之聚必有糟房,三家之村亦有酒肆","计人所食不能居酒酤之半"。④光绪年间邹县有烧酒作坊 17 家,共有酒池 111 座,每池每年酿酒五千余斤,全县共酿酒五十余万斤。⑤章丘县共有烧酒作坊一百一十余家,每年产酒一百余万斤,除在本县销售外,亦销行邻县。诸城县高粱酒销售本县每年 90 万斤,"由濬口、涛雒、胶州水运上海、吴淞、刘河,每岁销行十余万斤"⑥。

榨油业明代即有,到清代中叶山东至少有三十余州县生产商品油,品种有麻油、菜油、棉子油、豆油等数种。不过,山东榨油业真正的大发展是在清中叶以后,一个最明显的证据就是传统的大豆输出在此时转为以豆油、豆饼输出为主;同时随着花生的引进和广泛种植,传统的榨油业增加了新的原料,果油很快成为大宗商品之一。光绪年间,豆油、花生油已取代麻油、菜油成为榨油业的主要产品,其产量也相当可观。

山东半岛的莱州府是山东榨油业最发达的地区,豆油、花生油都是大宗输出商品。如平度州,豆油"每年出售万篓,每篓百七八十斤,花生油称是。本境销者十之二三,出口者十之七八"。诸城县豆油"由濬口、涛雒、石臼所、胶州等处水运上海、吴淞、刘河,每岁销一百三十万斤";花生油"由濬口、涛雒、石臼所、胶州水运上海、吴淞、刘河,每岁销行十五六万斤不等";豆饼"陆运昌、潍,水运上海、吴淞等处,每岁销行三十万片(一片约二十斤)"。⑦潍县、高密所产亦为数不

① 《禹城县乡土志·物产》;民国《潍县志稿》卷 24《实业》。
② 道光《博兴县志》卷 5《风土志》。
③ 嘉庆《禹城县志》卷 5《食货志》。
④ 道光《滕县志》卷 12《艺文》。
⑤ 《邹县乡土志·商务》。
⑥ 《章丘县乡土志》卷下《商务》;《诸城县乡土志》卷下《商务》。
⑦ 《平度州乡土志》卷 15《商务》;《诸城县乡土志》卷下《商务》。

少。①鲁中山区沂州、泰安二府榨油业以花生油为主,光绪《费县志》记载,落花生"百年前仅有种者,今则连阡累陌……取其仁打油,兴贩四出"②;肥城县"豆油、豆饼、花生果油皆为行销外境之大宗,每岁约进银万余两"③;新泰县"花生果油岁可收万斤",这里地处山区,无水运之便,所产花生油、豆油多"由陆路用手车运至(江苏赣榆县)青口销售"④。他如运河沿岸的茌平、郓城、宁阳等县也有大量豆油、花生油出产。

与棉纺和丝织不同,粮食加工业是一项需要资本较大的副业。《禹城县志》称"烧、黄酒为富者利";《陵县志》也说豆油坊为"乡间巨资商业"。⑤无论酒作或是油榨,都需要有相当的资本才能经营,因而一般小农无力开设,经营者多系地主或商人。

干鲜果品也是山东输出量较大的商品。山东果品加工最大宗的是枣,其次为柿饼。果品加工工艺较简单,农户家庭多能自制。枣制品有熏枣、糖枣、黑枣等,道光年间济南人王培荀所撰《乡园忆旧录》记载,"泰安之枣,去皮核而培以糖,名糖枣;而莫盛于东昌之熏枣,煮以药,阙地而架曲簿,摊枣于上,加以火攻,干而不燥,柔而不湿。每包百斤,堆河岸如岭,粮船回空售以实舱"⑥。东昌府治聊城是山东最重要的枣子加工集散中心,清代中叶"每逢枣市,出入有数百万之多"⑦。他如茌平、清平、齐河、济阳、平阴等县枣子加工也很发达。

柿饼,以青州所产最著。嘉靖《山东通志》记有,"柿饼,出青州。柿,以大方名……又有名园盖柿者,青人取之制为饼,渐生霜"⑧。益都县植柿最多,"盈亩连陌,榨为饼……海估载之以南,远达吴楚至闽粤,大为近郊民利"⑨。曹州府菏泽县所产"耿饼"亦颇有名,出"耿氏

① 《潍县乡土志·商务》;《高密县乡土志·商务》。
② 光绪《费县志》卷10《物产》。
③ 《肥城县乡土志》卷9《商务》。
④ 《新泰县乡土志·商务》。
⑤ 嘉庆《禹城县志》卷5《食货志》;民国《陵县志》卷4《流寓传》。
⑥ 王培荀:《乡园忆旧录》卷8《山左物产》,第454页。
⑦ 宣统《聊城县志》卷1《物产》。
⑧ 嘉靖《山东通志》卷8《物产》。
⑨ 咸丰《青州府志》卷23《物产》。

园"，"四方征购之"①；宁阳县也产柿饼，孔府祭祀所需均系派人赴宁阳采买。②

山东的烟草加工业是随着烟草种植的推广逐渐发展起来的。山东大部分产烟州县都设有烟行、烟铺，从事烟草购销与加工。较大的烟草加工中心则有滋阳、济宁、临朐、潍县等。

滋阳是山东最早引种烟草的县份，康熙年间已种植颇广，"各处因添设烟行"，从事加工与销售。③与滋阳相邻的宁阳县，清中叶以后烟草种植迅速发展，产量销量颇巨，质量亦佳，但加工能力不够，"都门大贾亘辇赍购取"，运至"滋阳北乡碾末"，然后北销"以供鼻烟之用"。④同治年间滋阳城内有烟行一家，烟铺六家，除一家注明系销售潮烟之外，其余各家估计均为从事烟草购销、加工的店铺。⑤济宁是清代中叶山东最大的烟草加工中心。道光年间"济宁环城四五里皆种烟草，制卖者贩郡邑皆遍，富积巨万"；城内有烟草加工场六家，雇工达四千人之多，"每年买卖至白金二百万两"。⑥

青州府临朐县光绪初年烟草业岁入达数十万两。每年冬季"远估麇集，辐轳捆载"，贩运烟叶；该邑加工制作的烟丝"切如细发"，"各色繁多"，主要销往寿光、利津诸县。⑦潍县是山东半岛主要的烟草产地和加工中心，乾隆年间即设有烟行、烟铺多家。清末潍县烟叶销行登、莱二府各州县，岁约百余万斤；所制烟丝以"土产烟丝配以香料诸药"，名"金丝醮"，销行颇畅。⑧

编织和陶冶也是山东较普遍的家庭手工业、副业形式。

山东的编织业有苇编、蒲编、草编、荆编、柳编、竹编等，分布甚广。傍湖近河多种蒲种苇，织席编包制扇；沙地不宜耕稼则植柳栽

① 光绪《菏泽县志》卷1《物产》。
② 骆承烈等编：《曲阜孔府档案史料选编》第3编第14册，第294页。
③ 康熙《滋阳县志》卷2《物产》。
④ 《宁阳县乡土志·物产》。
⑤ 《山东滋阳县户册》，转引自［日］山根幸夫：《明清史籍的研究》，研文出版，1989年版，第178—250页。
⑥ 王培荀：《乡园忆旧录》卷8，第455页；包世臣：《中衢一勺》卷6《闸河日记》，李星点校本，黄山书社1993年版，第150页。
⑦ 光绪《临朐县志》卷8《物产》。
⑧ 《潍县乡土志·商务》。

荆，编制筐筥等器；洼地种高粱，以秫秸皮织秫席；产麦之区有编麦辫制草帽者；大多因地制宜，各有精专。编织业的产品，席为家庭日用品，更为粮食运输、储存所必需，粮船、粮仓、粮行需量甚大；蓑衣、柳斗、簸箕、筐箩等则为农家所必需。

莱州府高密县北境多湖泽，盛产蒲草，"居人习织蒲"，制为薄席、蒲扇、蒲鞋等；"沙渍之田不可耕稼"，则种柳条"制为筐篮等具"；县境西南地势低洼易涝，"种高粱者十七八，故其人工织席"。该县还产莎草，"居人织蓑最工，邻邑争购之"。①潍县滨海滩涂"宽广计地数百顷"，多种植芦苇"连亘数里"，水浅之处则种蒲草。妇女多从事编织业，以苇织席，"手艺之敏捷者一日可成方丈，席一具值钱一钱"；或以蒲草编织蒲鞋、蒲包、蒲团。②兖州府曲阜县"秫席一项为县境出产大宗，每年销数颇广"③。青州府寿光县，席为该县四大货产之一，本地所产芦苇不敷用，商人常赴他邑购买。④诸城县北境多种高粱，"诸村落取其皮以织席"；光绪年间该县每年秫席、苇席产量为 30 万领，其中很大一部分"由董家口水运上海等处销行"。⑤

以荆编、柳编著称者如东昌府茌平县，该县郭庄、赵庄二村有"祖传编柳术"，"以杞柳编为筐箩、簸箕、大小筐筥"等，"数百里内之所需皆取给于二庄"，故获利颇巨。⑥济南府柳编之器种类亦多，大者如囷、牛筐，次为筐箩、簸箕、篮筐、笊篱、甑算等，"大为时用"⑦。兖州府济宁、鱼台产杞柳，"以其条为箕斗、筐箩、栲栳之类，通行四方"⑧。

又如麦编，以小麦茎秆编麦辫制作草帽，清代前期即为小农家庭副业之一。乾隆《曹州府志》记载，观城一带"贫民妇女皆以麦茎制辫为业，不事纺织"⑨。道光《胶州志》记有：麦，"其秸可为笠，俗名草

① 乾隆《高密县志》卷1《物产》；《高密县乡土志·物产》。
② 民国《潍县志稿》卷42《杂稽》。
③ 孔府档案，转引自何龄修等：《封建贵族大地主的典型——孔府研究》，中国社会科学出版社1981年版，第394页。
④ 嘉庆《寿光县志》卷9《物产》。
⑤ 乾隆《诸城县志》卷12《方物考》；《诸城县乡土志·商务》。
⑥ 民国《茌平县志》卷9《实业志》。
⑦ 道光《济南府志》卷13《物产》。
⑧ 道光《济宁直隶州志》卷2《物产》；乾隆《鱼台县志》卷1《物产》。
⑨ 乾隆《曹州府志》卷7《风土》。

帽",并将其列入"货属",显然已有外销。①清末山东开埠之后,由于出口的刺激,原有的麦编产品很快发展为出口之大宗。莱州府掖县草辫"鬻泰西之人",载往烟台出口,"一年可销行三十万缗"②;平度州每年出口草帽辫四千包,"售于本境者半,售于掖商者半"③;曹州府朝城县也以麦辫为物产之大宗,有莱州商人在县境设栈,运至青岛出口,"每岁销行二千余包"④。

较特殊的产品则有德州凉帽、临清竹编等。德州凉帽是一种较精致的草编制品。据乾隆《德州志》记载,德州凉帽系以特勒素草编织而成,"草出口北,德州民业此者颇多,京师帽胎悉从此去"⑤。京师之外,德州凉帽还北销天津、保定、山西、陕西、河南等处,南销上海、广州及东南各省。⑥竹编以临清、济宁为著。山东并不产竹,编织所用竹料系自湖广、河南而来;从事竹编业者多聚居于竹竿巷、油篓巷。临清的竹制品有床几、枕簟、帘箔、筐篓等,销路颇畅。乾隆年间出版的商书《商贾便览》在临清"观音嘴"地名之下注有"此处可买竹物"⑦,足见临清竹器已相当著名。济宁所产竹器主要是农业生产所需的耙子、筛子、竹扫帚、竹篱、鱼篓等,多在庙会中出售。

临清砖是山东陶冶业最著名的产品,明清两代修建北京皇宫和陵寝用砖大多是临清烧造的。临清官窑始建于永乐年间,"设工部营缮分司督之","岁征城砖百万",随漕搭解上京;清代裁工部营缮分司,改由临清州管理。临清的砖窑明代系官办,清代改为官督民办,每年由工部发砖价,"开窑招商"烧造;业陶者明代系匠籍,约二百户;清代业陶者已近万人,均为民户。⑧

民用陶瓷的制造则以青州府颜神镇为著。嘉靖《山东通志》记载:"陶器出青州颜神镇,居人相袭善为陶,其规制如缸、如罂、如釜、

---

① 道光《重修胶州志》卷14《物产》。
② 《莱州府乡土志·商务》。
③ 《平度州乡土志》卷15《商务》。
④ 《朝城县乡土志·商务》。
⑤ 乾隆《德州志》卷11《物产》。
⑥ 王培荀:《乡园忆旧录》卷8《山左物产》;《德州乡土志·商务》。
⑦ 乾隆《临清州志》卷11《市廛志》;吴中孚:《商贾便览》卷8,第2页。
⑧ 乾隆《临清直隶州志》卷9《临砖》;傅崇兰:《中国运河城市史》,四川人民出版社1985年版,第296页。

如缶之类……其利民不下江右之景德镇。"①据说明代颜神镇业陶者已有千人，清代颜神由镇升为博山县，业陶者分布更广，北岭、山头、务店、窑光、八陡、西河等庄居民均以制陶为业。博山陶瓷业多属家庭工业，其产品虽不如景德镇精致，但质坚价廉，因而很受一般百姓欢迎，产品远销关外及黄河流域诸省。②

琉璃（即料器）也是博山极负盛名的手工业产品。博山琉璃制造大约始于明代中后期，据兵部尚书孙廷铨所言，其先祖"自洪武垛籍，所领内官，监青帘"，故为世业，即琉璃制造原为官手工业，其转为民营当在明中叶废除匠籍制之后。博山的琉璃制品种类很多，最上者为青帘，其次为佩玉、华灯、屏风等，"皆穿珠之属，错采雕龙"，多为宫庭所用；民间所用者如风铃、念珠、簪珥、棋子、泡灯、鱼瓶、葫芦、响器等，其销行范围更超过陶瓷器，"北至燕，南至百粤，东至高丽，西至河外，其行万里"③。

他如青州府安丘县景芝产瓦器，甘泉产碓磴，其利甚博。④莱州府高密县"砺阜山产砺石，陶人碎之，合土造为瓮缶，颇坚致"⑤。运河沿岸的陶瓷产地，如东昌府莘县之大三门、小三门等村，居民"善陶罂缶，勤业致富"⑥；兖州府峄县之钓台山及齐村、许池诸岭产青垩、白垩土，"质坚性粘，作什器尤良"，"转贾数百里，行销四方，皆得厚值"⑦；泗水县"枳沟赤植，陶为瓮盆，四方贾之"；平阴县之合山"村人以陶冶为利"⑧；范县陶器每岁可售万余金；肥城县罗家窑等村所产瓮盆等瓦器也为"贩运出境之大宗"⑨。清代山东大部分州县多有陶人、陶匠，不过除临清、博山等少数州县外，大多系"于农隙为之"的副业。

此外，制香、造纸、皮毛加工、采薪烧炭、烧造石灰等，也是清代小

---

① 嘉靖《山东通志》卷8《物产》。

② 康熙《颜神镇志》卷5《遗文》；乾隆《博山县志》卷4《物产》。

③ 孙廷铨：《颜山杂记》卷2《逸民》；卷4《物产》。

④ 万历《安丘县志》卷10《方产考》。

⑤ 《高密县乡土志·物产》。

⑥ 万历《东昌府志》卷2《物产》；光绪《莘县志》卷1《封域志》。

⑦ 光绪《峄县志》卷7《物产略》。

⑧ 万历《兖州府志》卷4《风土志》；康熙《平阴县志》卷4《物产》。

⑨ 《范县乡土志·商务》；《肥城县乡土志·物产》。

农从事较多的家庭副业,兹不一一赘述。

据不完全统计,清中叶前后山东大约有 2/3 的州县有棉纺织生产,其中已形成较大输出能力的有二十余州县;从事桑蚕丝织业的约二十州县,山蚕丝织业也有二十余州县;编织、陶冶,以及粮食加工、果品、烟草加工等也有相当的发展。需要指出的是,此时的家庭手工业已成为农户家庭经济以及地区经济的一个重要组成部分,一些家庭手工业、副业发达的州县相对较为殷富。如齐东县布匹输出每年达数十万匹,收入颇为可观;临朐县蚕丝业收入为该县收入之最大宗,每年达百数十万两;寿光县盐、丝、席、布四大货产之中有三项是家庭手工业产品。靠家庭手工业致富的例子亦有所见。与家庭手工业、副业的普遍发展相比,山东城镇手工业则相对薄弱,没有形成像江南盛泽、震泽、朱径、南翔、石门等那样一大批丝织、棉纺、榨油等专业化的手工业市镇;换言之,山东的农副产品加工业还没有发展到可以脱离农家副业的水平,至少与江南相比还有相当的差距。

十六至十九世纪山东农村家庭手工业的逐渐普及和发展,是在摆脱了明中叶以前的赋税强制之后,当地农民在社会经济发展提供的可能条件下,为生存和致富进行的一种因地制宜的商品性生产。特别是乾隆以降,随着人口的迅速增长,传统的种植业越来越无法负荷聚集在土地上的人口,迫使小农不得不设法在土地之外寻找出路,以维持生计和提高生活水平。清代中叶山东家庭手工业的迅速发展即导因于此。

事实上,农村家庭手工业、副业的发展是明清时期全国很多省区普遍存在的现象。笔者认为,十六至十九世纪山东以及全国大部分省区农村家庭手工业副业的发展,实际上是一个经济结构的变化过程。与传统的种植经济相比,它的最大优势就在于可以充分利用几乎取之不尽的劳动力资源,在土地之外创造价值,从而为经济的发展拓宽途径,增加财源。而家庭手工业之所以能在清中叶前后的百余年间如此迅速地发展,除上述人口压力的推动之外,一个更为重要的原因则是明中叶以来城乡市场的发展,至此已形成一个相当有效的商品流通网,为地区之间的物资交流提供了极大的便利。清代中叶,不仅棉、布、丝、绸等商品,即便所值无几的筐篓、簸箕、柳斗之类,甚至其原料荆条、苇子等也进入流通,成为商品。农民在家庭手工业中付出的劳动得以借助流通获得社会的承认,换回货币;反过来,这一流通网同样也保证了农民可以用他手中的货币购买所需生活资料和生产资料,包括食粮在内。这一市场网络体系的形成显然具有十分重要的意义。下面我们就来具体考察山东的城乡市场与流通网。

四、城乡市场与流通网

城乡市场网络的形成既是明清时期山东经济发展的一个重要方面,也是十分关键的一环。商业城镇的发展和农村集市网的形成,是这一市场网络体系中相辅相成不可或缺的两大部分;而商人的经营活动,对于沟通城乡市场,使之成为一个统一的整体,发挥了重要作用。通过这一流通网,山东各州县可与全国大多数省区进行经济联系。

1. 商业城镇的发展

山东商业城镇的兴起与商品流通的发展相伴随,最早始于运河沿线,清代东部沿海及内陆地区也相继有较大的商业城镇崛起。另外,原作为行政中心的府、州、县城大多增加了经济功能,有些还成为重要的商业城市。清中叶前后,山东较重要的商业城镇至少有十余个,如运河沿线的临清、济宁、聊城、张秋、德州,东部沿海的胶州、莱阳、掖县、黄县,内陆地区则有周村、博山、益都、潍县、泰安等。其中聊城、掖县、益都、泰安为府城,临清、济宁、德州、胶州为州城——临清在明初不过是东昌府所辖的一个县,正是由于商业的繁荣,弘治年间升为州,乾隆时再升为直隶州;济宁也是因商业的发展由一个普通的散州升为直隶州的;莱阳、黄县、潍县为县城;张秋、周村在建置上不过是个镇,但在商业上并不逊于上述大多数府州县城;博山的前身是颜神镇,是由于工商业的发展在建置上升格为县的。

明政府对运河的修浚无疑是以保证漕运为目的的,但运河以其贯通南北、连结五大水系的优势,实际上成为南北物资交流的大动脉,也是山东境内商品流通最主要的干线。山东运河沿岸的商业城镇都是随着流通的发展逐渐兴起的,临清是其中最大的一个。明代隆万年间,临清城内有布店73家,绸缎店32家,杂货铺65家,纸店24家,辽东货店13家,大小典当百余家,客店数百家,以及其他大小店铺、作坊共计千余家。万历年间,临清钞关所征商税每年八万三千余两,超过京师所在的崇文门钞关,居全国八大钞关之首。清代临清地位虽有下降,但直到咸同年间运河淤塞之前,仍是山东最大的商业城市。临清输入商品中较大宗的有江浙绸缎布匹、江广纸张、江西磁器,福建、安徽的茶叶,广东、山西的铁货,以及来自江淮、河南、直隶和山东本省的粮食;输出商品主要有东昌府及相邻的直隶河间、大名等府所产棉花、枣、梨,以及临清本地所产丝织品、皮毛制品等。明代临清是华北最大的纺织品贸易中心,每年经销的江南布匹、绸缎至少在一二百万匹;清代临清由纺织品贸易中心转为粮食交易中心,乾隆年间临清城内外共有粮食集中市场六七处,经营粮食的店铺百余家,粮食年交易量五六百万石至千万石,是冀鲁豫三省的粮食调剂中心。临清的商品流通范围至少涉及明代十三布政司中的九个,清代关内十八行省中的十四个,以及关外广大地区,甚至远及西藏、蒙古等边疆特区。①

济宁在明代中叶已成为繁荣的商业城市,方志记载称"济当河漕要害之冲,江淮百货走集","闽广吴越之商持资贸易者,又鳞萃而蝟集"。②清代济宁商业又有进一步的发展,乾隆年间济宁城内有大小布店 25 家,绸缎店 21 家,杂货店 35 家,竹木铺 14 家,等等,每年征收商税 7 900 余两。③棉布、绸缎主要来自江南,竹木来自湖广,杂货则有江西的瓷器、浙江的红白糖、湖北的桐油等,这些商品主要分销鲁西南的兖州、曹州二府;输出产品则有兖州、曹州等府所产粮食、棉花、烟草、干鲜果品等。

张秋,位于临清、济宁之间,为东阿、寿张、阳谷三县所共辖。万历年间该镇已有商业街市数十处,牙行二三十家,商业店铺则"以数百计"。张秋的商品来源远及闽广、吴越、山陕,输入商品以杂货、绸缎为大宗,输出商品有枣、梨、棉花、棉布、粮食等,分销和集散范围主要是位于临清、济宁之间的兖州府北部、泰安府西部诸县。④

聊城是东昌府治,其商业发展稍晚,主要是清代发展起来的,而以道光年间为最盛。清代中叶,仅在聊城经商的山陕商人字号就有

① 参见许檀:《明清时期的临清商业》。
② 康熙《济宁州志》卷 2《风俗》;道光《济宁直隶州志》卷 2《山川志·漕运》引明陈伯友:《通济桥记》。
③ 中国社会科学院经济研究所藏《钞档》:乾隆十三年六月二十五日内阁下刑吏两部。
④ 康熙《张秋志》卷 2《建置志》,卷 6《赋役志》;道光《东阿县志》卷 5《建置》。

三四百家,主要贩运铁货、板材、茶叶等外地商品赴山东售卖;同时大规模收购、加工本地所产棉布、皮毛、毡货等运销西北、口外。其中年经营额在万两以上的商号即有四五十家之多。聊城还是山东熏枣最主要的加工集散中心,东昌府所产果品中很大一部分系在此装船南下。总计嘉道年间,聊城的商业店铺作坊约有 500—600 家,年经营额在 300 万两上下。①

　　山东半岛的登、莱二府北滨渤海,南临黄海,"舟航之利捷于他郡",故"民多逐利四方"。②半岛南岸的胶州,明代嘉隆年间即为"商贾辐辏"之所,也是山东大豆、海产输往江南的主要码头,"商船往来终年络绎"。③清康熙十八年开海禁,一度中断的沿海贸易迅速恢复,康熙末年胶州已是"三江两浙八闽之商咸以其货脺浮舶泛而来,集于东关之市廛"④,贸易范围扩大至闽广。雍正年间重定船税,胶州每年征银7 540两,这一数额相当于清初山东沿海 18 州县船税总额的9.6 倍⑤,足见胶州海贸发展之速。清代中叶胶州沿海贸易进一步发展,上海、苏州均有胶州商人开设的会馆。

　　莱阳也是山东半岛重要的商业码头,"凡平(度)、掖(县)、栖(霞)、招(远)之土产,江浙闽广之舶品,胥以此为集散所"⑥。雍正年间新定船税,莱阳为 770 两,仅次于胶州,在沿海 18 州县中位居第二。⑦莱阳商人的活动范围,"资之饶者置货于京师、金陵、苏杭淮扬,其歉者远至临清,近则南北台、青山庙、莱之海庙置焉"⑧。

　　半岛北岸的商业码头则以黄县为最。该县地寡人众,"丰年之谷不足一年之食",却号为东海"富庶之区",其原因即在于商业繁盛,居民多习贸迁之利。县志称"总黄之民而计之,农十之三,士与工十之二,商十之五"。黄县市场上,棉花来自江南,粮食贩自东北,"闽广苏

---

① 据聊城山陕会馆碑刻。
② 光绪《登州府志》卷 6《风俗》。
③ 姚文然:《请开海禁以备荒疏》,《皇清奏议》卷 18,《续修四库全书》第 473 册,上海古籍出版社 2013 年版,第 174 页。
④ 道光《胶州志》卷 39《金石》。
⑤ 乾隆《山东通志》卷 12《杂税》。
⑥ 民国《莱阳县志》卷 2《商业》。
⑦ 乾隆《山东通志》卷 12《杂税》。
⑧ 康熙《莱阳县志》卷 3《民业》。

杭西洋巧丽之物靡不必陈"。黄县西关列肆数百家,其中仅银钱之肆就有数十家之多。黄县之民经商于外者以关东为多,京师次之[1],东北的奉天、吉林、大连、营口等主要城市,均有黄县商人执商界之牛耳。

内陆商业城镇以青州府治益都兴起较早,明代即已是"聚百物而贸易之"[2]。清代中叶益都为鲁中地区生丝及丝织品的集散加工中心之一,汇集临朐一带所产生丝、茧绸、生绢等丝织品,加工、炼染之后转销京师,"行于八方";远方大贾亦多来此贸易,益都城关即有山西商人所建会馆。[3]益都也是鲁中山区的果品集散、转运市场。

潍县系莱州府属县,由省城济南赴山东半岛的东西干道在此分岔,东北行至莱州府治掖县,东南行可抵港口城市胶州。明万历年间,潍县商税收入居莱州府属七州县之冠,超过府城掖县两倍多。[4]清代中叶,潍县是莱州府烟草种植加工中心,鲁东特产粉丝、玻璃也以此为集散地。潍县商人自明代起就从事沿海贸易,"常贩米麦、豆、油、布匹等货"至天津发卖[5];清代潍县商人足迹更是南达江淮,北至盛京、吉林,苏州的东齐会馆就是潍商与胶州商人共同创建的。[6]

周村,本是济南府长山县的一个镇,其兴起约在清康熙年间,乾嘉年间已发展成为山东中部最繁荣的商业城镇,时人将其与汉口、佛山、景德、朱仙四镇相比,名之曰"旱码头"[7]。清代中叶,周村是山东中部土布、生丝、茧绸的集散中心,设有土布业商号数十家,主要集散济南府章丘、齐东、邹平、长山等县所产大布、小布、线带等棉织品,主销关东,亦销往直隶、山西、河南及山东本省。丝店、丝局、绸货店

① 同治《黄县志》卷 3《食货志》;卷首《重修黄县序》。

② 万历《益都县志》卷 5《建置志》,转引自李华:《山东商帮》,张海鹏等主编:《十大商帮》,黄山书社 1993 年版,第 180 页。

③ 咸丰《青州府志》卷 23《物产》;光绪《临朐县志》卷 8《物产》;光绪《益都县图志》卷首图。

④ 万历《莱州府志》卷 3《田赋》。

⑤ 梁梦龙:《海运新考》卷中《奖励官役》,第 24 页。

⑥ 江苏省博物馆编:《江苏省明清以来碑刻资料选集》,三联书店 1959 年版,第 368—372 页。

⑦ 嘉庆《长山县志》卷 13《艺文》。

等也有数十家,多坐落于丝市街、绸市街,鲁中山区泰安、莱芜、莒州、费县所产生丝汇聚于此。这些店铺一方面于附近各县设庄收购原色绸布,经染色、加工后北销京师、直隶;同时也从南方诸省购入丝绸、百货一并销售。章丘旧军镇孟氏在周村开设有鸿记布店、恒祥绸布店等。①

　　博山(即颜神镇),是一个因工矿业发展而兴起的城镇,并凭借工矿业产品成为方圆数百里的交易中心,输出手工业品,输入粮食以供民食。②煤炭、陶瓷、琉璃是博山的三大产业,清代中叶全县煤炭产量约为 15 万吨,除一部分销往华北平原各县外,主要供本地烧制瓷器、琉璃之用;其陶瓷、琉璃制品则远销黄河流域诸省以及西北、东北、朝鲜,甚至闽粤。十九世纪六七十年代德国人李希霍芬在考察了中国数省之后评论说:"博山是我直到现在所遇到的工业最发达的城市,一切在工作着,动着,这个城市有着一个工厂区的烟熏火燎的面貌,浓深的黑云表示各个工厂的地点。因为这里优良的矿坑所出产的煤,很早就已经促使各种工业产生,而这些工业通过若干世纪发展下来……"③在这个欧洲人眼中,博山乃是当时中国最大的工业城市。

　　2. 农村集市及其作用

　　山东集市的勃兴始于明代中叶,到嘉靖—万历年间已初步形成一个疏密不一的集市网;明末清初由于战乱灾荒的影响一度衰落,经康熙雍正年间的恢复整顿,到乾隆时进入全面、持续的发展阶段。清代中叶山东集市数量已达二千二三百个,光绪年间再增至近三千个,平均每州县有集市二十余个,与明代相比增加了 70% 以上。康熙、雍正年间清政府对集市牙行、税收制度也进行了一系列清理整顿,使集市管理开始走上制度化、规范化的轨道,从另一个方面对农村集市的发展起了促进作用。④

----

　　① 参见官美蝶:《清代山东的周村镇》,《历史档案》1990 年第 4 期;罗仑、景苏:《清代山东经营地主经济研究》,第 106 页。

　　② 孙廷铨:《颜山杂记》卷 4《物产》;康熙《颜神镇志》卷 2《风俗物产》。

　　③ 转引自彭泽益编:《中国近代手工业史资料》第 2 卷,三联书店 1957 年版,第132 页。

　　④ 参见许檀:《明清时期山东集市的发展》。

清代中叶山东集市分布已相当密集,集市交易面积平均为 66 平方公里。其中,平原区的曹州、济南、东昌三府密度最高,鲁中山区的沂州府和山东半岛的登州府相对较低,平均交易半径多在 4—6 公里之间,山区稍大些。小农赶集购买或出售商品,如果选择最近的集市,步行一般只需花费半日时间,最多一日可以从容往返。这一集市密度与北方其他省区相比差别不大,山东的集市密度或许还可算是较高的。而在江南地区,农民上市交易一般多利用清晨时间,并不需耽误一天的农作。这一点固然有南北方交通条件(江南水网交通便捷)以及习惯上的差异,经济发展水平的不同也是重要原因。

最迟在乾隆—道光年间,山东已形成一个涵盖广阔、运作自如的农村集市网,这一基层集市网与处于流通干线上的商业城镇相联系,沟通城乡市场,构成山东商品流通网的整体,通过这一流通网山东各州县可与全国大多数省区进行经济联系。笔者估算,十九世纪中叶山东市场上每年流通的商品大致有:粮食 1 900 万石,棉花 7 000 万斤,棉布 3 000 万匹,干鲜果品 6 000 万斤,食盐 1.5 亿斤,大牲畜 24 万—48 万头……年交易额在 5 000 万—6 000 万两,其中大部分商品都是通过上述农村集市网集散和流转的。清代中叶山东市场上主要商品流通量详见表 1—8。①

农村集市是中国传统市场的重要组成部分。农村集市历史久远,至少可上溯到秦汉时代,但它的大规模发展是在明清,这无疑是商品经济发展的产物。从每一个单独的集市来看,它不过是小生产者之间进行有无调剂、余缺调剂,以满足各自的生产和生活需求。然而作为一个网络体系的集市其作用绝不仅限于此,而是具有更深层的意义,并至少在以下几方面发挥着重要作用。

(1)农村集市网是大规模、长距离的商品流通的基础,这一点显而易见,无需赘言。

(2)农村集市网是保障小农经济生产与再生产正常运转的重要环节,它既是商品经济发展的产物,同时也已成为地区整体经济结构

---

① 表中各项商品流通量的估计,请参见许檀《明清时期山东商品经济的发展》第六章第四节。

表 1—8　清代中叶山东市场上主要商品流通量估计

商品	流通总额				省际流通		小区间的流通	
	商品量	价格	总值（万两）	占比（%）	商品量	商品值（万两）	商品量	商品值（万两）
粮食	1 900 万石	1 两/石	1900	31.7	500 万—800 万石	500—800	300 万石	300
棉花	7 500 万斤	100 文/斤	600	10.0	2 000 万斤	160	3 000 万斤	240
棉布	3 000 万匹	0.3 两/匹	900	15.0	400 万—600 万匹	120—180	1 000 万匹	300
丝及丝织品	?	?	400	6.7	?	300	—	—
烟草	?	?	400	6.7	?	200	?	200
果品	6 000 万斤	?	?	?	6 000 万斤	?	?	?
食盐	1.51 亿斤	20 文/斤	240	4.0	0.38 亿斤	60	0.75 亿斤	120
牲畜	24 万—48 万头	5—10 两/头	120—240	2—8	12 万—24 万头	60—240	12 万—24 万头	60—240
不动产	?	?	500	8.3	—	—	—	—
其他	?	?	500—600	10.0	?	200—300	?	200
合计			5 500 万—6 000 万两		1 600 万—2 200 万两		1 400 万—1 600 万两	

资料来源:许檀:《明清时期山东商品经济的发展》,中国社会科学出版社 1998 年版,第 390—395 页。

中不可缺少的组成部分。小农的农产品、手工业品的出售,其生产资料、手工业原料乃至口粮的购买都离不开集市;小农经济的商品化程度越高,对市场的依赖也就越大。

(3)农村集市网的形成,使地区之间通过商品流通实现经济布局调整,资源优化配置成为可能。大规模的、经常性的商品流通,使原本互不相关的一个个自然条件、发展程度各异的地区相互联系,成为一个整体,从而可以在大范围、高层面上形成地区分工,有利于发挥各自的优势,取长补短。换言之,商品流通使地区之间重新分工、调整经济布局、优化资源配置成为可能;在这一点上,作为流通基础的农村集市网络体系的形成和正常运转无疑具有十分重要的意义。——事实上,明清时期山东农业生产结构的调整与经济布局的优化过程,都是建立在上述流通网的基础上的。鲁西北平原棉花种植得以大规模发展,是以鲁西南粮产区,乃至河南、直隶等省粮食供给为基础的;山东半岛输入粮食、棉花,输出大豆、豆油、茧绸与棉布,通过与东北、江南的双向流通不仅摆脱了耕地资源匮乏的劣势,而且后来居上,日渐成为山东的"富庶之区"。如果没有上述城乡市场网络体系作为基础,这一切都将无法实现。上述流通表中,山东各小区之间的商品流通额为1 400万—1 600万两,约占总额的1/3,际流通额为1 600万—2 200万两,占总额的1/3强,显示了山东各小区之间、山东与其他省区之间的商品流通对于山东经济运转的重要作用。

五、明清时期山东经济发展的特点与历史趋势

综合以上考察,我们大致可将明清时期山东经济发展轨迹与特点归纳如下:

1. 明清时期山东经济的发展首先是土地资源开发的不断深化。这一方面表现为农业种植结构的变化:两年三熟制的发展,经济作物种植面积的扩大,以及新的作物品种的引入、推广等;另一方面,随着人口的迅速增长,土地资源日渐稀缺,因而对土地资源的开发利用又表现为从平原到丘陵山地,从沃壤到瘠土的空间推移。其结果是,大大提高了土地的利用率及其经济收益,使有限的耕地能够养活更多的人口。

2. 土地资源毕竟是有限的,明清时期山东经济的发展还表现为

非土地资源——包括劳动力资源、矿产资源以及其他资源①——的开发利用,及其范围的逐渐拓展。其中,农副产品加工业的发展最具普遍意义,它以土地产品为原料,通过再一次的劳动投入获得一个附加值,从而为经济的发展拓宽了道路,增加了财源。

3. 经济布局的调整与优化是明清时期山东经济发展的又一重要特点,这是一个由比较利益驱动,通过地区间的商品交换,发挥各自比较优势,逐渐形成各具特色的经济小区的过程。而这一演变过程之所以能够顺利推进,又是以山东各小区之间,山东与全国各省区之间大规模的商品流通为基础的,输入劣势产品,输出优势产品,从而达到地区间重新分工,重新布局,也就是一个优化资源配置的过程。

4. 产业结构的变化及其趋势则是明清时期山东经济更深层、更具重要意义的发展。这主要表现为:(1)由以种植业为主到种植与加工并重的转化;(2)商品流通越来越成为经济运转中不可缺少的重要环节,商业运输业实际上已成为地区经济中十分重要的产业部门。农副产品加工业、家庭手工业的普及、商业城镇的发展,农村集市网的形成,以及经商人口的大幅度增长,等等,这一切,我们不应仅仅视为一种现象,实际上这也是产业结构的一个演化过程,是向近现代产业结构的趋近。

山东是一个传统农业区,其自然条件并非十分优越,在明清时代也不过是一个中等发达的省区。正因为如此,明清时期山东经济的发展不仅具有自己的特色,同时也具有相当的代表性,它所显示的中国传统经济发展的内在动力与趋势,是不应忽视的。

(本文原载《中国经济史研究》1995 年第 3 期,有删节)

第二节　清代前中期的沿海贸易与山东半岛经济的发展

近代以来,在山东全省中山东半岛的经济发展尤为令人瞩目,而其发展的基础有相当一部分是在清中叶以前奠定的。其中,沿海贸

---

① 明清时期山东的煤炭业、渔盐业也有较大的发展,因篇幅所限本文从略。

易的发展对山东半岛①的崛起具有十分重要的作用。

一、沿海贸易的发展

元代漕粮由海道北运京师,山东沿海密州、胶州、登州等都是重要的海运码头和物资转运口岸,日本、朝鲜商船也常来山东沿海贸易②,山东半岛虽僻处一隅,经济却相当活跃。明代永乐年间会通河成,废海运,漕粮全部改由运河北上京师,运河流通之便带动了运河沿线地区经济发展,明初人口流失,一片荒凉衰败景象的鲁西平原东昌、兖州二府到明代中叶已是人口繁衍,城镇繁荣,成为山东的经济重心所在;而明初曾大规模向东昌府移民的山东半岛登、莱二府,却由于禁海,流通受阻,经济发展远远落后于鲁西平原。成书于嘉靖五年的《山东通志》有这样的记载:"国家承平百余年休养生息,济南、东昌、兖州颇称殷庶,而登、莱二郡⋯⋯土旷人稀,一望尚多荒落。"③

不过,嘉隆之际山东沿海居民已开始冲破禁令,发展沿海贸易。渤海湾内山东、辽东、直隶永平、天津等地商人每年二至五月份,汇聚于唐头寨、侯镇、海仓口等沿海港口,"贩运布匹、米豆、曲块、鱼虾并临清货物,往来不绝"④;南岸的胶州、即墨一带多与江淮通贸易,"胶州之民以腌腊米豆往博淮之货,而淮之商亦以其货往易胶之腌腊米豆"⑤。隆庆年间山东巡抚梁梦龙查报称:近来"海禁久弛,私贩极多","二十年前傍海潢道尚未之通,今二十年来土人、岛人以及淮人做鱼虾、贩芩豆,贸易纸、布等货,往来者众,其道遂通"。⑥不过由于是违禁贸易,多为小船近海航行,"转运米豆南北互济,犹不过轻舟沿岸赍粮百

---

① 山东半岛,主要包括登州府属十州县:蓬莱、福山、黄县、栖霞、招远、莱阳、宁海州、文登、荣成、海阳;莱州府属七州县:掖县、潍县、胶州、平度州、昌邑、高密、即墨,以及青州府属寿光、安丘、诸城等,共二十州县,本文有时兼及武定府沿海的惠民、蒲台、海丰、沾化以及沂州府日照县。

② 孙祚民主编:《山东通史》上卷,山东人民出版社1992年版,第304页。

③ 嘉靖《山东通志》卷7《形势》。

④ 梁梦龙:《海运新考》卷中《奖励官役》,第24—25页。

⑤ 同治《即墨县志》卷12《艺文》,明邑令许铤:《地方事宜议》。

⑥ 梁梦龙:《海运新考》卷下《经理海防》,第8页;卷上《海道捷径》,第21页。

石而止,连樯大艘未尝至也"①。贸易范围南至江淮,北在渤海沿岸。

康熙中叶海禁开放之后,山东沿海贸易迅速发展,贸易范围也扩大到闽台广东,康熙末年即有"三江两浙八闽"商船前来胶州②;雍正年间,福建同安、浙江鄞县都有商船"领有本县照票,常往胶州贸易"③。位于大清河畔的武定府蒲台县亦有"海舶自闽广来,泊蒲台关口",使该城"商贾辐辏,号称殷富"。④嘉道年间包世臣《海运南漕议》记言,"自康熙廿四年开海禁……布、茶各南货至山东、直隶、关东者"多"由沙船载而北行"⑤。清代南北贸易的船只多为沙船,其载运量小者千余石,大者达二三千石,已绝非明代"轻舟沿岸赍粮百石"那种规模了。

山东与关东、京津的贸易在清代也有很大发展。康熙四十六年,清圣祖巡行边外时已看到"各处皆有山东人,或行商或力田,至数十万人之多"⑥。此后,随着东北地区开发的深入,山东商人的足迹更是遍及东北各地。《登州府志》记载,该府之民"多逐利四方,或远适京师,或险泛重洋,奉天、吉林,绝塞万里皆有登人"⑦;黄县人经商于外者则"辽东为多,京师次之"⑧。又如,莱州府昌邑县下营海口"通关东,米船岁入关东豆及高粱无数";武定府海丰县大沽河口"每年闽广船至者数十号,上海及牛庄船终岁不绝"。⑨

日本学者松浦章教授多年来收集、整理了大批遭风漂落到日本、朝鲜的中国商船的珍贵史料,对清代的沿海贸易进行了精详的研究。⑩依据松浦章教授的研究,笔者将乾隆—道光年间部分漂失商船资料整理成表1—9,从中可以更加具体地了解山东沿海各州县南北

① 道光《胶州志》卷1《海疆图序》。
② 道光《胶州志》卷39《金石》。
③ 江南松江提督总兵官柏之蕃雍正六年十二月初五日折,台北故宫博物院编:《宫中档雍正朝奏折》第11辑。
④ 乾隆《蒲台县志》卷2《风俗》。
⑤ 包世臣:《中衢一勺》卷1,第12页。
⑥ 《清圣祖实录》卷230,康熙四十六年七月,《清实录》第6册,第303页。
⑦ 光绪《登州府志》卷6《风俗》。
⑧ 同治《黄县志》卷3《食货志》。
⑨ 《郭嵩焘日记》第1卷,第248页。
⑩ [日]松浦章:《清代における沿岸貿易について》《李朝時代における漂着中国船の一资料》《李朝漂着中国帆船の问情别单について》《文化五年土佐漂着江南商船郁长发资料》等。

贸易的范围、主要贸易港口及往来商品内容等。

表 1—9　山东沿海南北贸易商船示例

	年　代	出发地	原定目的地	载运商货
山东出口商船	乾隆五年	山　东	福　建	柿饼、核桃、紫草、粉干、青豆
	乾隆十四年	胶　州	乍　浦	青豆、黄豆、绿豆、核桃、柿饼
	乾隆十四年	胶　州	厦　门	绿豆、粉干、紫草
	乾隆十四年	胶　州	江　南	豆、猪、豆油、紫草
	乾隆十四年	胶　州	苏　州	豆、盐猪、紫草
	乾隆十四年	胶　州	江南镇洋	豆1船、豆油22篓、紫草36包
	乾隆十四年	山　东	福　建	绿豆、核桃
	乾隆十四年	山　东	福　建	绿豆、粉干、紫草、药材
	乾隆十四年	山　东	江　南	白豆、毛猪
	乾隆二十五年	山　东	宁　波	红枣
	乾隆二十五年	山　东	福建同安	黄豆500石、棉花100包、茧绸200匹、木耳75包、薏苡仁50包
	乾隆三十四年	胶　州	江南镇洋	腌猪等货
	乾隆三十九年	山东福山	奉　天	白布26匹、青布480匹、钱1270吊,拟买粮返回
	乾隆五十九年	山东登州	奉　天	拟买粮返回
	嘉庆十年	山东海丰	奉　天	枣260石
	嘉庆十二年	山东蓬莱	奉　天	山茧386包,高粱、玉米共100石
	道光四年	山　东	福建同安	乌枣、豆饼
	道光六年	山　东	浙江宁波	枣200余石、粉条2000余斤
	道光九年	山东文登	江苏海州	带钱14吊600文,拟买棉布、棉花返回
	道光十一年	山东福山	广东澄海	黄豆、小麦、豆饼
	道光十九年	山东黄县	奉　天	带银100两,钱110吊,拟买粮返回

（续）

	年 代	出发地	原定目的地	载运商货
	乾隆十四年	厦 门	山 东	苏木、碗、糖
	乾隆十四年	江苏刘河	胶 州	？
	乾隆十四年	大庄河口	山东登州	黄豆
	乾隆十四年	锦 州	胶 州	元豆、瓜子
	乾隆二十四年	福建莆田	山 东	？
	乾隆二十五年	福建同安	山 东	糖、茶、粗碗
	乾隆三十四年	江南镇洋	胶 州	南货
	乾隆三十九年	江南镇洋	山 东	？
	乾隆四十二年	关东宁海县	山 东	盐、鱼
外省来船	乾隆四十九年	广东澄海	胶 州	？
	乾隆四十九年	江南通州	山 东	？
	乾隆五十年	江 南	山 东	纸货
	乾隆五十三年	江苏刘庄口	山 东	？
	乾隆五十六年	关东金州	山东福山	杂粮 200 余石及山茧、棉花、烟草
	嘉庆五年	江苏南通州	山东莱阳	带银 200 两,拟买黄豆返回
	嘉庆六年	吴淞口	山东青口	纸、木
	嘉庆十三年	崇 明	山东莱州	棉花
	嘉庆十三年	上 海	胶 州	篁竹,拟买豆货返回
	嘉庆十三年	关 东	山东宁海州	茧包 386 包,高粱 60 石、玉米 40 石

资料来源:据松浦章《清代における沿岸贸易について》、《李朝时代における漂着中国船の一资料》、《李朝漂着中国帆船の问情别单について》、《文化五年土佐漂着江南商船郁长发资料》等文整理。

表 1—9 显示山东输出商品有大豆、豆油、豆饼、干果、紫草、药材、茧绸、棉布、生猪或猪肉等;输入商品主要是南方的磁器、纸张、竹木、糖、茶叶、棉花棉布以及东北的粮食、山茧等。又据《赤嵌笔谈》记载,漳泉海船"至山东贩卖粗细碗碟、杉枋、糖、纸、胡椒、苏木,回日则载白蜡、紫草、药材、茧绸、麦、豆、盐肉、红枣、核桃、柿饼"①。道光《胶州志》记载的商品种类计有:山绸、椿绸、布、盐、靛、蜜、蜡、木炭、瓜子、花生、豆饼、豆油、腌猪、白菜、槐米、干粉、海米、草帽、毡帽等;毡帽,"胶人设作坊制造,岁以数万计,由海舟运南省出售"②。

大豆、豆油、豆饼是山东半岛向南方输出的最主要商品。大豆输出明代即有,万历年间商书《三台万用正宗》已将胶州大豆列为豆之上品。③清代海禁开放之后山东大豆输出量更为增加,雍正十二年山东巡抚岳浚奏报称:江南商船载货到山东"发卖之后,即买青、白二豆带回江省者十居六七"④。胶州、诸城、即墨、莱阳、海阳等州县均有海口收泊"南省商船到口贩运豆石,回南售卖"⑤。乾隆十年江苏巡抚雅尔哈善的奏折称:"江南海关向征豆税,每年约收银二万八九千两,沿海各口及京口过载豆货不及三分之一,而刘河所收山东豆货实居三分之二,历有档案可考。"⑥表 1—10 是乾隆年间江海关征收豆税银统计。据该关税则,"豆,每石税四分"⑦,则每年该关进口大豆约在 50 万—80 余万石,平均为 70 余万石;如以其中 2/3 来自山东计算,约合四五十万石之谱。清中叶以后随着榨油业的发展,山东半岛的大豆输出渐为豆油、豆饼输出所取代。

---

① 黄叔璥:《台海使槎录》卷 2《商贩》,《故宫珍本丛刊》第 272 册,海南出版社 2001 年版,第 160 页。

② 道光《胶州志》卷 14《物产》。

③ 余象斗:《三台万用正宗》卷 21《商旅门·黄黑豆》,日本东洋文库藏万历刊本,第 11 页。

④ 山东巡抚岳浚雍正十二年八月初八日折,《宫中档雍正朝奏折》第 23 辑。

⑤ 署山东巡抚王承观乾隆十一年十二月十二日折,《历史档案》1990 年第 4 期。

⑥ 中国第一历史档案馆档案(以下简称档案):署江苏巡抚雅尔哈善乾隆十四年五月二十九日折。

⑦ 乾隆《户部则例》卷 73《税则·江海关》。

表 1—10　乾隆年间江海关征收豆税银统计

年　分	征收税银(两)	折合豆石(石)
七年分	20 075	501 875
八年分	32 984	824 600
九年分	33 525	838 125
十年分	33 838	845 950
十五年分	33 450	836 250
十七年分	29 176	729 400
十八年分	28 768	719 200
十九年分	26 834	670 850
二十年分	29 525	738 125
二十一年分	28 028	700 700
二十二年分	22 373	559 325
二十三年分	24 658	616 450
二十四年分	31 729	793 225
二十八年分	24 390	607 725
二十九年分	22 746	568 650
平　均	28 140	703 500

资料来源:十七至二十一年分据《宫中档乾隆朝奏折》;其余据中国第一历史档案馆关税档案。

说明:七至十年分为免征数额,其余为实征数额。

棉花是山东半岛从南方输入的主要商品之一。山东半岛是全省最主要的缺棉区,因地土不宜,有十余州县几乎全不植棉,如黄县"地不产棉,海舶木棉来自江南"[①];蓬莱、文登、荣成、莱阳等县直到民国

①　同治《黄县志》卷3《食货志》。

年间植棉也仅只数亩或数十亩①,所需棉花主要来自江南。据档案记载:"松江并太仓、通州、海门、崇明等处皆沙土,民间种植木棉极为充足,价值亦平","奉天、山东、闽广等省商船将彼省货物来江贸易",回棹之时多"装载棉花出口,运往彼省货卖"。②莱阳是山东半岛棉花输入的重要口岸,雍正十年徽州商人吴仁则在通州雇船户夏一舟的商船,"装入棉花二百五十三包,由南通州扬帆出发",预定到山东省莱阳县卸货,因遇风暴漂至朝鲜③。《上海县志》亦有记载称,棉花"捆载通海市,往莱阳者为子花"④。荣成县里岛口"棉花亦为进口货之大宗","衣花百斤一包,取税五十(文),子花三十(文)";他如海阳、即墨、日照等口,棉花也都是大宗进口商品。⑤

　　山东从东北输入的主要是粮食。山东半岛耕地资源欠佳,特别是登州府境内"无五十里之平壤",丘陵山地占70%,是山东最主要的缺粮区。府治蓬莱"合境地少土薄,丰年且不敷所用,一遇凶歉愈不能不仰食奉省";招远县土地瘠薄,"除完官税之外,大率不足以糊口";黄县"丰年之谷不足一年之食"。⑥莱州府土质耕地条件稍优于登州,一方面需从奉天输入部分食米以供民食,另一方面又有大量豆石输往江南。清代中叶,随着人口的不断增长,粮食需求量增大,山东半岛愈来愈仰赖"奉天米物商贩接济",一旦粮船不能按时抵达,"米物短绌,居民遂困"。⑦据《清实录》记载,嘉庆十七年虽奉省也值歉年,仍将牛庄、锦州等海口商户囤积之高粱三十余万石"酌分一半,令各商户由海船贩运登、莱等处售卖";道光十六年奉天因粮食出口过多以致粮价上涨,该省官员奏请暂停外销,不过由于"山东登莱二府向赖奉天高粱、粟米、苞米三项粮石"输入,又值登州府上年歉收,

---

　　① 《山东省民国十一年度棉业调查》,林修竹:《茂泉实业文集》,沈云龙编:《近代中国史料丛刊三辑》第465册,第245、248、249页。

　　② 江苏巡抚杨魁乾隆四十二年六月二十三日折,《宫中档乾隆朝奏折》第39辑。

　　③ 转引自[日]松浦章:《清代徽州商人与海上贸易》,载刘淼辑译:《徽州社会经济史研究文集》,黄山书社1987年版,第459页。

　　④ 同治《上海县志》卷8《物产》。

　　⑤ 《郭嵩焘日记》第1卷,第260、263—278页。

　　⑥ 道光《蓬莱县志》卷5《食货志》;顺治《招远县志》卷4《风俗》;同治《黄县志》卷3《食货志》。

　　⑦ 光绪《蓬莱县志》卷12《艺文》。

极需接济,故仍"拨高粱十二万石,并各海口杂粮共计一百万石,准令商人运赴山东"①。我们估计,清代中叶山东半岛每年从东北输入的粮食大约在数十万石至百余万石,清末可能更多些。

山东沿海向北输出的商品主要是棉布。如武定府蒲台县所产棉布"南赴沂水,北往关东";惠民一带所产多在"海丰县呈子口装船,赴东三省销行"。②莱州府潍县所产梭布"销售京师、周村客商,岁约十万金";掖县商人则多在寿光县上口镇收购梭布,运销京师。③此外,博山所产琉璃、陶瓷制品也有不少北销关东乃至朝鲜。④

据档案记载,山东沿海州县"海口共有十七处",自康熙中叶开放海禁,设立船税,往来贸易货物"计价每两抽税三分"。⑤康熙年间沿海诸口船税定额为786两零⑥,雍正初年经抚臣查勘,"胶州、莱阳、昌邑、利津、日照、蓬莱等六船处货稍多,委员监收,逐年收数比前大增"⑦。其中尤以胶州为最,雍正四年改定税额,胶州每年征银7 540两;莱阳次之,为770两。乾隆四十一年山东沿海各口征收船税银共10 793两,为康熙时的13.7倍。⑧又据咸丰九年山东开办厘局之前的调查,仅福山、胶州等14州县海口的不完全统计,税额已达42 280两(见表1—11),较乾隆时又增加了三倍。此时厘税尚未开征,税率大体仍保持原来的3%,如蓬莱、福山一带海口"取税以三厘为率,每百金得银三两";海阳县"海税皆以三分";而诸城、日照等海口据说"出口之货,除豆饼外概不抽税,花生、豆油、腌猪,亦并无税";胶州海口花生、山楂等重要商品也未列入税则。⑨故此时清代山东沿海船税税额的增长,反映的当主要是贸易量的增长。

---

① 《清仁宗实录》卷 258,嘉庆十七年五月,《清实录》第 31 册,第 485 页;《清宣宗实录》卷 280,道光十六年三月;《清实录》第 37 册,第 319 页。
② 乾隆《蒲台县志》卷 2《艺文》;《惠民县乡土志·商务》。
③ 《潍县乡土志·商务》;《寿光县乡土志·商务》。
④ 孙廷铨:《颜山杂记》卷 4《物产》。
⑤ 档案:乾隆七年九月初一日山东巡抚包括奏折。
⑥ 雍正《山东通志》卷 12《杂税》。
⑦ 档案:乾隆七年九月初一日山东巡抚包括奏折。
⑧ 雍正《山东通志》卷 12《杂税》;宣统《山东通志》卷 83《杂税》。
⑨ 《郭嵩焘日记》第 1 卷,第 254、263、278、268 页。

表 1—11　咸丰九年山东福山等州县海口税收一览表

府州县	税　额(两)	占比(%)
登州府福山县	12 123.596	28.67
黄　　县	2 011.405	4.76
荣成县	2 004.219	4.74
蓬莱县	1 503.108	3.56
文登县	904.23	2.14
海阳县	402.44	0.95
宁海州	304.31	0.72
合　计	19 253.308	45.54
莱州府掖县	3 602.23	8.52
胶　　州	6 071.469	14.36
即墨县	8 736.552	20.66
合　计	18 410.251	43.54
武定府利津县	2 018.04	4.77
海丰县	2 025.373 5	4.79
青州府诸城县	502.69	1.19
沂州府日照县	71.028	0.17
合　计	4 617.131 5	10.92
总　计	42 280.690 5	100.0

资料来源:据交通部烟台港务管理局《近代山东沿海通商口岸贸易统计资料》附录二附表一改制。

　　表 1—11 所列是咸丰九年(1859)山东沿海 14 个州县海口征收税银数字,这是山东巡抚文煜为协助郭嵩焘筹办山东厘局,从各州县汇总的税银数字,并非全年税收。① 此时烟台尚未开埠,税额反映的

――――――――――

　　①　交通部烟台港务管理局编:《近代山东沿海通商口岸贸易统计资料》,对外贸易教育出版社 1986 年版,第 235 页。

状况应是百余年来山东沿海帆船贸易发展形成的分布格局。该表可见，山东沿海诸口中福山、胶州、即墨税额较高，而以烟台所在的福山县为最；此时的烟台已取代清前期的胶州成为山东最重要的港口，这显然与其地理位置密切相关。

烟台位于山东半岛北岸渤海湾入海口，与辽东半岛南北相对成拱扼之势，水路相隔仅数百里。明代福山县沿海港湾芝罘（即烟台）口、八角口就是与辽东贸易的重要码头；清代烟台逐渐兴起，不但关东、江浙闽广与半岛北岸的贸易商船多在此停泊，而且凡天津、关东与南方诸省往来贸易的商船均需经此出入。乾隆以降，随着天津港贸易的发展以及东北三省开发的深化，南北商品流通量剧增，扼据渤海湾入口处的烟台也加速发展。道光末年与烟台往来贸易的帆船有"广帮、潮帮、建帮、宁波帮、关里帮、锦帮"等，各地商人在烟台开设的商号"已千余家矣"。①

二、山东半岛经济的发展

清代沿海贸易的发展对山东半岛经济具有十分重要的意义，它促进了山东半岛特色经济的形成和发展，也使其经济结构发生了重要变化。

首先，沿海贸易的发展促进了山东半岛农业经营特色的形成与发展。

山东半岛登、莱二府土地多盐碱砂碛，农业种植条件不佳，粮食、棉花都不足以自给。沿海贸易的发展使山东半岛得以与东北和东南沿海地区在流通的基础上形成地区分工互补，扬长避短，发展本地特色——大豆、花生种植，近海渔业、山蚕养殖，等等，并在此基础上形成农副产品加工业，输出本地产品，输入粮食、棉花以满足需求。

1. 大豆、花生的种植与加工

大豆自明代就是山东半岛输往江南的主要商品。万历年间商书《三台万用正宗》将胶州大豆列为豆品之首："胶州鹅黄、海白、海青，干净精神，可谓上等。"②康熙十年左都御使姚文然建议开放海禁时

---

① 民国《福山县志稿》卷 5《商埠》。
② 余象斗：《三台万用正宗》卷 21《商旅门·黄黑豆》。

也说,"山东东府地方所产大小米麦、黄黑豆等项,旧日多至胶州等处舟运至淮安之庙湾口,沿海边而行,风顺二三日可达,商船往来终年络绎"①。清代山东大豆是江海关进口的主要货物之一,前面我们根据税额估计乾隆年间山东半岛每年输往江南的大豆约有四五十万石。

山东半岛的花生种植大约始于嘉庆年间。如登州府海阳县"嘉庆十年夏,闽商庄慕陶自福建带来长生果一袋",作为寿礼献给归省知府李宜升,李家将其植于黄金洼,为该县花生种植之始。②青州府安丘县也是"嘉庆十年以后始有种者,获利无算",以至汶河两岸原不宜种五谷的"废田"因种植花生获利,反被视为"膏沃之地"。③莱州府平度州花生种植为嘉庆二十二年到任的知州周云凤所教,故该县种植花生当始于嘉道之际。同治年间,州人又从传教士手中获得美国花生种,子粒硕大,于是多改种美种花生,到光绪时已是"连阡陌矣"。④胶州花生种植也发展较快,道光《胶州志》记载,州境"南鄙以蓄薯蓣为食,东鄙以落花生代稼",该志将花生列入"货属",说明花生已有外销。⑤咸丰九年,郭嵩焘在即墨金家口港见到"小车运载豆饼、花生上船,以数百辆计,填塞街道"⑥,此时山东半岛的花生输出已有相当规模了。

清代前期山东半岛已有豆油输出,中叶以后随着榨油业的发展,豆油、花生油都成为山东半岛输出商品之大宗,尤以莱州府最为发达。如光绪年间,平度州所产豆油"每年出售万篓,每篓百七八十斤,花生油称是;本境销者十之二三,出口者十之七八";诸城县豆油"由渍口、涛雒、石臼所、胶州等处水运上海、吴淞、刘河,每岁销行十五六万斤不等";豆饼"陆运昌、潍,水运上海、吴淞等处,每岁销行三十万

---

① 姚文然:《请开海禁以备荒疏》,《皇清奏议》卷18,《续修四库全书》第473册,上海古籍出版社2013年版,第174页。

② 荆甫斋、刘志耘主编,山东省海阳县志编纂委员会编纂:《海阳县志》,海阳县印刷厂1988年印,第154页。

③ 道光《安丘新志》卷10《方产考》。

④ 道光《平度州志》卷10《物产》;《平度县乡土志》卷14《物产》。

⑤ 道光《重修胶州志》卷14《物产》。

⑥ 《郭嵩焘日记》第1卷,第266页。

片(一片约二十斤)"。①高密县每年出口豆油"十余万斤或七八万斤，花生油半之"，"向由胶州出口"；1899 年青岛开埠之后，其中一部分改由青岛出口。②

2. 近海渔业

山东半岛北环渤海，南滨黄海，沿海渔场港湾众多，近海渔业是重要的财源之一。登州府属十州县除栖霞之外有九个临海，"沿海居民多以捕鱼为业"③。如蓬莱县"沿海斥卤，耕租不宜，全赖终年捕鱼养生"④；莱阳县"四民之外渔为最"⑤；招远县"西北鄙负海者四十余里，自开凌以后炊烟渔火岸岛相望，盖鱼船为室而罟代耕者终岁为然也"⑥。莱州府属七州县中也有五个滨海，南岸胶州一带居民享"捕鱼之利，民颇饶给"；北岸的掖县也是"民殖鱼盐以自利"。⑦武定、青州等府也有少数州县滨海，渔业收入较丰。如武定府沾化县沿海渔场每届"春夏之交渔舟鳞集，海洋布网者不可枚数"⑧；青州府寿光县"盐灶鱼网之利实一方居民之所仰给"⑨。再如位于沂州府南部的日照县三面环山，仅东南一面临海，耕地瘠薄，而"鱼盐之利尤胜过他邦"。⑩

山东海产品种众多，如青鱼、带鱼、鲳鱼、鲹鱼、蛈鱼、魟鱽、偏口、黄花、乌贼等，不下数十种。其中蛈鱼、魟鱽为海产之上品，青鱼、带鱼则产量最丰。山东渔业以近海网捕为主，由于渔船、渔网成本较高，沿海渔民多"集资买舟"或合伙"出网"。方志记载称，"海上渔户所用之网……每网一贴约长二丈五尺，数十家合伙，出网相连，而用网至百贴则长二百丈。乘海潮正满，众乘筏载网，周围布之于

① 《平度县乡土志》卷 6《商务》；《诸城县乡土志》卷下《商务》。
② 《高密县乡土志·商务》。
③ 光绪《登州府志》卷 21《盐法》。
④ 光绪《蓬莱县志》卷 5《食货志》。
⑤ 康熙《莱阳县志》卷 3《民业》。
⑥ 道光《招远县志》卷 1《物产》。
⑦ 道光《重修胶州志》卷 12《山川志》；乾隆《掖县志》卷 1《风俗》。
⑧ 光绪《沾化县志》卷 1《山川》。
⑨ 嘉庆《寿光县志》卷 3《河泊》。
⑩ 康熙《日照县志》卷 3《土产》。

水,待潮退动,鱼皆滞网中,众齐力拽网而上",丰时一网可得数万斤。①又如,渔户于春初在"海滨设重网,长至数十百丈,结缚窝棚,动辄百人,旦夕宿沙际,伺鱼大上,一网辄获万亿"②;或者"以船筏载网,网至数百丈,鱼滩至四五里,每网约费数十金,举重网者获利无算"③。以渔业"致富者亦往往有也"④。

清代海禁开放之后,渔民可赴远海捕鱼,又有"赍关票由单,装柴米网盐,刺船入海,随南北洋取鱼,缘口岸售卖者,曰放洋船"。⑤表1—12所列是乾隆年间遭风漂至朝鲜的部分山东渔船,估计其中至少会有部分系上述赴深海捕鱼的放洋船。表中可见,有些船只的随船渔民、水手多达三四十人,船只规模相当可观。此类放洋船可追逐鱼群游弋捕捞,所获自当更丰。不过深海捕鱼投资甚巨,非有力之家不能为之。

表 1—12　乾隆年间遭风漂至朝鲜的山东渔船示例

年　代	船户姓名	所属州县	随船人数
乾隆三年	胡元浦	山东蓬莱	46
乾隆六年	王成云	山东智美(?)	5
乾隆三十五年	刘金玉	山东莱州	40
乾隆三十五年	刘丕弼	山东莱州	30
乾隆三十六年	浦路龙	山东登州	22
乾隆三十九年	曲永顺	山东福山	25
乾隆四十五年	王青莲	山东登州	6
乾隆五十年	池云生	山东荣成	5
乾隆五十一年	张元周	山东荣成	4

资料来源:[日]松浦章:《李朝时代における漂着中国船の一资料》,《关西大学东西学术研究所纪要》第15辑。

---

① 康熙《青州府志》卷5《物产》。
② 光绪《登州府志》卷6《风俗》。
③ 顺治《招远县志》卷4《风俗》。
④ 民国《莱阳县志》卷2《渔业》。
⑤ 光绪《日照县志》卷3《食货志》。

　　山东渔产的市场销量不小。如青州府诸城县,每当渔季,一网"可得杂鱼巨细数万,堆列若巨丘,贩夫荷担云集,发至竟日方尽"①;莱阳县渔户"少则日获数十斤,多则一网数百斤,货鲜供急,腌鲞待价"②。除就地直接出售外,山东海产有很大一部分是经加工腌制后外销的。沿海州县每年用于腌鱼的食盐为数甚巨,《登州府志》记载,"沿海居民多以捕鱼为业,每逢春夏捕鱼之际,所需盐斤动以亿万"。登州沿海产盐不多,且多为末盐,而腌鱼"必需大盐方能经久",如用当地所产末盐,不仅价格昂贵,且"日久变味,贩运维艰",故每年需从关东输入相当数量的大盐以备腌鱼之用。登州府是山东唯一准许输入外盐的地区。③

　　山东外销的海产品主要销往江南。明代即有淮扬、徽苏、江浙商人前来贩买鱼虾。④清代随着沿海渔业的发展,山东海产品的南销量也大大增加。如登州府荣成县"田豆、海鱼售之南舟"⑤;文登县威海口输出货品"以鱼利为一大宗",上海沙船"每船运万斤以上"。⑥又如江南崇明县郁家船行有商船 11 只,常年往来山东,在山东"采买猪、豆、饼、油……并鱼包等货回南售卖"。⑦此外,山东西部运河沿线市场上亦有海鱼出售,当多来自东部沿海。

　　3. 山蚕养殖

　　登、莱二府是山东最主要的柞蚕养殖区之一。乾隆年间宁海州张崧《山蚕谱序》记言,"登莱山蚕盖自古有之,特前此未知饲养之法,任其自育于林谷之中,故多收辄以为瑞。宋元以来其利渐兴,积至于今人事益修,利赖日广。立场畜蛾之方,纺绩织袵之具,踵事而增,功埒桑麻矣"。⑧山东的柞蚕养殖自宋元以来积累了数百年的经验,清代得以迅速发展。康熙时人张新修所著《齐雅》记载:"山桑,叶大于

---

① 康熙《诸城县志》卷 2《山水》。
② 民国《莱阳县志》卷 2《渔业》。
③ 光绪《登州府志》卷 21《盐法》;光绪《蓬莱县志》卷 5《盐法》。
④ 梁梦龙:《海运新考》卷下《经理海防》。
⑤ 道光《荣成县志》卷 1《海运》。
⑥ 《郭嵩焘日记》第 1 卷,第 257 页。
⑦ 〔日〕松浦章编著:《文化五年土佐漂着江南商船郁长发资料》,关西大学出版部 1989 年版。
⑧ 同治《宁海州志》卷 25《艺文志》。

常,登莱青兖四府凡有山谷之处无不种植。不论顷亩,以一人所饲为一把手,有多至千手之家,不供赋税,坐享千金。"①孙钟疃《山蚕辑略》亦言,登州府属各县"均以养蚕为业,种柞木为本,依此山蚕以为养生之源"。②

茧绸是山东半岛输往南方的主要商品之一,养蚕织绸是小民的重要生计,据说"山民有(以茧绸)起家至巨万者"③。康熙《莱阳县志》记载,该县"有蚕丝织绢、绵绸,有樗茧织山绸……皆有巨贾发银收贩"④。文登县物产以"山绸为最",其中"椒茧、樗茧谓之小茧",织绸最贵;"柞茧谓之大茧,价次之"。⑤昌邑县盛产茧绸,本县所产山茧不足供应,需从日照、寿光等县输入原料;十九世纪后半叶,该县北部几乎庄庄安机,户户织绸,年产近十万匹,其中以柳疃为最,"机户如林,商贾骈集,茧绸之名溢于四远。除各直省外,至于新疆、回疆、前后藏、蒙古,裨贩络绎不绝于道,镳车之来,十数里衔尾相接"⑥。宁海州春秋两季俱有茧市,然仍不敷用,"每岁进口以关东茧为一大宗"⑦,可能不仅供给本境,也是邻近各邑茧丝的原料市场。

此外,山东半岛虽地不宜棉,但家庭棉纺织业却相当普遍。顺治《登州府志》记载,"纺织花布以自衣被,穷乡山陬无问男妇为之,其织作需织工,勤有余布亦兼鬻于乡市,复有布贾贩之城市,庶人、在官、末作、游寓者均需焉"⑧。黄县"地不产棉,海舶木棉来自江南",而"妇女尤勤纺织"⑨;莱阳县也是"无论男妇皆纺花织布以自衣被",并有"余布鬻之乡市"。⑩

---

① 光绪《临朐县志》卷 8《物产》。
② 孙钟疃:《山蚕辑略·序》,转引自孙祚民主编:《山东通史》上卷,第 426 页。
③ 宋起凤:《稗说》卷 3《山茧》,《明史资料丛刊》第 2 辑,江苏人民出版社 1982 年版,第 81 页。
④ 康熙《莱阳县志》卷 3《民业》。
⑤ 乾隆《威海卫志》卷 2《物产》。
⑥ 《莱州府乡土志》卷下《物产》;王元綖:《野蚕录》,转引自《潍坊风物》,山东人民出版社 1983 年版,第 130—131 页。
⑦ 同治《宁海州志》卷 4《食货志》;《郭嵩焘日记》第 1 卷,第 256 页。
⑧ 顺治《登州府志》卷 8《风俗》。
⑨ 同治《黄县志》卷 3《食货志》。
⑩ 康熙《莱阳县志》卷 3《民业》。

第二，沿海贸易的发展使山东半岛经商人口大幅度增长，商业在当地经济构成中所占比例大大提高。

《登州府志》记载，该府"地狭人稠，境内所产不足以给，故民逐利于四方"；又言"操末业走四方者多营末富"。①府治蓬莱"多泛海以谋生者"；文登县民也多"越海贸易"，获利颇巨；乾隆年间开石岛海口，海船贸易往来多于此停泊，"南货云集"，更使"逐末者众"②；黄县"地狭人稠……养生者惟贸易为计"；大贾多"自造舟贩鬻，获利尤厚，于是人相艳视，趋鹜日众"。③

山东半岛各州县外出经商者大抵以辽东、江南、京津为多。如莱阳商人"资之饶者置货于京师、金陵、苏杭淮扬，其歉者远至临清，近则南北台、青山庙、莱之海庙置焉"。④黄县之民经商于外者则"辽东为多，京师次之"，"奉天、吉林方万里之地皆有黄民"。⑤胶州商人贸易范围更广，凡"江南、关东及沿海各口皆有行商"。⑥乾隆年间苏州有登州、青州、胶州、潍县、诸城等山东商人商号数百家，并建有"东齐会馆"；清代中叶山东半岛在上海经商者有胶州帮、登州帮、文登帮、诸城帮等商帮，势力也很雄厚。⑦

除外出经商之外，在本地从事牙行、金融、商贩者也为数众多。如胶州商人大者有三："曰装运，曰典当，曰银钱"，其中两种为金融业；服务于海贸，借"牙佣贩负资货为利者"也为数众多。胶州最大的牙商即有福广行、棉花行、草果行、油饼行等八家，往来贸易的主要商货多需通过这八大行进行交易。⑧黄县"居肆而贾者，东街有衣肆，南关有粮肆，西关则列肆数百"；小民从事负贩之业者则"百十为群，以骡驴负货而至"。⑨平度州"商多坐贾，贸迁不过数百里，南到胶州、即墨，东

---

① 光绪《登州府志》卷首《小序》；卷6《风俗》。
② 道光《蓬莱县志》卷12《艺文》；光绪《文登县志》卷3《赋役》、卷2《风俗》。
③ 同治《黄县志》卷3《食货志》。
④ 康熙《莱阳县志》卷3《民业》。
⑤ 同治《黄县志》卷3《食货志》。
⑥ 道光《重修胶州志》卷15《风俗》。
⑦ 《江苏省明清以来碑刻资料选集》，第368—372页；《上海碑刻资料选辑》，第72—73页。
⑧ 道光《重修胶州志》卷15《风俗》；《郭嵩焘日记》第1卷，第267—268页。
⑨ 同治《黄县志》卷3《食货志》。

北掖县、黄县,西至昌、潍、济南,西北武定,贩易惟麦菽麻黍布绵牛驴羊豕之属"。①昌邑下营口是一个以粮食进出口为主的贸易码头,"米船岁入关东豆及高粱无数","内地之麦亦时运以出海";其经营者除富商巨贾之外,亦有大量"小商短贩,百什成群"往来负贩。②

经商人口的大幅度增加,在很大程度上改变了当地居民的从业结构。如同治《黄县志》记载:"总黄之民而计之,农十之三,士与工十之二,商十之五。"③如果按照这一比例计算,该县从事商业的人口已超过农业人口;即便不把这一记载视作实际的比例数字,经商人口的大幅度增长当也是一个无可置疑的事实。而经商人口比例的增长,实际上也反映了商业在经济构成中所占比例的提高。正是由于这一结构性变化,黄县虽地寡人众,"丰年之谷不足一年之食",却以山东省"富庶之区"而著称。同治年间任东海关监督的龚易图对其有这样的赞誉:"近岁以来言东海富庶之区者唯潍与黄,其科名文物之美,冠缨世族之盛亦二邑为最。"④这里,黄即黄县;潍指莱州府潍县,也是山东半岛经商人口较多的一个县份。

第三,沿海贸易的发展带动了港口城镇的发展。随着海贸的发展,山东沿海逐渐兴起一批颇具规模的商业城镇,其中较大的如胶州、莱阳、黄县、烟台等。

莱州府的胶州是清代前期山东沿海各州县中发展最快、商业规模最大的港口城市。康熙末年其贸易范围已由江淮扩展到闽台,"三江两浙八闽之商咸以其货觯浮舶泛而来,居集乎东关之市廛",而"牙佣贩负资货为利者"则将南来货物转贩他处,或汇集本地商品转售于南船,每日"往来络绎,熙熙然南门之外"。⑤雍正初年经抚臣查勘,将胶州船税增为7 540两,这一数额相当于清初山东全省沿海十八州县卫所船税总额786.81两的9.6倍⑥,胶州海贸发展之速由此可见一斑。

---

① 道光《平度州志》卷10《风俗志》。
② 《郭嵩焘日记》第1卷,第250页;乾隆《掖县志》卷6《艺文》。
③ 同治《黄县志》卷3《食货志》。
④ 同治《黄县志》卷首《龚易图序》。
⑤ 道光《胶州志》卷39《金石》。
⑥ 雍正《山东通志》卷12《杂税》。

胶州城市也随着商业的繁荣逐渐发展。胶州城始建于明初,城周仅只四里,城内除州衙,文庙之外,居民仅二百余户。其后随着商业的发展,胶州人口渐增,崇祯年间环城而居者已达数千家。清代随着海贸的进一步发展,胶州城关之外渐发展为繁荣的商业街,其商业街市有:花市街、店子街、杂货街(有两条)、钱市街、姜行街、鱼市街,又有山货市、粮食市、估衣市、簸箕市、扒(耙)市、铁器市、牛驴市、旧驴市、面市、菜市、草市、瓦罐市、糠市、劈柴市、二夫市等;设有福广行、杉木行、棉花行、驴骡行、草果行、油饼行、腌猪行、干粉行等八大商行,"载货大小车相属于道"。道光年间这一商业区的面积已十倍于原州城。①

莱阳为登州府属县,位于山东半岛南岸,有五龙河自北而南流经县境入海。清初沿海的羊郡、鼍岛等都是海贸的重要码头,"帆船云集,商贾往来苏浙、朝鲜、津沽,称便利焉"。雍正年间新定船税,莱阳为770两,仅次于胶州,在山东沿海各州县中位居第二。海船停泊码头以羊郡最为繁盛,"南船北马,凡平(度)、掖(县)、栖(霞)、招(远)之土产,江浙闽广之舶来品胥以此为集散所……土产若油、饼、猪、盐、沙参之属,南方棉、纸、竹木、蔗糖之类,山西之铁锅、周村之铜器、博山、淄川之煤炭、磁器于焉转输"。清代中叶羊郡海口淤塞,金家口成为莱阳的主要海口,号"莱阳码头"。②

北岸商业城镇以黄县、烟台为最。黄县(即今龙口市)位于山东半岛北岸,为登州府属县。黄县市场上,粮食贩自东北,棉花来自江南,"闽广苏杭西洋巧丽之物靡不必陈"。县志描述其贸易状况言,"市粮、市果常在南关,市木、市牛豕驴骡常在东关,市蔬菜瓜蓏常在东街,市薪刍常于西关";百货则"各随所期之日为所市之地,东关之集期以九日,南关之集期以七日,北关之集期以三日,西关之集期以一日五日";至于"居肆而贾者"则"东街有衣肆,南关有粮肆",尤以西关商业最盛,各类店铺"列肆数百",其中仅"银钱之肆"即有数十家之多。黄县居民经商为业者人数众多,"大贾则自造舟贩鬻,获利尤

---

① 道光《胶州志》卷22《明官师志》;卷1《关厢建置开方图》;《郭嵩焘日记》第1卷,第267—268页。

② 雍正《山东通志》卷12《杂税》;民国《莱阳县志》卷2《商业》。

厚";小商小贩多"百十为群,以骡驴负货而至",本地产品的汇集输出,外来商货的转运分销多有赖之。①

烟台,属登州府福山县,是清中叶前后发展起来的港口城镇。它虽然起步较晚,但发展较快。民国《福山县志稿》有这样一段记载:烟台"明为海防,设奇山所驻防军;东通宁海卫,西由福山中前所以达登州卫,设墩台狼烟以资警备。其始不过一渔寮耳。渐而帆船有停泊者,其入口不过粮石,出口不过盐鱼而已,时商号仅三二十家。继而帆船渐多,逮道光之末,则商号已千余家矣。维时帆船有广帮、潮帮、建帮、宁波帮、关里帮、锦帮之目……"②

以上记载可以看出,烟台作为港口城镇是随着沿海贸易的发展而发展起来的。明初烟台为登州卫所属地,为军事目的在此设立墩台,"以资警备",烟台即以此得名。此时的烟台不过是一个渔村。其后随着沿海贸易的发展,渐有帆船来泊,开设商号"三二十家","其入口不过粮石,出口不过盐鱼而已"。乾隆以降,随着北洋贸易的大规模发展,位居渤海湾口的烟台遂成为商船往来出入的必经之地,各帮商人多来此贸易,帆船停泊渐多,经常往来于此的商帮有广帮、潮帮、建帮、宁波帮、关里帮、锦帮等;到道光末年,在烟台开设的商号已达千余家。此时的烟台在山东沿海贸易中的地位已超过胶州,成为山东半岛最重要的港口,前文表1—11所列福山县税额即是一证。咸丰九年郭嵩焘的报告亦称:"烟台为南北之冲,海船经过收泊较多于他处,故以此一口(收税)为较盛"③;英国驻烟台领事馆在《1865年烟台贸易报告》中也写道:"在《天津条约》签订之前,烟台的贸易已表明它是一个重要之地","将近三十年来,它和渤海湾的其他几个港口一起,成为欧洲与中国商品的巨大贸易中心"。④也就是说,最迟在道光中叶烟台已成为西方商品输入华北的重要转运码头。第二次鸦片战争后,烟台在山东诸口中首先被外国侵略者看中选为通商口岸,显然是由于它当时在山东沿海贸易中的地位,而绝非侵略者的拓荒之举。

此外,文登县之威海,即墨县之金家口,诸城县两城集、陈家口,

---

① 同治《黄县志》卷3《食货志》。
② 民国《福山县志稿》卷5《商埠》。
③ 档案:转引自丁抒明主编:《烟台港史》,人民交通出版社1988年版,第22页。
④ 丁抒明主编:《烟台港史》,第22页。

日照县涛雒镇,等等,也都是较繁盛的海贸码头。

＊　　　＊　　　＊　　　＊

综上所述,清代沿海贸易的发展对山东半岛经济发展具有十分重要的作用。甚至可以说,海运的畅通乃是山东半岛经济正常运转的生命线。海贸的发展使山东半岛虽耕地资源匮乏,却无缺粮之虞,并且促进了本地特色经济的发展;经商人口增加、港口城镇发展,商业在各州县经济中所占比例日渐增加,成为重要的财富之源。总之,沿海贸易的发展使山东半岛一改明代的落后局面,后来居上,取代运河沿线的鲁西平原,成为山东经济的重心所在。

（本文原载《中国社会经济史研究》1998 年第 2 期）

第三节　明清时期区域经济的发展

区域经济的发展,是明清时期中国经济发展中一个十分引人注目的现象。自八十年代以来,随着经济史研究的不断深化,区域经济成为明清经济史研究的重点之一,十余年来已有相当数量的论著陆续问世。本文拟在前人研究的基础上,选择一些较具代表性的区域[①],做一初步的综合考察分析,着重探讨各区域的经济发展特色,以及它们之间的相互联系。

一、高效农业与丝、棉纺织业并重的江南经济

江南地区,这里主要指江浙两省环太湖平原的苏、松、常、杭、嘉、湖六府和太仓直隶州,共计五十余州县。自唐宋以来这里一直是中国最先进的农业区。明清时期,江南地区的可耕地几乎已开垦殆尽,

---

① 美国学者施坚雅按照自然地理条件把全国划为华北、西北、长江上游、中游、下游、东南沿海、岭南、云贵、东北九大区域([美]施坚雅:《19 世纪中国的区域城市化》,《中国封建社会晚期城市研究——施坚雅模式》,王旭等译,吉林教育出版社 1991 年版,第 57 页);中国学者郭松义则依据经济发展水平,把全国划分为:(1)以太湖平原和珠江三角洲为代表的发达地区;(2)经济发展较充分的已发展地区;(3)大量流民进入,经济上有较大发展的开发中地区;(4)地处边疆和偏远山区的不发达地区等四种不同的经济类型(郭松义:《清代地区经济发展的综合分类考察》,《中国社会科学院研究生院学报》1994 年第 2 期)。本文对区域的选择兼及自然地理条件和经济发展水平这两类划分标准。

而人口却增加了数倍。到清代前期江南人口密度每平方公里超过500人，人均耕地不足2亩。①一方面人地矛盾十分尖锐，另一方面这里又是全国最富庶的地区，这显然与江南经济结构的特点密切相关。

1. 高投入高产出的农业经营方式是江南经济的重要特色之一。合理地利用现有农业资源，提高生产的集约化程度，是江南农业发展的主要途径。

不同的农作物对水土条件要求不同。在江南三大主要农作物中，水稻喜湿，土质以中性壤土为宜；棉花耐旱，并有一定的抗盐碱能力，土质以沙壤土为佳；种桑虽然"不论山水平原各乡皆可"，但需要大量的劳动力和肥料投入。合理利用农业资源，主要是根据各种农作物的生长特点，将其配置在自然条件最适合的地方，形成专业化与综合发展相结合的地域分工，从而取得最大的经济效益。

江南濒江沿海一带地势较高，供水困难，小农为解决稻田用水需投入巨量劳动，故种稻极不经济。明末何良俊曾对松江府东部沿海高地和西部低田地带种植水稻的收益状况进行过具体比较："西乡田低水平易于车戽，夫妻二人可种二十五亩，稍勤者可种三十亩"，每亩岁入多者可达三石，少则二石五斗，从低计算"每岁可得米七八十石"；而"东乡田高岸陡，车皆直竖，无异汲水，水稍不到苗皆槁死，每遇旱岁，车声彻夜不休，夫妻二人竭力耕种止可五亩；若年岁丰熟，每亩收一石五斗"。以每米一石价银一两计算，西乡之田每亩产值3两或2.5两，东乡亩产值仅为西乡的50%左右；以户收入计算，则东乡农户收入仅为西乡的10%，收益极低。明末当地农民已认识到这里不宜种稻，而改种棉花。康熙年间江南花价约每担2两，种棉一亩平年可得皮棉80斤，折银1.6两，已超过种稻收入；而且种棉不必戽水灌溉，夫妻二人种植亩数可数倍于种稻，其户收入更可大大提高。②因而，到清代中叶松江府沿海各县已是种棉多于种稻了。

种桑的经济效益更明显高于种稻。关于种桑和种稻的收益已有学者做过详细比较，据李伯重的研究：明末清初江南地区种稻一般每亩需投工11.5个，用肥（豆饼）160斤，再加上种子、农具等其他各项

---

① 梁方仲：《中国历代户口田地田赋统计》，甲表88、乙表76。
② 李伯重：《明清江南农业资源的合理利用》，《农业考古》1985年第2期。

投入,总计投资 2.22 两。每亩稻田平均产谷 3 石,以每石价银 1 两计之,亩产值为 3 两,除去各项投入每亩获利 0.78 两,为投资额的35%。种桑每亩需投入人工 48 个,用豆饼 750 斤,加上其他桑苗、农具等,各项投资总计为 3.85 两,大大高于种稻。但种桑每亩产值为9.5 两,除去各项投资每亩可获利 5.65 两,为种稻的 7.24 倍,为投资额的147%。如果以每个男劳力可治桑 4 亩,或种稻 8 亩计算,人均获利种稻为 6.24 两,而种桑为 22.6 两,种桑为种稻的 3.62 倍。还需特别强调的是,清代江南的桑园有相当一部分是由不宜种稻的土地改造而来,因而经济效益的提高就更为明显了。[①]

到清代前期,江南已逐渐形成三个相对集中的作物分布区:

第一,濒江沿海以棉为主或棉稻并重的棉—稻产区,其范围北起常州府北部沿江的江阴、靖江,南至杭州府东部"钱塘滨江沙地",主要包括松江府及太仓州的大部,以及苏州府属常熟、昭文等县。其中松江府之上海、川沙、南汇、奉贤、嘉定,太仓州及所属宝山、镇洋等八州县为中心产区,棉田比例约占各县耕地面积 60%—70%;其余各县比例稍低,约占耕地的 30%—40%。

第二,太湖南部以桑为主或桑稻并重的桑—稻产区,其范围基本上是"北不逾淞,南不逾浙,西不逾湖,东不至海",主要包括湖州府之乌程、归安、德清,嘉兴府之桐乡、石门、嘉兴、秀水、海盐,杭州府之钱塘、仁和,苏州府吴县、长洲、元和、吴江、震泽等县。其中又以桐乡、石门、归安、德清、仁和等县为最,同治《湖州府志》称,植桑之盛"莫多于石门、桐乡"[②],桑地比例约计可达 50%,其他各县则稍逊之。

第三,以种稻为主的水稻产区,主要集中在太湖北部以及运河东北至沿海沙地之间的狭长地带,大体包括常州府之无锡、宜兴、荆溪、武进、阳湖、松江府西部的华亭、青浦,嘉兴府之嘉善、平湖、海宁等十余个县。

提高生产的集约化程度是江南农业发展的另一途径。从以上考察中我们已看到,增加单位面积土地的劳动力和肥料投入,乃是江南农民提高生产集约化的主要手段。随着农业用肥的普遍增加和耗肥

---

① 李伯重:《明清江南农业资源的合理利用》。
② 同治《湖州府志》卷 30《蚕桑》。

量大的经济作物种植面积扩大,江南本地传统肥源已不能满足农业生产对肥料的巨大需求,清代前期华北、淮北、东北等地豆饼以及最终榨为豆饼的大豆的大量输入,成为江南农业发展的重要支柱。《续纂淮关统志》卷6记载,该关关税"向以豆饼为大宗","豆饼出产之处,自豫东、徐州而来者谓之西河,自东省而来者谓之北河,自凤颍、洪湖而来者谓之南河"。据淮关税收统计,乾隆年间经由运河输往江南的大豆、豆饼每年有数百万石之多;此外,每年由海路从东北和山东半岛输入的上千万石粮食中,也有很大一部分是作为手工业原料和肥料的大豆、豆饼;再加上从长江中游湖广等地的输入,江南每年输入的大豆与豆饼总量十分可观。肥料成为长距离流通中的大宗商品,这在相当程度上反映了江南农业的收益水平。

自然资源的合理利用与生产集约化程度的提高,使每亩耕地的经济收益明显提高,高投入、高产出是江南农业经济的重要特色。

2. 农副产品加工业,特别是丝、棉纺织业的发达是江南经济的又一特色。

江南地区的农副产品加工业主要是在种植业基础上发展起来的,因而其分布与种植分布密切相关。而丝、棉纺织业更是与农业并重的支柱产业。

江南的蚕丝产区大体与植桑区相一致,产丝以太湖周边的湖州、杭州、嘉兴、苏州等府为最。康熙《嘉兴府志》记载,该府产丝"盛于海盐、石门、桐乡,而嘉、秀次之"[①];光绪《杭州府志》言,府属"九县皆养蚕缫丝,岁入不赀,仁和、钱塘、海宁、余杭贸丝尤多"[②]。在这些缫丝专业区中,又发展形成一大批以生丝集散为著的专业市镇。如湖州府南浔镇"丝市最盛",仅丝行即有京庄、广庄、划庄、乡庄之分;咸丰《南浔镇志》记载,"湖丝甲于天下……缫丝莫精于南浔人,盖由来久矣。每当新丝告成,商贾辐辏,而苏、杭两织造皆至此收焉";南浔丝市又以"小满后新丝市最盛,列肆喧阗,衢路拥塞"。[③]《乌青镇志》记述该镇清初的贸易状况言,"丝有头蚕、二蚕两时,有东路、南路、西

---

① 康熙《嘉兴府志》卷10《风俗》。
② 光绪《杭州府志》卷80《物产》。
③ 咸丰《南浔镇志》卷22《农桑二·卖丝》,卷24《物产》,《中国地方志集成·乡镇志专辑》第22册,上海书店1992年版,第256、275页。

路、北路;四乡所出西路为上,所谓七里丝也,北次之。蚕毕时,各处大郡商客投行收买;平时则有震泽、盛泽、双林等处机户零买经纬自织;又有贸丝诣各镇卖于机户,谓之贩子"①。

　　丝织专业区的范围要相对小些,主要集中在苏、杭两城以及盛泽、濮院、双林、王江泾等专业丝织市镇及其周围的乡村。乾隆《长洲县志》记载,苏州"东城比户习织,专其业者不啻万家"。又据咸丰年间的调查,清代中叶太平天国起义之前,苏州有织机12 000台,杭州织机也是"以万计"。②嘉兴府濮院镇以濮绸著称,各省商人在此设庄收买,"开行之名有京行、建行、济行、湘广、周村之别,而京行为最";该镇周围四五十里的乡村中形成以濮绸为主要产品的丝织专业区;归安县双林镇附近数十里乡村,形成一个以生产包头绢为主要产品的丝织专业区;苏州府吴江、震泽二县则以绫绸为主要产品,"凡邑中所产皆聚于盛泽镇"。此外江南著名的丝、绸市镇还有震泽、黄溪、菱湖、王江泾、王店、石门、塘溪、临平、硖石、长安等,不下数十个。③

　　清代华北蚕桑丝织业已衰落,仅有少量土丝、土绸生产;四川阆丝产量也十分有限;江南是全国最主要的丝、绸产区,其产品不仅销行全国,而且输出日本、东南亚、欧美以及俄国。乾隆年间的记载称:"闽省客商赴浙江湖州一带买丝,用银三四十万至四五十万不等;至于广商,买丝银两动至百万,少亦不下八九十万两;此外,苏杭二处走广商人贩入广省尚不知凡几。"据《中国资本主义的萌芽》一书统计,鸦片战争前全国生丝产量每年约7.7万担,其中商品丝约为7.1万担,价银1 200万两;丝织品产量为4.9万担,价银1 455万两;两项合计共12.6万担,价值2 650余万两。④此时,虽然广东蚕桑丝织生产在外贸刺激下已开始勃兴,但产量仍属有限。故江南所产在上述丝及丝织品总额中至少占80%以上。

　　棉布是江南另一重要的手工业产品。棉织专业区最早形成于棉

　　① 乾隆《乌青镇志》卷7《物产》,《中国地方志集成·乡镇志专辑》第22册,第286页。
　　② 彭泽益编:《中国近代手工业史资料》第1卷,三联书店1957年版,第214页;第2卷,第68、74页。
　　③ 参见刘石吉:《明清时代江南市镇研究》,中国社会科学出版社1980年版;樊树志:《明清江南市镇探微》,复旦大学出版社1990年版。
　　④ 许涤新、吴承明主编:《中国资本主义的萌芽》,第325—327页。

花种植区内,后逐渐扩大到水稻种植区。清代,松江府和太仓直隶州所属各州县是最集中的棉布产区,苏州府之常熟、昭文,常州府之无锡、金匮等也都是棉布的重要产区。钦善《松问》记载松江布的生产销售状况言:"松之为郡售布于秋,日十五万焉"①;郑光祖《一斑录》记言,"常(熟)昭(文)两邑岁产布匹,计值五百万贯,通商贩鬻,北至淮、扬及于山东,南至浙江及于福建"。②无锡布"坐贾收之,捆载而贸于淮、扬、高(邮)、宝(应)等处,一岁所交易不下数十百万",有"布码头"之称。③嘉定县南翔镇、金山县朱泾镇、上海县法华镇、南汇县周浦镇、宝山县罗店、江湾、月浦等镇都是著名的棉布市镇。

明代江南棉布的最大市场是华北和西北,其次是华中与闽广;清代由于冀鲁豫三省棉纺织业的发展,华北、西北市场缩小,输出重心转向湖广。乾隆以降,东北市场扩大,松江布由沙船海运关东成为大宗。同时海外市场迅速扩大,1730年英国东印度公司开始购运"南京布"(即江南棉布),到乾隆末年欧美各国购买的"南京布"已突破百万匹,嘉庆三年更翻了一番,达210余万匹。总计从乾隆五十一年至道光十三年的48年中,欧美各国进口"南京棉布"总数高达4 460余万匹。④据《中国资本主义的萌芽》一书统计,苏松地区年产棉布约4 500万匹,进入长距离运销的有4 000万匹;以每匹价银0.3两计之,商品值为1 200万两。其中销往东北及北京1 500万匹,销往广东1 000万匹,销往福建100万匹,其余销往浙江及运苏州加染。销往广东者有很大一部分出口南洋、欧美;销往北京者也有一部分转贩俄国;在苏州染色之布,一部分由运河北销,一部分溯长江至汉口。⑤

江南农村的手工业是在农业种植基础上发展起来的,因而种植业与手工业在空间分布上是基本一致的。清代,江南已大致形成几个与种植业相关联的专业化手工业区:(1)濒江沿海沙土带的棉作

---

① 《清经世文编》卷28《户政三》,第694页。
② 郑光祖:《一斑录·杂述七》,中国书店1990年版,第1052页。
③ 黄印:《锡金识小录》卷1《备参上·力作之利》,台湾成文出版社1983年版,第53页。
④ 李伯重:《明清江南与外地经济联系的加强及其对江南发展的影响》,《中国经济史研究》1986年第2期。
⑤ 许涤新、吴承明主编:《中国资本主义的萌芽》,第278—279页。

棉织区;稍后棉作区进一步扩大到相邻的稻作区,从而形成(2)环棉作区周边的稻作棉织区;(3)太湖周边至浙西山区的桑作缫丝区;(4)苏、杭、盛泽、濮院、双林等丝织城镇周围的桑作丝织区。[①]

江南地区是农产品加工业最发达的地区,也是妇女劳动力资源利用最充分的地区。农副产品加工业的重要意义在于,它以土地产品为原料,通过再一次的劳动投入得到一个附加值,从而增加了小农家庭的总收益。与单一的种植经济相比,它的最大优势就在于可充分利用几乎是取之不尽的劳动力资源,在土地之外创造价值,从而为经济的发展拓宽了途径,增加了财源。江南地区之所以能以较少的土地养活众多人口,农副产品加工业创造的财富是重要原因之一。

3. 市镇经济的发展是江南经济的又一重要特色。

市镇的发展可以说是明清时期江南所特有的现象。江南市镇密度及其规模在全国都是绝无仅有的。表1—13是江南六府一州明清两代市镇数量增长状况,该表可见,十六至十九世纪的三百年间,江南市镇大约增长了80%,其中苏州、松江、太仓、杭州等府州增长更在一倍以上。

表1—13　明清两代江南市镇统计

单位:个

府州别	明代中后期	清代中叶
苏州府	45(正德)	100(乾隆)
松江府	44(正德)	113(嘉庆)
常州府	93(万历)	105(道光)
太仓州	34(万历)	79(宣统)
杭州府	44(万历)	88(乾隆)
嘉兴府	28(万历)	39(光绪)
湖州府	17(天启)	25(乾隆)
合　计	305	549

资料来源:据刘石吉《明清时代江南市镇研究》第141—149页"明清两代江南市镇统计表"汇总。

---

① 参见陈忠平:《明清时期江南农村区域性专业化生产考察》。

　　江南市镇多是以某种手工业生产,或某种商品的集散流转为经济特色,市镇的功能是纯经济性的。丝织、棉织业市镇前已述及,以流通为主的市镇,仅举数例:浒墅镇,在苏州阊门外,地濒运河,为浒墅关所在地。据档案记载,该镇"地当南北通衢,为十四省货物辐辏之所,商船往来日以千计",每年征收商税高达数十万两。枫桥镇为江南地区最著名的米市,每年从长江中上游输入江浙的米谷大多汇集于此,再由此转销各地。史载,"湖广之米辏集于苏郡之枫桥,而枫桥之米间由上海、乍浦以往福建"①。刘河镇,位于娄江(即刘河)入海口,为江海关主要税口之一。清初定制,闽广海船赴江南贸易者收泊上海,北洋沙船则收泊太仓州之刘河。乾隆年间,刘河镇每年进口沙船约有二千艘,"自海关至外口十有余里商船相接,有回揽停泊者直至口外四五里"②。他如乍浦、平望、长安、梅里等也都是以商品流通而著称的市镇。

　　江南市镇的人口规模,大者数千至上万户,一万至数万人;少则数百户,一两千至数千人。再加上苏州、杭州、上海等几个较大的商业城市,江南城镇人口比例是全国最高的,其都市化进程远远走在全国前列。

　　上述江南经济特色的形成,不仅有赖于其自身的发展,而且与外部市场条件密切相关。大豆、豆饼的输入前已述及,而长江中上游大量稻米的输入对江南经济的发展更具重要意义。

二、以外贸为导向迅速崛起的珠江三角洲③

　　珠江三角洲的开发起步较晚。宋代北方移民的大量迁入,带来了中原地区先进的农业生产技术和江南治理低洼沼泽地的经验,以这些移民的迁入为契机,珠江三角洲开始了初步开发,并很快取得成效,到南宋时已有余粮输往闽浙了。明清时期三角洲的开发进一步

---

　　① 蔡世远:《与浙江黄抚军请开米禁书》,《清经世文编》卷44《荒政四》,中华书局1992年版,第1065页。

　　② 《刘河镇纪略》卷5《盛衰》,《中国地方志集成·乡镇志专辑》第9册,江苏古籍出版社1992年版,第371页。

　　③ 这里指狭义的珠江三角洲,大体包括广州府之南海、番禺、顺德、东莞、新会、香山、新宁、新安、三水、增城等十县的全部或大部,以及肇庆府之高明、鹤山二县的一部分。

加快,据统计,明末南海、番禺等十县的耕地面积已从明初的 300 余万亩增至 700 余万亩①,从清初至嘉庆年间又从 815 万余亩增至 950 余万亩,耕地面积的增长主要是围垦沙田获得的。②

珠江三角洲气候温暖,水源充沛,水稻一年可以两熟,加之沙田都是江河泥沙淤积而成,土质肥沃,故亩产很高。据郭松义先生研究,清代前期珠江三角洲亩产早晚两季一般可收谷六七石或更高;如只种一季,可得谷 3—4 石。③

随着开发的深入,商业性农业开始兴起,明代中后期在珠江三角洲已出现了各种经济作物的专业化种植区。如果树、甘蔗种植以顺德、番禺、东莞等县为中心,顺德县陈村,"周回四十余里……居人多以种龙眼为业,弥望无际,约有数十万株;荔枝、柑、橙诸果居其三四,比屋皆培取荔枝、龙眼为货,以致末富";番禺县鹿步都"自小坑火村至罗冈三四十里,多以花果为业";"黄村至朱村一带,则多梅与香蕉、梨栗、橄榄之属,连冈接阜,弥望不穷";"番禺、东莞、增城糖居十之四,阳春糖居十之六","白、紫二蔗,动连千顷"。又如,种香以东莞为著,该县之石涌、牛眠石、马蹄冈、金桔岭等诸乡"人多种香为业,富者千树,贫者亦数百树";植茶则集中在南海县西樵山及广州的河南一带,"珠江以南三十三村,谓之河南……土沃而人勤,多业艺茶","每晨茶估涉珠江以鬻于城,是曰河南茶";南海县"西樵号称茶山……今山中人率种茶";蒲葵种植以新会为中心,南海县的九江则以鱼花为著。④

位于珠江三角洲出海口的广州,汉代就是中国对外贸易的重要港口。不过,历史上广州的对外贸易基本上是周围藩属国的朝贡贸易,这种贸易与广东地区的社会生产很少发生直接的联系,本地产品很少加入以进出口贸易为中心的流通过程,本地产品的交

---

① 叶显恩、谭棣华:《明清珠江三角洲农业商业化与墟市的发展》,《广东社会科学》1984 年第 2 期。

② 谭棣华:《清代珠江三角洲的沙田》,广东人民出版社 1993 年版,第 222 页。

③ 郭松义:《清代前期南方稻作区的粮食生产》,《中国经济史研究》1994 年第 1 期。

④ 屈大均:《广东新语》卷 2《地语》,卷 25《木语》,卷 27《草语》,卷 14《食语》,卷 16《器语》,卷 22《鳞语》,中华书局 1985 年版,第 44、633—634、689、59、384、453—454、556 页。

换市场同外贸市场基本上是两个相对独立的流通领域。从明代中叶开始,广州的对外贸易发生了意义深远的转变,即从传统的贡舶贸易向商舶贸易的转变,从以进口为基调的贸易转为以出口为基调的贸易,欧洲商人也逐渐取代亚洲各国成为主要的贸易对象。[1]乾隆二十二年(1757)的"独口通商"政策将与西洋各国的贸易集中于粤海关一口,更赋予广州以特殊优越地位,使之在对外贸易中独占鳌头几达百年之久。对外贸易的这一转变对珠江三角洲地区的发展具有十分重要的意义,它使正在兴起的三角洲的商品经济与海外市场发生了十分密切的联系,并以国际市场的需求为直接动因而迅速发展起来。

最具代表性的当推"桑基鱼塘"专业区的发展。这是一种以种植业与水产养殖相结合的生态型农业经营方式,最早出现于南海、顺德、高鹤三县交界地区。广东本非蚕桑区,明代果基鱼塘是南海九江、顺德龙山、龙江一带的主要经营方式。《广东新语》记载:"广州诸大县村落中,往往弃肥田以为基,以树果木,荔枝最多……基下为池以蓄鱼,岁暮涸之,至春以播稻秧,大者至数十亩。"[2]由于国际市场需求刺激,明末清初开始出现"桑基鱼塘",即把原来的果基改为桑基,基种桑,塘蓄鱼,桑叶饲蚕,再以蚕屎饲鱼,塘泥肥桑。乾隆二十二年清政府限定广州独口通商,国外生丝及丝织品的采购都集中到广州,生丝需求量剧增,价格日昂。国际市场对生丝的需求更进一步刺激了珠江三角洲蚕桑业的发展,乾嘉年间甚至出现了"弃田筑塘,废稻树桑"的热潮。到清代中叶,珠江三角洲已形成一个以九江为中心,"周回百余里,居民数十万户,田地一千数百顷,种植桑树以饲蚕"的专业化、大面积的蚕桑生产基地,成为仅次于江浙地区的蚕丝生产中心。[3]小农以蚕桑为业,缫丝成为一种十分普遍的家庭手工业。有一首《竹枝词》这样写道:"呼郎早趁大冈墟,妾理蚕缫已满车;记问洋船曾到几,近来丝价竟何如?"[4]显然,墟市丝价与国际市场的需求已

① 刘志伟:《试论清代广东地区商品经济的发展》,《中国经济史研究》1988 年第2 期。

② 屈大均:《广东新语》卷 22《鳞语》,第 564 页。

③ 刘志伟:《试论清代广东地区商品经济的发展》。

④ 嘉庆《龙山乡志》卷 12,张臣:《竹枝词》。

有密切的联系。

经济作物种植的大幅度增长,使珠江三角洲缺粮日益严重。从南宋到明代中叶,珠江三角洲一直是粮食输出区,缺粮大体是从万历年间开始的,清代这一现象日趋严重。据陈春声的研究,清代中叶珠江三角洲耕地 900 余万亩,人口 400 余万。以平均亩产 4 石从低计算,稻谷产量每年可达 3 600 余万石;即便有 1/2 的耕地种植粮食作物,即可满足珠江三角洲人口的粮食供应。而事实上,清代中叶广东全省每年需从相邻的广西、湖南、江西以及暹罗、安南等地输入稻谷 400 万石左右,其中至少有一半是供应珠江三角洲的。换言之,珠江三角洲至少有一半以上的耕地用于种植经济作物。不过,珠江三角洲缺粮虽然严重,但粮价并不甚高,广州府粮价一直低于潮州、嘉应等府州。[①]这显然与珠江三角洲便利的交通条件,密集的市场网络及其有效运作密切相关。通过大规模的粮食输入,珠江三角洲较好地解决了四百万人口的食粮问题,从而腾出更多的土地种植收益更高的经济作物。

丝、棉纺织业,广彩制瓷业和花茶薰制业等,也是因出口的需要而兴盛起来的。

明代粤缎、粤纱在海外已享有一定的声誉,但产量有限;清代随着蚕桑业的发展,珠江三角洲的丝织业也迅速发展。清初,佛山丝织业已有八丝缎行、什色缎行、元青缎行、花局缎行、绉绸行、绸绫行、帽绫行、花绫行、洋绫绸行、金彩行、扁金行、机纱行、斗纱行等十八行。道光初年佛山仅帽绫一行即有机房 202 家,西友织工人数达 1 100 人之多;丝织各行合计,织工至少有数千人。[②]

珠江三角洲种棉不多,本非棉布产区。商人每年运糖赴江南,回贩棉花织布以供本地消费。广州"独口通商"之后,欧洲商人对中国棉布的需求刺激珠江三角洲棉纺织业迅速发展,乾隆年间佛山有棉花行 22 家,经营棉花销售,主要供应本镇及附近乡村机户织布。所

---

① 参见陈春声:《市场机制与社会变迁——十八世纪广东米价研究》,中山大学出版社 1992 年版,第二章。

② 罗一星:《明清佛山经济发展与社会变迁》,广东人民出版社 1993 年版,第 207—208 页。

产棉布多集中到佛山加工染成"长青布",销往海外。①据统计,1785—1833 年广东平均每年进口印度棉花约 20 万石,大约相当于同期松江府用棉量的 2/3;鸦片战争前夕,广东每年进口棉花更多达 50 万—60 万担,其中很大一部分供应珠江三角洲。如果按同样的用棉比例计算,广东棉布产量已接近或超过江南棉布的产量。印度棉花价廉物美,使棉布成本较低;加之珠江三角洲位于当时的对外贸易中心,其棉布出口更得地理之便,因而在海外市场颇具竞争力,往往冒"南京棉布"之名输往欧美,夺走了江南棉布很大一部分海外市场。②

新兴的"广彩"制造业更是为适应海外市场的需求而兴起的。其工场设在广州河南,磁器胚胎选用景德镇烧造的白磁器,运至广州,"另雇工匠,依照西洋画法"绘上图案,再入炉烧制,"制成彩瓷,然后售之西商";此种磁器被称作"广彩"或"河南彩","始于乾隆,盛于嘉道"。十八世纪二十年代,茶叶出口跃居首位,广州制茶业也随之兴起,为适应西方人的口味,茶商在广州河南设厂,制造一种以花薰制的"花茶",在伦敦市场上大受欢迎。在广州,这种瓷器和茶叶加工工厂的规模和数量均很可观。③此外,三角洲的冶铁、制陶、制糖、制扇等手工业和农产品加工业在清代也有很大的发展。

转口贸易是珠江三角洲经济的又一重要支柱。洋船进口货物以哆罗、哔叽、羽毛、纱缎、檀香、胡椒、黑铅等项为大宗;出口货物则以茶叶、湖丝、绸缎等为大宗。表 1—14 是道光年间粤海关出口茶叶和丝、绸等项商品统计。该表可见,仅茶叶、生丝及丝织品两项即占出口商品总值的 60%—80%。茶叶,主要是来自福建、安徽的武夷茶、松萝茶;丝及丝织品则主要产自江浙,每年经由大庾岭商道运往广州出口。进口洋货中绝大部分也是从广州经陆路、海路转销全国各地。

---

① 罗一星:《明清佛山经济发展与社会变迁》,第 207—208 页。
② 李伯重:《明清江南与外地经济联系的加强及其对江南发展的影响》。
③ 彭泽益编:《中国近代手工业史资料》第 1 卷,第 485—486 页。

表 1—14 鸦片战争前茶叶、生丝绸缎出口占广州出口
商品总值的比例

单位:万银元

年份	出口总值	茶叶	占比(%)	生丝绸缎	占比(%)	合计	占比(%)
1821	2 230	1 179	52.9	499	22.4	1 678	75.2
1822	2 047	1 194	58.3	510	24.9	1 704	83.2
1823	2 102	1 231	58.6	337	16.0	1 568	74.6
1824	2 229	1 348	60.5	418	18.7	1 766	79.2
1825	2 657	1 357	51.1	514	19.3	1 871	70.4
1826	2 205	1 256	57.0	306	13.9	1 562	70.8
1827	2 428	1 240	51.1	337	13.9	1 577	65.0
1828	2 319	1 132	48.8	419	18.1	1 551	66.9
1829	2 504	1 105	44.1	349	13.9	1 454	58.1
1830	2 420	1 055	43.6	392	16.2	1 447	59.8
1831	2 282	1 219	53.4	461	20.2	1 680	73.6
1832	2 641	1 524	57.7	359	13.6	1 883	71.3
1833	2 018	871	43.2	343	17.0	1 214	60.2

资料来源:据姚贤镐《中国近代对外贸易史资料》第 1 册第 254—255 页计算。

清代前期,白银是欧洲各国购买中国茶、丝等商品的主要支付手段。屈大均《广东新语》记言:"闽粤银多从番舶而来,番有吕宋者在闽海南,产银。其行银如中国行钱,西洋诸番银多转输其中,以通商故,闽粤人多贾吕宋银至广州。"而"商贾所得银皆以易货,度梅岭者不以银捆载而北也"①。这是明末清初的记载。乾嘉年间仍然如此,而规模则大得多。据庄国土研究,十八世纪上半叶英国东印度公司对华输出货值中白银所占比例高达80%—90%,平均每船携带白银109 226两,在1700—1753 年的五十余年间该公司计有178 艘商船来华贸易,输华白银总数达1 944 万两。十八世纪后半叶,该公司

① 屈大均:《广东新语》卷15《货语》,第406 页。

对华输出商货有所增加,白银所占比例渐降至50%以下,但由于输出总值的大幅度增长,平均每船带银仍达739 994两,故从1760—1799年,四十年中输入中国的白银总计仍高达2 400余万两。①西洋商船将大量白银运至广州,购买中国的丝、茶等货;中国商人收入白银,在广东购货贩至国内各省。随着外贸的发展,珠江三角洲本地商品运销外省的规模不断扩大。外省商人运货至广州出口,以所得之银购买"广货"运销内地,成为清代三角洲商品流通的基本模式;留在本地的白银又继续运作,将珠江三角洲经济越来越广泛地纳入以外贸为中心的市场经济体系之中。这样,对外贸易与国内贸易,本地市场与国内、国际市场的商品流通越来越紧密地交织在一起,形成一个有机的整体。

商品经济与转口贸易的发展使珠江三角洲从事商业运输业的人口大幅度增长。如顺德县"龙山、龙江、勒楼、黄连、陈村人务商贾",多"贸易于石龙、江门、省垣、佛山四镇";番禺县商人多出自韦涌、古蓼、南冈等十余乡,也有不少"商于省、佛,并交蕃船",从事对外贸者。在广州、佛山经商者"顺德之人居其三,新会之人居其二,番禺及各县、各府、外省之人居其二,南海之人居其二"。新安、新宁两县濒海,经商者"皆以海船为务",近则往来于沿海各埠,远则直抵东南亚诸国。②贸易于国内各省者也为数不少,大多"随其土宜以为货"。如"广州望县,人多务贾与时逐,以香、糖、果箱、铁器、藤、蜡、番椒、苏木、蒲葵诸货,北走豫章、吴、浙,西北走长沙、汉口"。东莞县商人"多以香起家","种香之人一而鬻香之人十";又有制作香箱者"数十家借以为业";顺德县果木产区"多衣食荔枝、龙眼,其为栲箱者、打包者各数百家,舟子、车夫皆以荔枝龙眼赡口";南海县九江乡为鱼苗产区,每年春季鱼花"水陆分行,人以万计,筐以数千计,自两粤郡邑至于豫章、楚闽,无不之也";新会县居民"所以资生者半出于蒲葵",以葵制扇,贩之四方。③

乾嘉年间,顺德县人龙廷槐曾对广州府属各县务农经商人口比

① 庄国土:《茶叶、白银和鸦片:1750—1840年中西贸易结构》,《中国经济史研究》1995年第3期。

② 龙廷槐:《敬学轩文集》卷2《初与邱滋畲书》,《清代诗文集汇编》第452册,上海古籍出版社2010年版,第446—447页。

③ 屈大均:《广东新语》,第371、677—678、625、557、454页。

例作过一粗略估计,我们据此制成表 1—15。如果龙氏的这一估计大体不错的话,那么清代中叶广州府属主要县份中约有 30% 以上的人口直接或间接地服务于商品流通的各个环节。换言之,在该府四百万人口中至少有百万以上是借贸易以为生计的。

表 1—15　广州府属各县务农经商人口比例一览表

县别	务农(%)	经商(%)	手工业(%)
南海	20	60	20
番禺	60	30	10
东莞	60	30	10
顺德	30	40	30
新会	50	40	10
香山	90	10	—
新宁	70	30	—
新水	70	30	—
增城	80	20	—
三水	60	20	20

资料来源:龙廷槐:《敬学轩文集》卷 2《初与邱滋畲书》。

总之,珠江三角洲的商品经济虽起步较晚,但发展迅速,到清代中叶已跃居全国先进之列。农业生产结构的变化,市场机制的初步形成,经商人口急剧增加,一个以外贸为导向、以转口贸易为中心的经济格局正在逐渐形成。

三、华北平原——种植结构的调整与棉纺织业的发展

华北平原的冀鲁豫三省地处黄河下游,是中国历史上开发最早的地区之一。春秋战国直至唐宋,华北平原经济发展水平一直居于全国前列。十二至十四世纪的数百年间,这一地区屡经战乱兵燹,经济发展遭到破坏,经济地位逆转。进入明代,政府的移民屯垦等项政策,使华北平原经济重新崛起。明清两代,华北平原三省田赋约占全

国总额的 30%①,在国家财政中占有十分重要的地位。万历年间冀鲁豫三省人口 1 512 余万,耕地 18 516 万亩;清代嘉庆间人口增至7 998万,耕地增为24 489万余亩②;耕地增长仅 30%,而人口增长了4 倍还多,人均耕地从明代的 12 亩降至仅 3 亩零。人口的大幅度增长使华北平原的人地矛盾日渐严重,另一方面,它也反映了华北平原经济的发展使土地的负载能力大大提高。

明清时期华北平原经济的发展主要表现为两年三熟制的普及、经济作物种植的扩大以及农副产品加工业的发展。下面分别述之。

华北两年三熟制的发展大约始于明代中后期。据孔府档案统计,顺治年间位于鲁西平原孔府的大多数屯庄都已实行豆麦复种,平均复种指数为 117;而此时的山东尚处于明末战乱破坏后的恢复时期,故复种应是沿明代旧例。康熙年间毛家堂、夏家铺二庄的复种指数分别为 120 和 140;乾隆年间美化等庄的复种指数更高达 150 左右。这是鲁西平原兖州府一带的情况,相邻的河南平原各府大致也是如此。如开封府密县"凡地两年三收","黄豆有大小二种,五月麦后構种……八月中旬成熟,约一百日收获";陈州府扶沟县"若好地则割麦种豆,次年种秋,最少二年三收"。③ 即便鲁中山区等土地条件较差的地区,清代中叶两年三熟制也已普及。④ 直隶的自然条件在三省中属最差,两年三熟制的普及程度可能较低,大体只有南部水土条件较好的冀中平原地区复种指数较高。

华北两年三熟制的搭配是以麦—豆—秋杂轮种为主。无论哪一种搭配都是以豆麦复种为核心,即先种越冬小麦→麦收后复种大豆,晚秋收获→翌春种植大秋作物,如高粱、谷子、棉花等。小麦在粮食作物中品优价高,是北方旱地农业中收益最高的作物;小麦又是越冬作物,农历八月播种,来年五月收获,可充分利用地力、农时。大豆则生长期短,又有很强的固氮作用,能够提高土壤肥力,在两季大粮作物中插入一季大豆,可以在不增加肥料投入的前提下提高土地总产量,在经济上是十分划算的。正是麦豆复种的这一优越性,使其经过

① 据梁方仲《中国历代户口田地田赋统计》乙表 35、66 统计。
② 据梁方仲《中国历代户口田地田赋统计》甲表 82、乙表 32、61 统计。
③ 嘉庆《密县志》卷 11《风土志》;道光《扶沟县志》卷 7《风土志》。
④ 吴树声:《沂水桑麻话》。

长期发展最终成为华北两年三熟制的核心。

　　粮食种植结构的上述变化具有十分重要的意义:其一,小麦、大豆、高粱取代粟谷成为华北平原的主要粮食作物,提高了粮食的商品率和小农的经济收益。小麦在粮食作物中品位最高,市场需求也大,价格大大高于杂粮,多用于出售。每到麦收季节,外地商人纷纷赴产地收购小麦外运,或籴麦踏曲,更致麦价上扬。粜精籴粗是小农提高土地收益的重要手段,民间多有"一麦抵三秋""一麦胜三秋"之谚。大豆种植也主要是为出售,山东、河南大豆自明代即向江南输出,清代乾隆年间每年的输出量达数百万石。①至于高粱,它是北方酿酒的主要原料,商品率也较高。其二,两年三熟制的普及提高了耕地复种率,使同样面积的耕地可收获更多的粮食,养活更多的人口。这一方面满足了清代人口增长对粮食的需求,另一方面也为经济作物种植面积的扩大提供了可能。

　　明清时期华北平原经济作物的种植首推棉花,其次是烟草、花生等新品种的引进,此外果树、药材等的种植也有较大的发展。

　　华北平原的棉花种植在明清时期有较大的发展。一方面,植棉区数量有大幅度增长,如山东植棉州县明代四十余个,清代增至九十余州县;而更为重要的则是专业化、大面积种植的发展,在一些主要产区棉花种植已占相当比重,出现了粮棉并重,甚至棉花种植排挤粮食作物的现象。如鲁西北棉区清平县,棉花种植"连顷遍塍,大约所种之地过于种豆麦";高唐州也是"种花地多,种谷地少";夏津县则是以棉花收成好坏作为衡量"年之丰歉"的标准。②直隶的正定、保定二府及冀、赵、深、定诸州都是棉花重要产区。乾隆年间黄可润《畿辅见闻录》记言,"直隶保定以南,以前凡有好地者多种麦,今则种棉花";直隶总督方观承《棉花图》亦言,"冀、赵、深、定诸州属农之艺棉者什之八九"。道光年间正定府栾城县有耕地四千余顷,其中"稼十之四,所收不足给本邑一岁食,贾贩于外以济之;棉十之六,晋豫商贾云集,

---

　　① 参见许檀:《明清时期运河的商品流通》,《历史档案》1992 年第 1 期;许檀:《明清时期山东的粮食流通》,《历史档案》1995 年第 1 期。

　　② 许檀:《明清时期山东商品经济的发展》,中国社会科学出版社 1998 年版,第 42—47 页。

民竭终岁之勤,售其佳者以易粟,而自衣其余"①。该县棉花种植面
积超过粮田,以致食粮需从外地购入一部分。河南棉花种植在明代
已较发达,清代又有发展。乾隆《武安县志》言:"武邑广出木棉,见于
明志。今犹昔也,盖地多沙田宜于种棉,因志为货物之冠";乾隆《巩
县志》则称,该县小农"资生之策强半以棉花为主","收花之利倍于二
麦,民食资焉"。②

烟草是清代新引种的经济作物。山东烟草种植始于清初,以兖
州府滋阳、济宁一带为最早。康熙《滋阳县志》记载,烟草"滋阳旧
无",顺治年间城西乡民试种之,"相习渐广",到康熙时已是"遍地栽
种","每岁京客来贩,收买不绝",颇为民利。济宁种植烟草最晚始于
康熙年间,乾隆时烟草种植已开始与粮食作物争劳力争农时,至道光
年间济宁"环城四五里皆种烟草","膏腴尽为烟所占,而五谷反皆瘠
土"。鲁北大小清河流域的烟草种植也是从济宁传去的,嘉庆《寿光
县志》记载,"寿邑向无是种,自康熙间有济宁人家于邑西,购种种之,
获利甚盈。其后居人转相慕效,不数年而乡村遍植,负贩者往来如
织"。到清代中叶,山东至少已有二十余州县种植烟草,清末达四十
余州县。③直隶烟草种植于清代前期已有相当规模,"上腴之地无不
种烟",其利"视百蔬则倍之,五谷则三之";蓟州、易州、山海关等处都
是直隶著名的烟草产地,其烟以"雄劲有力,号北地之良"。④花生的
引种稍晚于烟草,大约始于嘉庆年间,道咸年间已见有输出。清末花
生成为山东、直隶、河南三省输出商品之大宗。

果树种植在华北也有相当规模,尤以枣、梨为最。嘉靖《山东通
志》记载,枣"六府皆有之,东昌属县独多";梨"出东昌、临清、武城者
为佳"。乾隆《平原县志》载:平原、恩两县接壤的马颊河西岸,自梅家
口、董路口,南至津期店,"凡五六十里"多种植果树,"枣梨桃李之属

---

① 道光《栾城县志》卷2《食货·物产》。
② 乾隆《武安县志》卷11《物产》;乾隆《巩县志》卷7《物产》。
③ 参见许檀:《明清时期山东商品经济的发展》,第48—52页。
④ 方苞:《方望溪全集》集外文,卷1《奏札》,《四部丛刊初编》集部287,上海书店
1989年版,第5页;王沂:《青烟录》卷8《食烟考》,《四库未收书辑刊》第10辑,第12册,北
京出版社2000年版,第533页。

获利颇多"。①河南林县小农多以种植果树为生计,"多收果核即属有年,不以黍稷丰凶为利病也"②;直隶献县产枣亦多,"北以车运供京师,南随漕舶以贩鬻诸省,土人多以为恒业"③。运河沿线的临清、聊城、张秋、济宁等都有果品集散市场,据不完全统计乾隆年间经运河输往江南的山东、直隶、河南三省枣、梨,每年约有五六千万斤之多。④他如直隶深州、肃宁之桃"多走四方,或走京师",销路颇畅;山东青州府益都、临朐盛产核桃、柿子,柿树"盈亩连陌",加工制为柿饼,先由陆路运往胶州、即墨,再由海船运往江南闽广。⑤

药材,以河南怀庆府种植为盛,种类亦多。方志记载,"济源多山,而药物产于山者为多";平原区则"河朔地多肥美,其近于沁、济间者尤宜于药草"。怀庆府之河内、武陟、温、孟等县小农多专种药材,武陟"居十之二三",河内、温、孟等县更甚于武陟。该府所产药材以地黄、牛膝、菊花、山药为最著,合称"四大怀药"。菊花以温县所产最著,牛膝则以河内所产为最;而地黄其苗实产于开封府之密县,"怀人购而植之","借沁水灌溉",药性甚佳。⑥怀庆府商人亦多以经营怀药为业,贩鬻四方。山东产药以沂蒙山区和山东半岛为多,如沂州府沂水县"间阎恃以营生者西南惟烟,西北惟山榆,西山一带药材居多,其为利当民食之三";登州府莱阳县所产沙参,"向为邑出口货大宗",运销江浙闽广。⑦东阿县所产之阿胶则为成药之名品,销行更广。直隶祁州是清代华北平原最大的药材交易市场,"年年两会,冬初春季,百货辐辏,商贾云集。药材极山海之产,布帛尽东南之美";"交易月余,盖大江以北发兑药材之总汇"。⑧

明清时期华北平原农副产品加工业的发展,首推棉纺织业。明代,华北棉纺织业已有一定的发展,但尚不够发达,加之政府征调任

---

① 嘉靖《山东通志》卷8《物产》;乾隆《平原县志》卷3《食货》。
② 乾隆《林县志》卷5《风土志》。
③ 纪昀:《阅微草堂笔记》卷13《槐西杂志》,汪贤度点校本,上海古籍出版社2016年版,第240页。
④ 许檀:《明清时期运河的商品流通》,《历史档案》1992年第1期。
⑤ 乾隆《河间府志》卷7《物产志》;咸丰《青州府志》卷23《物产》。
⑥ 道光《武陟县志》卷11《物产志》;嘉庆《密县志》卷11《风土志》。
⑦ 道光《沂水县志》卷3《物产》;民国《莱阳县志》卷2《实业·特产》。
⑧ 乾隆《祁州志》卷7《艺文志》,卷2《建置志》。

务繁重,本地所产棉布不敷需求,每年需从江南大量输入。徐光启《农政全书》言:"今北土之吉贝贱而布贵,南方反是;吉贝则泛舟而鬻诸南,布则泛舟而鬻诸北。"清代华北三省棉纺织手工业迅速普及,并形成不少有较大输出能力的商品布集中产区。到乾嘉年间,冀鲁豫三省已从明代的棉布输入区变为棉布输出区。

直隶东部永平府的滦州、乐亭等州县是商品布主要产区之一,嘉庆《滦州志》记载,该邑所产棉布"用于居人者十之二三,运于他乡者十之七八";乾隆《乐亭县志》亦称,棉布"本地所需一二,而运出他乡者八九";因这里"地近边关",故以销往关外为主。南部正定府及冀、赵、深、定等州是又一棉布产区。乾隆《正定府志》记载,"郡近秦陇,地既宜棉,男女多事织作,晋贾集焉,故布甫脱机,即并市去";束鹿县和睦井集,"布市排积如山,商贾尤为云集"。[1]这里地近太行,所产棉布多销往太行山以西的山西诸县,如山西《寿阳县志》即言,该县所用棉布"自直隶获鹿、栾城等处来者谓之东布"。[2]

河南是老棉区,产布州县亦多。较重要的商品布产区一在黄河以北的怀庆、河南二府,孟、温、孟津、济源、偃师等县都是棉布产区。其中又以"孟布"最著,乾隆《孟县志》记载,"孟布驰名,自陕甘以至边墙一带远商云集,每日城镇市集收布特多",以至"车马辐辏,廛市填咽";孟津县也是"邑无不织之家,秦陇巨商终年坐贩邑中"。[3]另一商品布产区在南部的汝宁府,以正阳县陡沟店所产最盛,"家家设机,男女操作,其业较精;商贾至者每挟数千金,昧爽则市上张灯设烛,骈肩累迹负载而来,所谓布市"。布匹销售范围则"东达颍亳,西达山陕"。[4]

山东商品布产区如鲁北平原的齐东、章丘、邹平、长山一带所产棉布总称为寨子布,多集于周村,输往关东。嘉庆年间仅齐东一县每年即有数十万匹棉布输出。鲁西北的陵县、齐河、平原、恩县、清平、馆陶、聊城等为又一商品布产区,陵县"出产白布最多",清代中叶该

---

① 嘉庆《滦州志》卷1《风俗》;乾隆《乐亭县志》卷5《风土》;乾隆《正定府志》卷12《物产》;乾隆《束鹿县志》卷2《地理志·市集》。

② 光绪《寿阳县志》卷10《风土志·物产》。

③ 乾隆《孟县志》卷4《物产》;嘉庆《孟津县志》卷4《贡赋·土产》。

④ 嘉庆《正阳县志》卷9《物产》。

县淄博店、神头店、凤凰店等镇共开设有布店七座,"资本雄厚,购买白粗布运销辽沈",全县收入颇为可观。齐河、馆陶、聊城等县也都有山西商人在城镇开设布庄,收购棉布,主要销往北口外。武定府的惠民、滨州、蒲台、乐陵等是又一棉布产区,惠民布多由"海丰县呈子口装船渡海,赴东三省销行";蒲台所产则"南赴沂水,北往关东";乐陵布"行销直隶乐亭、文安、灞州一带"。十八世纪末至十九世纪八九十年代洋纱洋布销行华北之前,是华北平原棉纺织手工业大发展时期。其时,仅山东一省每年即有 300 万—500 万匹的输出能力。①三省合计,每年的输出量估计当在五六百万至千万匹。此时的华北、西北棉布市场已基本为山东、河南、直隶三省棉布所占领,在东北市场上则形成一个山东、直隶、江南棉布争夺、分割市场的新格局。

清代,冀鲁豫三省的酿酒、榨油、烟草加工、果品加工、编织、制陶等农副产品加工业和家庭手工业也都有一定的发展。

四、长江中上游地区——全国最大的商品粮输出区

长江中游三省中,江西开发最早,鄱阳湖区在宋代已有粮食输出。洪武二十六年江西人口已达 898 万,人均耕地仅 4.8 亩;而湖广两省人口仅 470 万,人均耕地 46.8 亩,近十倍于江西。②元代江西已开始向湖广移民,明清时规模更大得多。

两湖地区的开发正是随着江西移民的大量涌入而开始的,明代中叶形成第一次开发高潮,清代前期为第二次高潮,兴建垸田和各种水利设施是两湖农业开发的主要内容。其中,明代的开发重点在湖北江汉平原,如孝感县"近湖之田,先年原是湖地,夏秋皆水",嘉靖时已被开为垸田了;沔阳州,明初还是"湖河深广","垸少地旷",到万历时"湖多淤为田庐"。③清代的开发重点则在洞庭平原,雍正年间湖南巡抚王国栋奏报说,"洞庭一湖春夏水发则洪波无际,秋冬水涸则万顷平原,滨湖居民遂筑堤堵水而耕之,但地势卑下,水患时有,惟恃堤垸以为固"。此类垸田,"大者周围百余里,小者周围二三里,方圆不

---

① 参见许檀:《明清时期山东商品经济的发展》,第 325—328 页。

② 梁方仲:《中国历代户口田地田赋统计》,乙表 32。

③ 参见张国雄:《明清时期的两湖移民》,陕西人民出版社 1995 年版,第 217—218、191 页。

一,星罗棋布"[1]。又据《湘阴县志》记载,该县自乔口以北概为滨湖荒地,"康熙时修建诸围……至乾隆之初号称极盛,乾隆五年特下广劝开垦之诏,零星地土听免升科,富民争起应之,报垦无虚岁。亦会其时无水旱之忧,民殷物阜,绰有余力,六七年间增修至数十围"。乾隆年间,仅湘潭、巴陵、益阳等九州县因修筑堤圩而涸出的湖地共计达16万亩之多。[2]康熙二十四年湖南耕地为1 389万亩,雍正二年增至3 125万亩,乾隆十八年再增至3 200余万亩,增长了1.3倍。[3]湖南是清代华中三省耕地增长幅度最大的省份。

两湖农作物以水稻为主,而水稻生长对灌溉条件要求甚高,"近水则腴,远水则瘠",故湖广地方官和乡绅对于水利设施的兴修都十分重视,修建的水利设施有塘、堰、堤、陂、井、泉、湖、潭、圳、垸等,数量极大。表1—16是明清时期湖广部分地区修建的水利工程统计,请参见。又据乾隆《郴州总志》统计,该州所属六州县陂、塘、坝、堰合计达357处。乾隆《宁乡县志》记载,该县共有各种水利设施84个,可灌田89 000亩。嘉庆《攸县志》载,该县有"障水陂凡数十处,广溉者一陂至数万亩",全县农田"水利足恃者十之七"。同治《桂阳直隶州志》称,该州共有"泉、塘四十余所",各可灌溉稻田千亩或二千亩不等,其中五眼陂一处即可"溉田四千亩",云祥坝"溉万亩焉",全州耕地四十余万亩,不能灌溉者仅20%。[4]

表1—16 湖广部分地区水利工程统计

单位:处

地 区	万历	乾隆	嘉庆
鄂东南	652	555	——
湘 中	114	577	774
湘 南	134	1283	1299

资料来源:张国雄:《明清时期的两湖移民》第179页表7—2。

① 《宫中档雍正朝奏折》第25辑,湖南巡抚王国栋折。

② 李华:《清代湖南稻米生产的商品化及其原因》,《中国历史博物馆馆刊》第13—14期。

③ 梁方仲:《中国历代户口田地田赋统计》,乙表61。

④ 李华:《清代湖南稻米生产的商品化及其原因》。

　　双季稻的推广也是清代湖南农业发展的重要内容。据李华先生的研究,湖南双季稻的推广约在雍乾年间,乾隆三年布政使张槩、按察使严瑞龙有言:"南楚之田,一岁再熟";乾隆十年前后杨锡绂、周人骥等任湖南抚按大臣时又大力推广,屡次发布告示"劝种两熟稻谷";地方官也积极加以推行,故而较见成效。[1]

　　水利兴修和双季稻的推广,使湖南稻谷亩产比明代大幅度提高。如长沙县"每田一亩,得十石有奇";郴州宜章县"每上田一亩,获谷五石";城步县"上田收谷四石五斗"。郭松义先生依据档案、方志中官、私租额资料对清代华中三省亩产进行了比较:江西的稻谷单产多在2—3石,两季亩产平均可达4石。湖北水稻产区,水利设施完备亩产较高者可达五六石,一般沿江平原亩产大致在2—3石之间。湖南亩产高者5—7石,低者2—3石,一般在2—4石之间;而洞庭湖区则在4—6石之间,亩产不在长江三角洲之下,在华中三省中也是最高的。[2]

　　明代以前,江南苏松杭嘉湖五府是全国最大的谷仓,明中叶以后江南渐为缺粮区。而湖广稻谷则从明代中后期开始输出,遂有"湖广熟,天下足"之谚,清代其输出量更大幅度增长。康熙年间玄烨皇帝即言:"江浙百姓全赖湖广米粟";一旦湘米不至,即会引起江浙米价上涨。[3]所谓湖广,主要即指洞庭—江汉平原、湘中地区以及鄂东沿江平原,包括湖南的长沙、岳州、澧州、常德、衡州、宝庆诸府和湖北的汉阳、黄州二府。

　　长江上游四川盆地的开发,也具有重要意义。明代,四川经济已有一定的发展。万历年间,四川人口为26万余户310万口;耕地面积1 348余万亩。明末的连年战争对四川经济破坏极大,清初几乎完全荒芜。康熙二十四年四川全省耕地仅170余万亩,田赋岁入仅3万余两。[4]为恢复经济,清政府制定了一系列优惠政策,一方面招徕流落外地的川民返回故里,另一方面鼓励外省农民进川开垦。经过数十年的移民垦荒,土地渐辟,经济复苏。雍正年间四川耕地面积已

　　① 李华:《清代湖南稻米生产的商品化及其原因》。
　　② 郭松义:《清代前期南方稻作区的粮食生产》。
　　③ 《清圣祖实录》卷193,康熙三十八年六月,《清实录》第5册,第1047页。
　　④ 梁方仲:《中国历代户口田地田赋统计》,乙表32、61、66。

增至 2 100 余万亩,乾嘉时又增至 4 600 万亩;地丁田赋岁入雍正年间增至 22 万余两,乾隆时为 66 万两,道光年间超过 100 万两。①随着经济的恢复与发展,商品流通也日渐活跃。雍正年间川米开始大量外销,成为江浙地区商品粮的重要来源之一。

汉口是长江中游最大的粮食贸易中心,湖南长沙、宝庆、岳州、衡州、常德等府所产之米均先聚于洞庭,经岳州出长江而达汉口。康熙年间赵申乔的奏报称:"湖南相距江浙甚远,本处所产之米运下江浙者居多","江浙买米商贩多在汉口购买"。②四川之米顺长江东下者也多汇聚于汉口,故有"江浙粮米历来仰给湖广,湖广又仰给于四川"之说。③据全汉昇先生估计,雍正年间自湖广运往江南的稻米每年约有 1 000 万石;吴承明先生估计,清代前期江南地区每年从长江中上游的江西、湖广、四川输入的稻米约为 1 500 万石。④明清时期长江中上游地区的开发及其作为粮食输出区的确立,不仅提高了其自身的经济地位,对江南乃至全国经济的发展也具有十分重要的意义。

木材也是长江中上游地区输出的大宗产品之一。木材、竹料,是建造房屋、制造交通工具、生产工具和生活用品的重要原料。我国木竹资源分布极不平衡,东部沿海、华北平原是木竹的主要需求区,西南、中南地区的云贵、四川、湖南是木材最主要的产地和输出地。汉口是长江中游最大的木材集散市场,云贵以及湖南永州、衡州、宝庆等府所产木材分别由湘江、资江、沅江、澧江四水入洞庭湖,经岳州抵汉口;四川所产木材也顺长江东下抵达汉口;商人在此购木编筏,然后顺长江东下,转销江南、山东、直隶。此外,赣南山区的竹木多由赣江经鄱阳湖入长江,运销江淮。⑤

随着经济的发展,湖广两省农副产品加工业也有一定的发展。清代,湖北棉纺织业已有一定规模,在汉阳、德安、荆州等府形成几个

① 梁方仲:《中国历代户口田地田赋统计》,乙表 61、66、79。
② 赵申乔:《自治官书》卷 6《奏疏·折奏湖南运米买卖人姓名数目稿》,《续修四库全书》第 880 册,上海古籍出版社 2013 年版,第 733 页。
③ 王景灏二年八月二十日折之朱批,鄂尔泰等编:《雍正朱批谕旨》第 2 册,国家图书馆出版社 2008 年版,第 442 页。
④ 全汉昇:《中国经济史论丛》第 2 册,香港新亚研究所 1972 年版,第 573 页;吴承明:《中国资本主义与国内市场》,第 257 页。
⑤ 经君健:《清代前期民商竹木的采伐和运输》,《燕京学报》1995 年第 1 期。

商品布产区。乾隆《汉阳府志》记载,汉阳所产棉布"四方来贸者辄盈
千累百捆载以去",销售范围远至秦晋、滇黔;应城所产棉布"行北路
者曰山庄,行南路者曰水庄,亦有染色出售者,四时舟车负贩不绝";
荆州府监利等县所产布匹则"西走蜀黔,南走百粤",主要销往西
南。①又据道光《云梦县志》记载,该邑农民"甫释犁锄即勤机杼,男女
老少皆然,寒暑不辍"。云梦县是湖北棉布销行西北的重要转运中
心,"凡西客来楚贸布,必经云城捆载出疆",西商在云梦县城立有店
铺字号十数处,"市肆牙行专视远商之集否为盈虚"。②汉阳等地销往
西北的棉当在云梦集中;销往西南的布匹则由汉阳溯长江而上。
此外,湖南的巴陵、祁阳、浏阳等县也有棉布或夏布输出。

　　不过,总体来看湖广两省虽有商品布输出,但也有大量输入。汉
口市场上集中的棉织品如毛蓝、京青、洋青、黑青、假高丽布等多来自
苏州、松江;丝织品品种更多,如贡缎、广缎、洋缎、羽毛缎、羽绉、哔
叽,宁绸、宫绸、纺绸、庄绫、汴绫、湖绉、茧绸,以及荷包、帕头、屏幛、
椅垫,等等,多来自江浙的南京、苏杭、湖州等地,亦有从广东、河南等
省输入的。③其中一部分销行湖广诸府,一部分转销四川。

五、边疆地区的初步开发

　　清代是我国统一的多民族国家的形成时期,清王朝建立之后,对
边疆地区进行了大力开发和治理。如东北平原的开发,台湾的移垦,
新疆的屯戍,以及对西南少数民族地区的治理等,对于国家的安定统
一都具有十分重要的意义。其中,经济效益较著者当属东北和台湾
的开发。下面分别述之。

　　1. 广袤的东北平原的初步开发

　　东北地区原为满族等少数民族居住区,明政府在此设奴儿干都
司治理之。清朝建立之后,开始对东北进行开发,这一开发过程是在
大量汉族人口移民的基础上实现的。

　　清王朝建立之初,即于顺治初年颁布招垦令:凡"州县卫所荒地

---

①　乾隆《汉阳府志》卷28《物产》;光绪《应城县志》卷1《物产》引康熙志;同治《监利县志》卷8《风土志》。
②　道光《云梦县志略》卷1《风俗》。
③　章学诚:《湖北通志检存稿·食货志》,第36页。

无主者,分给流民及官兵屯种;有主者令原主开垦,无力者官给牛具籽种";招徕流民不论籍别,使开垦荒田,永准为业。[①]十年又颁布《辽东招民开垦令》,鼓励各省农民移居辽东,并规定"州县以劝农之多寡优劣"以定考成,以招垦人数和开垦土地之多寡作为奖励、晋升的条件。据《开原县志》记载,"凡招徕新民,户部遣官偕同县官于城中每丁给地基二绳(合2日),于野每丁给地五绳,永为民业"。被招之民到辽东后,官府贷给口粮、籽种、牛只,俟秋成后归还。[②]

随着移民人数的增长,清代东北地区耕地面积迅速扩大。顺治十八年辽东奉天、锦州二府仅有耕地6万余亩,康熙二十四年增至31万余亩,雍正二年再增至58万余亩;乾隆十八年奉天地区共有耕地252万亩,到嘉庆二十五年(1820)东北三省耕地总计达2 317万余亩。[③]与清初相比,田地面积增长了上百倍。表1—17是嘉庆二十五年东北全境户口、田地及田赋统计,请参见。

表1—17　嘉庆二十五年东北户口、田地及额征田赋统计

地　区	户　数	口　数	田地(亩)	地丁银(两)	米(石)	粮(石)
兴　京	——	8 151	472 173	437	254	1 192
奉天府	129 653	1 314 971	2 128 394	72 062	30 194	
锦州府	61 361	434 126	1 536 864	29 045	13 613	49 308
吉　林	111 847	566 574	1 559 848	93 993	——	23 197
黑龙江	28 465	167 616	1 509 288	3 795	47 630	
盛京合计(一)	331 326	2 491 438	7 206 567	199 334	91 691	73 697
盛京合计(二)	——	——	23 174 869	321 965	93 559	180 388

资料来源:梁方仲:《中国历代户口田地田赋统计》,乙表77。

说明:(一)栏为《嘉庆重修一统志》所载各数相加之和;(二)栏为《嘉庆重修一统志》原载总数。

---

① 光绪《大清会典事例》卷166《户部·田赋》,《续修四库全书》第800册,第673页。
② 孔经纬主编:《清代东北地区经济史》,黑龙江人民出版社1990年版,第148、159页。
③ 梁方仲:《中国历代户口田地田赋统计》,乙表61、77。

随着耕地面积的增长,东北地区的粮食产量亦有增加。自康熙中叶始,东北已陆续有余粮输出,"有运盛京粮米于山海关内者,又泛海贩粜于山东者多有之"。[1]乾隆初年因直隶歉收,粮价腾贵,清政府下令:"奉天海洋运米赴天津等处之商船,听其流通,不必禁止。"[2]乾隆九年因山东遭灾,从奉天调运存仓米 20 万石"海运至山东平粜"[3]。不过,此时清政府对东北粮食的输出数量和地点尚有诸多限制。乾隆中叶以降,随着开发的深化,东北已成为一个新的粮食产区,供给能力大大提高,清政府对东北粮食输出的限制也最终解除。嘉道年间,东北输往直隶、山东二省的高粱、粟米等粮食每年约一二百万石;而输往江南的豆麦、杂粮每年更高达上千万石,东北成为江南地区重要的粮食供应地之一。

2. 台湾的开发与两岸贸易的发展

台湾的开发也始于清代。台湾原为高山族居住地,明末被荷兰殖民者侵占。清初郑成功率部渡海抵台,驱逐了殖民统治者,兴军屯,鼓励民垦,是为台湾开发之始。康熙二十三年(1684)清政府收复台湾之后,闽粤沿海居民大规模向台湾移民,更加速了台湾的开发。

据陈孔立的研究,荷兰殖民者统治时期(1624—1661)台湾居民约有 4.5 万—5.7 万人。郑成功抵台所率部队眷属有数万人,再加上这一时期的移民,郑据时代(1661—1683)台湾居民已有10 万—12万人。清王朝统一台湾之后,闽粤沿海居民大规模迁至,台湾人口迅速增长。乾隆二十八年台湾人口已达 66 万余,四十七年增至 91 万,嘉庆十六年再增至 190 万。与康熙初年相比,二百年间台湾人口增长近 40 倍。耕地的增长也属可观。康熙二十四年台湾耕地面积仅18 454甲(1 甲约为 11 亩多),雍正十三年增至50 517甲,乾隆中叶再增为61 917甲,到清末台湾已有耕地361 417甲,[4]约相当于 400万亩。

台湾气候温暖,雨水充沛,四季皆可种植。随着闽粤移民的大量迁入,土地垦辟,产量颇丰,"千仓万箱,不但本郡足食,并可资赡内

---

① 《清圣祖实录》卷 128,康熙二十五年十二月,《清实录》第 5 册,第 372 页。
② 同治《续天津县志》卷 6《海防兵制·附海运》。
③ 道光《陵县志》卷 7《赋役志·蠲赈》。
④ 陈孔立:《清代台湾移民社会研究》,厦门大学出版社 1990 年版,第 7—9 页。

地","肩贩舟载,不尽不休"。①台米输闽最早始于郑据时期,《台湾通史》记言,"郑氏养兵七十有二镇,咨议参军陈永华乃申屯田之制以足兵食,又能以其有余供给漳、泉以取其利"②。清王朝统一之后,闽台间粮食贸易更加兴盛,《台湾府志》记载,康熙"三十二年冬,大有年。商人贩粜内地,四郡居民资焉"③。乾隆年间台湾每年输闽稻米"不下八九十万(石)"④;也有学者估计乾隆末年已达一百万石⑤。

台米输浙始于雍正元年,是年以浙江饥,令商船运台米一万石,次年又运米四万石⑥。乾隆五十一年以浙西三府客米稀少,拨运台米43 600石。道光以后台米输出范围进一步扩大。道光四年以"天津岁歉,督抚令台湾船户运米北上"。此次贩运共募集组织了一支近百只船的船队,共载谷14万石;因途中遇风损失了一部分,最后抵津船只70只,共运米13万石。⑦此后,台湾商船运米北上天津渐成为常事。

蔗糖是台湾的另一重要物产和输出商品。台湾甘蔗种植甚广,糖产亦多。《台海使槎录》称,"全台仰望资生,四方奔趋图息,莫此为甚。糖斤未出,客人先行定买;糖一入手,即便装载"贩运。该书还记载了台湾的榨糖生产:台人"十月内筑廍屋,置蔗车,雇募人工,动廍硤糖。上园每甲可煎乌糖六七十担,白糖六七十漏……中园、下园只四五十担"。台糖不仅数量多且质量好,"所煎之糖较闽粤诸郡为尤佳"。⑧

台湾糖产,主要销往上海、宁波、天津、牛庄等地。王韬《瀛壖杂志》记言"闽粤大商多在沪之东关外,粤则从汕头,闽则从台湾运糖至

① 黄叔璥:《台海使槎录》卷3《物产》,《故宫珍本丛刊》第272册,第162页。

② 连横:《台湾通史》卷20《粮运志》,商务印书馆1996年版,第380页。

③ 康熙《台湾府志》卷9《外志》。

④ 台北"中研院"历史语言研究所编:《明清史料》戊编第九本,中华书局影印本1987年版,第821页。

⑤ 林仁川等:《清代台湾与祖国大陆的贸易结构》,《中国社会经济史研究》1983年第2期。

⑥ 黄叔璥:《台海使槎录》卷1《赋饷·籴运》,《故宫珍本丛刊》第272册,第146页。

⑦ 《明清史料》戊编,第9本,第846页;第10本,第938页。

⑧ 黄叔璥:《台海使槎录》卷1《赋饷·籴运》,卷3《物产》,《故宫珍本丛刊》第272册,第145、165、164页。

沪,所售动以数百万金"。①天津自雍正年间即有台糖进口,主要是由漳、泉海商转销而至。此外,台糖还大量输往东南亚和日本。

　　台湾向大陆输出的商品以稻米、蔗糖为最大宗,从大陆输入的商品主要是布匹、绸缎和其他手工业品。据《淡水厅志》记载,"商人择地所宜,雇船装贩,近则福州、漳泉、厦门,远则宁波、上海、乍浦、天津以及广东。凡港路可通,争相贸易,所售之值或易他货而还"②。如从苏州回贩布匹、绸缎,在浙江购买绫罗、绵绸,自漳泉地区输入棉布,等等。③乾隆年间两岸每年的贸易额已达"数百万元"之数。④

　　随着经济发展和两岸贸易的兴盛,台湾也出现了专门从事贸易的商人组织"郊行"。如台南有北郊、南郊和糖郊,北郊贸易范围为长江以北宁波、上海、天津、牛庄等;南郊经营地区为漳、泉、厦门、金门、汕头等;糖郊则主要经营台糖贸易。台湾中部的鹿港,有专营泉州贸易的泉郊,经营厦门、漳州一带贸易的厦郊,以及经营广东、澎湖等地贸易的南郊。道光中叶,鹿港的泉郊所属商号达二百余家,厦郊所属商号也有100家之多,贸易范围扩大到天津、东北。⑤《彰化县志》记载,道光年间鹿港泉郊、厦郊商船"北上天津及锦、盖诸州者渐多,鹿港泉、厦郊船户欲北上者,虽由鹿港聚载,必仍回内地各本澳",然后沿近海北上。⑥在闽南的泉、漳一带也有不少专营台湾贸易的"郊行",如乾隆间晋江县蚶江与台湾通商的大行郊就有泉胜、泉泰、谦恭、谦益、晋丰、勤和、锦瑞等20多家,往来船只近二百艘;道光年间,泉州仅鹿郊商号即有46家之多。⑦

　　总之,通过近二百年的移民开发,到清代中叶东北和台湾农业经济有了长足的发展,已成为新的粮食生产基地;农产品加工业、

　　①　王韬:《瀛壖杂志》,沈云龙编:《近代中国史料丛刊一辑》第501册,台湾文海出版社1973年版,第33页。
　　②　同治《淡水厅志》卷11《风俗考》。
　　③　黄叔璥:《台海使槎录》卷2《商贩》,《故宫珍本丛刊》第272册,第160页。
　　④　连横:《台湾通史》卷25《商务志》。
　　⑤　黄福才:《论清代大陆与台湾贸易各阶段的特点》,《中国经济史研究》1997年第2期。
　　⑥　道光《彰化县志》卷1《海道》。
　　⑦　庄为玑、王连茂编:《闽台关系族谱资料选编》,福建人民出版社1985年版,第3、469页。

商业等也有了初步发展,从而为其后更大规模的发展奠定了坚实的基础。

以上我们分别考察了江南、珠江三角洲、华北平原、长江中上游地区、东北平原和台湾等六个不同的经济区在明清时代的发展状况。此外,闽东南的漳、泉、福州等府沿海贸易较著,闽浙赣山区以植茶种杉、栽培油茶桐漆等林业经济为主,陕南山区则以木材采伐加工、采矿、冶铁等业为重,大多因地制宜各有特色;而西北的甘肃、新疆,西南的云贵地区,因地处偏远,交通不便,经济发展较为落后。囿于篇幅,这里不再一一论述。

六、商品流通对区域经济发展的重要意义

以上考察中我们看到,虽然各区域自然条件不尽相同,发展水平、特点也有较大差异,但有一点则是共同的,即明清时期各区域之间的经济联系和商品流通都大大加强了。

因地制宜的地区发展和大规模的商品流通,可以说是明清时期经济发展中两大最为显著的特征。或者说,正是由于区域之间经济联系的加强、商品流通的扩大,才使得各区域可以扬长避短、因地制宜地发展,从而形成各自的经济特色,并获得较高的经济收益。如江南地区经济特色的形成,不仅有赖于其自身的发展,而且与外部市场条件密切相关。长江中上游大量稻米的输入,对江南经济的发展即具有十分重要的作用。清代前期,从长江中上游诸省输入江南的稻米每年约有1 000万—1 500万石。以1 000万石计,即可供江南 330万人一年之食,或相当于松江东部 670 万亩稻田丰年的总产量。明清时期江南水稻生产的各项投入已接近传统技术条件下的最高限,边际产量开始下降,稻米生产成本的上升幅度已超过产量的上升幅度;而湖广、四川则由于人均耕地较多,粮食生产成本较低。[①]如果没有长江中上游廉价稻米的大量输入,以保证江南人民的粮食供应,其种植结构的调整和高收益型农业的形成是不可能实现的。同样,江南丝、棉纺织业在明清时期的大发展,也有赖于外地粮食的大量输入;否则,大量脱离农业的城镇人口、手工业人口则无法生存。同时,

---

① 李伯重前引文。

全国各省区以及国外市场对江南丝、绸、棉布的需求,即一个广阔的外部需求市场的存在,对江南丝、棉纺织业的发展也是一个有力的刺激。同样,珠江三角洲以外贸为导向,以转口贸易为中心的经济格局,也有赖于全国规模的商品流通。

比较各区域之间流通的商品结构,各区域发展水平上的差异明显可见:江南地区以输入粮食、肥料等低值商品,输出棉布、绸缎等手工业品为主,属高收益型经济格局。珠江三角洲输入粮食、棉花,种植果、桑等经济作物以供加工输出;同时转口贸易迅速发展,一种以外贸为导向,以转口贸易为中心的经济格局正在逐渐形成。不过,这种经济格局的形成并非自然发展的产物,而是在很大程度上得益于清政府的"独口通商"政策。长江中上游的湖广、四川等省,以及东北、台湾等新开发区,主要输出粮食,输入棉布、绸缎等手工业制品,即输出低值商品,输入高值商品,在地区分工中显然处于劣势。华北平原在明代曾大量输出棉花,换取棉布等手工业品;清代随着本地棉纺织业的发展,棉花从输出为主改为自用为主,并且已有能力与江南棉布争夺华北、西北、东北市场,至少在棉与布这一对原料与制成品的流通上,其劣势地位已得到根本改观。

比较分析各区域间的流通特点,我们可更清楚地看到商品流通对经济发展的影响。流通的作用并不仅仅在于各地区间的物资交流、有无互易,更为重要的是流通使原本互不相关的一个个自然条件、发展程度各异的地区相互联系,成为一个整体,从而可以在更大范围和更高层面上形成地区分工,有利于发挥各自的优势,取长补短。从表面看,这种分工似更有利于发展程度较高的地区,但从较长的历史时段来看,流通也促进了后起地区的发展,为它们迎头赶上提供了机会。

（本文原载《中国经济史研究》1999年第2期,有删节）

第二章　明清时期的商品流通

第一节　明清时期运河的商品流通

京杭大运河全长1 700多公里,作为贯通南北的唯一航道,实际上成为当时南北物资交流的大动脉。特别是明中叶至清中叶的三四百年间,运河的商品流通量远远超过其漕粮运输量,在全国商品流通中发挥了极为重要的作用。然而,以往对运河的研究大多侧重于其漕运功能,至于运河的商品流通则很少见有专文论述。明清时期运河商品流通的规模如何? 其内容与特点是什么? 以及它在全国商品流通中所处的地位等等,本文试就此作一初步探讨。

一、明清两代运河各关商税及其所占比重的变化

明清时期运河的商品流通主要包括以下几项内容:(一) 商船往来货运。运河沿线的临清、淮安、扬州、苏州、杭州等处"俱系客商船集辐辏之处"①。如万历二十一年春季,扬州关每日过关商船多则百余,"少者四五十只",这还是该关船货往来较少,以致关税

---

① 陈子龙等:《皇明经世文编》卷78,倪岳:《会议(灾异陈言)》,中华书局1962年版,第692—693页。

征不足额的一段时期。①清代,临清关乾隆九年分过关商船计有
9 738只,十年分为5 816只②;浒墅关更是"商船往来,日以千计"③。
(二)漕船带货。明清两代,政府每年役使军籍漕丁将南方数省四
百万石漕粮解运京师及有关仓廒。自明中叶起,政府允许漕运官
军于漕船北上之时搭载一定数量的"土宜"沿途贩卖,"免其抽税",
以补充运军生计和运粮脚价之不足。这一免税土宜的限额是不断
增加的,弘治时规定每船"不得过十石",嘉靖时增至 40 石,万历时
再增至 60 石④;清代,从康熙年间的每船 60 石,增至嘉庆年间的
150 石,土宜范围也不断放宽;乾隆年间又准许回空漕船免税携带
土宜 60 石,嘉庆时增至 84 石。⑤(三)回空漕船揽载商货。回空揽
载的漕船,实际上完全可视作商船。而且,乾隆以后它还享有上述
一般商船所没有的部分商品免税的优待,更增加了竞争优势。明
清两代漕船在万艘上下,其搭载"土宜"和回空揽载的商货(即使以
每船半载计之)均是一不可低估的货运量。总计商船运输及漕船
的货运,自明代中后期始,运河的商品流通量逐渐超过其漕粮运输
量,清代更远胜于明代。

明清时期运河的商品流通在全国商品流通中占有重要地位。这
从榷关的设置及其关税税额可得到间接的证实。明代,长江航运及
海运尚不发达,运河是全国最主要的商品流通干线。全国八大钞关
除九江为长江关外,其余七个均设在运河沿线,即:崇文门、河西务
(清代移往天津)、临清、淮安、扬州、浒墅、北新关等。各关商税收入
及其所占百分比请见表 2—1。

① 王樵:《方麓集》卷 1《考核差满属官事》,《文渊阁四库全书》第 1285 册,台湾商
务印书馆 1984 年版,第 114 页。
② 中国第一历史档案馆藏关税档案(以下简称档案):山东巡抚喀尔吉善乾隆十
一年七月二十三日折。
③ 彭泽益编:《中国近代手工业史资料》第 1 卷,第 454 页。
④ 张学颜:《万历会计录》卷 35《漕运·土宜》,《北京图书馆古籍珍本丛刊》第 53
册,书目文献出版社 1987 年版,第 1107—1108 页。
⑤ 光绪《大清会典事例》卷 207《户部·漕运》,《续修四库全书》第 801 册,上海古
籍出版社 1996 年版,第 396—398 页。

表 2—1 明代八大钞关税收一览表

单位:两

税　关	万　历　年　间		天　启　年　间	
崇文门	68 929		88 929	
河西务	46 000		32 000	
临　清	83 800		63 800	
淮　安	22 000		44 600	
扬　州	13 000		25 600	
浒　墅	45 000		87 500	
北　新	40 000		80 000	
合　计	318 729	92.7%	422 429	88.0%
九　江	25 000	7.3%	57 500	12.0%
总　计	343 729		479 929	

资料来源:《续文献通考》卷18《征榷考》。

清初,运河七关全部保留下来,并大体沿袭了明末的税额。其后,随着社会经济的发展,运河的商品流通量不断增加,商税收入也逐渐增加,从康熙年间的六十余万两,到清代中叶已增至一百四五十万两。清代,随着长江航运、海运的发展,运河诸关税额在全国关税总额中所占比例已有下降,但直到清代中叶仍占有相当重要的地位。清代前期运河诸关税收在全国关税总额中所占比例,请参见表2—2。

表 2—2 清代前期运河各关税收及其在全国关税总额中所占比例变化

年　代	康熙 二十五年	雍正 三年	乾隆 十八年	嘉庆 十七年	道光 二十一年
运河诸关 关税岁入	67.1万两	62.0万两	151.9万两	141.1万两	140.9万两
占全国关税 总额比	50.6%	40.9%	33.1%	29.3%	33.5%

资料来源:据各朝《会典》关税项、《史料旬刊》第27—30期所载各关税额统计。

二、明代运河流通的主要商品

运河中南来北往的究竟是些什么商品？这些商品的来源去向如何？明代和清代又有些什么变化？下面我们来具体考察运河商品流通的实况。

明代江南是全国棉纺织业中心，而北方广大地区棉花种植虽已普及，棉纺织业尚不发达，故"吉贝则泛舟而鬻诸南，布则泛舟而鬻诸北"。[1]运河沿线很多地区，如直隶的河间、广平，山东的东昌、兖州等府都是华北棉花的主要产区。其中，尤以位于冀鲁交界的广平、景州、故城、临清、武城一带棉产最优，有"北花第一"之美誉，为商贾所青睐。每届棉花成熟，"江淮贾客列肆赍收"，运销江南。[2]他如山东郓城、嘉祥、巨野，河南杞县、太康的棉花，也大量销往江南。而江南所产棉布则北销山东、直隶及"秦、晋、京边诸路"，"富商巨贾操重资而来市者，白银动以数万计，多或数十万两，少亦以万计"。[3]丝织品以苏杭、南京所产最佳，张瀚《松窗梦语》称，"江南之利莫大于罗绮绢纻，而三吴为最"，"秦晋燕周大贾不远数千里"而求之。[4]运销华北、西北、辽东的布匹、绸缎都是经由运河北上的。"北直隶各府，辽、蓟边客货，皆由漕河而去，止于临清州、河西务、张家湾起陆"；"陕西、河南二省，大同、宁夏等边，苏杭客货皆由（运河转入）南、北二河而上，至汴城、王家楼或孙家湾起车"。[5]因而，运河沿线形成很多纺织品中转市场，其中尤以临清为最。明代隆万年间，临清城内有布店73家，绸缎店32家，布匹年销量至少在百万匹以上，绸缎销量也相当可观，是当时北方最大的纺织品交易中心。[6]纺织业的落后形成的北方消费市场对江南丝、棉纺织品的依赖，使纺织品贸易成为明代运河商品

---

[1]　徐光启：《农政全书》卷35《木棉》，《农政全书校注》中册，上海古籍出版社1979年版，第969页。

[2]　余象斗编：《三台万用正宗》卷21《商旅门·棉花》；万历《东昌府志》卷2《物产》。

[3]　叶梦珠：《阅世编》卷7《食货五》，来新夏点校本，中华书局2007年版，第179页。

[4]　张瀚：《松窗梦语》卷4《商贾纪》，盛冬铃点校本，中华书局1997年版，第85、83页。

[5]　黄汴：《天下水陆路程》卷5，杨正泰校注本，山西人民出版社1992年版，第150页。

[6]　参见许檀：《明清时期的临清商业》，《中国经济史研究》1986年第2期。

流通最主要的内容。

经由运河北上的其他大宗商品还有茶叶、纸张、磁器、铁器等等。

茶叶，来自安徽、福建等地，以山西商人经营的边茶转运贸易为最大宗。茶船溯运河北上至临清，"或更舟而北，或舍舟而陆，总以输运西边"，以供茶马互市之需。纸张，来自福建、江西，品种甚多，如杠连、古连、毛边、三把头、五披、八披、头堂、本、表、笺等，其行销大致可及直隶、河南、山东的大部分地区，临清即有纸店二十余家。磁器，主要来自江西景德镇，运销华北、京师。铁货，如铁锅及钉铁之类，铁锅既有来自广东的广锅、无锡的无锡锅，亦有来自山西的西路铁锅，除销行华北外，辽东、宣府、大同的互市所需也是一个很大的量。[1]

由运河南下的主要商品，除前述的棉花之外，还有豆石和干鲜果品等。经由运河流通的豆货以河南归德府、山东济宁、郯城、江苏徐州、沛县，以及安徽颍州等处所产为多。[2]干鲜果品，直隶、山东所产以梨、枣最多，如东昌府的胶枣、牙枣，商人"冬计其木，夏相其实而值之，货于四方"[3]；兖州府峄县"独产梨枣，每岁为他商预出直，鬻江南贾厚利"。[4]他如青州的核桃、柿饼，直隶泊头、开州的梨，河南的瓜子，等等，均为运销江南的北方特产。[5]

明代，由于北方经济相对落后，其可提供的商品主要是初级农产品，且数量尚属有限，因而商船或漕船回空南下时一般很少能够满载。

此外，长芦、山东盐场的食盐沿运河南下，两淮盐场的盐经由运河转入长江销往各自的引岸，也是运河商品流通的一个重要组成部分。这三个盐区的引盐即使以50%进入运河流通计，其运输量在明代亦有一亿多斤，清代约有二三亿斤。[6]

① 参见许檀：《明清时期的临清商业》。
② 《三台万用正宗》卷21《商旅门·黄黑豆》。
③ 嘉靖《山东通志》卷8《物产》。
④ 陈梦雷编：《古今图书集成·职方典》卷238《兖州府物产考》，中华书局影印本1934年版，第81册，第48页。
⑤ 《三台万用正宗》卷21《商旅门·茶盐果品》。
⑥ 参见陈锋：《清代盐政与盐税》，中州古籍出版社1988年版，第76页。

三、清代运河流通的主要商品

清代,随着华北棉纺织业的发展,纺织品贸易在运河流通中所占比重明显下降,粮食成为运河流通中最主要的商品。据档案记载,"浒墅关税额资于谷麦米粮者十之六七,资于布帛杂项货物者十之三四"①。淮安关"豆货数倍他税,其余杂货较之豆税实不及三分之一"②。运河沿线征收粮食税的几个主要権关③,其粮食税收大多超过关税岁入的 50%。曾为明代北方最大的纺织品交易中心的临清,到乾隆年间布匹绸缎店已减少至仅十余家,而粮店则有百余家之多,粮食年交易量达五六百万至千万石。此时的临清已转而成为北方最大的粮食流通中心。④乾隆初年运河主要税关粮食税占各该关关税总额的百分比详见表 2—3。

表 2—3　运河沿线主要税关粮食税占关税总额比重统计

关　　期	临清关	淮安关	扬州关	浒墅关
五年分	——	——	——	43.4%
六年分	——	——	——	50.9%
七年分	48.6%	——	35.9%	50.1%
八年分	65.3%	62.3%	32.7%	56.8%
九年分	65.4%	62.8%	32.0%	——
十年分	55.3%	62.0%	30.2%	——
十一年分	64.1%	——	——	——
十三年分	54.5%	——	——	——
平　　均	58.9%	62.4%	32.7%	50.3%

资料来源:据中国第一历史档案馆藏关税档案统计。

---

①　档案:管理苏州织造海保乾隆三年十二月初七日折。
②　档案:管理淮安关事务伊拉齐乾隆八年二月十七日折。
③　运河沿线各关中,崇文门不征粮税(只征酒米之税),天津、北新只征船料不征货税,唯临清、淮安、扬州、浒墅等关,系计石征收货税。
④　许檀:《明清时期的临清商业》。

运河各关粮食的来源、去向和品种不尽相同。"临清关税米麦居多，而米麦贩运之多寡又视邻省粮价之贵贱"①。经由临清关的粮食系以冀鲁豫三省的丰歉调剂为主。如乾隆九年直隶歉收而河南丰稔，"商贩趋利如鹜，自南往北连樯不绝"；二十一年河南歉收，直隶、山东粮食源源运入河南。若"直隶、豫、东三省粮价无甚低昂，商人获利无几"，则往来者少。②此外，奉天的粮食由海运至天津入运河南下，销往河间、保定一带亦有一定数量。③

淮安"所征钞税大半出于豆货"，其来源大致有三：其一，直隶、山东豆石沿运河南下；其二，河南归德等府、江苏徐州一带所产，由黄河入运而来；其三，河南南阳、汝宁等府及安徽凤、颍所产，由淮河、洪泽湖而来。每岁连樯南下贩往江浙"不下数百万石"④，为江南居民打油、磨腐、肥田之用。

浒墅关粮食来源以湖广、江西米谷为多，故这两处米船到达的多寡、迟速会立即引起苏州一带米价波动。如康熙五十一年苏州织造李煦奏报称，该地"因湖广客米到得甚多，所以米价甚贱，上号不出八钱，次号不出七钱"。五十五年奏称，"苏州八月初旬湖广、江西客米未到，米价一时偶贵，后即陆续运至，价值复平"⑤。这些输入的米谷除供江浙地区食用外，亦有一部分经由上海、乍浦转运福建。

那么，经由运河流通的商品粮究竟有多少呢？确切的数字很难找到。不过，乾隆初年粮食免税期间运河沿线征收粮食税的几个主要税关的粮食免税记载，为我们推算其流通量提供了可资利用的数据（见表2—4），据此可推知大概。

<hr>

① 档案：山东巡抚喀尔吉善乾隆八年七月二十四日折。
② 参见许檀：《明清时期的临清商业》。
③ 同治《续天津县志》卷6《海防兵制·附海运》。
④ 档案：管理淮安税务伊拉齐乾隆七年六月十五日折；《续纂淮关统志》卷6《令甲》，方志出版社2006年版，第135页；档案：管理淮关税务倭赫乾隆十一年十一月初一日折。
⑤ 李煦：《奏报米价折》、《奏报米价及御种稻子现已收割并进晴雨录折》，转引自樊树志：《明清江南市镇探微》，复旦大学出版社1990年版，第240页。

表 2—4 乾隆年间临清等关免过粮食税统计

单位:万两

关　　期	临清关	淮安关	浒墅关	备　　注
七年分	1.7①		12.2④	① 系 3 季 46 日免税额
八年分	4.7	19.3③	21.3	② 系 3 季 32 日免税额
九年分	5.3	25.7	11.3⑤	③ 系 11 个月免税额
十年分	2.6	33.7		④ 系 5 个月的免税额
十一年分	4.1②			⑤ 系 4 个月 28 日的免税额
平　　均	3.7	26.2	14.9	

资料来源:据中国第一历史档案馆藏关税档案统计。

表 2—4 可见,临清关免过税银以七年分最少,以九年分最多。据该关税则,米麦每石征银二分二厘,杂粮每石一分一厘。①据此,乾隆七年分折粮为 80 万至 160 万石,九年分为 240 万至 480 万石。数年平均折粮则为 170 万至 340 万石。不过,实际上该关粮石只有在临清售卖者才纳全税,而经由临关赴他处售卖者只需上纳 20%或 60%(依所去地方之不同)的过税。也就是说,该关的粮食流通量应大大超过上述折算量,大约总有五六百万至千万石。②

淮安关税则,粟米每石征银八分,饭米、小麦、豆类每石五分,玉秫每石四分。淮关粮食以豆石为多,以每石豆税银五分计,八年、九年、十年分折粮分别为 386 万、514 万、660 万石,三年平均为 524 万石。

据浒墅关税则,米、小麦、豆每石各税四分,稻谷以四折加扣算。该关八年分为全年数字,折米为 530 万石,折谷当在 1 000 万石以上。七年、九年只有五个月的免税数额,折米为 300 万石上下,折谷则倍之;若以全年折算,亦当有五六百万至千万石之谱。

以上临清、淮安、浒墅三关合计,粮食流通量当有 1 800 万至 2 500 万石。前已述及,该三关粮食的来源、去向和品种均有很大的

---

① 乾隆《户部则例》该关税则,下同。
② 许檀:《明清时期的临清商业》。

差异,当然其中也还可能会有一部分粮食系重复流通。我们姑以重复流通部分占 20%—30% 的比例扣算,即便如此,运河的商品粮食流通量仍有一千二三百万石至二千万石,相当于漕粮运输量的三至五倍,而天津、扬州、北新等关的流通量尚未计入。

粮食之外,清代的运河流通,南下商品以棉花、枣、梨、烟叶、油、麻等货为多;由南往北则系江、浙、闽所产绸缎、布、纸、茶、糖、竹木等货。棉花,是明代即有的大宗南下商品,不过清代江南棉花的来源已由明代山东、直隶为主改由河南、湖广输入为多。[1]枣、梨清代的南销量更多于明代。如东昌府之熏枣"每包百斤,堆河岸如岭,粮船回空,售以实仓"。[2]档案记载,淮安关乾隆二十年分比十九年少收梨枣税 21 600 余两。查该关是年共少收税银 122 000 两,约为十九年分税额的 28%。[3]如按同一比例计算,淮安关二十年分实征梨枣税约为 56 000 两,折合梨枣 70 余万石,即 7 000 余万斤。[4]而这一数字还不是该年过关梨、枣的全部,因为漕船回空捎带梨、枣在 60 石以内的部分属于免税之例。烟草,北方原无。清初,山东济宁、滋阳一带相继种植,发展很快。嘉道年间济宁"环城四五里皆种烟草","每年买卖至白金二百万两",从事烟草加工业者有四千余名之众。[5]这些烟草有不少成为南下货物的重要组成部分。

清代,随着华北棉纺织业的发展,冀、鲁、豫三省已由明代江南棉布的消费市场转而成为棉布输出区。如直隶乐亭县所产布匹,"本地所需一二,而运出他乡者八九",大抵以销往关外为主[6];山东齐东、

① 参见李伯重:《明清江南与外地经济联系的加强及其对江南经济发展的影响》,《中国经济史研究》1986 年第 2 期。

② 王培荀:《乡园忆旧录》卷 8《山左物产》,浦泽点校本,齐鲁书社 1993 年版,第 454 页。

③ 伊拉齐二十一年九月二十六日、二十年六月二十一日、二十一年六月初七日折,《宫中档乾隆朝奏折》第 15 册、第 1 册、第 14 册,台北故宫博物院 1982 年版。

④ 乾隆《户部则例》卷 70《税则·临清关》。该关税则:枣,每担税银 8 分;梨,每担 5 分;这里通以每担 8 分计之。

⑤ 王培荀:《乡园忆旧录》,第 455 页;包世臣:《中衢一勺》卷 6《闸河日记》,李星点校本,黄山书社 1993 年版,第 150 页。

⑥ 乾隆《乐亭县志》卷 5《风土》。

章丘、邹平所产大布,"通于关东,终岁且以数十万计"①;河南孟县之孟布"山陕驰名",销往陕甘以至边墙一带②;正阳县的"陡布"则"东达颍亳,西至山陕,衣被颇广"。③由于这些新的棉布输出区的崛起,江南棉布在华北、西北的市场大大缩小;同时,随着海运的发展,行销东北的棉布、绸缎大多改由沙船海运。因而,明代作为运河流通最主要内容的纺织品的北上,清代大大地缩减了。这里,我们以淮关为例,看一下各不同类别的商品在关税额中所占比重(见表2—5)。

表 2—5　乾隆初年淮安关各类商品占该关关税额的比例

商　品　类　别	八年分	九年分	十年分
粮食(以大豆为主)	62.3%	62.8%	61.9%
梨枣棉烟饼油(北货)	7.3%	8.7%	11.1%
绸布姜茶及各项杂货(南货)	25.3%	19.5%	16.2%
三　项　合　计	94.9%	91.0%	89.2%

资料来源:据中国第一历史档案馆藏乾隆朝档案统计。

淮安关位于京杭运河中段,又居南北两大经济区交界之处,其商品结构应该最能反映运河南北物资交流的概貌。如表2—5所示,淮关商税总额中,北上的绸布、杂货等项约占20%,南下货物棉花、梨、枣、烟叶等约占10%。若与粮食合计(前已述及,淮关粮食以北来豆石为多),北方商品的南下量已大大超过北上南货,在运河流通中占居主要地位。这是清代运河流通的又一显著变化,它无疑是以北方经济的发展为基础的。

四、结语

综上所述,明清时期运河以其贯通南北、连结五大水系的优势,流通所及涉及直隶、河南、山东、山西、陕西、甘肃、湖广、广东、江西、福建、安徽、江苏、浙江以及辽东等地,遍及明代十三布政司中的九个,清代关内十八行省中的十四个,以及关外广大地区。运河的商品

---

① 嘉庆《齐东县志续·布市记》。
② 乾隆《孟县志》卷4《物产》。
③ 嘉庆《正阳县志》卷9《物产》。

流通量远远超过其漕粮运输量,它对于促进全国物资交流和商品经济的发展起了极为重要的作用。

通观明清两代运河的商品流通,大体有如下几个特点。

1. 明代,运河流通在全国商品流通中占有极为重要的地位。清代,运河的商品流通量较之明代有很大增长,不过由于长江航运及海运的发展,运河流通在全国商品流通中的地位有所下降;尽管如此,直到清代中叶运河流通仍占有相当重要的地位。

2. 运河的商品流通以民生日用品为主。其中,明代以纺织品为最大宗,清代则以商品粮的流通为最。

3. 明代,运河的商品流通是以北方消费市场对江南经济的依赖为背景的;清代,运河的流通则是以华北区域经济的发展和相对独立为背景。另一方面,清代的运河流通已日益与长江、沿海的流通相联系,一个新的流通格局正在形成。

还需强调指出的是,明清时期运河商品流通的上述变化乃是全国性经济布局和流通格局变化的一个组成部分。关于这一全国性的变化及其意义,我们将另文探讨。

(本文原载《历史档案》1992 年第 1 期,有删节)

第二节 清代前中期东北的沿海贸易与营口的兴起

营口是随着东北沿海贸易的发展而兴起的港口城镇,清代中叶已是东北沿海税收额最高的海口,它成为东北第一个通商口岸实属必然。但无论在古代史还是近代史研究中,营口开埠之前的历史一直未引起应有的关注。本文首先考察清代前期东北沿海贸易的实况[1],然后分析锦州、牛庄与营口在东北沿海贸易中的地位和变化。

---

① 关于清代前期东北沿海贸易,笔者所见最早的研究是日本学者加藤繁先生 1943 年发表的:《康熙乾隆時代における満洲と支那本土の通商について》(后收入:《中国经济史考证》,中译本由商务印书馆 1973 年出版,全文见中译本第 3 卷,第 131—148 页:《康熙乾隆时代关内外的通商》)。二十世纪八十年代以后日本学者松浦章和中国学者郭松义、朱诚如、董玉瑛、谢景方、邓亦兵等陆续发表了一批论文。笔者也曾撰写《清代前期的山海关与东北沿海贸易》《清代前期的山海关与东北沿海港口》二文,主要利用的是中国第一历史档案馆所藏关税档案(以下简称档案)。

一、清代前期沿海贸易的发展

东北地区原为满族等少数民族居住区，明政府在辽东设都指挥使司，又于黑龙江和乌苏里江流域地区置努尔干都司，在行政上则归于山东布政司。清王朝建立后，开始对东北进行开发，各地商人也纷纷前来贸易。

南方各省商人赴东北贸易始于康熙中叶海禁开放之后。如康熙四十九年上海县上字 73 号商船"装载各客布匹、磁器，货值数万金，由海关输税前往辽东贸易"；华亭县华字 90 号商船领有"县照及江南海关部牌，揽装茶叶、布、碗等货"，"前往关东贸易"。①康熙后期已有大量南方海商前来辽东半岛，江苏、浙江、江西三省商人还在盖州修建了三江会馆。②乾隆以降南方海船到辽东贸易的数量大大增加，位于渤海湾西岸的锦州开始成为闽广商人贸易的重要港口。如乾隆十四年福建闽县蒋长兴商船从上海装载茶叶到锦州发卖，在锦州购买瓜子、黄豆等货返航。③乾隆十六年山海关监督的奏报称："锦州海口税务情形每年全以瓜子为要，系海船载往江浙、福建各省发卖，其税银每年约有一万两或一万数千两，或竟至二万两不等。"④

渤海湾内山东、天津与东北的贸易比南方各省更早。明代辽东属山东布政司所辖，辽东的粮食、棉花、布匹等军需物品多依靠山东供给。嘉靖年间渤海湾内的民间私贩开始冲破禁令发展起来，有记载称："山东、辽东旧为一省，近虽隔绝海道，然金州、登莱南北两岸间渔贩往来动以千艘，官吏不能尽诘。"⑤清代海禁开放以后，渤海湾内各港口间的贸易进一步发展，"奉天南面……宁海、复州、熊岳、盖平等处地方与山东登、莱二府对峙，商船不时往来"。⑥

① 张伯行：《正谊堂文集》卷 1《海洋被劫三案题请敕部审拟疏》，中华书局 1985 年版，第 4、6 页。

② 乾隆十七年《重修三江会馆碑记》，民国《盖平县志》卷 16《艺文志》。

③ 台湾大学编：《历代宝案》第 2 集第 5 册，卷 31，台湾大学出版社 1972 年版，第2622—2623 页。

④ 《宫中档乾隆朝奏折》第 1 辑，台北故宫博物院 1982 年版，第 399 页。

⑤ 台北"中研院"历史语言研究所校印《明世宗实录》卷 460，第 7774 页。

⑥ 光绪《大清会典事例》卷 630《兵部·海禁二》，《续修四库全书》第 807 册，上海古籍出版社 2013 年版，第 762 页。

　　有相当一部分南方海船也参与了渤海湾内的商品贸易。如江南船户夏一舟于雍正十年正月受雇于徽州商人吴仁则,装载棉花 253 包从南通州开船,到山东莱阳县卸货;该船于三月转往关东南金州,五月受雇于太仓州商人周豹文,装炭 380 担运抵天津交卸;其后又受雇于商人徐梦祥,到山东海丰县装载大枣 287 石,十月十二日开船返回家乡。[①]该船在渤海湾内山东、关东、天津之间转了一大圈,历时九个月。又如苏州府元和县船户蒋隆顺等,于乾隆四十九年三月受雇于镇江府客商,装载生姜到天津交卸;六月受雇于天津客商,前往关东牛庄运粮到山东黄县交卸,该船就在黄县过年。翌年二月起又多次受雇前往关东运粮,分别载至天津和山东黄县、利津等地交卸;十月受雇于福建莆田县商人,到山东海丰县装载枣子,拟运往宁波交卸。[②]该船在渤海湾内天津、关东、山东之间往返数次,历时达一年半之久。

　　大豆和杂粮是东北输出的最主要的商品。江南地区从东北输入的商货以大豆为最大宗。如乾隆十四年苏州府常熟县船户陶寿及客商蔡立三等装载生姜到天津发卖,然后转往关东大庄河口购买黄豆返回。[③]乾隆三十九年太仓州崇明县商人"持钱三千吊自本县发船,十月初一日到关东海州地换买黄豆",该船装载黄豆 200 石于十月十四日返航。嘉庆十二年十月苏州府镇洋县商船前往关东金州贸易,装载黄豆 360 石、秫米 10 石,以及海参 400 斤于十一月初七日返航。[④]

　　闽广商船从东北输入的大豆也为数不少。如乾隆四十二年福建海澄县静字 1320 号商船从厦门贩糖北上,在锦州装载黄豆 262 石、瓜子 71 袋等货返航。[⑤]嘉庆十八年七月海澄县静字 1749 号商船从上海装载茶叶前往锦州贸易,十月廿七日从锦州返航,该船所装货物计有黄豆 1 000 石、白米 12 包、瓜子 30 包、鹿肉 8 包、牛筋 5 包、木耳

　　① ［日］松浦章:《李朝漂着中国帆船の问情别单について(上、下)》,《关西大学东方学术研究所纪要》第 17 辑,1984 年;第 18 辑,1985 年。
　　② 《历代宝案》第 2 集第 6 册,卷 73,第 3709—3780 页。
　　③ 《历代宝案》第 2 集第 5 册,卷 31,第 2597 页。
　　④ ［日］松浦章:《李朝漂着中国帆船の问情别单について(上、下)》。
　　⑤ ［朝］郑昌顺编:《同文汇考》卷 73,圭庭出版社 1978 年版,第 5604 页。

7 包以及大量药材。①

山东从东北输入的商品以杂粮为主。山东半岛的登、莱二府丘陵山地较多，是山东最主要的缺粮区。清代前期尽管清政府严禁东北粮食输出，却曾多次特准山东从东北运粮。清代中叶山东半岛人口增长，更加仰赖东北的粮食，有记载称"山东登、莱二府向赖奉天高粮、粟米、苞米三项粮石"②。山东福山县的烟台、利津县的铁门关都是东北粮食输入的重要港口，昌邑县下营海口也是"通关东，米船岁入关东豆及高粱无数"③。

天津从东北输入的主要也是杂粮。天津与东北的粮食贸易始于康熙年间，从雍正至乾隆初年清政府曾屡屡下令："奉天海洋运米赴天津等处之商船听其流通，不必禁止"，甚至减免关税，以鼓励商人贩运。不过，这些多属因灾特许。乾隆中叶随着东北粮食供应能力的提高，清政府对奉天粮食输出的限制逐渐解除。康熙年间天津赴东北贸易的商船"不过十数艘"，乾隆年间已增至数百艘。④据统计，乾隆四十三年六月至十月前往锦州贩粮的天津商船就有 199 只，其中"往回三次者四十四只，二次者九十只"⑤。天津居民靠"搬运粮石生活者""不下数万人"，天津八大家中也多有以贩运粮食起家者。⑥

棉布是东北从南方输入的主要商品。据《中国资本主义的萌芽》一书估计，清代中叶苏松地区每年进入长距离运销的 4 000 万匹棉布中，约有 1 500 万匹销往东北和北京。⑦明代江南棉布的北销须经由运河，清代则多由海路北上。乾隆末年刘河口淤塞，北行沙船改泊上海，销往东北的棉布在此汇集北运，故有"沙船之集上海，实缘布市"之说。⑧

东北从山东输入的主要也是棉布。乾隆年间山海关监督金简奏

① ［日］松浦章：《李朝漂着中国帆船の问情别单について（上、下）》。
② 《清宣宗实录》卷 280，道光十六年三月，《清实录》第 37 册，第 319 页。
③ 《郭嵩焘日记》第 1 卷，第 248—250 页。
④ 许檀：《清代前期的沿海贸易与天津城市的崛起》，《城市史研究》1997 年第 13—14 辑。
⑤ 《宫中档乾隆朝奏折》第 45 辑，台北故宫博物院 1984 年版，第 672 页。
⑥ 许檀：《清代前期的沿海贸易与天津城市的崛起》。
⑦ 许涤新、吴承明主编：《中国资本主义的萌芽》，第 278—279 页。
⑧ 上海博物馆编：《上海碑刻资料选辑》，上海人民出版社 1992 年版，第 45 页。

报称:金州进口之"山东白布每捆三十五六匹至四五十匹不等,历来每捆仅估三十三匹纳税"。①乾嘉年间山东已形成好几个商品布输出区,如济南府齐东县每年从"布市"上汇集棉布数十万匹,"通于关东";章丘、长山、邹平所产棉布多先汇集到周村,然后转贩东北。山东半岛登州府所属各州县地不宜棉,棉花系从江南输入,但家庭棉纺织业却相当普遍,有商贩收布销往东北。②如雍正十年福山县福字9号船,装载布匹、线带、布鞋等往关东贸易。③乾隆三十九年福山县一艘商船载有青布 480 匹、白布 26 匹前往奉天,拟出售布匹换买粮食。④

　　棉布之外,东北从南方输入的商品还有绸缎、茶叶、纸张、糖、瓷器等各种手工业产品,输出商品则除大豆、杂粮外,还有干果、海味、药材等农副产品。《台海使槎录》记载,漳、泉海船赴东北贸易"贩卖乌茶、黄茶、绸缎、布匹、碗、纸、糖、曲、胡椒、苏木;回日则载药材、瓜子、松子、榛子、海参、银鱼、蛏干"等。⑤又据加藤繁先生记述,金州城天后宫正殿内的屏风上镌刻有各种商货名称和捐银比例,末尾题有"乾隆三十六年九月十五日众商公立"字样,加藤繁先生在文中开列了这些商货的名称,现转录如下(见表2—6)。

　　表2—6所列商品当然绝非仅进出金州一口,我们可把它看作是东北沿海与南方各省贸易往来的主要商品,其中打有 O 印的棉花、线麻、苘麻、大麻子、松子、瓜子、芝麻、薏米、山茧、杂粮、元豆、苏饼、豆饼、山绸等是金州输出之货品,其余没有 O 印的货物大部分应是输入商品。其中,绸缎来自江浙;"南白布"应是来自江南的棉布,所谓"白布"大约指山东所产;茶叶来自江苏、浙江、安徽等省,红白糖则产自福建等等。⑥

---

　　①　《宫中档乾隆朝奏折》第 25 辑,第 32 页。
　　②　许檀:《明清时期山东商品经济的发展》,中国社会科学出版社 1998 年版,第 90—92、327—328 页。
　　③　中国第一历史档案馆编:《雍正朝汉文朱批奏折汇编》第 23 册,江苏古籍出版社 1991 年版,第 716—717 页。
　　④　[日]松浦章:《李朝漂着中国帆船の问情别单について》(上、下)。
　　⑤　黄叔璥:《台海使槎录》卷 2《商贩》,《故宫珍本丛刊》第 272 册,第 160 页。
　　⑥　[日]加藤繁:《中国经济史考证》,中译本第 3 卷,商务印书馆 1973 年版,第 143—145 页。

表 2—6　乾隆年间金州天后宫屏风上开列的商品名称

缎子	绸子	丝线	包头	毛串	夏布
估衣	布袜	帽箱	红白糖	苏木	花胡椒
黄白蜡	南北药材	槐子	细杂货	粗杂货	竹筷
经折烟杆	官粉	杂布	烟叶	丝烟	铜器
锡	生熟漆	炮竹	鹿筋	O棉花大包	O棉花小包
扛连	西纸	红纸	O线麻	O苘麻	O大麻子
南白布	白布	绵货	鹿角	布鞋	草帽子
白矾颜料	锡箔	茶叶	青茶	干菜	曲子
糖果	枝元	干生姜	槟榔	山果	杂油
草香	脂并	倭元	铁器	瓷器	海味
O松子瓜子	O芝麻薏米	O山茧	琉璃	黄表	花尖
草纸	川连	O杂粮	O元豆	O苏饼	O豆饼
钉油	O山绸				

资料来源:[日]加藤繁:《中国经济史考证》,中译本第 3 卷,第 142 页。

我们还可做进一步的分析。如纸张也是南方北上的重要商品,上表中扛连、川连、黄表都是纸的品种,再加上西纸、红纸、草纸等,在全部七十余种商品名称中占了 6 种。清代纸张产地主要有福建、江西等省,福建的纸张产自闽江上游的延平、邵武二府,顺闽江而下至福州出口。乾隆四十四年福建闽县船户林攀荣就是"装载纸货由福州出口"到锦州发卖。① 茶叶中乌茶、黄茶来自福建,青茶来自浙江、安徽。乾隆九年锦州海口所到茶叶有"浙绍土茶"和"青茶","浙绍土茶每箱七十余斤";"青茶系徽州土产之极粗者,在地买价每斤不过二分,卖价百斤三四两不等"。② 瓷器以江西景德镇所产为最,前引康熙四十九年由上海北运的瓷器等应是从江西输入的。琉璃是山东颜神镇的特产,销行颇广;颜神镇亦产瓷器,并以结实耐用、价格低廉著称,"运销关外者甚夥"③。福建、台湾和广东是清代最主要的糖产区,广东《澄海县志》记载:"邑之富商巨贾当糖盛熟时,持重资往各乡

① 《历代宝案》第 2 集第 6 册,卷 65,第 3492 页。
② 档案:乾隆九年十二月初六日奉天府尹霍备奏折。
③ 许檀:《明清时期山东商品经济的发展》,第 211—212 页。

买糖……候三四月好南风,租舶艚船装所货糖包由海道上苏州、天津。"①天津在渤海湾之内,广东糖船既然到天津,当也会到辽东半岛的各海口。再如生姜为江南所产,枝元、槟榔是广东果品,苏木、胡椒则产自东南亚,均由海船贩运北上;瓜子、松子、鹿肉、鹿角等则为东北特产。至于南北药材种类繁多,山海关关则载:"杂贩南药材每百斤税一钱五分二毫五丝",南药品种有乳香、没药、香附、茯苓、贝母、樟脑等②;从东北输出的药材最名贵的自然当属人参、鹿茸,此外还有甘草、丹参、柴胡、防风等,前述福建海澄县静字 1749 号商船嘉庆十八年十月从锦州返航时,就装有甘草 15 包、丹参 5 包、赤芍药 7 包、柴胡 4 包、防风 6 包、远志 10 包等大量药材。③

随着沿海贸易的发展,东北各海口征收的商税大幅度增长。山海关关税定额康熙年间为25 000两,到嘉庆初已增至111 129两;而实征税额往往超过定额,达到 12 万—13 万两。④

二、锦州、牛庄与营口

中国第一历史档案馆所藏关税档案中有一份"清单",较详细地开列了嘉庆二、三两年山海关所属海、旱诸口出入船只及所征税银,对我们了解东北沿海各海口及其征收税额的多寡颇有价值。现摘录如下:

> 锦州属天桥厂、小马蹄沟二海口,出入沙、鸟、卫船一千三百六十五只,征税银二万五千六百零六两九钱九分六厘;比较前任监督德新任内计船多二百七十五只,所征税银少一万七千三百七十二两七钱三分一厘。

> 牛庄属没沟营、耿隆屯二海口,出入沙、鸟、卫船七百二十八只,征税银二万一千八百九十九两五钱八分八厘;比较前任监督德新任内计船少三百二十五只,所征税银少一万五千六百二十八两零七分五厘。

---

① 嘉庆《澄海县志》卷 6《风俗·生业》。
② 乾隆《户部则例》卷 65《税则·山海关》。
③ [日]松浦章:《李朝漂着中国帆船の问情别单について》(上、下)。
④ 山海关税收与东北沿海贸易的关系,参见许檀:《清代前期的山海关与东北沿海港口》,《中国经济史研究》2001 年第 4 期。

......

以上监督承露一年任内各海口所到有货船只、无货船只共三千二百八十六只,并各边口车辆驼驼肩挑,征税银共八万二千六百六十八两二钱九分七厘一毫九丝;比较前任监督德新任内共计船少一百二十七只,所征税银少三万八千一百四十九两九钱三分一厘八毫一丝。①

"清单"所列征税海口计有:(1)锦州属天桥厂、小马蹄沟二海口;(2)牛庄属没沟营、耿隆屯二海口;(3)盖州属连云岛海口;(4)岫岩属鲍家码头、红旗沟、大孤山、青堆子、尖山子、英纳河、小沙河七海口;(5)复州属娘娘宫、五湖嘴二海口;(6)金州属皮子窝、青山台、金厂、石槽、红土崖、和尚岛六海口,共 20 处,均为清代前期东北沿海贸易港口。②现依据"清单"将嘉庆二、三两年东北沿海各口征收税银以及船只出入状况分别列表如下(见表 2—7、表 2—8)。

表 2—7　嘉庆二、三两年东北各海口征收税银统计

所属口岸	嘉庆二年		嘉庆三年	
	征收税银(两)	占总额比(%)	征收税银(两)	占总额比(%)
"清单"所列税收总额	120 818.229	100.0	82 668.297	100.0
锦州属天桥厂、小马蹄沟二海口	42 979.727	35.57	25 606.996	30.98
牛庄属没沟营、耿隆屯二海口	37 527.663	31.06	21 899.588	26.49
盖州属连云岛海口	11 795.218	9.76	9 564.553	11.57
岫岩属鲍家码头等七海口	9 581.34	7.93	7 771.315	9.40
复州属娘娘宫、五湖嘴二海口	1 214.993	1.01	1 249.56	1.51
金州属皮子窝等六海口	11 830.204	9.79	10 400.796	12.58
各海口合计	114 929.145	95.13	76 492.808	92.53

资料来源:据中国第一历史档案馆档案《锦州牛庄等属征收税银比较清单》(嘉庆朝,无日期)统计。

---

① "清单"全文详见许檀:《清代前期的山海关与东北沿海港口》。
② 此外,该"清单"还列有松岭子、新台、梨树沟、清河、九关台等陆路税口,海、旱各口合计共 25 处。

表 2—8　嘉庆二、三两年东北各海口出入船只统计

所　属　口　岸	嘉庆二年		嘉庆三年	
	船只数	占总额比（%）	船只数	占总额比（%）
锦州属天桥厂、小马蹄沟二海口	1 090	31.94	1 365	41.54
牛庄属没沟营、耿隆屯二海口	1 053	30.85	728	22.15
盖州属连云岛海口	163	4.78	147	4.47
岫岩属鲍家码头等七海口	620	18.17	570	17.35
复州属娘娘宫、五湖嘴二海口	92	2.69	114	3.47
金州属皮子窝等六海口	395	11.57	362	11.02
合　　计	3 413	100.0	3 286	100.0

资料来源:同上表。

表 2—7、表 2—8 显示,东北沿海各海口中以锦州和牛庄征税最多。嘉庆二年锦州海口征收税银42 979两,占"清单"所列税收总额的 35.6%;牛庄海口稍次之,征银37 527两,占总额的 31%,比锦州少5 400余两,相差 4.5 个百分点。嘉庆三年锦州海口征银25 606两,占总额的 31%;牛庄约21 900两,占总额的 26.5%,比锦州只少约3 700余两,仍相差 4.5 个百分点。山海关所属各海口进出船只数量也以锦州和牛庄为最。嘉庆二年锦州进出口船只1 090只,占船只总数的 31%;嘉庆三年为1 365只,占总数的41%。牛庄稍次之,嘉庆二年也达1 053只,占 30%;三年为728只,占 22%。这两处进出船只合计超过2 000只,占沿海各口进出船只总数的 60% 以上。

以上考察可见,锦州和牛庄是东北沿海贸易中最重要的海口。下面,我们来进一步考察锦州、牛庄与营口之间的相互关系,以及它们在清代前期至中期的地位变化。

1. 锦州海口

锦州是清代前期东北沿海最重要的港口。其腹地范围主要包括辽西平原和直隶承德府的东北部地区,输出以杂粮、瓜子等农副产品为大宗,输入则以南方的布匹、茶叶等货为主。乾隆十六年山海关监

督高诚的奏报称:"锦州海口税务情形每年全以瓜子为要,系海船载往江浙、福建各省发卖,其税银每年约有一万两或一万数千两,或竟至二万两不等,惟视其收成之丰歉以定税银之多寡。"这些瓜子"不产在内地,俱产于清河门、九官台、松岭门等各口外地方,系蒙古所种。伊等于秋收后,用车辆载往锦州、易州地方发卖,而客商或自口外,或自锦、易二州俱买运至天桥厂、蚂蚁屯海口上船,每至丰收之年瓜子车辆竟至有数千辆或盈万辆之多,自清河门、九官台、松岭门等处络绎进口,沿途接踵而行,不可胜数"①。清河门、九官台、松岭门,系锦州府与直隶交界的"柳条边"沿线的"边门"。"边门"之外原为漠南蒙古卓所图盟的喀喇沁左旗、土默特左旗属地,入清以来大量关内移民陆续迁入,乾隆年间分置八沟、三座塔、塔子沟等直隶厅,归热河都统所辖,隶直隶承德府。所谓"口外地方"即指这一地区。清代前期由锦州输出的农副产品,除锦州府属各州县所产之外,多来自"边门"之外的这一地区;而"内地海船载来之黄茶、布匹等项,在锦州纳税后",也有不少输往这一地区。

锦州所属海口有二:即天桥厂和小马蹄沟。马蹄沟海口在州城东南35里,又称东海口;天桥厂海口在州城西南70里,又称西海口。马蹄沟海口"进口船只来自天津、山东两处……入口货为天津、山东两处之麦,出口货以杂粮为大宗";天桥厂海口"进口船只来自福建、广东、宁波、安徽、上海、直隶、山东等处……凡滇黔闽粤江浙各省物产、药类暨外洋货品,悉由此口输入"。② 清初锦州所属二海口中以马蹄沟海口贸易较盛,乾隆年间大批南方海船前来贸易,天桥厂海口的地位迅速上升,到嘉庆初年其重要性已超过马蹄沟,故在嘉庆"清单"中天桥厂被列于首位。咸丰八年盛京将军庆祺等的奏报称:"锦州天桥口向系闽广江浙等省沙、鸟等船前来贸易之区,铺户较多,是为极要;其马蹄沟海口仅有直隶、山东商船往来贩粮,该处铺户较少,是为次要。"不过,咸丰年间锦州海口因沙淤水浅,海船停泊处距岸已有三四十里,"商船进口装卸粮货",须靠"拨船趁潮挽运"③,故出现

① 《宫中档乾隆朝奏折》第1辑,第399页。
② 民国《锦县志略》卷13《交通·商港》。
③ 贾桢等奉敕纂:《筹办夷务始末(咸丰朝)》卷25,中华书局1979年版,第934页。

税收征不足额的现象。

2. 牛庄与营口

牛庄,明代原属辽东都司之海州卫,清代属奉天府海城县。牛庄城位于海城县西 40 里,建于后金天命八年(1623),城周 2 里 93 步。顺治元年置牛庄城防守尉,设章京驻防,乾隆十三年增设四品协领。牛庄是东北境内最古老的海运码头之一,明代由海路向辽东运送军需物品多运至此。清代海禁开放之后,牛庄很快成为南方海船贸易的重要码头。"海艘自闽中开洋十余日即抵牛庄",加之当时牛庄尚未设税,海船出入可不必纳税,更使牛庄"百货云集","一切海货有更贱于江浙者"。从康熙中叶到乾隆中叶,是牛庄作为海船贸易码头发展最盛的时期。清中叶以后由于辽河河道淤浅,海船不能进入,船码头向辽河下游转移,这里成为内河船舶的重要码头,辽河北部的农产品多在此集散,转运营口。①

营口原名没沟营,又称西营子。清代前期为盖平、海城两县分辖,清末在此分置营口县。据民国《盖平县志》记载,营口"昔为海城、盖平分辖,以老爷阁为界,曰东没沟营、西没沟营,东属盖平,西属海城,南省则总称之为牛庄"②。《营口县志》记载了辽河沿线海运码头的迁移变化经过:"营口为辽河下游之口岸,奉省沿海一大商埠也……辽河港口旧在营口上游三十海里,地曰白华沟,以河底逐年淤塞,巨舟不能容,乃移向下游右岸之田庄台寄碇焉。曾不数年,此地亦患淤浅,复移向下游左岸之兴隆台,阙后是处又淤塞,乃三迁而至于今之营口,时在前清道光初年。"③

实际上,营口成为辽河海口码头并非始于道光初年,而是更早些。据辽宁省博物馆编《辽宁史迹资料》记言:营口市天后宫正殿前有一个铁香炉,其上镌有"奉天海城县没沟营税店丰盛、恒益、宝兴、广信、洪昌,上海信商周锡璜同敬助"、"嘉庆二十五年立"等文字。④前述嘉庆"清单"的记载更清楚地证明:没沟营成为辽河海口码头的时间至少不会晚于嘉庆初年。"清单"所载:嘉庆二年"牛庄

---

① 许檀:《清代前期的山海关与东北沿海港口》,《中国经济史研究》2001 年第 4 期。

② 民国《盖平县志》卷 8《交通志》。

③ 民国《奉天通志》卷 69,引《营口县志》。

④ 董玉瑛:《清代辽河航运码头》,《史学集刊》1987 年第 1 期。

属没沟营、耿隆屯二海口"共进出船只1 053只,征收税银37 527
两;嘉庆三年进出船只 728 只,共征银21 899两。所谓"牛庄属
没沟营、耿隆屯二海口"无可争辩地证实,此时的没沟营已是辽河
最主要的海口码头之一,与耿隆屯海口同属牛庄驻防城所辖。而
上述没沟营的丰盛、恒益、宝兴、广信、洪昌等税店,可能就是为征
税而设。至于耿隆屯海口,笔者未查到其他记载,不知其确切
地点。

在清末铁路修建之前,辽河是东北地区最重要的南北运输干
线。不仅牛庄、营口,还有白华沟、田庄台、兴隆台等都曾是辽河沿
岸的重要码头,清代前期都曾作为海船停泊的港口。从清初到中
叶的一百余年间,由于辽河的不断淤塞,海船贸易港口逐渐下移,
最终移至距离海岸最近的营口,时间大体是在乾隆中叶至嘉庆初
年的三四十年之间。在前面的考察中我们看到,锦州海口的腹地
主要包括奉天西部的锦州府和直隶承德府东北部地区;而辽河作
为一条纵贯奉天全省的河道,其腹地范围远远超过锦州,不仅包括
辽河流域,还可向北延伸到整个东北平原。因而随着东北开发的
深化和不断向北推移,没沟营作为辽河海口码头,其后来居上之势
可以预料。

有学者认为道光十五年(1835)左右牛庄、营口的贸易额已开始
超过锦州,这一估计大体应是不错的,不过该文未能提供所依据的资
料。[1]笔者所见的资料稍晚些,如道光十九年四月二十三日盛京将军
耆英奏报东北各海口进出商船的情况称:"自开河以来,没沟营商船
已有八百五十九只,其余各海口自数十只至百余只不等……惟没沟
营船只最多"。[2]东北沿海港口除最南端的金州之外,每年十一月至
次年正月"均值封河期,并无船只"出入。[3]从二月开河至四月二十三
日不足三个月时间,没沟营已进出商船 859 只,超过嘉庆三年全年
728 只之数;即便与税收额最高的嘉庆二年相比,也已达该年进出船

① 魏福祥:《近代东北海运的"豆禁"与"解禁"》,《东北地方史研究》1984 年第 1 期;
陶炎:《营口开港与辽河航运》,《社会科学战线》1989 年第 1 期。二文均未注明资料依据。
② 中国第一历史档案馆编:《鸦片战争档案史料》第 1 册,天津古籍出版社 1992 年
版,第 577 页。
③ 档案:道光四年七月二十七日管理山海关税务海忠折。

只总数 1 053 只的 80％。可以肯定,此时的没沟营与嘉庆初年相比,其贸易量及税收额都有很大的增长。

咸丰年间的资料更加确切。咸丰十年"奉天海口变更收税章程",拟加增税银 8 万两,主要就是以没沟营海口为加征对象。山海关监督乌勒洪额对此有一个说明:"查山海关所属税口三十余处,旱口如清河门、梨树沟等二十余处俱属山路,车辆甚少,所有货物多系驮载肩挑",收税无多且"间有闭塞";"海口如锦州、熊岳、鲍家码头等口共十余处,因沙淤水浅亦有闭塞,即到船之海口难期畅旺";"唯牛庄所属之没沟营口为南省船只辐辏,该关课额攸关。闻得前数年关东丰收之时,没沟营口所收包头、油篓税银尚属畅旺,所有海、旱各口办公费用皆由此项酌拨,而闭塞之旱口、淤浅之海口所亏正额亦赖此项抵补。是以原奏由包头、油篓税银项下加增课额。"[1]这里所谓"前数年",应是指咸丰初年或者道光末年。在嘉庆初年的税收统计中,牛庄属没沟营等海口税收虽然低于锦州,但只差 4.5 个百分点,税收额也只差三五千两;此后的数十年间,没沟营的贸易有大幅度增长,因而才可能有加增税额 8 万两之议。另一方面,锦州海口却由于"沙淤水浅",正额也时有亏损,需要靠没沟营所征税银抵补。可以确定,最迟在道光末年或咸丰初年,没沟营在东北沿海贸易中的地位已超过锦州,成为东北沿海税收额最高的海口。

咸丰九年二月办理海防事务的钦差大臣僧格林沁曾十分明确地说:"没沟营为奉省咽喉重地,各处商船即在彼停泊,不能驶至牛庄。查上年和约内,原有牛庄通商之议,设使夷人必欲前往牛庄,应由该将军委员明白晓谕,各处商贾皆在没沟营聚集,俗谓赴牛庄者即系没沟营地方,牛庄并无商贾行肆。"[2]也就是说,咸丰八年的《中英天津条约》定牛庄为通商口岸,但此时的牛庄因辽河淤塞,海船已不能进入,辽河海口真正的海船停泊码头是没沟营,即营口。《海城县志》对此也有明确记载:"营口在辽河左岸,距牛庄九十里。海禁未开时,南商浮海由三岔河至萧姬庙河口登陆,入牛庄市场。嗣后河流淤浅不能深入,因就此为市。咸丰八年与英人订约通商仍沿牛庄旧称,实则

①　档案:咸丰十一年二月初一日乌勒洪额折。
②　《筹办夷务始末(咸丰朝)》卷 35,第 1327 页。

以营口为市场。"①

＊　　　＊　　　＊　　　＊

　　清代东北的沿海贸易是随着东北的开发而兴起的。随着开发的进展,东北地区农副产品的输出能力逐步提高,有支付能力的需求也随之增长。乾嘉年间,东北与南方各省沿海贸易已具有相当规模。东北向南方输出的主要是大豆、杂粮、药材、干果等农副产品,从南方各省输入则以棉布、绸缎、茶、糖、纸张、磁器等各种手工业品为主。

　　营口是随着东北沿海贸易的发展而兴起的港口城镇。在清代前期东北的沿海贸易中,锦州与牛庄是最为繁盛的两大港口。不过,所谓"牛庄"实际上有狭义和广义之别,狭义的牛庄系指海城县西的牛庄城;广义的牛庄则是指牛庄驻防城所辖之海口,即辽河海口码头的总称,其具体地点在乾嘉年间经历了一个从牛庄→田庄台→营口的迁移过程,至乾隆末嘉庆初已移至营口。辽河作为一条纵贯奉天全省的主要河道,其腹地范围远远超过锦州。清代中叶,随着东北地区开发的深化和不断向北推移,东北沿海贸易重心随之发生变化,营口逐渐取代锦州成为东北沿海最重要的海口。嘉庆初年,"牛庄属没沟营"海口的税收额虽然还略低于锦州,但其后来居上之势已显端倪;最迟在道光末或咸丰初年,"没沟营"在东北沿海贸易中的地位已超过锦州,成为东北沿海税收额最高的海口。第二次鸦片战争后营口成为东北的第一个通商口岸,完全是由于它当时在东北沿海贸易中的地位。

　　(本文原载《福建师范大学学报(哲学社会科学版)》2004 年第 1 期,有删节)

第三节　清代前期的九江关及其商品流通

　　九江地处长江中游,上通川楚下至江浙,又是鄱阳湖、赣江水系与长江的交汇点,地理位置十分重要。故明清两代九江都是长江沿线的重要税关和流通枢纽。本文主要依据中国第一历史档案馆所藏

---

　　①　宣统《海城县志》商埠条。

关税档案,对清代前期的九江关及其商品流通作一初步考察。

一、明清两代九江关税收的变化

九江在历史上开发较早,汉代即已建城。明清两代九江均为府城,其城"西北临江,南接澄湖,东逼老鹳塘,东西纵五里,南北横四里",城周 12 里。①嘉靖年间九江已有 18 坊,大街 8 条,火巷 28 条,其中分布于西门之外的有溢浦、清平、通慧、通津、揽秀等五坊三街二十巷②,在城外沿江一带形成一大片港口商业区。清代,九江的城市规模进一步扩大。

九江沿江码头众多,如龙开河口,在九江府城西一里余,河面宽阔,纵深长,嘉靖年间在河口两岸修建石砌码头,"度东西两岸深长,下植木椿数千对,砌石级共长六十余丈,宽二丈,上砌二平台,随舟往来抵泊",是九江最重要的港口码头。他如溢浦港、小港(又名官牌夹)等,也都是船舶往来停靠之所。③

九江关始设于明代景泰元年(1450),由户部委官监收,关署建在府城西门外溢浦坊。"凡船只上下,计料多寡收钱钞有差。"④其征税"量舟大小修广而差其额,谓之船料,不税其货"⑤。九江关是明代八大钞关中唯一设在长江上的,万历年间其税额为25 000两,占八大钞关税收总额的 7.3%;天启年间为57 500两,占总额的 12.0%。

明代九江钞关征收船税的范围包括:(1)自长江上游经九江至安庆以下各地的船只;(2)自长江上游经九江转入江西内河的船只;(3)自长江下游上溯九江前往湖广川蜀的船只;(4)自江西内河出江经九江前往长江上游各地的船只。唯鄱阳湖、赣江与长江下游往来的船只,因不走九江而走湖口,常有偷漏税收现象,史称"遗算于湖口"。嘉靖年间明政府曾在湖口增设税关,但因这里"峭石巉岩",地势险峻,"泊舟候榷者多葬身鱼腹",旋立旋撤,终明之世这一问题一

---

① 同治《德化县志》卷 10《城池》。
② 嘉靖《九江府志》卷 2《坊乡》。
③ 孙述诚主编:《九江港史》,人民交通出版社 1991 年版,第 55、54 页。
④ 嘉靖《九江府志》卷 9《公署》。
⑤ 《明史》卷 81《食货五·商税》,中华书局 1974 年版,第 1976 页。

直未能解决。①

雍正年间,清政府在距湖口40里的大姑塘设立九江关分关。大姑塘位于鄱阳湖西岸,是江西船只进出内河的必经之地,这里水势迂缓,"利于宿泊"。清政府在此设关,凡往来于江西内河与长江下游之间"不由九江经过之江南、江西商船"在大姑塘纳税;凡"湖广往江西船,若在九江纳税,至大姑塘即验票放行";"江西至湖广船在大姑塘纳税者",至九江亦验票放行。至此,明代"遗算湖口"的问题终于得到妥善解决。②

清代,"九江、姑塘两处关口所辖口岸共有十处,内惟九江、姑塘两处征收钱粮",其余各口如龙开河、清江口、老鹳塘、白石嘴、扶山、马家湾、梅家洲等,均只设役巡查,"接收税票,并不征收钱粮";乾隆年间姑塘口"每年征收钱粮约有十七八万两不等"③,占九江关税额的1/3左右。

清代九江关定例,惟"茶、盐、竹、木征收货税",其余船只只征船料,不征货税。船料为九江关税收之大宗,征收船料分为满贯及上、中、下三则:"满贯船征银四十八两五钱;上则船征银二十七两起至四十七两止;中则船征银六两起至二十六两九钱止;下则船征银二钱起至五两九钱止"。④往来于九江关的船只有湖广及江浙船只、江西内河船只,种类繁多,其征收船料"船分各类,均量宽深及长以别号数,以定税之重轻"。如辰船、驳船、大桨船、大广船、大襄船、竹山船等,"头号征银四十八两五钱","二号减征银五钱,三号以下各减一两,至八号止";抚船、大斗船、大雕子船、方稍船、大黄船、大敞稍船,"头号二号又各分十号",征银以次递减;划船、巴斗船"自头号至十五号各分十号,十六号分三号",共计153号;鸦尾船十五号,中抚船十四号,各分十号,计150号和140号;雕子船分为135号;石船、临江船计134号;镇江沙船、焦湖船计有85号,芜湖船140号,丰城船111号,渡船125号,渔船115号……各按等

① 沈兴敬主编:《江西内河航运史》,人民交通出版社1991年版,第79—81页。
② 参见《九江港史》,第45页。
③ 中国第一历史档案馆档案(以下简称档案):乾隆二十四年十月二十七日管理九江关税兼管窑务舒善折。
④ 档案:乾隆二十四年八月二十六日署江西巡抚阿思哈折。

按号征银。此外,"盐船不论丈尺号数,无小五船者征银四十八两五钱,有小五船者五十七两;带脚船者,每船征银一两,多者按数加税";均有具体规定。[①]如乾隆"二十二年分共放过时船四万九千四百九十一只,内满贯、上则等船居多,故征收料银共有二十三万九十九两零;二十三年分共放过时船五万一千三百五十只,内中则、下则等船居多,故征收料银共止二十一万二千七百八十三两零,比较上届实少银一万七千三百一十六两。盖船大则料重,船数虽少料银实多;船小则料轻,船数虽多料银实少"。[②]表 2—9 是乾隆年间九江关过关船只及征收船料银示例,请参见。

表 2—9　乾隆年间九江关过关船只及征收船料银示例

年　分	关税额（两）	船料银（两）	占该年税额%	过关船只（只）	平均每船征银（两）
二十二年	431 605	230 099	53.3	49 491	4.649
二十三年	419 470	212 783	50.7	51 350	4.144
二十五年	412 046	225 176	54.6	61 485	3.662
二十六年	393 468	151 167	38.4	44 833	3.372
三十年	398 482	163 044	40.9	48 968	3.330
三十一年	390 100	155 848	40.0	47 989	3.248

资料来源:中国第一历史档案馆藏该关档案。

康熙雍正年间,九江关关税定额为 153 000 余两,乾隆初年增至 320 000 余两,嘉庆年间再增至 539 000 两。[③]其实征税额,乾隆初年多在 30 万—40 万两,乾隆末年为最高,"每年征收税银约六十余万两",最多达 70 余万两;嘉道年间则多在 50 万—60 万两之间。九江关是清代长江各关中税收最高的榷关。请参见表 2—10。

---

① 嘉庆《大清会典事例》卷 188《关税》。
② 档案:乾隆二十四年八月二十六日署江西巡抚阿思哈折。
③ 康熙《大清会典》卷 34《关税》;乾隆《户部则例》卷 52《关税》;嘉庆《大清会典事例》卷 190《关税》。

表 2—10　乾隆—道光年间九江关征收税额的十年平均统计

年　　分	平均每年征收税银(两)
乾隆元年至十年平均	353 613
乾隆十一年至二十年平均	382 002
乾隆二十一年至三十年平均	409 742
乾隆三十一年至四十年平均	547 623
乾隆四十一年至五十年平均	684 351
乾隆五十一年至六十年平均	642 586
嘉庆元年至十年平均	550 658
嘉庆十一年至二十年平均	534 854
嘉庆二十一年至二十五年平均	502 662
道光元年至十年平均	567 739
道光十一年至二十年平均	550 344
道光二十一年至三十年平均	515 910

资料来源:中国第一历史档案馆关税档案、《宫中档乾隆朝奏折》、中国社会科学院经济研究所藏《钞档》。

说明:各组数据中间略有缺年。

二、经由九江关流通的主要商品

经由九江关流通的商品种类繁多,尤以粮食、木竹、食盐、茶叶等项为大宗,分述如下:

1. 粮食

粮食是经由九江关转运的最大宗的商品。九江是全国四大米市之一,从湖广、四川输往江浙的米谷均需经由九江,江西本省米谷也多由此输出。档案记载:"江广为产米之区,江浙等省采买补仓,江西之九江关乃必由之路。"①长江上游四川、湖广之米先汇集于汉口,然后经九江东下。雍正年间抚按大臣的奏报称:"湖广全

---

① 档案:乾隆六年三月初八日署江西巡抚包括折。

省向为东南诸省所仰赖,谚所谓'湖广熟,天下足'者,诚以米既充裕,水又流通之故";"汉口地方川米连樯而至,米价平减,江浙客商搬运甚多";且有"江浙粮米历来仰给于湖广,湖广又仰给于四川"之语。自雍正九年十一月至十年二月初旬,汉口"外贩米船已有四百余号,而盐商巨舰装运者,尤不可以数计";十二年"江浙官籴商贩陆续搬运四百余万之多"。①据全汉昇先生估计,清代前期每年自湖广运往江南的粮米约有一千万石;吴承明先生则将输往江南的川米与湘米合计,估为一千万石。②

江西粮食在明代即有输出,《赣州府志》记载,"赣亡他产,颇饶稻谷,自豫章、吴会咸取给焉,两关转谷之舟日络绎不绝,即俭岁亦橹声相闻"③。清代前期输出量更大。雍正年间江西巡抚的奏报说:"江西、湖广产米尤多,向来邻省每于江楚贩买。"④江西米价向来"俱系五钱五六分至六钱一二分,即贵亦不过七钱为止",雍正五年"因邻省搬运过多",致米价上涨至"九钱一两至一两有余之价",因而出现百姓"纷纷向河岸把截,不容米船出境"之事。⑤乾隆时的记载称:"如江广年岁丰登,米价不甚昂贵,则商贩运卖者众,其过关之船即多";"若江浙米价与江广米价相等,则利薄贩少,所有载运之船亦稀"。⑥江西粮食有时也溯江而上输往湖北,如乾隆五十年秋楚省被灾,半个多月即"从江西贩去米谷约有数十万石"⑦。

2. 木竹

木材、竹料,是建造房屋,制造交通工具、生产工具和生活用品的重要原料。我国木竹资源主要分布在西南、中南地区的云贵、四川以及湘赣山区。湖南的湘、资、沅、澧四江是湖南、云贵木材的主要运

---

① 鄂尔泰八年四月二十日折,《宫中档雍正朝奏折》第 16 辑;迈柱、王景灏等折,《雍正朱批谕旨》,国家图书馆出版社 2008 年版。

② 全汉昇:《中国经济史论丛》第 2 册,第 575 页;许涤新、吴承明主编:《中国资本主义的萌芽》,第 274—275 页。

③ 天启《赣州府志》卷 3《土产》。

④ 谢旻九年正月二十四日折,《宫中档雍正朝奏折》第 17 辑。

⑤ 江西巡抚迈柱五年三月十九日折,《雍正朱批谕旨》,第 584 页。

⑥ 中国社会科学院经济研究所藏《钞档》:乾隆七年九月二十五日户部尚书徐本等题本;档案:乾隆七年六月十八日江西巡抚陈弘谋折。

⑦ 《清高宗实录》卷 1238,乾隆五十年九月,《清实录》第 24 册,第 658 页。

道,云贵湘所产木竹沿此四水入洞庭湖,然后经岳州、汉口入长江,四川所产木材也顺长江而下至九江,赣南山区的竹木则由赣江经鄱阳湖入长江东下,转销江南及华北平原的山东、直隶。档案记载称:"九江关例,凡米豆等货向不收税,专恃木税及船料为大宗,而木植来自湖南、贵州山中者十居七八";"木植一项,贩自四川、贵州等省,由江扎簰运至江西、江南拆卖",每簰上税"数百两至一二千两不等"。①竹木税在九江关税收中占有很大的比重,有记载称:"九江关每年征收税银约计六十余万两,而木竹簰把、盐船居其过半,如遇五六月间江湖水长之时,竟有一日收至一二万至数千两者,实为关税大宗"②。乾隆四十二年九江关因"木簰木把加多,是以税多于前";乾隆五十一年则因"木簰木把比往年短至一百数十余号",以致关税减少。③

　　江西本省输出的竹木也为数不少。九江关监督义泰有言"木由川楚及本省之吉(安)、赣(州)等府,商人扎簰贩赴下江发卖"。④赣南山区的南安、赣州、吉安、抚州等府都盛产竹木,其木材顺赣江而下至吴城;赣西北义宁州、武宁、靖安等县所产则由修河入吴城。大批木排,在吴城停靠后重扎为大排,然后经鄱阳湖出长江,销往江南,吴城是江西木材外运的最大的集散地。⑤如抚州府乐安县流坑村董氏家族,拥有山林十余万亩,所出竹木由村边的乌江放下,至吉水入赣江,经樟树、吴城,销往安庆、芜湖、南京。清代,竹木贸易是该村主要的经济来源,也是维系其宗族数百年不衰的经济支柱,该村现存数十座宗祠多为嘉道年间董氏商人所建。⑥武宁县瓜源口"烟火不下五千家,岁出茶、桐、竹木以万计"⑦。由江西输出的木材竹料不经九江大关,而由姑塘税口入鄱阳湖出长江,"凡川广木簰、船只由长江来往者,过九江关

---

① 档案:乾隆六十年十月二十日全德折;乾隆六十年正月二十四日署两江总督苏凌阿折。

② 《宫中档乾隆朝奏折》第 44 辑,乾隆四十三年八月初八日九江关监督苏凌阿折。

③ 《宫中档乾隆朝奏折》第 43 辑,乾隆四十三年署理九江关监督赣南道苏凌阿折;第 63 辑,乾隆五十二年正月二十六日海绍折。

④ 中国社会科学院经济研究所藏《钞档》:咸丰三年五月十三日九江关监督义泰折。

⑤ 梁洪生:《吴城商镇的发展与聂公崇拜》,《南昌大学学报》1995 年增刊。

⑥ 邵鸿:《竹木贸易与明清赣中山区土著宗族社会变迁》,《南昌大学学报》1995 年增刊。

⑦ 同治《武宁县治》卷 32《艺文》。

口;本省木簰、船只由鄱阳湖而入长江者,经姑塘关口"。乾隆四十四年姑塘税关征收木税银82 364两,乾隆四十五年四月至六月的两个多月中征收木税银95 223两①,这些应都是由江西本省输出的。

3. 食盐

食盐也是九江关税收之大宗。由九江过境的食盐主要是销行湖广两省的淮盐,乾隆年间"每年正额七十八万余道"②,以每引364斤计,总量达2.8亿斤。这些淮盐"自扬州、仪征捆载运至江广行销"③,溯长江经九江而抵汉口,然后分销湖广各府。江西本省所销淮盐则经由湖口入鄱阳湖在大姑塘纳税,然后分销各府。九江关税则,盐船征收船料"不论丈尺号数,无小五船者征银四十八两五钱,有小五船者五十七两;带脚船者,每船征银一两,多者按数加税"④。所载盐包则系"按引科税,每万包纳银八两五钱";又"盐船回空名为满料,每只纳银四十八两五钱"。⑤档案记载,该关"每年过关盐船总在一千一二百只不等,每只船料五十七两,盐税五十两上下,约计每只税银百两;迨至回空名曰满料,仍应纳税……"⑥如乾隆二十三年九江关过关过盐船1 330只,共征收船料及盐包税银133 962两零,平均每船征银 100.723 两;二十四年过盐船1 216只,征银124 292两,平均每船征银 102.214 两。⑦嘉庆二十二年九江关因少过"盐船五百余号,短过满料船一百余号,合计少纳税银五万数千两"⑧。

4. 茶叶

茶叶也是经由九江关的重要商品之一。九江茶引批验所设在九江城湓浦门外清平坊,建于洪武年间。⑨清代"茶叶一项为九江关正

① 　档案:乾隆四十五年七月九日江西巡抚郝硕折。
② 　《清高宗实录》卷 1305,乾隆五十三年五月,《清实录》第 25 册,第 568 页。
③ 　中国社会科学院经济研究所藏《钞档·江西各关》:咸丰三年五月十三日九江关监督义泰折。
④ 　嘉庆《大清会典事例》卷 190《关税》。
⑤ 　档案:嘉庆二十三年五月十三日广惠折。
⑥ 　档案:道光十年九月二十五日祝麟折。
⑦ 　档案:乾隆二十五年十月二十日江西巡抚阿思哈折。
⑧ 　档案:嘉庆二十三年二月二十七日任阑佑折。
⑨ 　嘉靖《九江府志》卷 9《公署》。

税",茶船在九江关既征收船料,又需交纳茶税。茶船征料系"量船之丈尺,照商船例征收";茶税"上则每百斤征银三钱,中则一钱,下则三分"。①

九江关茶叶主要来自福建武夷山区和江西省的鄱阳湖产区。武夷茶种植历史久远,明代已有输出;鄱阳湖产区兴起较晚,其种茶大约始于十八世纪末十九世纪初,1850年代的记载言:"江西省沿鄱阳湖的产茶区,在最近50年中已发展为一个很重要的茶区,所有婺宁及宁州茶都是这个地区出产的,并且大量输往欧美。"②运至九江的茶叶流向大致有二:北路主要销往西北边疆和俄国。武夷茶自分水岭入赣后,在河口镇装船顺信江而下至鄱阳湖,穿湖而过出九江口入长江,然后溯江而上抵汉口,转汉水至樊城起岸,由河南入山西,经平遥、祁县、太谷、大同,达于张家口,再由张家口转运俄国。③据记载,道光十年俄国购买茶叶"五十六万三千四百四十棒(磅),道光十二年买六百四十六万一千棒(磅),皆系黑茶,由喀(恰)克图旱路运至担色,再由水旱二路分运阿额罗"④。此外经张家口输往蒙区的茶叶也为数不少。东路则由长江而下至上海并转输欧美各国,这一路在鸦片战争以后发展较快。

此外,江浙绸缎、布匹溯长江至湖广、四川,洋广杂货由大庾岭商道入鄱阳湖转中原各省,以及江西本省所产磁器、纸张、夏布、烟草等输往汉口、重庆等地,或川楚湘皖之货入江西,多需经由九江。汉口市场上的绸缎、布匹、杂货多来自江浙闽广诸省。如绸有宁绸、宫绸、沈绸、徐绫、庄绫、湖绉等;缎有贡缎、洋缎、羽毛缎、广缎等;丝绸制品有朝衣蟒袍、霞帔、锦帐、帕头等;棉布如毛蓝、京青、洋青、黑青、纸布、假高丽布等;多来自江宁、苏杭、松江,也有一部分来自外洋。杂货,如茶叶有"六安、武夷、松罗、珠兰、云尖,远来自福建、徽州、六安州";纸张如"绢笺、松笺,来自杭州、松江";"金榜纸、卷连纸、改连纸,来自(江西)兴国";烟草有"白丝、金秋、切丝、白片、杂拌、油丝、头黄、

① 《宫中档乾隆朝奏折》第44辑,乾隆四十三年八月初八日九江关监督苏凌阿折;嘉庆《大清会典事例》卷188《关税》。
② 姚贤镐:《中国近代对外贸易史资料》第3册,第1473—1474页。
③ 张正明:《晋商兴衰史》,山西古籍出版社1995年版,第274页。
④ 姚贤镐:《中国近代对外贸易史资料》第1册,第107页。

二黄,多福建及江南泾县人制造";糖有"冰糖、洋糖、结白糖,来自广东、福建";酒如"木瓜、惠泉、若露、百花、桔酒,来自江南;绍兴酒来自浙江";"胡椒、苏木、乌木、沉香,来自外洋";等等。[①]汇集于汉口的这些商品大多经由九江而至,销往两湖各府,可能也有一部分继续溯江而上,进入四川。

西北诸省所产药材、染料等,多顺长江东下输往各地。如四川简州、遂宁一带所产红花既是药材,又可做染料,江浙商人千里迢迢赴川省购之染丝绸,乾隆年间陆炳有诗《红花行》专门记之。[②]江西的樟树镇是全国著名的药材加工集散中心,各地药材贩至樟树加工炮制,然后转销四方。乾隆年间福建药材行户即言,"各样药材,俱由江西樟树镇贩运来闽销售。但江西亦不产大黄,闻得陕西泾阳县为大黄汇集之所,转发汉口、樟树等处行销"。[③]这些药材的东下,也多需经九江中转。

江西本地所产经由九江关输出者,还有纸张、烟草、夏布、磁器等等。纸张,以铅山、石城、宁都、奉新、靖安、万载等州县所产为著,河口镇、吴城镇是江西纸张的重要集散地,富商大贾多前来贩买。据统计,1860年代吴城镇有纸行四十余家,纸张在这里集中后,由民船运至九江再转销各地。[④]烟草,以广丰、玉山、瑞金、新城、永丰、兴国等县出产较丰,兴国、玉山是较著名的烟草加工集散中心,每值烟季,"日佣数千人以治其事,而声价驰大江南北,骡马络绎日不绝"。[⑤]夏布,如兴国县"各墟市习卖夏布,夏秋间每值集期土人及商贾云集交易";宁都州"每月集期土人及四方商贾如云",总计城乡各集岁可售银数十万两;石城县"岁出数十万匹,外贸吴越燕亳"。[⑥]前述汉口市场上即有江西所产纸张、烟草、夏布。景德镇磁器更是江西著名特产,明代起就出口海外,其内销也遍及江浙、湖广、四川、山东、直隶诸

①　章学诚:《湖北通志检存稿·食货考》,第36、35页。
②　王培荀:《听雨楼随笔》卷5《简阳红花》,第326页。
③　《清高宗实录》卷1382,乾隆五十六年七月乙亥,《清实录》第26册,第538页。
④　刘石吉:《明清时代江西墟市与市镇的发展》,收入梁庚尧、刘淑芬主编:《台湾学者中国史研究论丛》7《城市与乡村》,中国大百科全书出版社2005年版。
⑤　道光《玉山县志》卷11《风俗志》。
⑥　道光《兴国县志》卷12《物产》;道光《宁都州志》卷12《土产志》;道光《石城县志》卷2《物产》。

省。销往北方和长江各埠的磁器,由产地先装小船,经昌江运至鄱阳县,在鄱阳换装大船入鄱阳湖,由九江或湖口入长江转销各地。[①]磁器是重庆输入商品之大宗。嘉庆六年《浙江会馆碑文》记载:"向来江浙磁货自豫、楚及川"[②],这里,磁器的经营者虽是浙江商人,其贩运的磁器则很可能来自江西。

＊　　　＊　　　＊　　　＊

清代前期随着长江中上游两湖、四川等省的经济发展,整个长江沿线商品流通较之明代有长足的发展,位于长江中下游之交的九江对于长江沿线东西之间以及大庾岭商道与中原诸省南北之间的商品流通均起着重要的中转作用,故成为长江沿线最重要的流通枢纽之一。

(本文原载《历史档案》1999 年第 1 期,有删节)

第四节　明清时期芜湖关的税收
与商品流通

芜湖地处长江中下游之交,是长江中上游各省与江南地区的水运枢纽。目前所见对该关的研究以制度角度为多,较少利用税关档案[③];用档案资料对商品流通的研究仅见廖声丰《清代前期的芜湖榷关及其商品流通》[④]一文,但比较简略;对税收数据的分析则只有倪玉平《清朝嘉道关税研究》一书中对嘉庆道光两朝的考察。[⑤]本文主要利用明代的《芜关榷志》和清代该关档案,在前人基础

---

① 《九江港史》,第 49 页。

② 《清代乾嘉道巴县档案选编》上册,四川人民出版社 1989 年版,第 251 页。

③ 笔者所见相关论文主要有:王鑫义、周致元:《明代芜湖抽分厂述论》,《学术界》1995 年第 3 期;陈联:《明清时期的芜湖榷关》,《安徽大学学报》2000 年第 2 期;廖声丰、黄志繁:《清代芜湖关的设置及其管理体制的演变》,《历史档案》2004 年第 4 期;姚国艳:《明朝芜湖榷关法制研究》,《安徽师范大学学报》2008 年第 6 期;此外,祁美琴《清代榷关制度研究》(内蒙古大学出版社 2004 年版)和邓亦兵《清代前期关税制度研究》(北京燕山出版社 2008 年版)两本专著对该关也有涉及。

④ 廖声丰:《清代前期的芜湖榷关及其商品流通》,《中国社会经济史研究》2004 年第 1 期。

⑤ 倪玉平:《清朝嘉道关税研究》,北京师范大学出版社 2010 年版,第 72—75 页。

上对明清时期芜湖关的税收与商品流通做进一步的考察。

一、芜湖的户、工二关及其税收额

芜湖,明清两代均为太平府属县。该城位于长江南岸,青弋江、长河在此汇入长江。元代芜湖商业已有较大发展,汪泽民的记载称:邑"当南北之冲,邮传、商贾、舟车之所走集,民聚以蕃"。①明人黄礼记言:"芜湖附河距麓,舟车之多,货殖之富,殆与州郡埒。"②故政府在此设关榷税。

芜湖工关始于明代的竹木抽分。成化七年(1471)因"营建乾清、坤宁二宫,工费浩大",明政府在此设抽分厂,"将商贩板木堪中者照例抽分……起倩人户,起送赴京听用"。③稍后定制:"杭州、荆州、太平(即芜湖)抽分三厂……凡竹木等物每十分抽一分,选中、上等按季送清江、卫河二提举司造船;次等年终运至通州,送器皿厂造器皿,余卖银听用。"因解运不便,后改为折银解部。芜湖抽分厂,初由北京工部都水司差官管理,嘉靖年间改隶南京工部。④

康熙《太平府志》记载:"抽分厂系工部分司,在芜湖县治西,滨于大江。明成化七年设立,工部主事王臣始职其任,主管长江大河竹木之税"。⑤其"榷取之课始不过四千两,渐增为一万、二万而及三万七千有奇"⑥;正德十年(1515)突破4万两,嘉靖十年(1531)、万历二年(1574)曾达5万两。万历年间该关主事刘洪谟所撰《芜关榷志》记载了正德十年以降该关的抽分税额,我们据以绘制成明代中后期芜湖工关的税收曲线图(见图2—1)。⑦该图可见,工关税收波动较大,但大体保持在2万—4万余两。

① 嘉庆《芜湖县志》卷20《艺文志》,汪泽民:《浦侯去思碑记》。
② 嘉庆《芜湖县志》卷1《地理志·风俗》。
③ 刘洪谟:《芜关榷志》卷上,王廷元点校本,黄山书社2006年版,第1页。
④ 万历《明会典》卷204《抽分》,中华书局1989年版,第1024页;《芜关榷志》卷上,第1页。
⑤ 康熙《太平府志》卷12《田赋下·关税》。
⑥ 康熙《太平府志》卷36《艺文二》,张秉清:《芜湖榷司题名记》。
⑦ 图2—1中的税收额,据《芜关榷志》卷上《履历考》第19—27页记载统计,其中不足一年的税额未予收入。又,刘洪谟所撰《芜关榷志》记事到万历三十年版,三十年以后的内容为后人增补,见《〈芜关榷志〉提要》。

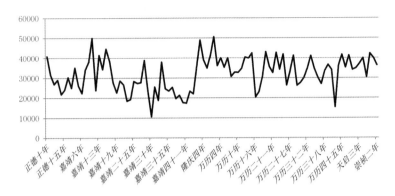

图2—1　明代中后期芜湖工关抽分税额的变化　（单位：两）

　　芜湖户关设于明末，康熙《太平府志》记载："钞关系户部分司，在芜湖县西河南将军港。明崇祯初年南京工(户)部尚书郑三俊建议开设……主管上下客船一切货物等税。"①郑三俊《明史》有传，记此事为"万历时税使四出，芜湖始设关，岁征税六七万，泰昌时已停。至是，度支益绌，科臣解学龙请增天下关税，南京宣课司亦增二万。三俊以为病民，请减其半，以其半征之芜湖坐贾。户部遂派芜湖三万，复设关征商……遂为永制。芜湖、淮安、杭州三关皆隶南京户部"②。《明实录》崇祯三年五月记有："户部尚书毕自严上言，昨臣部以军饷告绌，议加关税。因查南京宣课司额税仅止一万，题令南部议加二万。南部臣郑三俊谓：'留都所榷皆落地货税，所得无几；惟芜湖密迩南京，扼据上流，凡滇、黔、川、广奇货珍物靡不辐辏于此，商贾倍于南都，而征收不及，是亦不均之事。议于芜湖商贾之货照先年旧例，令赴宣课司报税领单，以凑新增二万之额。'当国家多事时，得此一税，未必非涓滴之助，所当即为允行……其额以三万为率……其银尽解臣部，以充蓟、辽之用……帝悉从之。"③据此可知，户关之设始于万历中，为税使私设，旋即废止；崇祯三年(1630)因军需告绌而复设，定税额为三万两。

———————

①　康熙《太平府志》卷12《田赋下·关税》，第20—21页。
②　《明史》卷254《郑三俊传》，中华书局1974年版，第6564页。
③　《明实录附录·崇祯长编》卷34，崇祯三年五月辛丑，台北"中研院"历史语言研究所1967年版，第2024—2025页。

《芜关榷志》记有"崇祯八年乙亥(该关)改归北户部主事雷应乾"管理,"年终零九个月课六万九千有奇",此项税课似应为户、工两关所征。不过,该书所记管关官员八年至十三年为户部主事,十四年至十七年为工部所派,三年至七年则未记所属,所载税课是否均为户、工二关合计尚难确定,暂存以待考。表 2—11 为《芜关榷志》所载崇祯三年至十七年的管关官员及所征税课,请参见。

表 2—11　崇祯年间芜湖关履任官员及征收税额一览表

年　分	管关官员	征收税银	备　注
崇祯三年	主事赵之绪	52 000 余两	年终课
崇祯四年	高梁楹	41 000 余两	年终课
崇祯五年	主事王思任	38 600 余两	年终课
崇祯六年	主事邵建策	27 000 余两	年终课,天旱缺额
崇祯七年	主事王朝升	49 000 余两	一年零五个月课
崇祯八年	北户部主事雷应乾	69 000 余两	一年零九个月课
崇祯十年	户部主事潘曾玮	53 000 余两	一年零三个月课
崇祯十一年	户部主事陆自岩	61 000 余两	一年零一个月十四日课
崇祯十二年	户部主事李尔育	53 000 余两	十个月课
崇祯十三年	户部主事薛之垣	55 400 余两	十个月十四日课
崇祯十四年	工部员外郎王域	100 800 余两	两年七个月零十一日课
崇祯十六年	工部主事庄执谦	62 700 余两	一年零一个月课
崇祯十七年	工部员外郎沈旋卿	2 400 余两	五个月零十五日课
平　均		43 100 余两	以 12 个月为一年

资料来源:《芜关榷志》卷上《履历考》,第 27—28 页。

清初芜湖户、工二关仍由户部、工部分别差官,康熙九年(1670)工关归并户关管理,雍正元年(1723)芜湖关税务改由安徽巡抚委地方官兼管。[①]

芜湖关于顺治二年(1645)恢复征税。《大清会典》记载:芜湖户关清初定额 87 337.8 两,顺治十三年增银 35 762.2 两,康熙二十五

年增15 396两,康熙末年又将铜斤水脚银18 423两归入正额,合计为156 919两。[①]工关清初定额为33 300两,顺治、康熙年间先后增银12 000两和10 230两,并将铜斤水脚银归入,合计为70 146两。[②]两关合计为227 065两,这是芜湖关税的"正额"。

雍正年间,随着商品流通的发展,芜湖关所征税银在"正额"之外出现大量"盈余"。雍正四年分户、工二关共征银26万余两,超出"正额"35 300余两;九年分征银38万余两,"盈余"达16万两。[③]"盈余"的增长并非芜湖一关所特有,故乾隆十四年(1749)定制,以雍正十三年分各关所征盈余数额作为定额。乾隆皇帝谕旨如下:

> 盈余究在正额之外,然非额外别征。盈余缘照额征收,尽收尽解,其溢于成额者即谓之盈余;是名虽盈余,实课帑也,亦即正供也……夫盈余无额而不妨权为之额,朕意当以雍正十三年征收盈余数目为定,其时正诸弊肃清之时,而亦丰约适中之会也。自雍正十三年而上下二三十年之中,岁时殷歉相若也,贾舶之往来相若也,民风之奢俭相若也,则司榷之征收又何至大相悬殊哉。嗣后正额有缺者仍照定例处分,其各关盈余成数视雍正十三年短少者,该部按所定分数议处,永著为例。[④]

雍正十三年分芜湖户关征收盈余银57 870.345两,工关为47 181.935两,遂以此作为盈余定额。[⑤]正额、盈余合计,户、工二关定额33万余两。乾隆四十二年,将盈余考核改为"三年比较",但实行的结果是盈余额被不断提高,故嘉庆四年(1799)重新确定各关定额。此次定额由嘉庆皇帝亲自酌定,故称"钦定盈余"。芜湖户关"钦定盈

---

① 康熙《大清会典》卷34《户部·关税》;雍正《大清会典》卷52《户部·关税》,《近代中国史料丛刊三编》第72辑,第715册,1597页;第77辑,第768册,第3058页。

② 雍正《大清会典》卷201《工部·抽分》,《近代中国史料丛刊三编》第77辑,第787册,第13541—13542页。

③ 中国第一历史档案馆编:《雍正朝汉文朱批奏折汇编》第8册,江苏古籍出版社1991年版,第521页,雍正四年十一月二十六日安徽巡抚魏廷珍折;第21册,第55页,雍正九年八月十七日安徽巡抚程元章折。

④ 《清朝文献通考》卷27《征榷考二》,第5091页。

⑤ 台北故宫博物院编:《宫中档乾隆朝奏折》第1辑,第623页,乾隆十六年九月初十日安徽巡抚张师载折。

余"73 000两,工关为47 000两,两关合计120 000两,正额、盈余合计为 34 万余两。①表 2—12 是清代前期芜湖户、工二关关税定额的变化,请参见。

表 2—12　清代前期芜湖户、工二关关税定额变化一览表

关别	顺治初年	康熙二十五年	康熙末年	乾隆十四年	嘉庆四年
户关	87 338 两	138 496 两	156 919 两	214 789 两	229 919 两
工关	33 300 两	55 530 两	70 146 两	117 328 两	117 146 两
合计	120 638 两	194 026 两	227 065 两	332 117 两	347 065 两

资料来源:雍正《大清会典》卷 52《户部·关税》、卷 201《工部·抽分》;嘉庆《大清会典事例》卷 188《户部·关税》、卷 710《工部·关税》。

芜湖户、工二关的实征税银,雍正年间数据不全,乾隆以降则比较完整。图 2—2 是依据实征税额绘制的乾隆—道光年间芜湖关实征关税的变化曲线,表 2—13 是对二关实征税额的十年平均统计。②二者相互参照,可较全面地了解清代中叶该关税额的变化情况。

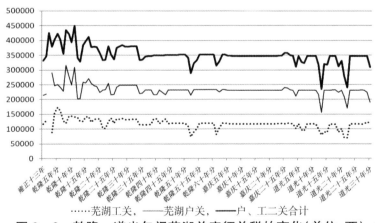

……芜湖工关，──芜湖户关，──户、工二关合计

图 2—2　乾隆—道光年间芜湖关实征关税的变化(单位:两)

---

① 嘉庆《大清会典事例》卷 188《户部·关税》;卷 710《工部·关税》,《近代中国史料丛刊三编》第 66 辑,第 656 册,第 8667 页;第 69 辑,第 689 册,第 6752 页。

② 图 2—2 和表 2—13 中的税收数据,据中国第一历史档案馆和台北故宫博物院所藏该关税收档案汇集整理。清代的税关关系以 12 个月为一年,遇有闰月连续计算,故税收"年分"与实际年份不完全对应,并有个别"年分"会出现两个税收数字。

**表 2—13　乾隆—道光年间芜湖户、工二关实征关税
的十年平均统计**

单位:两

年　　代	数据	户　关	工　关	二关合计	备　注
乾隆元至十年分	9/10	257 841	138 125	395 966	二年分缺户、工二关分税额
乾隆十一至二十年分	10	246 705	134 191	380 896	
乾隆二十一至三十年分	10	238 575	125 246	363 821	
乾隆三十一至四十年分	10	231 216	123 931	355 147	
乾隆四十一至五十年分	10	229 682	121 587	351 269	
乾隆五十一至六十年分	10	230 816	109 579	340 395	
嘉庆元至十年分	11	230 491	113 056	343 547	五年分有两组数据
嘉庆十一至二十五年分	15	230 709	117 376	348 085	
道光元至十年分	10	229 097	111 453	340 550	
道光十一至二十年分	11	221 076	101 417	322 493	十二年分有两组数据
道光二十一至三十年分	10	217 565	108 468	326 033	

资料来源:据中国第一历史档案馆和台北故宫博物院所藏该关税收统计。

图 2—2 显示,芜湖关的实征税额以乾隆初年为最高,总体呈下降趋势。从雍正十三年到道光三十年(1850)的 116 年大体可分为三个阶段:乾隆前期的三十年税收额最高,但波动较大;其中有 8 个年分税额超过 40 万两,十一年分达 45 万两,是芜湖关税收的最高值;十年平均分别为395 900、380 800和363 800余两(参见表 2—13,下同)。乾隆三十年代至嘉庆末的五十余年税额比较稳定,除个别年分外大体保持在 35 万两上下;十年平均分别为 355 100、351 200、340 300、343 500、348 000余两。道光朝的三十年税额也有较大波动,并进一步下降;十年平均分别为340 500、322 400、326 000余两。

其中,道光十三年分是该关税收的最低值,户、工二关仅收银234 914两,缺额112 000余两;其次为道光二十二年分,为240 844两。

户、工二关分别来看,芜湖户关税额大多在 20 万—25 万两,十年平均从 25 万两下降至 21 万余两;工关税额多在 10 万—14 万两,十年平均从 13 万余两降至 10 万两。不过,二关的峰值和峰谷稍有差异:户关税收以乾隆八年分为最高,达316 189两,其次为十一年分308 833两;其最低值在道光十三年分,仅155 502两,其次为道光二十二年分,170 297两。工关税收以乾隆五、六年分为最高,分别为172 876和161 827两;最低为道光二十一、二十二两年,均只有70 500余两,其次则为乾隆五十二年分的75 154两。

档案记载,"芜湖关税全赖下游江、浙地方年岁丰收,货易销售,则上游江、楚等省出产诸物,商贾源源贩运过关,税自丰盈"[1]。即税收的多寡与过关商货数量密切相关,而商货的过关量又受到年景丰歉、运销状况等因素的影响,这一点我们在稍后再做具体考察。至于道光二十一、二十二年分该关税额的大幅下降则与鸦片战争密切相关。道光二十一年分工关仅征收税银70 500余两,缺额46 500余两;户关征银208 900余两,缺额20 900余两。安徽巡抚程楙采奏报其原因称:"上年英夷滋事,节次兵船过境,木商观望不前";而"本年沿江各属民遭水患,诸货滞销,商贾因而裹足。"[2]道光二十二年分芜湖关税短绌更甚,户、工二关合计仅征银240 800余两,缺额106 200余两。安徽巡抚奏报称:

> 该关应征户、工正额、盈余共银三十四万七千六十五两二钱四分,大半赖川楚、江西货物前赴浙江、江苏仪征、扬州并北五省地方销售。上年夏秋水患,冬季商船不旺;今年春季兵帆络绎,商税又稀。满拟夏秋向称旺月,各省行销货物,税课尚可补苴。乃四月初旬,乍浦失守,赴浙商船因之甚少;五月继陷宝山,上海赴苏商船亦皆闻风裹足;迨六月上旬镇江失利,金陵戒严,江路梗塞,凡南北一切商船并竹木簰筏俱成绝迹。以每年之旺月直

---

[1]　《宫中档乾隆朝奏折》第 15 辑,第 109 页,乾隆二十一年八月初四日安徽巡抚高晋折。

[2]　台北故宫博物院档案:道光二十一年十月二十四日安徽巡抚程楙采折。

成无税之空关······此从来未有之事,迥非水患、兵船暂时偏灾可比。①

乍浦、宝山、镇江接连失守,江路梗塞,往来商船和竹木簰筏绝迹,因而导致芜湖户、工二关税收的大幅度缺失。

以上考察我们看到,清代中叶芜湖关的税额大体在 30 万—40 万两,最高曾达 45 万两。这一数额在长江沿线各关中仅次于九江,排第二位。表 2—14 是清代中叶长江沿线各关实征关税状况的比较,请参见。

表 2—14　清代中叶长江沿线各关实征关税状况一览表

税关名称	实征税额	备注
九江关	35 万—70 万两	户部关,但征收竹木税
芜湖关	30 万—40 万两	户关、工关合计
龙江、西新关	18 万—24 万两	户关、工关合计
夔　关	15 万—20 万两	户部关,征收粮、杂二税
武昌关	4 万—6 万两	户部关,只征船料,不征货税
荆　关	2 万—7 万两	工部关,征收竹木税
辰　关	1.2 万—2 万两	工部关,征收木税、盐税
渝　关	0.5 万—0.7 万两	工部关,征收木税

资料来源:九江关参见许檀:《清代前期的九江关及其商品流通》;龙江、西新关参见许檀、高福美:《清代前期的龙江、西新关与南京商业》;夔关、武昌关、荆关、辰关、渝关税额参见廖声丰:《清代常关与区域经济研究》,人民出版社 2010 年版,第 376—381、371—375、368—369、119 页。

图 2—3 是从明代中叶到清代中叶芜湖关税额的变动趋势,其中,正德十年至崇祯二年为工关税收;崇祯三年至十七年的数据应是户、工二关合计,但不能确定,故用虚线标出;顺治、康熙为定额数,雍正—道光年间为实征税额。

① 台北故宫博物院档案:道光二十二年九月初三日安徽巡抚程楙采折。

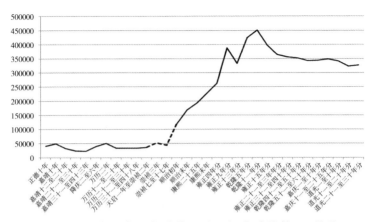

图 2—3　明代中叶到清代中叶芜湖关税额变动趋势图(单位:两)

明代税关很少保留有连续的税收额,故芜湖关的数据尤显珍贵。从正德十年到道光三十年,时间跨度长达三百余年,这是目前所见明清各关中惟一能够将明代和清代的税收额衔接起来的例子。虽然明末清初的数据不太准确,但基本可以显示出这 300 年间该关税额变动的大致趋势。图 2—3 可见,从明代中叶到清代中叶芜湖关税额从数万两增至数十万两,即便考虑到物价上涨因素,其增长幅度仍属可观。其中,康熙至乾隆初年的税额增长迅速,至乾隆十一年分达到最高点,为 45 万两;此后缓慢下降,但仍保持在 30 万两以上。

二、经由芜湖关流通的主要商品

芜湖位于长江中下游之交,是长江中上游各省与江南地区商货流通的转运枢纽。经由芜湖关流通的商品以竹木、粮食为大宗,棉布、棉花、桐油、纸张、烟叶、瓷器、铁器等也是税收的重要来源,下面我们分别考察。

1. 木材竹料

木材竹料是经由芜湖关的最大宗的商品,"工关全赖竹木簰把到关者多,税数方得丰盈"[1]。我国的竹木资源主要分布在云贵、川楚、湘赣等省,上游各省所产竹木由长江顺流而下,经重庆、汉口、九江等

---

[1]　《宫中档乾隆朝奏折》第 8 辑,第 247 页,乾隆十九年闰四月十二日安徽巡抚卫哲治折。

处到达芜湖;经由芜湖关的竹木大部分会继续沿江东下至南京之上新河,然后分销江南和华北。①

万历年间的记载称,"楚蜀之木蔽江而下",停泊芜湖城西之鲁港侯榷者常"尾衔二十余里",以至阻塞河道,甚至引起诉讼。②清代工关税收大幅度增长,过关竹木更多于明代。表2—15是乾隆年间竹木税在芜湖工关税收中所占比例统计,请参见。

表2—15　乾隆年间竹木税在芜湖工关税收中所占比例统计

年　分	工税总额(两)	竹木税(两)	竹木税占比(%)
乾隆七年分	146 033	121 977	83.5
乾隆八年分	109 927	88 949	80.9
乾隆二十八年分	136 296	100 671	73.9
乾隆二十九年分	131 576	94 225	71.6
乾隆三十三年分	133 064	97 976	73.6
乾隆三十四年分	113 759	71 364	62.7
乾隆三十五年分	113 862	72 061	63.3

资料来源:据中国第一历史档案馆和台北故宫博物院藏该关税收档案统计。

表2—15可见,竹木税占工关税收的60%—80%,竹木过关量的多寡会直接影响税额盈绌。如乾隆三十三年分芜湖过关簰把621宗,而三十四年分仅242宗,三十五年分为228宗,比三十三年分别少征税银26 600余和19 200余两。③档案记载,"芜关工税盈余全赖上游江楚竹木簰筏过关之多寡定税银之盈绌,至簰筏过关又全赖出产处所雨水及时,运送始无阻滞;行销地方年岁丰稔,货物方易销售"④。即竹木过关数量受到长江上下游的气候条件、年景丰歉、运

---

① 参见许檀、高福美:《清代前期的龙江、西新关与南京商业》。
② 道光《繁昌县志书》卷1《舆地志·山川》,台湾成文出版社1975年版,第115页。
③ 中国第一历史档案馆档案:乾隆三十五年六月二十五日、乾隆三十六年五月初七日两江总督高晋折。
④ 台北故宫博物院档案:乾隆十五年五月二十七日安徽巡抚卫哲治折。

销状况以及商人资本周转等诸多因素的影响。

如乾隆十四年分,"江西产木地方是年雨泽愆期,溪河浅涸,在山之木不能运达江滨",是以税银减少。①乾隆二十九年五月,"正当商人捆扎簰把时候,江广陡发大水,其木植甫经出山,尚未捆成者均致飘零",以至"较上届少到簰六宗,把一百五十九宗"。②粮价的上涨也会影响竹木过关数量,因"做造簰把需夫众多,食用浩繁。如米平工贱则成本轻而贩运多,米昂工贵则成本重而贩运少"。乾隆十七年分"江楚地方米粮价贵","商贩皆以工饭倍重,不能获利,贩运者少",以至税收较上届减少 18 600 余两。③

竹木的销售状况也会在很大程度上影响税收。乾隆五十二年分是工关税收最低的年分之一,仅征银75 154两,比五十一年分短少34 100余两,比五十年分短少44 600余两。"究其短绌之故……乾隆五十年被灾较广,民力艰于兴作,客商旧贩木植堆积难销,无本再行转运,比较上届少到簰把一百二十八宗。"④道光十三年分也是工关税收较低的年分,仅征收税银79 412两,较"钦定盈余"短少37 734两。其短征原因:一是连年岁歉,"江南一带民力拮据,不但无力兴造,且多拆屋卖料",木材销售困难,诸多木商歇业;二是"湖广产木之山又因从前过于砍伐,现植之木尚须培养成材,始可采取,是以大簰更少。"⑤

将乾隆、道光年间过关簰把数量作一比较,可更清楚地了解竹木过关量对工关税收的影响。表 2—16 是乾隆、道光年间过关簰把与工关税银对照表,该表可见,乾隆二十年代过关簰把在七八百、五六百宗,三十年代降至二百多宗,而道光年间过关簰把多在一百余宗,甚至更少,故工关税收往往征不足额。

①　《宫中档乾隆朝奏折》第 1 辑,乾隆十六年九月三十日两江总督尹继善折,第822 页。

②　《宫中档乾隆朝奏折》第 25 辑,乾隆三十年八月二十二日两江总督尹继善折,第767—768 页。

③　《宫中档乾隆朝奏折》第 8 辑,乾隆十九年闰四月十二日安徽巡抚卫哲治折,第247 页。

④　《宫中档乾隆朝奏折》第 64 辑,乾隆五十二年六月十五日安徽巡抚书麟折,第685 页。

⑤　中国第一历史档案馆档案:道光十四年三月初一日安徽巡抚邓廷桢折。

表 2—16　乾隆、道光年间到关竹木簰把与工关税银对照表

单位:两

乾隆年间	竹木簰把	工关税银	道光年间	竹木簰把	工关税银
乾隆二十四年分	808 宗	136 553	道光七年分	一百数十宗	92 571
乾隆二十五年分	710 宗	119 483	道光十二年分	一百余宗	98 770
乾隆二十八年分	695 宗	136 296	道光十三年分	？宗	79 412
乾隆二十九年分	530 宗	131 576	道光十四年分	八十余宗	91 093
乾隆三十三年分	621 宗	133 064	道光十五年分	102 宗	87 249
乾隆三十四年分	242 宗	113 759			
乾隆三十五年分	228 宗	113 862			

资料来源:据中国第一历史档案馆和台北故宫博物院所藏档案,以及中国社会科学院经济研究所藏《钞档》中该关档案统计。

夹带偷漏也是影响工关税额的原因之一。如道光十六年湖南头、二、三帮漕船 125 只,被查出"例外多带大小木仔二百九十七宗",照例科算,应征税银23 118两零;十七年分,查出湖南漕船例外多带木植,追征税银15 000两。[①]

以上我们考察分析了影响工关税收波动的短期因素,至于乾隆—道光年间该关税额的持续下降,来自贵州、四川等地老林大木的减少当是重要因素。明代《芜关榷志》所载抽分税则包括江簰、杉木簰捆、竹簰、川板、楠杂木板等九款。其中,"江簰俱出荆州、辰州,木有楠、杂、青柳不等";楠木出自湘西之"永顺、保靖二夷司",青柳木出贵州铜仁府、湖南辰州府。杉木簰,"外江簰来自(江西)饶河或池州",内河簰系"由徽、宁、池三府各县小河出者",汇至鲁港、东河;川板,出自贵州镇远,四川綦江、建昌、泸州、夔州等处。[②]皖南山区所产木材系顺"小河"而下,没有大簰,经由芜湖关的大宗木材主要来自长江上游各省。万历年间抵关报税者多为"楚蜀之木",不过,刘洪谟也记载了不少木材产地因采伐过度而"绝产":"丙子志云,史称巴蜀沃

---

① 中国第一历史档案馆档案:道光十七年八月初五日安徽巡抚色卜星额折。
② 刘洪谟《芜关榷志》卷下,第30—37页。

野,地饶竹木;又曰南楚卑湿,多竹木,故今称板枋多曰川楚云。王义乌《旧志》载有桃花洞板、茅滩溪板;钱桐乡公抄本新则载有马湖、永宁、金峒、叙宁、大渡河、彭水……等板,皆蜀楚产也。询之贾人,今俱绝产,故不复载。"丙子为万历四年(1576),距《芜关榷志》刊刻相隔不过二十余年,已是"名山章材十去五六"了。①

清代中叶芜湖关木材来源地区进一步缩小。嘉庆《工部则例》只开列了江楚往江宁木簰、徽绍往江宁木簰,江西往江宁苗竹簰和江楚竹木簰筏在芜湖售卖等四项木竹税则。②即清代来自上游的木竹簰筏主要出自湖广、江西,而江西更多于湖广。如乾隆七年分芜湖关收湖广簰把税银26 376两,江西簰把税银95 601两,江西为湖广的3.6倍;乾隆八年分收湖广簰把税银28 965两,江西簰把税银59 984两,江西约为湖广的2倍。③四川输出木材数量不多,这从渝关实征木税只有5 000—7 000两即可确认。贵州所产木植顺沅江而下过辰关入长江者,应归入湖广簰把。嘉庆年间已有"木植向多采自黔楚,本年该处木植过关甚少"的奏报④;道光年间,更出现湖广木植"从前过于砍伐,现植之木尚须培养成材才可采取"⑤的现象。砍伐过度造成的森林资源减少当也是工关税收下降的重要原因。

2. 粮食

粮食也是经由芜湖关东下的重要商品,包括大豆和稻米两大类。

大豆是芜湖户关的主要税源之一。大豆可榨油磨腐,豆饼用作肥料,江南地区对其需求量很大。雍正年间的奏报称:"查自江西沿江一路来有九江、芜湖、龙江三关,俱收江广及川江之运到货税,而芜湖之税额最多,所赖者湖广豆船之纷集,以益课税"⑥;乾隆时的记载如:"芜湖关户税,油、豆二项约资其半。"⑦

---

① 刘洪谟:《芜关榷志》卷下,第37页。

② 嘉庆《工部则例》卷99《关税》,《故宫珍本丛刊》第294册,第380页。

③ 中国第一历史档案馆档案:乾隆九年七月初七日安庆巡抚范璨奏折。

④ 台北故宫博物院档案:嘉庆元年四月二十一日安徽巡抚张诚基折。

⑤ 中国第一历史档案馆档案:道光十四年三月初一日安徽巡抚邓廷桢折。

⑥ 雍正五年十一月十九日安徽巡抚魏廷珍折,中国第一历史档案馆编:《雍正朝汉文朱批奏折汇编》第11册,第62页。

⑦ 乾隆十九年二月二十八日安徽巡抚卫哲治折,《宫中档乾隆朝奏折》第7辑,第667页。

据安徽巡抚卫哲治奏报:"乾隆十六年分户关共收正税盈余二十七万一千三十三两,内有豆税银八万九千三百三十六两五钱六分;今十七年分共收正税盈余银二十五万四千三百七十八两二钱七分,内豆税银六万三千八百六两三钱二分。较上年计少收银二万五千五百三十两二钱四分。其短少缘由实因上年湖广产豆地方收成之时雨水欠匀,豆粒浆水不足,兼多霉烂,商人贩往下江每多折本,是以到关稀少。"①乾隆十六年分征收豆税银89 337两,占户税总额的33%;十七年分豆税银63 806两,占比25.1%。芜湖户关食物税则中列有:"黄豆、黑豆每担各税四分五厘"②,依此折算,乾隆十六年分芜湖过关大豆198万余担,十七年分为135余万担。表2—17所列是乾隆前期豆税银占户关税收比例和依据税则折算的豆担,请参见。

表 2—17 乾隆年间芜湖户关实征、免征豆税银及
其折合豆担示例

年　分	豆　税　银 (两)	户税总额 (两)	豆税占比 (%)	折合豆担 (担)
乾隆七年分	免征 50 331	227 681	22.1	1 118 467
乾隆八年分	免征 123 035	316 189	38.9	2 734 111
乾隆九年分	免征 95 963	278 687	34.4	2 132 511
乾隆十年分	免征 68 172	249 327	27.3	1 514 933
乾隆十一年分	免征 107 205	308 833	34.7	2 382 333
乾隆十四年分	实征 75 448	258 098	29.2	1 676 622
乾隆十五年分	实征 88 851	256 138	34.7	1 974 467
乾隆十六年分	实征 89 337	271 033	33.0	1 985 267
乾隆十七年分	实征 63 806	254 378	25.1	1 351 244
平　均	84 683	268 929	31.5	1 881 844

资料来源:据中国第一历史档案馆和台北故宫博物院所藏该关税收档案统计。

表2—17可见,豆税在户关税银中所占比例在20%—40%之

---

① 乾隆十九年二月二十八日安徽巡抚卫哲治折,《宫中档乾隆朝奏折》第7辑,第667页。

② 乾隆《户部则例》卷77《税则·芜湖关》,《故宫珍本丛刊》第285册,第268页。

间,是户税的主要来源之一;大豆过关数量则在 110 万—280 万担之间,平均为 188 万担,免税年分相对多些。其中以乾隆八年分为最高,一方面,"楚蜀豆收丰稔,出产既多,价值平减,商贾之贩运者倍增","一年之中间有往而销售,复还而再贩者";另一方面,江南对豆饼肥料需求量大,"霉变之豆亦可应用","向以各关征税,霉豆无人贩运,今因免征税银竟有贩来行销,以致过关豆数复倍于昔"。①该年免征豆税银 123000 余两,以每担税银四分五厘计,折合大豆 273 万担。不过,芜湖户关税则:"凡商船货物,满载者分加料、平料、下料三等,按梁头丈尺征收……不满载者按担科税"。②即按担科税者只是"不满载者",满载豆船系按照"平料货物减尺科税"。③一般来说,整船征税比按担计征税率要低,故该年实际过关大豆至少超过 300 万担,常年过关量当也在二三百万担之谱。

芜湖关不征米税,仅工关征收米麦船料,"凡米麦过关止(只)按装载之船身丈尺征收船料银,而并不计石收税"④。表 2—18 所列是我们在该关档案中收集到的实征、免征米麦船料税银的记载,该表显示,乾隆年间芜湖工关所征米麦船料银最高不过数千两,在工关税收中占比不大,最高不过 6.0%。至于过关米粮数量没有具体记载,只能做些估算。档案记载,乾隆五十二年冬"拨运闽米五十万石"经由芜关"船只几近盈千"⑤,据此推论,二十六年分过关米麦船 1 855 只,载粮当在 100 万石左右;该年所征船料银为 2 890 余两⑥,依此折算,征收船料银最多的二十、二十一年分过关米粮也不过二百余万石。不过,这两个关期免征税银各三四个月,实际集中在乾隆二十一年二

①　中国第一历史档案馆档案:乾隆十年三月二十五日两江总督尹继善折。
②　嘉庆《大清会典事例》卷 188《户部·关税》,《近代中国史料丛刊三编》第 66 辑,第 656 册,第 8667、8672 页。
③　乾隆《户部则例》卷 77《税则·芜湖关》,《故宫珍本丛刊》第 285 册,第 274 页。
④　中国第一历史档案馆档案:乾隆十六年五月十三日安徽巡抚张师载折。
⑤　《宫中档乾隆朝奏折》第 68 辑,乾隆五十三年六月二十五日安徽巡抚陈用敷折,第 657 页。
⑥　《宫中档乾隆朝奏折》第 18 辑,乾隆二十八年九月初三日两江总督尹继善折,第 828 页。二十七年分比二十六年分少过米麦船 506 只,少收船料银 789 921 两,平均每船征银 1.56 两,以此折算,1 855 只船征银 2 894 两,1 349 只船征银 2 104 两。

月中旬至八月底①,若将其合并计算,乾隆二十一年全年过关米粮数量可达四五百万担,或者更多些。即便如此,与以往学者估计的从长江中上游输入江南的稻米每年在1 000万—1 500万石的数量仍有很大差距。②

表 2—18　乾隆年间芜湖工关实征、免征米麦船料税银示例

年　分	工税总额（两）	米麦船料银（两）	占工税比（%）	备　注
乾隆六年分	161 827	免征 5 141	3.2	
乾隆七年分	127 117	免征 3 124	2.5	
乾隆八年分	119 708	免征 2 084	1.7	
乾隆九年分	143 353	免征 2 286	1.6	
乾隆十年分	144 279	免征 615	0.4	
乾隆十一年分	141 193	免征 953	0.7	
乾隆十三年分	126 378	实征 3 261	2.6	两季 16 日实征税银
乾隆十四年分	126 506	实征 2 881	2.3	
乾隆十五年分	141 286	实征 1 137	0.8	
乾隆十六年分	141 994	实征 2 335	1.6	
乾隆二十年分	133 737	免征 6 139	4.6	79 日免征税额
乾隆二十一年分	101 887	免征 6 134	6.0	一季 29 日免征税额
乾隆二十六年分	133 959	实征 2 894*	2.2	过关米麦船 1 855 只
乾隆二十七年分	133 261	实征 2 104*	1.6	过关米麦船 1 349 只

资料来源:据中国第一历史档案馆和台北故宫博物院所藏该关税收档案统计。

说明:＊为乾隆二十六、二十七年分船料银系折算数字。

---

① 乾隆二十年江浙二省歉收,二十一年二月十三日乾隆皇帝下旨暂免米豆征税,至九月一日停止;免征的六个多月跨二十、二十一年两个关期,分别免征 79 日和一季 29 日。

② 全汉昇:《清朝中叶苏州的米粮贸易》,《中国经济史论丛》第 2 册,第 573 页;吴承明:《中国资本主义与国内市场》,中国社会科学出版社 1985 年版,第 256—258 页;范金民《明清江南商业的发展》,第 66 页;王业键:"Secular Trends of Rice Prices in the Yangzi Delta,1638—1935",《清代经济史论文集(三)》,稻香出版社 2003 年版,第 287 页;李伯重:《江南的早期工业化》,社科文献出版社 2000 年版,第 348—349 页。

九江关位于芜湖上游,也是长江中上游米谷输往江南的转运枢纽。一般来说,由九江东下的米粮须经过芜湖才能抵达江南。九江关也不征米税,只征船料。据该关档案,乾隆三年江广岁熟,"米价不过九钱、一两不等",而江浙等省歉收,米价每石售至一两五六钱,商人"贩米一石可获利三四钱",故贩卖者多,自乾隆三年八月十七日起至四年四月二十六日止,八个月零十日过关船只达 53 032 只,征收船料银 312 934 两零。[①]表 2—19 所列为乾隆中叶九江关过关船只及其征收船料银示例,请参见。

表 2—19　乾隆年间九江关过关船只及征收船料银示例

年　　分	过关船只(只)	征收船料银(两)	船料占该关税额比(%)
二十二年分	49 491	230 099	53.3
二十三年分	51 350	212 783	50.7
二十五年分	61 485	225 176	54.6
二十六年分	44 833	151 167	38.4
三十年分	48 968	163 044	40.9
三十一年分	47 989	155 848	40.0

资料来源:许檀:《清代前期的九江关及其商品流通》。

表 2—19 可见,乾隆中叶九江关每年过关船只在 4 万—6 万余只,这些船只即便不是全都运米,但其占比很大是可以肯定的。而芜湖过关米船不过数千,经由九江关东下的大量米船似并未经过芜湖关,那么这些粮食到哪里去了呢? 我们从文献资料中找到了一些踪迹。如雍正五年安徽巡抚奏报:"今年夏秋江水长(涨)发,港汊处处相通,商船自上流由曲汊小河多直抵庐、凤,可以不由芜湖……所以芜湖(收税)甚少,而凤阳独多。"[②]看来,从九江东下的米船有一部分经由支流水道转往皖北的凤阳等府。又如,乾隆十四年安徽巡抚卫

---

① 中国社会科学院经济研究所藏《钞档·江西各关》:乾隆七年九月二十五日户部尚书徐本等题本;中国第一历史档案馆档案:乾隆七年六月十八日江西巡抚陈弘谋折。

② 雍正五年十一月十九日安徽巡抚魏廷珍折,中国第一历史档案馆编:《雍正朝汉文朱批奏折汇编》第 11 册,第 61—62 页。

哲治奏称,"芜湖一关濒临大江,支河歧路甚属繁多,客货易于私运偷越"①;嘉庆二十年江苏巡抚张师载奏称:"所有川、楚米船自长江直下者,或即于安徽一路就近销售。"②皖南的池州、宁国、徽州等府均有部分州县缺粮,由长江东下的米粮当会有一部分转销这一地区。即便如此,仍不足以解释芜湖过关米船与九江关的悬殊差距,只能暂且存疑。

3. 棉布

棉布是经由芜湖户关西行的大宗商品,主要来自江南。明代的记载称,江南布匹"溯淮而北走齐鲁之郊,仰给京师,达于九边,以清源为绾毂;出长江之口,经楚蜀而散于闽粤秦晋滇黔诸郡国,以芜关为绾毂。"③芜湖是江南棉布输往长江中上游湖广、四川以及滇黔等地的转运枢纽。清代依然如此,档案记载,"芜湖户关全赖上江油、豆、杂货,下江布匹、棉花等税"。乾隆三十五年分因"黄豆、棉花、布匹到关稀少",以致户税较三十三年分短少税银26 800余两。④道光十三年分是户关税收最少的一年,仅征银155 500两,不仅"钦定盈余"73 000两全数无征,且短缺"正额"1 400余两。安徽巡抚邓廷桢奏报其原因称:"该关户税以木棉、布匹为大宗","近年以来频遭歉岁,小民艰于糊口,无暇谋及衣襦,棉布因而滞销,商贾无从转运",以致税收缺额甚多。⑤该年工关税银也因"岁歉民贫,商绌货稀"缺额37 700余两,户、工二关共短征税银112 100余两,为乾嘉道三朝税收最低的一年。

苏州洞庭商人是活跃在长江沿线的主要布商之一。清初顾炎武有言:西洞庭人"稍有资畜,则商贩荆、襄,涉水不避险阻。"⑥康熙年间《林屋民风》记载:洞庭民俗"商贩谋生不远千里,荆湖之地

① 中国第一历史档案馆档案:乾隆十四年八月十六日安徽巡抚卫哲治折。
② 中国第一历史档案馆档案:嘉庆二十年十月十四日江苏巡抚张师载折,转引自廖声丰《清代常关与区域经济研究》,人民出版社2010年版,第239页。
③ 陈继儒:《陈眉公全集》卷59《布税议》,北京大学图书馆藏崇祯刻本,第21页。
④ 中国第一历史档案馆档案:乾隆三十六年五月初七日两江总督高晋折。
⑤ 中国第一历史档案馆档案:道光十四年三月初一日安徽巡抚邓廷桢折。
⑥ 顾炎武:《苏州备录下·西洞庭》,《天下郡国利病书》,上海古籍出版社2012年版,第538页。

竟为吾乡之都会,而川蜀两广之间往来亦不乏人"。其经营行业以
米粮、绸布为主,"上水则绸缎布匹,下水惟米而已"①。据范金民先
生研究,洞庭东山万氏,西山秦氏、徐氏、邓氏、蒋氏、沈氏、孙氏等商
人家族都曾活跃在长江中游地区。如万氏家族,明代景泰年间即已
"客游荆襄""赀累饶裕",其子孙辈也多贸易于"楚湘泽间",以嘉万时
为最盛;徐氏家族从明代中叶到清代中叶的数百年间,世代有人经商
往来于长沙、汉口、荆襄一带,以乾隆年间为鼎盛。这些商人主要经
营米粮、绸布,将苏松绸布经由芜湖、汉口销往长江中上游地区,而由
湖广贩粮东下。汉口的布店大多高揭苏松布匹的市招,以招接
客商。②

芜湖不仅是棉布转运枢纽,也是棉布的加工中心,所谓"织造尚
松江,浆染尚芜湖"③。宋应星《天工开物》记载:"布青初尚芜湖,千
百年矣,以其浆碾成青光,边方外国皆贵重之";"毛青乃出近代,其法
取松江美布染成深青……此布一时重用"。④ 嘉靖年间徽商阮弼抓
住这一商机,在芜湖开设染局,"召染人曹治之",以至"五方购者益
集,其所转毂遍于吴越、荆梁、燕豫、齐鲁之间,则又分局而贾要
津"⑤,商业规模日益扩大。

芜湖周边各县也产棉布,如当涂县"女红多事纺绩……初夏种木
棉,秋撷其花,纺纱织布"⑥;繁昌布"幅阔而厚,虽不及苏松之精密,
而裁为祖服,亦颇耐久;冻绿,尤广行他省"⑦;无为州"乡之南多植木
棉,纺绩成布,较他邑差佳"⑧;合肥县"布,西乡者佳"⑨。芜湖关税则

① 王维德:《林屋民风》卷7《民风》,康熙五十二年刻本,《四库存目丛书》史部,第
239册,齐鲁书社1996年版,第444页。
② 范金民:《明清洞庭商人家族》,《中国社会历史评论》第五卷,商务印书馆2007年
版,第222—230页。
③ 宋应星:《天工开物》卷上《乃服第二·布衣》,管巧灵、谭属春点校本,岳麓书社
2002年版,第63页。
④ 宋应星:《天工开物》卷上《彰施第三·诸色质料》,第96—97页。
⑤ 汪道昆:《太函集》卷35《明赐级阮长公传》,胡益民、于国庆点校本,黄山书社
2004年版,第763页。
⑥ 乾隆《当涂县志》卷7《风俗》。
⑦ 康熙《繁昌县志》卷5《物产》。
⑧ 嘉庆《无为州志》卷8《食货志·物产》。
⑨ 嘉庆《合肥县志》卷8《风土志·土产》。

中,梭布、紫花布、松江颜色细布、崇明布等来自江南,而"本关土著色布"①当系周边各州县所产。此外,汉口市场上有来自苏州、松江的布匹,来自江宁、苏州、杭州、湖州的各色丝织品②,当也是经由芜湖关而至。

4. 其他

桐油、纸张、棉花、烟叶、瓷器、铁器等也是经由芜湖户关流通的较大宗的商品。乾隆年间的档案记有:"芜湖一关每年户税全赖江楚出产之油、豆、纸、铁及瓷器、铅、锡等货"③;道光年间的奏报言"芜湖关户税以油、豆、木棉、布匹为大宗,烟叶、纸张次之"④。

芜湖户关"油、豆二项约资其半",这里的油当指桐油,抑或也包括茶油、菜油。江西、湖广均产桐油,方志记载:"茶、桐二油惟赣产佳,每岁贾人贩之他省,不可胜计,故两关之舟载运者络绎不绝。"⑤湖南郴州"沿河一带设立大店、栈户十数间……九十月间取茶、桐油,行旅客商络绎不绝"⑥。档案记载:"赣南所属各邑山场多栽桐、梓二木,秋成收取其实榨出油斤,系赣关上游土产,每年江浙客商前来贩买。"⑦乾隆二年分芜湖关因"上游所产油、豆丰稔,下江市价稍昂,商贾乐于趋贩",共征收税银425 900余两,较上届多收78 400余两⑧,乾隆十三年分则比上届少收税银26 600余两,其短收原因,"该年产油地方油子收成歉薄,价值高昂,往年货本可置油千担者,该年仅可置五六百担,是以过关油税倍少于上届。及查芜邑并下江各处香、桐油价比昔倍增,可为出产歉少之明验"⑨。

钢铁为芜湖名产,据县志记载:"芜工人素朴拙,无他技巧……惟铁工为异于他县。居市廛治钢业者数十家,每日须工作,不啻数百

① 乾隆《户部则例》卷77《税则·芜湖关》,《故宫珍本丛刊》第285册,第269页。
② 章学诚:《湖北通志检存稿》卷1《食货考》,郭康松点校本,湖北教育出版社2002年,第35—36页。
③ 中国第一历史档案馆档案:乾隆八年十一月二十二日安庆巡抚范璨折。
④ 台北故宫博物院档案:道光十九年十二月初七日安徽巡抚程楙采折。
⑤ 乾隆《赣州府志》卷2《物产》。
⑥ 嘉庆《郴州总志》卷21《风俗》。
⑦ 中国第一历史档案馆档案:乾隆九年七月初五日两江总督尹继善折。
⑧ 中国第一历史档案馆档案:乾隆三年五月初九日安徽巡抚赵国麟折。
⑨ 台北故宫博物院档案:乾隆十五年五月二十七日安徽巡抚卫哲治折。

人",其产品"橐束而授之客,走天下不訾也"。①又,"钢有数种,寸钢为最",又有铁花灯、铁花屏风等。②嘉庆初年芜湖经营钢铁的铺户有葛永泰、马万盛、程道盛、吴豫泰、程立泰、陈奎泰、程时金、邢怡泰、濮万兴、王时和、陈元泰、程顺兴、葛通顺、陈祥泰、吴源全、陈京祥、吴启发、陈茂源等18家。③

在芜湖关税则"原册"中,铁货类商品列有生铁、生铁盆、铁罐、铁铪、红土、熟铁、钉鈺、钢、铁砂、土砂、废铁、铁渣等12项,所谓"原册"可能是崇祯年间设立户关之时或清初所定。乾隆年间修订的税则对铁货进行了细分,在用物税则的"铁器"项下列有:石耳锅、锯铁条、熟铁器、铁针、铁锚、生铁锅、生铁铊、生铁盆、铁铪、铁锅、铁火炉、铁罐、铁暖锅等,在杂货税则的"铜铅铁锡杂货"项下列有:钢丝、铁丝、铁砂、铁鈺、熟铁、废铁、生铁、铁渣等项④,增加了不少品种。显然,乾隆年间经由芜湖关流通的铁制品比明末清初有较大增长,其中当有一部分为芜湖所产。

茶叶是安徽重要的经济作物,也是徽商经营的四大行业之一,徽州、宁国、六安、太平等府州都是茶叶产区。顺治年间户部主事唐稷在当涂县设立金柱税口,即是为防止宣城所产茶叶等货由黄池出采石,而"不赴芜(关)报税"⑤。他如瓷器、纸张、棉花、烟、酒等也是经由芜湖关的重要商品。如乾隆十三年分,芜湖户关不仅"油税倍少于上届",而且"瓷器、纸、铁等货"也少于上年,以至户关仅征银201 900余两,为乾隆朝之最低额。⑥乾隆三十五年分,芜湖户税中"花、豆、布匹、杂货、瓷器等项"较三十三年少收银32 000余两,而"纸张、烟、酒等税则较三十三年尚多银一万五千四百余两",故税收不至缺额。⑦乾隆五十二年分,因"上年下江棉花,上江烟叶、桐油出产地方收成歉

---

①　嘉庆《芜湖县志》卷1《地理志·风俗》。
②　嘉庆《芜湖县志》卷5《物产志》。
③　嘉庆《芜湖县志》卷21《艺文志》,宋镕:《贩运铜斤章程》。
④　乾隆《户部则例》卷77《税则·芜湖关》,《故宫珍本丛刊》第285册,第267页。
⑤　康熙《太平府志》卷12《田赋下·关税》。
⑥　台北故宫博物院档案:乾隆十五年五月二十七日安徽巡抚卫哲治折。
⑦　中国第一历史档案馆档案:乾隆三十六年三月初九日安徽巡抚臣裴宗锡折。

薄,到关稀少",征收盈余银较上年短少17 900余两。①

＊　　　＊　　　＊　　　＊

芜湖关包括户、工二关,户关征收百货税,工关征收竹木税。工关设于成化七年,税额最初仅 4 000 两,正德十年突破 4 万两,嘉靖万历年间实征税银多在 2 万—4 万两,最高曾达 5 万余两;清代工关税额不断增长,乾隆—道光年间实征为 10 万—14 万两,最高达 17 万两。户关于崇祯三年正式设立,定税额 3 万两,清初增至 8 万余两,清代中叶实征为 22 万—25 万两,最高曾达 31 万余两。

清代芜湖关税额以乾隆十一年分为最高,曾达到 45 万两,此后逐渐下降。乾隆前期的三十年实征税额在 35 万—45 万两之间;乾隆后期至嘉庆末的五十余年相对平稳,大体保持在 35 万两左右;道光年间又有下降,但仍在 30 万两以上。芜湖关税额在长江沿线各关中仅次于九江关,位居第二,远高于其他各关。

经由芜湖关流通的商品以竹木、粮食为最大宗,其次为棉布、棉花、桐油、纸张、烟叶、茶叶、瓷器、铁器等。

来自长江中上游各省的竹木簰把是工关税源之最大宗,竹木税在工关税收中所占比例达 60%—80%。不过,清代中叶的百余年间,竹木簰把到关数量持续下降,从乾隆前期的七八百、五六百宗降至道光年间的一二百宗,其税额也呈下降趋势。除气候条件、年景丰歉、运销状况等短期因素的影响之外,因砍伐过度导致的上游各省森林资源的减少当也是重要原因。

粮食也是经由芜湖关东下的大宗商品,其中大豆占有很大比重。依据芜湖户关实征、免征豆税银折算,每年过关大豆至少有二三百万担,在户关税收中占比达 20%—40%,这是我们以往未予充分注意的。②另一方面,依据工关米船料税银折算,每年经由芜湖关输往江南的米粮数量最多不过四五百万石,远不及以往的估计;从九江过关

---

① 《宫中档乾隆朝奏折》第 64 辑,乾隆五十二年六月十五日安徽巡抚书麟折,第 685 页。

② 笔者仅见日本学者香坂昌纪《清代における大运河の物货流通》一文估计乾隆前期芜湖关每年过关豆货 200 万石,其中一部分经浒墅关抵达苏州。《东北学院大学论集·历史学地理学》第 15 号,1985 年。

的大量米船似并未经由芜湖关东下,关于这一点还有待进一步的考察。

（本文原载《清华大学学报》2017年第2期,系与徐俊嵩合作）

第五节　清代前期的龙江、西新关 与南京商业

南京地处长江中下游之交,是沟通长江中上游地区与苏杭江浙、长江流域与华北平原经济联系的水运枢纽。清政府在此所设龙江、西新关,是长江沿线的重要税关。以往对南京经济的考察,已指出清代前期该城从政治中心向经济中心转化。[1]不过由于未能利用税关档案资料,着眼点多侧重在丝织生产方面,对商业的考察尚显薄弱;特别是对南京的商品流通状况、税收额的增长变化、商业构成特点等较少涉及,对其作为流通枢纽的重要地位也没能给予应有的评价。[2]本文主要利用龙江、西新关档案资料,并参考其他文献,在前人研究基础上,对清代前期的南京商业做进一步的考察。

一、清代前期龙江、西新关的税收变化

龙江关设于明代,抽收竹木排筏等税,由南京工部委员管理。西新关在明代原为西关和新江关,西关收落地税,由户部差官管理;新江关收通济、太平等门入城商税及牲畜税,系内监经收。顺治二年(1645)题准,将新江关并入西关,更名西新关。[3]清初,龙江、西新二关分别由工部和户部派官管理,互不统属。康熙二十八年(1689),以二关同在一城,相距仅20里,"商民两关稽查,难免守候",将西新关

---

① 参见陈忠平:《明清时期南京城市的发展与演变》,范金民:《清代前期南京经济略论》,《南京经济史论文选》,南京出版社1989年版,第120—132、84—99页。

② 除上述二文之外,笔者所见相关研究还有:茅家琦、林刚:《南京丝织业兴衰的历史反思》、李蔚然:《试论南京地区丝织业的发展》、周志斌《明清时期的南京徽商》等,均收录在《南京经济史论文选》中(第49—70、168—177页)。此外,范金民《明清江南商业的发展》(南京大学出版社1998年版)一书对南京商业亦有涉及,特别对该城所建会馆公所考察尤详,本文多有参考。

③ 乾隆《江南通志》卷79《食货志·关税》,《文渊阁四库全书》第509册,第295—296页。

税务归并龙江关管理。①龙江关是惟一一个由工部关兼管户部关的
税关。

龙江关主要征收竹木税,兼征商船货税。定例:竹木排筏丈量计
数,其税额按不同木种、产地各有差异;商船所载货物,计量科征。龙
江关大关位于南京三山门外之上新河,其分税口有大胜关、河定桥、
东坝、芮嘴、和州、含山等,大胜关、河定桥征收茶篓包捆税,东坝、芮
嘴、和州、含山等处征收桶篓税。②西新关主要征收出入南京各城门
的货税,兼征牙行、牲畜等税。该关下设五司和一茶引所,其中都税
司征收出城税,龙江、江东、聚宝、朝阳四司征收入城税,茶引所征收
茶税。西新关设有二十余处分税口,除南京各城门外,分布于上元、
江宁、句容、江浦、六合、高淳等县境内,其中太平、神策等5门以及下
关、赵沟、王沟、浦口、江浦、石碛等口征收牲畜税。③

清代前期随着长江沿线商品流通的发展,龙江、西新二关税额不
断增长。清初,龙江关税额33 300两,西新关18 269两,两关合计为
51 569两。顺治末年,龙江关增为39 300两,西新关为28 300两,两关
合计为67 600两。康熙二十五年,定龙江关正额银46 838两,五十二
年增铜斤水脚银10 769两,合计为57 607两;定西新关正额银33 684
两,其后增铜斤水脚银7 692两,合计为41 376两。④到康熙末年,龙
江、西新关正额银合计为98 983两。

自雍正初年开始,龙江、西新关征税多有盈余。所谓"盈余"是指
税关所征税额超出"正额"的部分。"查盈余一项,必须商货甚旺,于
征足正税外尚有来货可征,始为盈余"⑤,即盈余的产生是商品流通
量增长的结果。盈余银自出现之后,即呈现快速增长态势,在关税税
额中所占比重越来越大。表2—20是雍正年间龙江、西新关正额、盈

---

① 乾隆《大清会典则例》卷48《户部·关税》,《文渊阁四库全书》第621册,第501页。
② 乾隆《大清会典则例》卷136《工部·关税》,《文渊阁四库全书》第624册,第289—290页。
③ 乾隆《大清会典则例》卷47《户部·关税》,第621册,第482页;嘉庆《江宁府志》卷15《赋役·关税》,第4页。
④ 雍正《大清会典》卷201《工部·抽分》;卷52《户部·关税》,《近代中国史料丛刊三编》第79辑,第787册,第13542页;第77辑,第768册,第3056、3059页。
⑤ 《清朝续文献通考》卷31《征榷考三》,浙江古籍出版社1988年版,考7835。

余及实征税银的统计,请参见。

表 2—20　雍正年间龙江、西新关正额、盈余及
实征税银一览表

单位:两

关　　　期	正额银	盈余银	合计征银
元年三月—二年三月	98 983	8 116	107 099
二年三月—三年二月(连闰)	98 983	25 032	124015
三年二月—四年二月	98 983	35 123	134 106
七年十二月—八年十二月	98 983	40 735	139 718
十年十一月—十一年十一月	98 983	81 211	180 194
十一年十一月—十二年十一月	98 983	87 233	186 216
十二年十一月—十三年十月(连闰)	98 983	84 463	183 446

　　资料来源:据中国第一历史档案馆编《雍正朝汉文朱批奏折汇编》该关奏折统计。

　　说明:税关关期系以 12 个月为一年,遇有闰月连续计算。

　　表 2—20 可见,雍正年间龙江、西新关所征盈余银逐年递增。雍正初年盈余银8 100余两,仅相当于正额的 8％,在税收总额中所占比重有限。雍正八年盈余银增至 4 万余两,相当于正额的 41％,占税收总额的 29％。到雍正末年,该关所征盈余连续三年超过 8 万两,已相当于正额的 80％,占税收总额的 45％左右。正额、盈余合计,龙江、西新关实征税银已高达 18 万余两。

　　乾隆年间,龙江、西新关实征税额继续增长。如乾隆二年分,二关征银达212 920两,其中盈余银113 937两,已超过正额,占税收总额的53％。乾隆五十七年分征银245 101两,其中盈余银146 118两,约为正额的 1.5 倍,在税收总额中所占比例将近 60％。[①]乾隆年间龙江、西新关的税收数据比较完整,且较雍正年间更为详细,我们可据以对二关的税收变化分别进行考察。图 2—4 是依据税额绘制的龙江、西新关

---

　　① 中国第一历史档案馆藏关税档案(以下简称档案):乾隆二年十月二十日江宁织造李英折;乾隆五十七年二月十七日江宁织造同德奏折。

税收变化图,表 2—21 是对二关实征税额的 10 年平均统计。①二者相互参照,可较全面地了解乾隆年间龙江、西新关税额的变化情况。

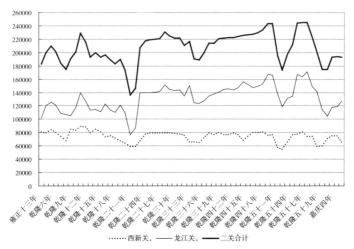

图 2—4　乾隆年间龙江、西新关实征税额的变化(单位:两)

表 2—21　乾隆年间龙江、西新关实征税额的十年平均统计

单位:两

年　　分	龙江关	西新关	二关合计
乾隆元年至十年	115 143	79 392	197 831
乾隆十一年至二十年	118 494	77 836	196 330
乾隆二十一年至三十年	130 288	74 039	204 327
乾隆三十一年至四十年	136 161	73 621	209 782
乾隆四十一年至五十年	152 925	76 957	229 882
乾隆五十一年至六十年	139 393	68 521	207 914

资料来源:据中国第一历史档案馆藏宫中朱批奏折和《宫中档乾隆朝奏折》该关历年关税奏报汇集整理。

说明:乾隆元年至三年未见二关分数,表中第一行数据为 7 年平均;其余数值均为 10 年平均。

图 2—4 显示,龙江关税收曲线波动较大。其中,以乾隆二十一年

---

①　图 2—4 中的税收数据,据中国第一历史档案馆藏宫中朱批奏折和《宫中档乾隆朝奏折》该关历年关税奏报汇集整理。

分为最低,只有不到 8 万两;以乾隆四十年代末和五十年代中期为最高,达到 16 万—17 万两;乾隆末年,税额有较大的下降。不过总体而言,龙江关税银在乾隆年间基本呈上升态势。前期的 20 年中,该关每年征银大致在 10 万—12 万余两,平均为 11 万数千两(平均值请见表2—21,下同)。乾隆中期该关税额继续增长:二三十年代,除个别年分之外税收多在 14 万两上下,二十八年分首次突破 15 万两,10 年平均分别为130 200和136 100余两;四十年代是龙江关税收最高的时期,每年征银在 14 万—16 万两之间,四十九、五十两年更超过 16 万两,10 年平均高达152 900余两。进入五十年代该关税收起伏较大,五十二、五十九两年仅征银 11 万余两,六十年分更低,只有104 296两;不过五十五、五十六两年该关税收均超过 16 万两,五十七年分更高达171 087两,这是该关税收的最高纪录;10 年平均则为139 300余两,虽较四十年代有所下降,但仍超过二三十年代的平均值。

西新关税收曲线相对平稳,税额基本保持在 6 万—8 万两之间,不过其总体趋势却是下降的。该关税额以乾隆初年为最高,其中有不少年分超过 8 万两,平均征银为79 392两。乾隆十一年到二十年的 10 年间该关平均征银77 800余两,较前已有下降;不过十一、十二两年分别征银89 376和88 848两,为西新关税收的最高值。乾隆中期以降,该关税银大体保持在 6 万—8 万两之间,其中二十年代平均征银74 000余两,三十年代为73 600余两,四十年代为76 900余两,五十年代更降至68 500余两,其中只有四十六、四十七、四十八和五十六年四个年分曾达到 8 万两。

二关比较,西新关所征税银大体相当于龙江关的 1/2—2/3 之间。以西新关征银最多的乾隆十一年分计算,该关征银89 376两,为龙江关所征税银139 756两的 64%;如以龙江关征银最多的乾隆五十七年分计,西新关征银74 014两,仅相当于龙江关的 43%。10 年平均,西新关税银分别占二关税收总额的 40%、39.6%、36%、35%、33.5%和33%,其比重也呈下降趋势。

由于龙江关所征税银远远高于西新关,故二关税收总额的变化趋势与龙江关大体相同,在乾隆年间基本保持增长态势。前期的 20 年间,二关实征税额大体在 18 万—21 万余两,10 年平均为 19 万数千两。乾隆中叶的 30 年间,虽然二十一、二十二两年税额较低,10

年平均仍超过 20 万两,较前期有所增长;其中以四十年代税额最高,也最为平稳,每年征银在 22 万—24 万余两,10 年平均达229 800余两。乾隆末期的 10 年中二关税收起伏较大,其中有三个年分仅征银 17 万余两,也有三个年分超过 24 万两;10 年平均为207 900余两,虽较四十年代有所下降,但与二三十年代大致持平。

前已述及,从雍正年间开始龙江、西新关征税多有盈余,其他税关亦多如此。从乾隆六年起,清政府开始将各关所征盈余数目纳入对税关监督的考核。定例:"嗣后各关盈余银如与上年数目相仿者,户部即考核具题;如本年所报盈余与上年数目悬殊,令各该督抚就地方情形详细察核。"①乾隆十四年改定,以雍正十三年各关实征盈余数作为盈余定额。其上谕如下:"夫盈余无额而不妨权为之额,朕意当以雍正十三年征收盈余数目为定。其时正诸弊肃清之时,而亦丰约适中之会也……嗣后正额有缺者仍照定例处分,其各关盈余成数视雍正十三年短少者,该部按所定分数议处。"②行之未久,因各关盈余比雍正十三年超出较多,部臣认为"若置上届于不问,恐监督以比旧已多,即可从中侵隐,易滋流弊",奏请恢复了与上届税额相比较的办法。乾隆四十二年,又将盈余考核方式改为与前三届所征税额进行比较。定例:"嗣后各关征收盈余数目较上届短少者,俱着与再上两年复行比较,如能较前无缺,即可核准;若比上三年均有短少,再责令管关之员赔补。"③

乾隆末年起,全国大多数税关税收均有下降,以致各关监督赔补甚多。嘉庆四年(1799)清政府将盈余"三年比较"之例废止,并根据实征情况重新确定全国各税关的盈余定额。此次定额是由嘉庆皇帝亲自酌定的,故称"钦定盈余"。嘉庆四年所定盈余,龙江关55 000两,与正额合计为112 607两;西新关29 000两,与正额合计为70 376两;二关合计,正额、盈余共182 983两④,这一定额低于嘉庆二、三两

---

① 乾隆《大清会典则例》卷 48《户部·关税》,第 621 册,第 509 页。
② 《清朝文献通考》卷 27《征榷考二》,浙江古籍出版社 1988 年版,考 5091。
③ 嘉庆《大清会典事例》卷 190《户部·关税》,《近代中国史料丛刊三编》第 66 辑,第 656 册,第 8774—8776 页。
④ 嘉庆《大清会典事例》卷 710《工部·关税》;卷 190《户部·关税》,《近代中国史料丛刊三编》第 69 辑,第 689 册,第 6752 页;第 66 辑,第 656 册,第 8786 页。

年的实征税银193 907和193 152两。①嘉庆九年，又将西新关盈余增
为33 000两②，与正额合计为74 376两，与龙江关合计则为
186 983两。

若将嘉庆初年龙江、西新关的税收定额与其他各关相比，可大致
反映出二关在全国税关中的地位(参见表2—22)。

表2—22　嘉庆初年工部各关关税定额一览表

序号	税关名	税收定额(两)	序号	税关名	税收定额(两)
1	芜湖关	117 146	8	临清工关	8 372
2	龙江关	112 607	9	瓜仪由闸	7 666
3	宿迁关	56 684	10	杀虎口	7 646
4	荆　关	30 686	11	潘桃口	6 686
5	南新关	30 247	12	渝　关	5 000
6	辰　关	16 300	13	其　他	3 156
7	通永道	12 215		合　计	414 411

资料来源:嘉庆《大清会典事例》卷710《工部·关税》。

表2—22可见，龙江关关税定额在工部各关中仅次于芜湖关，位
居第二，且与芜湖关定额相差无几，远远高于其他各关。龙江一关税
额即占工关税收总额的1/4以上，该关在工部各关中的地位由此可
见一斑。

西新关定额少于龙江关，它在户部三十余个税关中排在第16
位，处于中列。③还需指出的是，龙江、西新关均位于南京，二关定额
合计为186 900余两。像这样户关、工关同处一城的税关为数不多，
只有安徽的芜湖关、浙江杭州的南新、北新关，以及山东的临清关等。
若将工税、户税合并计算，龙江、西新关在全国户、工二部四十多个税
关中排名第7(见表2—23)，位居前列；在长江沿线各关中，则仅次于
九江和芜湖，位居第三。

———————

① 档案:嘉庆三年十二月初一日江宁织造佛保折。
② 嘉庆《大清会典事例》卷190《户部·关税》，第8789页。
③ 嘉庆《大清会典事例》卷187、188《户部·关税》，第8623—8699页。

表 2—23　嘉庆初年龙江、西新关税收定额
在全国各地税关中的排名

序号	税关名称	税收定额	序号	税关名称	税收定额
1	粤海关	899 064 两	6	北新、南新关*	218 300 两
2	九江关	539 281 两	7	龙江、西新关*	186 983 两
3	浒墅关	441 151 两	8	闽海关	186 549 两
4	芜湖户、工二关*	347 065 两	9	夔　关	183 740 两
5	淮安关	326 479 两	10	扬州关	163 791 两

资料来源:嘉庆《大清会典事例》卷 187、188《户部·关税》,卷 710《工部·关税》。

说明:＊为户关、工关同在一城的税关,其余均为户关。

综上,龙江、西新关税额在清代前期有大幅度的增长,从顺治初年的 5 万余两,到乾隆年间增至 20 余万两,最高达到 24 万余两;嘉庆初年虽有下降,大体仍保持在 18 万—19 万两。龙江、西新关不仅是长江沿线的重要税关,在全国税关中也占有重要地位。图 2—5 是清代前期龙江、西新关税额变动趋势图,请参见。其中,顺治、康熙年间为定额数,雍正、乾隆年间为实征税额。

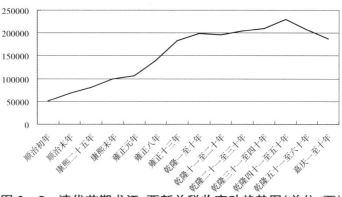

图 2—5　清代前期龙江、西新关税收变动趋势图(单位:两)

二、经由南京流通的主要商品

以上考察我们看到,清代前期龙江、西新关税收有大幅度的增长,税收额的增长乃是商品流通扩大的反映。经由龙江、西新关流通的商品种类繁多,其中以竹木、粮食、丝及丝织品等为大宗。大宗商品的转运贸易构成南京商业最重要的组成部分。下面分别加以考察。

1. 竹木

竹木是经由南京转运的最大宗的商品之一。中国的竹木资源主要分布在云贵、四川、湘赣等省,竹木排筏由长江顺流东下,经重庆、汉口、九江、芜湖等处到达南京,基本走完了长江水路的最后一段。在此分为两路:一路经镇江转运河南下,销往苏杭、江浙;一路从仪征或瓜洲转运河北上,运往山东、直隶以及京师。①无论北上还是南下,都需要在南京重新编排。

竹木是龙江关税收中最大宗的商品。档案记载:龙江关"工税全赖木植簰把为大宗"②。该关"木簰每年大约总在七、八、九、十数月之内抵关,若该年木植自地头出山早,又值大江水平风顺,于限内抵关,得以早到早售,不独本年关税可望丰富",而且"木商早卖,得本利银两,又可赶回地头贩运木簰,则下年木税自应不少";如木排抵关较晚,"便难以速卖……势不能复赶回地头又行贩运,则下年即遇水平风顺而木税亦不能多"③。即竹木过关量受到长江上下游的气候条件、年景丰歉、销行状况、商人资本周转等诸多因素的影响,而竹木过关数量的多寡则直接影响龙江关税收的盈绌。如乾隆二十一年分"因江浙等处二十年被灾较重……民力拮据,苏杭一带竹木等项买卖稀少,从前已贩到境者壅滞难销,商人转运乏本,是以该年贩运过关者愈少"④。该年龙江关征银仅76 804两,较上届少征银32 700余两,比十九年分更少至44 700余两。乾隆二十八年分则因"本年江水长(涨)发较早,各处年岁又皆丰收,是以竹木等项货税较多(于)往年"⑤。该年龙江关税银首次突破15万两,除正额之外,征收盈余银93 290余两,比上届多收税银9 600余两。乾隆四十九、五十两年也是龙江关税额较丰的年分,征银分别为167 523两和166 747两。不过,乾隆五十年夏秋,"江南河道干浅,年岁歉收,前此运到木植艰于

---

① 经君健:《清代前期民商木竹的采伐和运输》。

② 成善:乾隆五十二年三月二十日奏折,《宫中档乾隆朝奏折》第63辑,第665页。

③ 档案:乾隆六年十一月初四日江宁织造李英奏折。

④ 档案:乾隆二十二年七月二十九日尹继善、高晋奏折。

⑤ 彰宝:乾隆二十八年十二月初四日年奏折,《宫中档乾隆朝奏折》第19辑,第801页。

销售,商人乏本转运,以致本年不能回山扎簰"①,遂至五十一、五十二两年税额大幅度下降。其中,五十一年分征银137 959两,较前两届相差二万八九千两;五十二年分仅征银118 921两,与税额丰旺的四十九、五十年分相比更相差四万七八千两之巨。

"木簰过关完税,即在江宁发卖者多"②,因而在南京城西滨江的上新河一带形成巨大的竹木市场。这里"市廛辐辏,商贾萃止,竹木油麻蔽江而下",③既是竹木过关、积贮、编排之地,也是"徽商业木者聚居处"。④不仅各地木商前来购买,清廷所需皇木和江南修筑海塘所用的架木、椿木、桩木等也多在此采买。⑤清代前期的记载称,南京的木材为"数省所聚,四时常足",是江南地区最大的竹木市场⑥。后人描述其规模曰:"沿江十余华里,停靠着由上江运来的大小木排。从事木业经营者各占居一方,共有 13 个帮,大小木号、木行数十个。"⑦

在上新河经营木业的商人首推徽商,嘉庆年间的记载称,"徽多木商,贩自川广,集于江宁之上(新)河⑧。南京每年四月规模盛大的灯会,即为徽州木商所举办。甘熙《白下所言》记载:"徽州灯,皆上新河木商所为。岁四月初旬,出都天会三日,必出此灯,旗帜、伞盖、人物、花卉、鳞毛之属,剪纸为之,五光十色,备极奇巧。阖城士庶往观,车马填湮,灯火达旦。"⑨

2. 粮食

南京的粮食主要来自长江中游的湖广、江西等省。乾隆年间内

---

① 成善:乾隆五十二年三月二十日奏折,《宫中档乾隆朝奏折》第 63 辑,第 664—665 页。

② 档案:乾隆二十二年七月二十九日尹继善、高晋奏折。

③ 同治《上江两县志》卷 4《水》。

④ 采蘅子:《虫鸣漫录》卷 1,飘逸轩主人校编:《笔记小说大观》第 22 册,江苏广陵古籍刻印社 1983 年版,第 360 页。

⑤ 苏州历史博物馆等编:《明清苏州工商业碑刻集》,江苏人民出版社 1981 年版,第 113 页;林则徐:《札委查德基在宁会同采购宝山海塘桩木》,《林则徐全集》第 5 册,海峡文艺出版社 2002 年版,第 2368—2369 页。

⑥ 苏州历史博物馆等编:《明清苏州工商业碑刻集》,第 113 页。

⑦ 李星光:《上新河镇的搬工新村》,《雨花文史》第 4 集(内部发行),1990 年版,第 140 页。

⑧ 许承尧:《歙事闲谭》卷 18,转录江绍莲增补:《橙阳散志》卷末《备志》中之《风俗礼教考》,黄山书社 2001 年版,第 603—604 页。

⑨ 甘熙:《白下琐言》卷 4,民国丙寅刻本,第 19 页。

阁学士方苞有言,南京"皆湖广、江西上游米粟所汇聚"①。江宁布政使晏斯盛亦言:该城"烟户稠密,需用食米甚多,历系仰给客米接济,三五日内客贩不到,米价即昂"②。安徽的和州、庐江等地也是南京粮食来源之一,方志记载称,"四乡所产米不能果数月腹,于是贩鲁港、和州、庐江、三河运漕诸米以粜于铺户,富户复开砻房以收之"。米行、米铺、砻坊多位于聚宝门、通济门外,从各地输入的粮食在此投行发售。③据范金民估计,嘉庆年间南京城市人口已超过 100 万,每年由长江中上游输入该城的粮食约有 300 万石。④同时,南京也是川楚粮米运往江南的必经之地,每年有大量粮食经南京东下,运往江南。

龙江、西新关并不征收米粮税,但粮价的涨跌也会影响到该关税收。如乾隆二十年分,因"各处米价昂贵,(商贩)多以置货之资买米获利,龙江关并不征收米税,亦不征收船料,以致盈余短少"⑤。另一方面,贩运竹木排筏"需夫众多",如粮价昂贵,也会增加竹木的运输成本。如乾隆十七年分"川、楚、江西竹木来到者不及往年",即因"该年各处米粮价贵,各商贩以食用倍重,不能获利,是以观望不前"。⑥乾隆二十一年分是龙江关税收最低的一年,仅征银76 800余两,管理该关的江宁织造奏报其原因称:"龙江关工税全赖竹木、煤炭,上年自春徂夏各处米价昂贵,商贩以食用倍重,挽运维艰,贩运到关者计比上年不及十分之五,是以工税有亏。"⑦

3. 丝及丝织品

南京是与苏、杭并称的三大丝织中心之一。时人有"(江宁)机工为天下最"⑧、"江绸贡缎之名甲天下"之美誉。⑨清代前期,南京的民

① 方苞:《望溪先生文集·集外文》卷 1,《续修四库全书》第 1420 册,第 548 页。
② 晏斯盛:《上制府论布商易米书》,《清经世文编》卷 47,第 1143 页。
③ 同治《上江两县志》卷 7《食货》。
④ 范金民:《清代前期南京经济略论》,《南京经济史论文选》第 123 页;《明清江南商业的发展》,第 66 页。
⑤ 托庸:乾隆二十一年七月初八日奏折,《宫中档乾隆朝奏折》第 14 辑,第 829 页。
⑥ 高晋:乾隆十八年四月二十八日奏折,《宫中档乾隆朝奏折》第 5 辑,第 206 页。
⑦ 档案:乾隆二十二年四月二十八日托庸奏折。
⑧ 嘉庆《江宁府志》卷 11《物产》。
⑨ 甘熙:《白下琐言》卷 8,第 15 页。

营丝织业有大规模的发展,方志记载称:"乾嘉间(织)机以三万余计"①,"道光年间缎机以三万计,纱、绸、绒、绫不在此数"②。南京丝织业"以缎为大宗",缎机之外"织各色摹本者谓之花机";"纱机以织西纱、芝地、直纱,绸机以织宁绸";又有绒机,"孝陵卫人所织曰卫绒,其浅文深理者曰天鹅绒"③,黑绒则为"制暖帽沿边"所必须。此外,"另有剪绒者,为专门之业"④。

南京不仅是丝织生产中心,也是丝及丝织品的贸易中心。南京本地产丝不敷所需,其原料丝多来自太湖地区。府志记载:"江宁本不出丝,皆买丝于吴越。"⑤又言:"金陵织缎之丝有经纬之别,在昔经用震泽、南浔,纬用湖州、新市、塘栖,杂色之纬用苏州香山,而溧阳则绒线料也。咸丰癸丑以前上等缎皆买丝于吴越,以纯净洁白,适用而价廉也。"⑥南京城南有丝市,"丝客寓此,每晨卖丝"⑦。南京的丝织产品品种颇丰,绸有宁绸、宫绸、亮花之别,缎有锦缎、闪缎、装花、暗花、五丝之别;其纹样图案则有八宝、仙人、芝鹤、夔龙、鸾凤、麒麟、芙蓉、牡丹、云霞、楼阁等等。⑧状元境一带聚集有多家绸庄,系浙江商人开设;绫庄巷北有帽儿行,为卖帽绫者所居;剪绒,"其盛与绸缎埒,交易之所在府署之西,地名绒庄,日中为市,负担而来者踵相接"⑨。南京丝织品的销售范围,"北趋京师,东北并高句骊、辽沈,西北走晋绛、逾大河,上秦雍甘凉,西抵巴蜀,西南之滇黔,南越五岭、湖湘、豫章、两浙、七闽,沂淮泗,道汝洛"⑩,遍及全国的大部分省区。

丝及丝织品在西新关税收中占有较大比重。档案记载,西新关"入城之货惟赖白丝、绫绸、布匹、香油等项,出城之货全资纱缎、剪绒、暖帽、线纬等物"。乾隆七年两江总督德沛奏称,因上年"浙省丝

① 同治《上江两县志》卷7《食货》。
② 光绪《续纂江宁府志》卷15《拾补》。
③ 陈作霖:《金陵物产风土志》,《金陵琐志五种》,台湾成文出版社1970年版,第311页。
④ 光绪《续纂江宁府志》卷15《拾补》。
⑤ 嘉庆《江宁府志》卷11《物产》。
⑥ 光绪《续纂江宁府志》卷15《拾补》。
⑦ 康熙《江宁县志》卷3《建置志》。
⑧ 同治《上江两县志》卷7《食货》。
⑨ 甘熙:《白下琐言》卷2,第5、13页;卷8,第15页。
⑩ 同治《上江两县志》卷7《食货》。

斤收成歉薄,价值昂贵",商贩白丝入城者"少于往年",影响了南京的丝织生产,"本城所织之纱缎、剪绒,所造之暖帽、线纬遂因之而少",以致该关税收减少。①乾隆三十年管理该关税务的永泰奏报:西新关"户税全以都税等五司报收丝斤、绒缎、杂货等税为重,本年丝斤收成歉薄,客贩置货减少,以致龙江、朝阳二司进城丝税并都税司出城绒、缎税均不及上年"。②嘉庆十年"浙西三府产丝歉薄,价值昂贵,客商无力贩运",不仅影响当年的税收,而且波及到下一年。嘉庆十一年八月嵩年的奏报称,上年丝价昂贵,"江宁机户停织歇业者多;本年各机户虽因丝价稍减,渐有复业,无如新丝甫经贩到,现在起织,尚未运销",以致西新关户税仅征收54 922两③,较嘉庆九年所定税额74 376两相差达19 400余两。

4.其他商货

经由龙江、西新关流通的较大宗的商品还有煤炭、棉花、牲畜、纸张等。

煤炭也是龙江关税收中的重要商品,主要来自长江中上游各省,"煤有宝庆、乐平,而湖北之兴国州为劣;炭有江西、宁国及安庆、湖北之属"④。乾隆十八年分"因上下两江地方被灾,川楚煤炭以及大江杂货过关者既少……以致盈余较绌"⑤。乾隆四十九年分,则"因江广煤炭船只稍多",龙江关征收税银达167 523两,比上届多征盈余银14 100余两⑥;五十二年分,龙江关税收与上三届相比均有大幅度下降,除竹木排筏、煤炭过关较少之外,另一个重要原因是棉花因"产地薄收,贩运亦少,是以(税收)较之上届更为短少"⑦。乾隆五十九年分因到关簰把较少,且"煤炭船亦少到四百九十余只",以致龙江关仅征银114 378两⑧,较上届少收银26 900余两,较税收额最高之五十七年分更少至56 700余两。

───────────────

① 档案:乾隆七年七月十六日两江总督德沛奏折。
② 永泰:乾隆三十年十一月十八日奏折,《宫中档乾隆朝奏折》第26辑,第627页。
③ 档案:嘉庆十年八月二十一日姚良奏折;嘉庆十一年八月二十一日嵩年奏折。
④ 同治《上江两县志》卷7《食货》,第6页。
⑤ 高晋:乾隆十九年四月二十六日奏折,《宫中档乾隆朝奏折》第8辑,第115页。
⑥ 成善:乾隆四十九年四月二十四日奏折,《宫中档乾隆朝奏折》第60辑,第177页。
⑦ 成善:乾隆五十二年三月二十日奏折,《宫中档乾隆朝奏折》第63辑,第665页。
⑧ 档案:乾隆六十年二月六日刘朴奏折。

牲畜是西新关的重要税源之一,多来自长江以北的徐州、宿州、凤阳、泗州等地。乾隆七年分,西新关因上年"江北各州县夏秋迭被水灾,穷黎赖赈资生,无力豢养(牲畜),以致赶贩稀少",畜税因之短缺。①乾隆十九年分西新关户税较上届少收银4 340余两,原因之一即由于安徽凤阳、泗州以及江宁府属六合、江浦等县受灾,"江北乡镇居民赶贩牛猪牲畜甚稀,以致西新关盈余较绌"②。

南京印刷业较为发达,"雕印书板,海内资之"③。嘉庆年间,南京至少有书坊二十余家④,印书所用纸张多由各地输入。西新关的龙江、江东、朝阳、聚宝四司所征入城税中开列的纸张品种计有:楚纸、江西纸、安庆纸、光泽纸、大小荆川纸、杭州草纸、京榜纸、桑皮纸、乌金纸、绵纸、草纸、油纸、奏本纸、堂本纸、供单纸、古连纸、扛连纸、太史连纸、音连纸、连四纸、连七纸、表新纸、切边纸、毛边纸、大红纸、加红纸、木红纸、黄绿纸等数十种。⑤南京所制折扇"素有盛名",销售亦广。"其(扇)面用杭连纸者谓之本面,用京元纸者谓之苏面",以苏面为佳。⑥制扇所用的扇面纸多由外地输入,龙江、江东二司税则列有:"苏州白纸扇面"每百张税银6厘,此系较高档者;普通扇面纸则为每担税银8分。⑦扇铺集中在"三山街、绸缎廊一带,不下数十家",其中尤以张氏庆云馆为最著,"揩磨光熟,纸料洁厚,远方来购,其价较高"⑧。西新关都税司所征出城税中列有:纱葵扇每百把税银2分2厘8毫,纸葵扇每百把税银1分1厘4毫;上扇每10斤税银1分5厘9毫6丝,中扇每10斤税银1分1厘4毫,下扇每百斤税银6分8厘4毫。⑨

此外,"湖广、江西等处菜子、麻子、柏子"、"湖广香油"、苏杭绫绸、包头、崇明棉布,以及"茶、纸、油、麻、烟、酒各杂货"也是经由龙

---

① 档案:乾隆七年七月十六日两江总督德沛奏折。
② 高晋:乾隆二十年三月二十四日奏折,《宫中档乾隆朝奏折》第11辑,第59—60页。
③ 嘉庆《江宁府志》卷11《物产》。
④ 甘熙:《白下琐言》卷2,第5页。
⑤ 乾隆《户部则例》卷75《西新关商税则例》,蝠池书院出版有限公司2004年版,第675、671页。
⑥ 甘熙:《白下琐言》卷2,第4页。
⑦ 乾隆《户部则例》卷75《西新关商税则例》,第675页。
⑧ 甘熙:《白下琐言》卷2,第5页。
⑨ 乾隆《户部则例》卷75《西新关商税则例》,第670页。

江、西新关流通的较重要的商品。①

三、汇聚在南京的各地商人及其经营行业

大规模的商品流通吸引了大量商人云集。清代前期,汇聚南京的客商至少来自安徽、江浙、湖广、江西、闽广、山陕、山东、河南、直隶等十余省,在南京所建会馆计有三十余所(参见表2—24)。其中以江西、浙东、全闽、山西、山东以及湖州、泾县和石埭等会馆规模较大,"殿阁堂楹"美轮美奂。②

表2—24 清代外来客商在南京所建会馆一览表

会馆名称	地址	会馆名称	地址	会馆名称	地址
安徽会馆	油市街	潜山会馆	东牌楼	湖北会馆	水西门外
徽州会馆	栏杆桥	旌阳会馆	油市街	三楚会馆	赛虹桥
婺源会馆	顾楼	金东会馆	状元境	江汉会馆	上新河
歙县会馆	马府街	三河会馆	窑湾	四川会馆	——
新歙会馆	钞库街	浙东会馆	安德门	全闽会馆	水西门大街
泾县会馆	百花巷	湖州会馆	牛市	两广会馆	邀贵井
太平会馆	甘雨巷	洞庭会馆	陡门桥	普安会馆	张府园
旌德会馆	党家巷、油市大街、评事街	山西会馆	颜料坊		
庐州会馆	马道街	崇明会馆	江东门	陕西会馆	明瓦廊
金斗会馆	聚宝门外	江西会馆	评事街	山东会馆	陡门桥
庐江会馆	窑湾	临江会馆	上新河	中州会馆	糯米巷
贵池会馆	黄公祠	湖南会馆	钓鱼台	八旗会馆	九连塘
石埭会馆	武定桥				

资料来源:据范金民《明清江南商业的发展》第301—302页"南京会馆公所分布表"改制。

南京客商中以安徽商人势力最强,共建有会馆十余所,他们分别来自徽州、宁国、庐州、池州、安庆等府,主要经营木材、典当、粮食等

---

① 档案:乾隆八年十月二十四日陈大受、乾隆十六年五月十六日高晋、乾隆二十二年八月二十八日托庸等折。

② 甘熙:《白下琐言》卷2,第3页。

业,其中尤以徽、宁二府为最。嘉庆年间休宁人江绍莲《风俗礼教考》记言,"徽多木商……集于江宁之上(新)河,资本非巨万不可"。又,"典商大都休人……治典者,亦惟休称能,凡典肆无不有休人者,以业专易精也"①。宁国府旌德县商人"或托业于荆楚,或贸迁乎吴越,或散处于蜀山易水之间,而荟萃于金陵者尤为夥焉"。旌德一县在南京就建有3座会馆:"一在党家巷,一在竹竿巷,一在油市大街,皆创于清初。"②

两湖、江西商人在南京也有较强的实力。湖广、江西商人多贩运粮食和煤炭,江西商人还经营书籍、瓷器、苎麻等业。乾隆年间的记载称,南京为"江广米船聚集之区"③;"江广煤炭船只"也是龙江关的重要税源之一。在南京经营书坊业者"大半皆江右人";江西会馆是各省会馆中最为壮丽的,大门外有"花门楼一座,皆以磁砌成"④,会馆周边"苎麻、磁器之肆""什居其六"⑤。两湖商人在南京所建会馆则有湖南、湖北、三楚、江汉等4座。

江浙商人在南京也有一定数量,分别建有浙东、湖州、洞庭、崇明等会馆。以地理之便,江浙商人以贩运丝、绸、布匹等货为主。如崇明商人曾贩布至江宁易米⑥;浙江商人在状元境开设有多家绸庄⑦;姚家巷、利涉桥、桃叶渡头"多苏州人开列星货铺",出售手绢、雨伞、顾绣花巾、云肩、衣领、荷包、扇套、花边、流苏等"闺中之物","诸姬妆饰,悉资于此"⑧。湖州是生丝的主要产地,每年输入南京的生丝原料,估计有不少是由湖州商人贩运而来。此外,福建商人多贩运南货、洋货,山陕商人多贩运皮毛,河南商人主要贩运丝绸、煤炭等。⑨

大宗商品的转运贸易需要大批中介商人为买卖双方服务,故南

---

① 许承尧:《歙事闲谭》卷18,第603—604页。
② 民国《金陵旌德会馆志》卷1《原始》,第4页。
③ 晏斯盛:《上制府论布商易米书》,《清经世文编》,第1143页。
④ 甘熙:《白下琐言》卷2,第5、3页。
⑤ 陈作霖:《运渎桥道小志》,《金陵琐志五种》,第46页。
⑥ 晏斯盛:《上制府论布商易米书》,《清经世文编》,第1143页。
⑦ 甘熙:《白下琐言》卷2,第5页。
⑧ 捧花生:《画舫余谭》,虫天子编:《中国香艳全书》,团结出版社2005年版,第2154页。
⑨ 范金民:《清代前期南京经济略论》,《南京经济史论文选》,第127页。

京牙行经纪为数众多,且分工细致,各自从事某一行业的中介贸易。

南京城西的上新河是长江下游最重要的竹木市场,故竹木牙行主要集中在此,武定桥西濒临秦淮处也有不少①;斗门桥畔则有大量从事竹木业者聚居。②据后人回忆,木商贩运竹木进入南京须投木行代为销售,木行经纪承接买卖双方的委托,从中赚取佣金,"这项权力允许证件(即行帖),俗称布帖,须有最高背景才能领得,且须交纳手续费白银二百五十两"③,可以想见其经营收益当十分可观。

丝织业牙行的分工颇为细致。其中经营丝织原料的牙行有丝行、提秤丝行、经纬行、线行以及零经行、零线行等,经营丝织成品的则有缎行、帽缎行、帽绫行、纱罗行、茧绸行、纱行等。各行牙税均有定额:如丝行,每季每名税银 5 钱 4 分;提秤丝行、经纬行,每季每名税银 4 钱 2 分;缎行,每季每名税银 3 钱 6 分;线行,每季每名税银 3 钱;帽缎行、帽绫行、纱罗行、纱行、茧绸行、零经行、零线行等,每季每名均税银 2 钱 4 分。④

经营粮食业的有粮食行、米行、斛斗行,多位于聚宝门、通济门外,从各地输入的粮食在此投行发售;"或泊米船河下,不入行,行人径与量",即所谓"河斛"。⑤南京所需牲畜多从苏北、皖北和周边各县输入,经营此业者有江南、江北猪羊牛驴行。经营其他食品的牙行还有茶叶行、酒行、果子行、藕行、鱼行、鸭蛋行等。各行所纳牙税:粮食行、果子行、藕行、烟行、鱼行、鸭蛋行、酒行以及江南江北猪羊牛驴行,每季每名税银 3 钱 6 分;茶叶行,每季每名税银 2 钱 7 分;斛斗行,每季每名税银 1 钱 2 分。⑥经营日用杂货的牙行种类更多,亦各有税额;船行和小船户也都是每季交纳税银,现将其牙税定额列表如下,请参见。

---

① 范金民:《清代前期南京经济略论》,《南京经济史论文选》,第 125 页。

② 陈作霖:《运渎桥道小志》,《金陵琐志五种》,第 21 页。

③ 胡子丹:《江苏境内的木材市场》,《江苏文史资料选辑》第 18 辑,江苏古籍出版社 1986 年版,第 152 页。

④ 乾隆《户部则例》卷 75《西新关商税则例》,第 678 页。

⑤ 同治《上江两县志》卷 7《食货》;陈作霖:《金陵物产风土志》,《金陵琐志五种》,第 285 页。

⑥ 乾隆《户部则例》卷 75《西新关商税则例》,第 678 页。

表 2—25 清代前期南京部分牙行及其牙税定额一览表

行　业	每季每名税银	行　业	每季每名税银	行　业	每季每名税银
葵扇行	7 钱 2 分	纸　行	3 钱 6 分	买货行	3 钱
船板行	7 钱 2 分	漆　行	3 钱 6 分	麻　行	2 钱 4 分
荷叶行	4 钱 5 分	锅　行	3 钱 6 分	角屑行	2 钱 4 分
棉夏布行	3 钱 6 分	藤帽行	3 钱 6 分	驴皮行	2 钱 4 分
故衣行	3 钱 6 分	末香行	3 钱 6 分	皮　行	1 钱 8 分
拆幅故衣行	1 钱 2 分	花　行	3 钱 6 分	零皮行	1 钱 8 分
棉花行	3 钱 6 分	茉莉花行	2 钱 4 分	猪羊毛行	1 钱 8 分
大杂行	3 钱 6 分	钞叶行	3 钱 6 分	糠　行	1 钱 2 分
小杂行	2 钱 4 分	碴石行	3 钱 6 分	船　行	1 钱 2 分
西货行	3 钱 6 分	牛骨行	3 钱 6 分	小船户	1 钱 2 分
靛　行	3 钱 6 分	磁器行	3 钱	插筹户	1 钱 2 分

资料来源:乾隆《户部则例》卷 75《西新关商税则例》。

　　此外,还有一些经营侈品的行铺,多聚集在鸽子桥北的珠宝廊一带,“嘉道以还物力全盛,明珰翠珥炫耀市廛,治琢之工鳞次栉比”[1]。此类行铺所纳税额较高,如珠翠铺户每季税银 15 两,金行每季税银 9 两,参行每季税银 3 两 2 厘 4 毫。[2]

　　南京为“省会重地,生齿繁庶,逐末者多而农作者少”[3],城市人口和外来客商的消费使饮食服务业成为该城商业的重要组成部分。

　　南京每年从外地输入的粮食有数百万石,大量稻谷需要脱壳,粮食加工是该城的重要行业之一。据包世臣记载,嘉庆年间南京有砻坊 32 家,每家存粮达万余石。[4]此外南京周边农民“田多而近郭者,

　　①　陈作霖:《运渎桥道小志》,《金陵琐志五种》,第 41 页。
　　②　乾隆《户部则例》卷 75《西新关商税则例》,第 678 页。
　　③　晏斯盛:《上制府论布商易米书》,《清经世文编》,第 1143 页。
　　④　包世臣:《齐民四术》卷 2《答方葆岩尚书书》,《包世臣全集》,李星点校,黄山书社 1997 年版,第 234 页。

碾（米）以市于城",将加工好的稻米运入城内,汇聚到聚宝门、通济门一带。①酿酒业多在孝陵卫,"其地有酒行,清晨驮载入城,岁无虚日"②。

饮食业所需的各种食材佐料也多从外地输入。前已述及,牲畜是西新关征税的重要商品,其中牛驴等大牲畜可能主要供使役之用,猪羊等畜则供饮食消费之需。一旦江北各地被灾,小农无力豢养,入城"乡猪肉片悉皆缺少"③,不仅税收缺额,还会影响南京的肉食供应。制作南京板鸭的原料鸭也非金陵所产,"率于邵伯、高邮间取之……千百成群渡江而南"④。又如,"石首鱼自京口而来,船上有冰,在上新河开市发卖,城内小民多出城争售之"⑤。西新关税则列有:海参、鲍鱼每百斤税银5钱,鹿筋每百斤税银3钱,燕窝每十斤税1钱6分,鲨鱼翅每百斤税1钱2分,火腿、腌肉、腌野味每百斤税4分,鲜鱼、鳝鱼、海蜇、海螺、杂色海味每百斤各税2分;海带菜每百斤税银5钱,紫菜、羊肚菜每百斤税1钱,蘑菇、香覃、木耳、闽笋、金针菜等每百斤各税3分4厘;胡椒、八角每百斤税银6分,花椒每百斤税4分;香油、牛油、羊油、猪油每百斤各税4分2厘,酱油每百斤税3分,等等。⑥其中既有高档食料,也有一般百姓的常用之品。

外来客商作为庞大的消费群体,他们的食宿所需促进了南京茶馆酒店业的兴盛。有记载言:"江宁省城风气,一更二更街市灯火不断,正买卖吃食之时。"⑦酒楼茶馆不仅是饮食娱乐场所,也是商人洽谈业务之处。南京城内较著名的酒楼有泰源、德源、太和、来仪以及便意馆、新顺馆等,茶馆则以鸿福园、春和园等为最⑧,酒席"贵者大小十六献,用海菜至鲨鱼翅"⑨。为本地居民日常饮食及中小商贩服

---

① 同治《上江两县志》卷7《食货》。
② 甘熙:《白下琐言》卷4,第17页。
③ 档案:乾隆八年十月二十四日陈大受奏折。
④ 陈作霖:《金陵物产风土志》,《金陵琐志五种》,第296页。
⑤ 甘熙:《白下琐言》卷6,第10页。
⑥ 乾隆《户部则例》卷75《西新关商税则例》,第672页。
⑦ 噶尔泰雍正七年三月二十日奏折,中国第一历史档案馆编:《雍正朝汉文朱批奏折汇编》第14册,江苏古籍出版社1991年版,第867页。
⑧ 捧花生:《画舫余谭》,《中国香艳全书》,第2148页。
⑨ 陈作霖:《金陵物产风土志》,《金陵琐志五种》,第305页。

务的饭铺也有不少,如南门桥饭铺等商家即将猪肉或猪蹄、下水煮制成"罐肉"、"熟切"出售,"以供往来行旅者";又有走街串巷,挑担售卖油炸小蟹、虾饼、藕饼等下酒小菜的。板鸭、鸭胗则为南京名产,"远方人喜购之",为馈赠佳品。①

秦淮粉黛名扬天下,秦淮河畔为青楼酒肆最盛之处,"两岸河房丽姝栉比,俗称本地者曰本帮,来自姑苏者曰苏帮,来自维扬者曰扬帮。"②豪商巨贾文人墨客聚集于此,"诸名妓家广筵长席,日午至丙夜,座客常满","大约一日之间千金靡费"③。乘"画舫"游秦淮河观夜景也是游客的最佳消遣,"凡有特客,或他省之来吾郡者,必招游画舫"④以示敬意;"由南门桥迄东水关,灯火游船,衔尾蟠旋","河亭上下,照耀如昼"⑤。游秦淮者,必备酒菜茶点,故秦淮两岸多有依画舫生意而设的店铺。有记载称:"暮霭将沉,夕餐伊迩,画舫屯集栏杆外。某船某人需某菜若干,酒若干,碟若干,万声齐沸,应接不暇。但一呼酒保李司务者,嗷然而应,俄顷胥致,不爽分毫。"板桥口之利记香腊铺,"特辟水门,便于游船者停桡货买",并"预以素纸,约计船中所需刻成小帐,舟子但于晚炊时,数钱挈器具来,照帐填注,探手而得,故虽一哄临门,无烦延伫"。利涉桥之阳春斋、淮清桥之四美斋则以茶食称最,"游画舫者,争相货买"⑥。

＊　　　＊　　　＊　　　＊

南京地处长江中下游之交,是沟通长江中上游地区与苏杭江浙、长江流域与华北平原经济联系的水运枢纽。清政府在南京设有龙江、西新二关,分别隶属工部和户部。清代前期,随着长江流域商品流通的发展,该关税额大幅度增长,从清初的 5 万余两,到乾隆年间增至 20 余万两,最高达 24 万余两;嘉庆初年虽有下降,仍保持在 18万—19 万两。税收额的增长是商品流通扩大的反映。

经由龙江、西新关流通的商品种类繁多,其中以竹木、粮食、丝、

---

① 陈作霖:《金陵物产风土志》,《金陵琐志五种》,第 295、304、296 页。
② 珠泉居士:《续板桥杂记》卷上《雅游》,薛冰点校,南京出版社 2006 年版,第 53 页。
③ 珠泉居士:《续板桥杂记》卷下《轶事》,第 63 页。
④ 捧花生:《画舫余谭》,《中国香艳全书》,第 2152 页。
⑤ 珠泉居士:《续板桥杂记》卷下《轶事》,第 63 页。
⑥ 捧花生:《画舫余谭》,《中国香艳全书》,第 2148、2147、2159 页。

绸等项为大宗。大宗商品的转运贸易构成南京商业的重要组成部分,围绕这些商品的运销,客商云集,在南京建立了 30 多座会馆。物流与人流的大规模聚集,带动了相关行业的兴盛。南京本地商人多从事牙行经纪业,为商品流通服务;城市的饮食服务等业也随之得到发展。从明代至清代,南京的政治地位虽然下降,但经济地位则呈上升趋势。乾隆年间,南京已成为长江沿线一个重要的流通枢纽城市。

（本文原载《历史研究》2009 年第 2 期,系与高福美合作）

第六节　清代前期流通格局的变化

清代前期,全国商品流通的范围和规模都有大幅度的增长。同时,明代以运河为主干,以江南为中心的流通格局也发生了很大变化,长江、沿海逐渐取代运河成为全国最主要的商品流通干线,沿江、沿海一批重要的流通枢纽城市迅速崛起。流通格局的这一变化,既是全国性经济布局变化的反映和重要组成部分,也受到政府政策的很大影响。本节拟对清代前期流通格局的变化做一初步探讨。

一、明清两代运河的商品流通及其变化

明代禁海,运河是全国最重要的商品流通干线。京杭大运河北起京师,南至杭州,流经直隶、山东、江苏、浙江数省,沟通海河、黄河、淮河、长江、钱塘江等五大水系。封建王朝对运河的修浚虽然是以漕运为目的,但运河以它贯通南北,连接五大水系的优势,实际上成为南北物资交流的大动脉。明清两代——自永乐年间重修会通河,至咸丰初年黄河北徙、淤塞运河止——四百余年间,运河在全国商品流通中发挥了极为重要的作用,其流通所及至少可达直隶、河南、山东、山陕、湖广、闽粤、江西、安徽、江苏、浙江以及辽东等地,遍及明代十三布政司中的九个,清代关内十八行省中的十四个,以及关外广大地区。

运河的商品流通主要包括以下几项内容:(1)商船往来货运;(2)漕船搭载免税"土宜";(3)回空漕船揽载商货。明清两代漕船约在万艘上下,其搭载"土宜"和回空揽载的商货即使以每船半载计之,也是一个不可低估的货运量。

明代长江航运及海运尚不发达,运河是全国最主要的商品流通

干线,全国八大钞关有七个设在运河沿线,万历年间运河七关商税共计 31 万余两,天启年间为 42 万余两,约占八大钞关税收总额的 90％左右。清代运河七关全部保留下来,其商品流通量和税收额均有较大增长,到乾嘉年间税收额已增至一百四五十万两。不过,由于长江航运和海运的发展,运河诸关税额在全国关税总额中所占比例则有下降,从清初的 50％以上降至 30％左右。①

明代江南是全国的丝、棉纺织业中心,故有大量绸缎、棉布沿运河北上,销往华北、西北以及辽东等地,并在运河沿线形成不少纺织品中转市场,如张家湾、河西务、临清等。万历年间河西务有布店一百六十余家;临清有布店七十余家,绸缎店三十余家,"岁进布百万有奇",绸缎销量也相当可观。纺织业的落后形成的北方消费市场对江南丝、棉纺织品的依赖,使纺织品贸易成为明代运河商品流通最主要的内容。②

清代粮食成为运河流通中最主要的商品,运河沿线的临清、淮安、浒墅等主要税关粮食税大多超过该关税收的 50％。其中,经由临清关的粮食以冀、鲁、豫三省的丰歉调剂为主;经由淮安关的粮食以"豆货"为主,主要产自鲁西、豫东、苏北、安徽的兖州、曹州、陈州、归德、汝宁、徐州、颖州、凤阳等府,每岁经由运河南下销往江南;而浒墅关的粮食来源则以长江中上游的四川、湖广、江西所产米谷为多。笔者曾依据各关税则及档案记载的粮食税额对乾隆初年经由各关流通的商品粮进行过折算,临清、淮安、浒墅三关合计每年的粮食流通量约为一千八百万至二千五百万石。当然这其中会有一部分系重复流通,若以重复流通占总额 20％—30％的比例扣算,则运河的商品粮流通量约计为一千二三百万石至二千万石,相当于漕粮运输量的 3—5 倍,天津、扬州、北新等关的流通量尚未计入。③

粮食之外,清代经由运河南下的商品以棉花、枣、梨、烟叶、油、麻等货为多。棉花,是明代即有的大宗南下商品,不过清代江南棉花的来源已由明代山东、直隶为主改由河南、湖广输入为多。枣、梨清代的南销量更多于明代,如东昌府治聊城是山东熏枣的重要加工集散中

---

① 参见许檀:《明清时期运河的商品流通》。
② 参见许檀:《明清时期运河的商品流通》。
③ 参见许檀:《明清时期运河的商品流通》。

心,其产品"每包百斤,堆河岸如岭,粮船回空售以实仓"。乾隆十九、二十年分淮安关征收的梨枣税银,折合梨、枣大约可达70万—100万石;而这一数字还不是该年过关梨、枣的全部,因为回空漕船携带梨、枣在60石以内的部分是属于免税的。烟草,北方原无。清初山东济宁、滋阳一带相继种植,到嘉道年间济宁"环城四五里皆种烟草","每年买卖至白金二百万两",其中有不少成为南下货物的组成部分。①

经由运河北上的商品则以江浙、闽赣所产绸缎、布匹、纸张、茶叶等项为大宗。档案记载称"临清关居汶、卫两河之中,全赖江广纸张、茶叶、磁器,江浙绸缎等货贩运北上,直隶、山东杂豆赴南售卖,商始流通,始克征税敷额"。又,"淮安关税向借北路河南、山东暨江南之凤阳、徐州等处出产豆麦、棉、铁、枣、梨、油、麻等货贩运往南,南路江苏闽浙等处所产绸缎、布、纸、糖、茶、竹木等物运行往北,以供税课"②。茶叶,来自安徽、福建等地,以山西商人经营的边茶转运贸易为最大宗。茶船溯运河北上至临清,"或更舟而北,或舍舟而陆,总以输运西边"。磁器,主要来自江西景德镇,运销华北、京师。纸张,来自江西、福建等地,品种繁多,其销行范围大致可及直隶、河南、山东的大部分地区。③

淮安关位于京杭运河的中段,又居南北两大经济区交界之处,其商品结构应该最能反映运河南北物资交流的概貌。据乾隆初年的档案统计,淮安关税收总额中从南方北上的绸缎、杂货等占20%左右,南下货物中粮食(以大豆为主)占60%,棉花、枣、梨、烟草、饼油等约占10%,与粮食合计,北方商品的南下量已大大超过北上南货,在运河流通中居主要地位。这是清代运河流通的又一个显著变化,它无疑是以北方经济的发展为基础的。

通观明清两代运河的商品流通,大体有如下几个特点与变化。

(1)明代运河流通在全国商品流通中占有极为重要的地位。清代,运河的商品流通量较之明代有很大增长;不过由于海运和长江航运的发展,清代运河流通在全国商品流通中的地位明显下降。

---

① 参见许檀:《明清时期运河的商品流通》。

② 《钞档》:署山东巡抚琦善道光四年二月二十七日折;档案:淮安关监督普福乾隆十五年四月二十八日折。

③ 参见许檀:《明清时期的临清商业》。

（2）运河的商品流通以民生日用品为主。其中，明代以纺织品为最大宗，清代则以商品粮的流通为最，其商品流通量远超过漕粮运输量。

（3）明代，运河的商品流通是以北方消费市场对江南经济的依赖为背景的，清代，运河的流通则是以华北区域经济的发展和相对独立为背景；另一方面，清代运河流通已日益与长江、沿海的流通相联系，一个新的流通格局正在形成。下面，我们就来考察长江和沿海的商品流通。

二、长江沿线的商品流通

明代长江沿线的商品流通主要集中在中下游地区，清代随着两湖、四川等省开发的不断深化，整个长江沿线各省之间的经济往来日益频繁，流通规模也大大增长。长江通过其支流又联结了金沙江、汉水、湘江、赣江等各大水系，流通所及可达云贵、四川、陕西、湘鄂赣皖、闽粤、江浙等十余个省区，成为全国最重要的商品流通渠道和贯通东西的经济大动脉。随着流通的发展，长江沿线形成了一批重要的流通枢纽城市，如重庆、汉口、九江、芜湖、南京等。

长江中游三省中江西开发最早，鄱阳湖区在宋代已有粮食输出。洪武二十六年江西人口达 898 万，人均耕地仅 4.8 亩；而湖广两省人口仅 470 万，人均耕地 46.8 亩，近十倍于江西①，故从元代起江西已开始向湖广移民。两湖地区的开发正是随着江西移民的大量涌入而开始的，明代中叶形成第一次开发高潮，清代前期为第二次高潮。其中，明代的开发重心在湖北江汉平原，清代的开发重点则在洞庭平原。②雍正年间湖南巡抚王国栋奏报说："洞庭一湖春夏水发则洪波无际，秋冬水涸则万顷平原，滨湖居民遂筑堤堵水而耕之……惟恃堤垸以为固。"此类垸田"大者周围百余里，小者周围二三里"③。乾隆年间湘潭、巴陵、益阳等九州县因修筑堤圩而涸出的湖地共计达 16 万

---

① 梁方仲：《中国历代户口田地田赋统计》，乙表 32。

② 参见张国雄：《明清时期的两湖移民》，陕西人民教育出版社 1995 年版，第 157—176 页。

③ 台北故宫博物院编：《宫中档雍正朝奏折》第 52 辑，湖南巡抚王国栋折。

亩之多。^①康熙二十四年湖南耕地为 1 389 万亩，雍正二年增至 3 125
万亩，乾隆十八年再增至 3 200 余万亩，增长了 1.3 倍。^②湖南是清代
华中三省耕地增长幅度最大的省份。

据郭松义先生研究，江西、湖广三省稻谷单产多在 2—3 石，两季
亩产平均可达 4 石，而洞庭湖区甚至高达 4—6 石。^③清代湖南耕地面
积与亩产的大幅度提高使之成为华中地区的谷仓，也是全国最重要的
稻谷输出区。谚云："湖广熟，天下足。"所谓湖广，主要即指湖南长沙、
岳州、澄州、常德、衡州、宝庆诸府以及湖北的汉阳、黄州府一带。

长江上游四川盆地的开发也有十分重要的意义。明代四川经济
已有一定的发展，万历年间耕地面积为 1 348 万亩。明末的战乱对
四川经济破坏极大，清初几乎完全荒芜。康熙年间四川全省耕地仅
170 余万亩，田赋岁入仅三万余两。^④为恢复经济，清政府制定了一系
列优惠政策，经过数十年的移民垦荒，土地渐辟，经济复苏。雍正年
间四川耕地面积增至 2 100 余万亩，乾嘉时再增至 4 600 万亩；田赋岁
入雍正年间增至 22 万余两，乾隆时为 66 万两，道光年间则超过 100
万两。^⑤随着经济的恢复与发展，商品流通也日渐活跃。

清代随着长江中上游诸省开发的不断深化，整个长江沿线各省
之间的经济往来日益频繁，流通规模也大大增加。经由长江流通的
商品，自中上游东下者主要是粮食、木材、药材、染料等；而自东往西
溯江而上者则以绸缎布匹、食盐、茶叶、纸张、磁器等物品为大宗。以
下择要述之。

粮食，是长江中上游输往江南的最大宗的商品。长江沿线的江
西、湖广、四川等省均为粮食输出区，九江、汉口、重庆等则是重要的
米粮转运市场。

江西粮食在明代即有输出，清代前期数量更大。雍正年间江西巡
抚谢旻有言："惟江西、湖广产米尤多，向来邻省每于江楚贩买。"^⑥九江

① 李华：《清代湖南稻米生产的商品化及其原因》，《中国历史博物馆馆刊》第 13—14 期。
② 梁方仲：《中国历代户口田地田赋统计》，乙表 61。
③ 郭松义：《清代前期南方稻作区的粮食生产》，《中国经济史研究》1994 年第 1 期。
④ 梁方仲：《中国历代户口田地田赋统计》，乙表 23、16。
⑤ 梁方仲：《中国历代户口田地田赋统计》，乙表 61、66、79。
⑥ 谢旻九年正月二十四日折，《宫中档雍正朝奏折》第 71 辑。

为江西北部的米谷转运市场,档案记载称:"江广为产米之区,江浙等省采买补仓,江西之九江关乃必由之路。"如乾隆三年江广岁熟,而江浙等省歉收,商人"贩米一石可获利三四钱",故"舟楫云集,络绎相继",自乾隆三年八月至四年四月8个月零10天,经过九江关的船只即有53 032只,征收税银达312 900余两。①九江以下,长江沿线主要的粮食市场还有安庆、芜湖、南京、苏州等。曾任江宁布政使的晏斯盛即言:"查江广米船开江东下,其口岸有三,枞阳(今安庆)、芜湖、苏州是也。"②

湖广米谷,清初已有大规模的输出。康熙年间赵申乔的奏报称:湖南"所产之米运下江浙者居多","江浙买米商贩多在汉口购买"。③雍正八年云南总督鄂尔泰奏称:"湖广全省向为东南诸省所仰赖,谚所谓'湖广熟,天下足'者,诚以米既充裕,水又通流之故";雍正十年湖广总督迈柱奏报:"查汉口地方自去年十一月至本年二月初旬,外贩米船已有四百余号,而盐商巨艘装运者尤不可以数计。"④汉口是长江中游最大的粮食贸易中心,湖南长沙、宝庆、岳州、衡州、常德等府所产之米均先聚于洞庭,经岳州出长江而达汉口。

川米的输出最迟始于康雍之际。雍正二年十一月四川巡抚王景灏奏称:"臣复捧谕旨,随即檄行沿江之府州县,遇有外省商贩到川买米及本地民人有贩米赴楚者,均令公平籴粜,任其运载出境……自秋收之后,每日过关大小米船或十余只至二十只不等,约可载米一二千石,源源下楚。"⑤雍正五年浙江巡抚李卫亦称:"浙省向日多借江楚之米,彼地原有从川省贩来者,今既自往购买,则江楚客商所贩川米亦

---

① 档案:江西巡抚包括乾隆六年三月八日折;江西巡抚陈弘谋乾隆七年六月十八日折。

② 贺长龄、魏源等编:《清经世文编》卷47《漕运中》,中华书局影印本1992年版,第1143页。

③ 赵申乔:《赵恭毅公自治官书类集》卷6《奏疏·折奏湖南运米买卖人姓名数目稿》,《续修四库全书》第880册,上海古籍出版社2013年版,第733页。

④ 鄂尔泰雍正八年四月二十日折,《宫中档雍正朝奏折》第16辑;迈柱雍正十年二月二十四日折,《宫中档雍正朝奏折》第19辑。

⑤ 四川巡抚王景灏雍正二年十一月初二日折,中国第一历史档案馆编:《雍正朝汉文朱批奏折汇编》第3册,江苏古籍出版社1986年版,第917页。

可留于江楚济用。"①甚至雍正皇帝亦言:"朕知江浙粮米历来仰给于湖广,湖广又仰给于四川。"②四川粮食输往江楚诸省都须经由长江东下,故重庆之粮食市成为"川省总汇","各处商贩云集"。如"夔州、保宁二府以及其余府属有产米地方,俱……装至重庆就卖"③。

明代以前江南苏松杭嘉湖五府是全国最大的谷仓,明中叶以后随着经济作物的大面积种植,江南渐成为缺粮区。江西、湖广米谷从明代中后期开始输出,清代由长江东下的数量更大幅度增长。据全汉昇先生估计,雍正年间自湖广运往江南的稻米每年约有1 000万石;吴承明先生估计,清代前期江南每年从长江中上游诸省输入的稻米合计为1 500万石。④这些粮食除供应江南地区外,也有一部分转运福建。蔡世远《与浙江黄抚军请开米禁书》即言,"福建之米原不足以供福建之食,虽丰年多取资于江浙;亦犹江浙之米原不足以供江浙之食,虽丰年必仰给于湖广。数十年来,大都湖广之米辏集于苏郡之枫桥,而枫桥之米间由上海、乍浦以往福建。故岁虽频祲,而米价不腾"⑤。清代前期长江中上游地区的大规模开发及其作为粮食输出区的确立,不仅提高了其自身的经济地位,对江南乃至全国经济的发展都具有重要意义。

竹木是长江中上游地区输出的又一大宗商品。木材、竹料是建造房屋、制造交通工具、生产工具和生活用品的重要原料。我国木竹资源分布极不平衡,东部沿海、华北平原是木竹的主要需求区,西南、中南地区的云贵、四川、湘赣山区是木材最主要的产地和输出地。汉口是长江中游最大的木材集散市场,云贵以及湖南永州、衡州、宝庆等府所产木材分别由湘江、资江、沅江、澧江四水入洞庭湖抵汉口,四川所产木材也顺长江而抵达汉口;商人在此购木编筏,然后顺长江东下,转销江南、山东、直隶。⑥江西所产则多由赣江经鄱阳湖入长江,运销江

---

① 《宫中档雍正朝奏折》第8辑,浙江巡抚李卫雍正五年五月十一日折。
② 四川巡抚王景灏雍正二年八月二十日折之朱批,鄂尔泰等编:《雍正朱批谕旨》第2册,国家图书馆出版社2008年版,第442页。
③ 管承泽雍正六年二月初六日折,《宫中档雍正朝奏折》第9辑。
④ 全汉昇:《中国经济史论丛》第2册,第573页;许涤新、吴承明主编:《中国资本主义的萌芽》,第247—275页。
⑤ 贺长龄、魏源等编:《清经世文编》卷44《荒政四》,第1065页。
⑥ 经君健:《清代前期民商木竹的采伐和运输》。

淮。据档案记载:"九江关例不征收货税,惟盐茶竹木商贩船料按则征收,而以木簰木把为大宗。"其木材来源除由川楚下运者之外,也有产自"本省之吉(安)、赣(州)等府"的,"商人扎簰贩赴下江发卖"。①

药材也是长江中上游地区输出的大宗商品之一。四川所产药材品种很多,如綦江县药材以枳壳、木瓜为大宗,"小贩收买,商人捆包,船载渝行,或径至楚"②。灌县之青城山产川芎、泽泻,该县太平、中兴二场即以药材为商品之大宗,这两个场的药材先汇集到石羊场,顺石羊水下运至元通场,商人在此把从各场收购来的药材汇集成庄,然后大批运出川省。③乾隆年间重庆有药材行帖 8 张,嘉庆时至少有药材行 10 家,主要由江西人经营。④汉口也是重要的药材集散市场,其药材既有南药,亦有北药。如玉竹、五加皮出江西兴国,人参来自关东,本省所产则有天南星、半夏、苍术、桔梗等。在汉口经营药材的商人顺治年间即已建立了"药材帮公所",是该镇已知最早的商人同业组织;河南、江西药商还另建有专门的会馆。⑤在汉口集散的药材多转输各地,如福建药材行销售的大黄即系产自陕西,经汉口、樟树等处转运而至。⑥

蓝靛、红花等染料也是四川输出的主要商品之一。川省的綦江、江津、合江、长宁等县都是重要的蓝靛产地,所产先汇集于重庆,然后沿江东下销往湖广等处。如商人余魁顺"在渝开设魁顺栈,代客装靛生理",道光十一年十月代"黄邦靛客"田复顺、刘德二人雇邓应洪船只装载大靛 164 包运往汉口。⑦简州、遂宁、内江等州县盛产红花,王培荀《听雨楼随笔》记言:"蜀地红花贩入四方者较他省为佳,内江县产尤多。"红花既是药材,又可作染料,江浙商人多千里迢迢赴川省购

---

① 《钞档》:九江关监督义泰咸丰三年五月十三日折等。
② 道光《綦江县志》卷 10《物产》。
③ 高王凌:《乾嘉时期四川的场市、场市网及其功能》,《清史研究集》第 3 集,四川人民出版社 1984 年版。
④ 参见许檀:《乾隆—道光年间的重庆商业》,《清史研究》1998 年第 3 期。
⑤ 章学诚:《湖北通志检存稿·食货考》,郭康松点校本,湖北教育出版社 2002 年版,第 35 页;民国《夏口县志》卷 5。
⑥ 《清高宗实录》卷 1382,乾隆五十六年七月,《清实录》第 26 册,第 538 页。
⑦ 四川大学历史系等编:《清代乾嘉道巴县档案选编》上册,四川大学出版社 1989 年版,第 356 页。

之染丝绸,乾隆年间陆炳有诗"红花行"专门记之。①

绸缎布匹,是江南输往长江中上游地区的主要商品。汉口市场上的绸缎主要来自江南的苏杭、南京、湖州,也有一部分来自河南、广东乃至外洋。其品种如绸有宁绸、宫绸、沈绸、纺绸、徐绫、庄绫、汴绫、湖绉、绵绉、大绢等;缎有贡缎、广缎、洋缎、羽毛缎,又有大呢、哔叽、纱羽绉等;丝织品则有朝衣蟒袍、霞帔、摆带、荷包、帕头、锦绣屏幛、围席椅垫等等。棉布种类亦有不少,如毛蓝、京青、洋青、墨青等,多来自苏州、松江;夏布主要来自江西、湖南等地。②清代前期"川民不谙纺织",所产棉花往往"贱售至江楚",而由江楚返销布匹。③汇集于汉口的绸缎布匹除销往湖广各府之外,也有一部分继续溯江而上进入四川,或由汉口转运云贵、陕甘。

食盐,也是长江中游诸省输入的大宗商品。江西湖广例食淮盐,"自扬州、仪征捆载运至江广行销"④。乾隆年间九江关"每年过关盐船总在一千一二百只不等",征收盐船及盐包税银达十数万两。⑤江西本省所销引额经由湖口入鄱阳湖在大姑塘纳税转销各府,湖广所销则溯长江经九江而抵汉口,然后分销湖广各府。乾隆年间行销湖广的淮盐"每年正额七十八万余道"⑥,以每引 364 斤计,汉口每年的淮盐吞吐量达 2.8 亿斤。故湖北巡抚晏斯盛将盐业列为汉口六大行业之首。⑦

长江中上游地区输入的较大宗的商品还有磁器、纸张、茶叶及各种杂货。磁器主要来自江西,溯江而上至汉口、重庆。纸张是汉口输入的重要商品之一,品种甚多,如"绢笺、松笺来自杭州、松江","竹连纸、切边纸、表青纸来自湖南","油纸、银皮纸来自谷城、白河,金榜纸、卷连纸、改连纸来自(江西)兴国"。茶叶有"六安、武夷、松罗、珠

---

① 王培荀:《听雨楼随笔》卷 6《内江红花》;卷 5《简阳红花》,魏尧西点校本,巴蜀书社 1987 年版,第 344、326 页。

② 章学诚:《湖北通志检存稿·食货考》,第 35—36 页。

③ 《清高宗实录》卷 747,乾隆三十年十月,《清实录》第 18 册,第 226 页。

④ 《钞档》:九江关监督义泰咸丰三年五月十三日折。

⑤ 档案:江西巡抚阿思哈乾隆五十二年十月二十日折等。

⑥ 《清高宗实录》卷 1305,乾隆五十三年五月,《清实录》第 25 册,第 568 页。

⑦ 贺长龄、魏源等编:《清经世文编》卷 40《仓储下》,第 991 页。

兰、云雾、毛尖,远来自福建、徽州、六安州,近出于通山、崇阳"。杂货如糖、酒、烟草、香烛、海味等,种类繁多。汉口市场上糖有"冰糖、洋糖、结白糖,来自广东、福建";烟草之品有"白丝、金秋、切丝、白片、杂拌、油丝、头黄、二黄,多福建及江南泾县人制造";也有来自湖南的衡烟,来自山东的济宁烟等等。酒类品种如木瓜、惠泉、若露、百花、桔酒来自江南,绍兴酒来自浙江,汾酒来自山西。①这些商品大多经由汉口转销四川、云贵、山陕等省,而武夷茶更远销至西北边疆和俄国。

三、清代前期沿海贸易的发展

明代长时期禁海,南北物资交流主要依靠京杭运河。清王朝统一台湾后,于康熙二十三年开放海禁,沿海贸易得到迅速发展,并逐渐取代运河成为南北贸易最重要的干线。

清代前期沿海贸易主要分为南北两条航线:由上海"出吴淞口迤南,由浙及闽粤,皆为南洋;迤北,由通(州)、海(门)、山东、直隶及关东",则为北洋航线。②往来于南洋航线的海船主要是闽广鸟船、艚船及洋船。福建鸟船"大者能装三千石,小者能装一千六百石,须于五六月间始到(上海),到时约有四五十号"③。广东海船多称艚船或洋船,主要来自潮州府的潮阳、揭阳、澄海等县。同治年间上海《潮惠会馆碑记》言:"吾郡距沪四千里,其航海而懋迁于是者我潮阳及海阳、澄海、饶平、揭阳、普宁、丰顺、惠来凡八邑,溯始来至今日百有余年矣。"④

北洋航线以近海为主,自太仓刘河口开航,转海门廖角咀放洋,北航至山东成山角西折,过刘公岛至天津、辽东,航程四千余里。谢占壬《古今海运异宜》记述明清两代沿海贸易的变化说:明代"天津、奉天通商未广,江南海船多至胶州贸易,不须经过登州……自从康熙年间大开海道,始有商贾经过登州海面,直趋天津、奉天,万商辐辏之盛亘古未有"。北洋航线多沙滩和暗沙岭,故所行船只以沙船为宜。齐彦槐《海运南漕议》有言,"北洋多碛,水浅礁硬,非沙船不行";谢占

---

① 章学诚:《湖北通志检存稿·食货考》,第36、35页。
② 贺长龄、魏源等编:《清经世文编》卷48《漕运下》,第1160页。
③ 齐学裘:《见闻续笔》卷2《海运南漕议·乙酉二月奉委赴上海查办海运事宜通禀各宪稿》,《续修四库全书》第1181册,第406页。
④ 上海博物馆图书资料室编:《上海碑刻资料选辑》,第352页。

壬也说"江南海船名曰沙船,以其船底平阔,沙面可行可泊,稍搁无碍"。[1]沙船之外,闽粤海船也有不少北上天津、辽东者,则不走近海航线而走黑水大洋。

清初定制:南洋海船收泊上海大关,北洋沙船收泊太仓刘河口,不准相互逾越。乾隆以前北洋沙船限定在刘河口收泊,到苏州的商船也需由刘河进口转河运抵苏。其时,刘河每年进口沙船约有二千艘,据说该镇"海舟停泊,稠密如城","自海关至外口十有余里,商船相接"。乾隆以降,刘河口日渐淤塞,昔日千余号沙船纷纷转泊上海。[2]

关于沙船的贸易量,已有不少学者做过专门研究。《中国资本主义的萌芽》一书估计,嘉道年间沙船业最盛之时,仅千石以上的沙船即有三千只,按平均载重 185 吨计,总吨位为 55 万吨;也有学者以沙船 3 500 只,平均载重 100 吨计,估计总吨位为 35 万吨左右。[3]沙船一般"每岁往返三四次",也有"一年之中往回四五次者"。[4]这里我们以沙船 3 000 只,平均载重 100 吨,每年往返三次,北行一半放空计之,则沙船每年的载货量约为 135 万吨。南洋航线每年往返在闽广与上海之间的海船据张忠民估计约有 70 只,其载重量大于沙船,以平均载重 200 吨计,总吨位为 14 万吨。[5]每年往返两次,回程亦以一半空载计之,其每年载货量为 42 万吨。这样清代中叶沿海贸易的南北海船合计在 4 000 艘左右,总吨位约为 50 万—70 万吨;作为南北洋贸易枢纽的上海港,其货物年吞吐量约计为 170 余万吨。

雍正年间,已有大量闽广海船北上天津。据档案记载,雍正七年六七两月相继有 20 余只闽广商船"陆续抵关";雍正九年自六月至九月,先后共有福建商船 53 只抵津。乾隆年间来津贸易的闽船数量进一步增加,如乾隆五年到关闽船共有 70 余只,六年计有 90 余只,八年分自闰四月二十八日至七月十七日止共计到津闽船 105 只。[6]又

---

① 贺长龄、魏源等编:《清经世文编》卷 48《漕运下》,第 1155、1160 页。

② 《刘河镇记略》卷 5,《中国地方志集成·乡镇志专辑》第 9 册,江苏古籍出版社 1992 年版,第 371 页。

③ 许涤新、吴承明主编:《中国资本主义的萌芽》,第 656 页。

④ 钱泳:《履园丛话》卷 4《水学》,中国书店影印本 1991 年版,第 26 页。

⑤ 张忠民:《上海:从开发走向开放》,云南人民出版社 1990 年版,第 303 页。

⑥ 许檀:《清代前期的沿海贸易与天津城市的崛起》,《城市史研究》第 13—14 辑。

据方志记载,福建漳、泉二府"服贾者以贩海为利薮,视巨浸如衽席,北至宁波、上海、天津、锦州,南至粤东,对渡台湾,一岁往来数次"①。广东潮州府之富商巨贾多"候二三月好南风,租舶艚船,装所货糖包,由海道上苏州、天津;至秋东北风起,贩棉花、色布回邑,下通雷、琼等府;一往一来,获利几倍"②。

康熙中叶海禁开放之后,山东沿海贸易也迅速发展,贸易范围很快扩大到闽台广东,山东与东北的贸易也有很大发展。如武定府蒲台县"海舶自闽广来";海丰县大沽河口"每年闽广船至者数十号,上海及牛庄船终岁不绝";莱州府昌邑县下营海口"通关东,米船岁入关东豆及高粱无数"。清代山东南北贸易的船只多为沙船,其载运量可达千余石,已绝非明代"轻舟沿岸赍粮百石"那种规模了。山东半岛的胶州、黄县、烟台等也相继发展成为重要的港口城镇。③

清代随着东北开发的不断深化,东北与南方诸省的贸易也得到长足的发展。从东北输往南方各省的主要是大豆、杂粮。东北的粮食输出大约始于康熙中叶,此时已见有"运盛京粮米于山海关内者,又泛海贩粜于山东者多有之"。④乾隆初年清政府对东北的粮食输出还有较多限制,直至乾隆后期才彻底开禁。嘉道年间的记载称,"数十年前江浙海船赴奉天贸易岁止两次,近则一年行运四回,凡北方所产粮、豆、枣、梨运来江浙,每年不下一千万石"⑤。清代中叶,东北已成为江浙地区最重要的杂粮和手工业原料的供应地。东北由南方输入的则主要是棉布、绸缎、糖、茶、纸张等手工业品。

清代随着台湾的开发,台湾与大陆的贸易也迅速发展起来。台湾向大陆输出的商品以稻米、蔗糖为最大宗。康熙《台湾府志》记载,"三十二年冬大有年,商人贩粜内地,四郡居民资焉"⑥。乾隆初年台湾每年输闽稻米"不下八九十万(石)"⑦。此后,台米的输出范围进一

---

① 道光《厦门志》卷 15《风俗记》。
② 嘉庆《澄海县志》卷 6《风俗》。
③ 许檀:《清代前中期的沿海贸易与山东半岛经济的发展》。
④ 《清圣祖实录》卷 128,康熙二十五年十二月,《清实录》第 5 册,第 372 页。
⑤ 贺长龄、魏源等编:《清经世文编》卷 48《漕运下》,第 1155 页。
⑥ 康熙《台湾府志》卷 9《外志》。
⑦ 台北"中研院"历史语言研究所编:《明清史料》戊编下册,中华书局影印本 1987 年版,第 1727 页。

步扩大到浙江、天津。蔗糖是台湾输出的另一重要商品。台湾甘蔗种植甚广,且"所煎之糖较闽粤诸郡为尤佳",故"全台仰望资生,四方奔趋图息,莫此为甚。糖斤未出,客人先行定买;糖一入手,即便装载"贩运。①台湾糖产主要销往上海、宁波、天津、牛庄等地。王韬《瀛壖杂志》记言:"闽粤大商多在沪之东关外,粤则从汕头,闽则从台湾运糖至沪,所售动以数百万金。"②

台湾从大陆输入的商品主要是布匹、绸缎和其他手工业品。《淡水厅志》记载:"商人择地所宜雇船装贩,近则福州、漳泉、厦门,远则宁波、上海、乍浦、天津以及广东。凡港路可通,争相贸易。所售之值或易他货而还。"③又据《赤嵌笔谈》记载,闽台商人赴江南"或载糖、靛、鱼翅至上海,小艇拨运姑苏行市;船回则载布匹、纱缎、枲绵、凉暖帽子、牛油、金腿、包酒、惠泉酒。至浙江则载绫罗、绵绸、绉纱、湖帕、绒线,宁波则载棉花、草席。至山东贩卖粗细碗碟、杉枋、糖、纸、胡椒、苏木,回则载白蜡、紫草、药材、茧绸、麦豆、盐肉、红枣、核桃、柿饼"。赴东北多"贩卖乌茶、黄茶、绸缎、布匹、碗、纸、糖、曲、胡椒、苏木,回日则载药材、瓜子、松子、榛子、海参、银鱼、蛏干"④。此段记载大体概括了清代前期台湾与大陆沿海贸易商品往来的概貌。

日本学者松浦章教授多年来收集整理了大量遭风漂落到日本、朝鲜的中国商船的珍贵史料,并据此对清代沿海贸易进行了精详的研究。⑤依据他的研究,我们将乾隆—道光年间部分漂失商船资料制成表2—26、表2—27,从中可更具体地了解南北贸易的范围、主要贸易港口及往来商品的内容等等。需要指出的是,漂失船只仅是当时沿海贸易商船中很少一部分。即便如此,我们仍可从中窥见当时沿海贸易的概况。

---

① 黄叔璥:《台海使槎录》卷3《物产》,卷1《赋饷·杂运》,《故宫珍本丛刊》第272册。
② 王韬:《瀛壖杂志》卷1,沈云龙编:《近代中国史料丛刊一辑》第501册,第33页。
③ 同治《淡水厅志》卷11《风俗考》。
④ 黄叔璥:《台海使槎录》卷2《商贩》,《故宫珍本丛刊》第272册,第160页。
⑤ [日]松浦章:《清代における沿岸貿易について》,[日]小野和子主编《明清時代の政治と社会》;[日]松浦章:《李朝漂着中国帆船に聞情別単》(上、下),《関西大学東西文化研究所紀要》第17、18辑。

表 2—26　乾隆—道光年间江南沿海贸易商船示例

	年　代	始发地	目的地	载运商货
进口南方商船	乾隆十四年	厦门	上海	糖货
	乾隆三十年	漳州	江南	货物
	乾隆四十二年	漳州	江南	杂糖
	乾隆五十年	漳州	上海	红糖
	嘉庆十八年	台湾	上海	红糖
	道光元年	广东澄海	上海	黄糖、苏木等
	道光四年	广东东陇	上海	不详
进口北方商船	乾隆十四年	胶州	江南	豆、猪、豆油、紫草
	乾隆十四年	胶州	苏州	豆、盐猪、紫草
	乾隆十四年	西锦州	江南	黄豆、瓜子
	乾隆十四年	南锦州	江南	豆
	乾隆十四年	山东	江南	白豆、毛猪
	乾隆十四年	胶州	江南镇洋	豆一船,紫草梗 36 包,豆油 22 篓
	乾隆十四年	锦州	江南	瓜子、黄豆
	乾隆三十四年	胶州	江南镇洋	腌猪等货
	嘉庆二十一年	辽东	上海	黄豆、豆油、豆饼
出口商船	乾隆十四年	江南	天津	生姜
	乾隆十四年	江南	南锦州	青鱼
	乾隆十四年	上海①	锦州	茶叶
	乾隆三十年	江南②	西锦州	茶叶
	乾隆三十四年	江南镇洋	胶州	南货
	乾隆四十二年	江南③	天津	茶叶
	嘉庆六年	吴淞口	江苏青口	纸、木
	嘉庆六年	江南	关东貔子窝	不详
	嘉庆十八年	上海④	西锦州	黄茶
	道光元年	上海	广东澄海	棉花、豆饼、布匹
	道光十年	上海	广东潮州	棉花、米、豆

资料来源:据松浦章《清代における沿岸贸易について》表4、表6整理。
说明:①该船系由厦门载糖至上海,再由上海载茶叶北上。②该船系由漳

州载货至江南,再由江南载茶叶北上。③该船系由漳州载糖至江南,再由江南载茶叶北上。④该船系由台湾载糖至上海,再由上海载茶叶北上。

表 2—27　乾隆—道光年间天津沿海贸易商船示例

	年　代	始发地	目的地	载运商货
天津进口商船	乾隆五年	福　建	天　津	糖
	乾隆十四年	福建漳州	天　津	糖
	乾隆二十五年	福建泉州	天　津	杂货
	嘉庆二年	福建福州	天　津	纸箱
	嘉庆六年	福建同安	天　津	杂货
	嘉庆十八年	福建漳州	天　津	沙糖、胡椒、苏木
	嘉庆十八年	台　湾	天　津	乌糖、白糖
	道光元年	台　湾	天　津	大　米
	道光四年	台　湾	天　津	米　粮
	道光十年	台　湾	天　津	糖
	乾隆二十五年	广　东	天　津	货
	乾隆五十年	广东澄海	天　津	槟　榔
	嘉庆六年	广　东	天　津	红糖、白糖
	嘉庆六年	广东东陇	天　津	红糖、白糖
	道光四年	广东澄海	天　津	糖　货
	道光十年	广东澄海	天　津	糖　货
	道光十年	广东凌水	天　津	黄糖、白糖
	道光十六年	广东饶平	天　津	糖
	乾隆十四年	江　南	天　津	生姜
	乾隆四十一年	江　南	天　津	茶叶

（续）

年　代	始发地	目的地	载运商货
乾隆四年	天　津	苏　州	红黑枣 1500 担
乾隆二十五年	天　津	广　东	红枣
嘉庆六年	天　津	广东澄海	高粱、乌枣、豆货
嘉庆十八年	天　津	福建同安	红枣、乌枣、核桃、梨
嘉庆十八年	天　津	福　建	红黑枣、葡萄干、白米、白酒、小鱼干
道光四年	天　津	福　建	红枣
道光四年	天　津	福建同安	乌枣、豆饼
道光十六年	天　津	福建漳州	酒、豆、枣

（表格左侧竖排标注：天津出口商船）

资料来源:同表 2—26。

四、独口通商政策及其影响

清代自康熙二十三年开放海禁,二十四年清政府在东南沿海设立江、浙、闽、粤四海关。从雍正至乾隆初,这四个海关都准许外国商船前往贸易,其中以粤海关所在之广州最为集中。稍后,西洋商船不满于粤海关官吏的种种需索,纷纷前往距生丝、茶叶、棉布等大宗商品的产地较近的宁波等口岸进行贸易。此事很快引起清政府的不安,乾隆二十二年二月高宗皇帝下旨:"近年奸牙勾串渔利,洋船至宁波者甚多,将来番船云集,留住日久,将又成一粤省之澳门矣,于海疆重地民风土俗均有关系。是以更定(关税)章程,视粤稍重,则洋商无所利而不来,以示限制。"①清政府提高浙海关税率,本希望以此限制西洋商船北上贸易,却未能奏效,西洋商船仍络绎不绝地前往宁波等港。清廷遂采取强制性措施,于二十二年十一月下令,自翌年起西洋商船来华贸易"只许在广东收泊交易,不得再赴宁波;如或再来,必令原船返棹至广,不准入浙江海口"②。稍后又订立了五项防范"夷商"

---

① 《清高宗实录》卷 533,乾隆二十二年二月,《清实录》第 15 册,第 721 页。
② 《清高宗实录》卷 550,乾隆二十二年十一月,《清实录》第 15 册,第 1023—1024 页。

的措施。

清政府的"独口通商"政策将与西洋各国的贸易集中到粤海关一口,进口洋货需先至广州交十三行代售,再转由陆路、海路分销全国各地;原由江、浙、闽等关出口的货物也需先运至广州,然后再出口。十九世纪二三十年代,在粤海关出口商品中,仅茶叶、生丝及绸缎三项即占出口总值 60%—80%。[①]茶叶,主要来自福建、安徽,生丝、绸缎则主要产自江浙,这些原本可由江海关(上海)、浙海关(宁波)、闽海关(厦门)出口的货物,不得不舍近求远地绕经江西大庾岭商道运往广州出口。

进出口货物的云集使粤海关税收额大幅度增长,表 2—28 是清代前期粤海关与江、浙、闽三关关税定额增减变化的比较。雍正初年粤海关关税定额仅为四万余两,乾隆初增至二十余万两。嘉庆四年,清政府又依据各关历年实征之数对各关定额进行了调整,其中浙海、闽海两关定额均有削减,江海关增幅不大,惟粤海关大幅度增加。而事实上粤海关的实征税额仍远超过这一定额,往往高达一百数十万两,表 2—29 是道光年间粤海关实征税额统计。其时,全国 24 个户关、5 个工关每年总计征收税额在 400 万—500 万两[②],而粤海一关的税收额即占全国关税总额的 20%—30%。独口通商政策对江、浙、闽等关的影响,以及广州地位的变化由此可见一斑。

表 2—28　雍正—道光年间四海关关税定额的比较

年份	粤海关		江海关		浙海关		闽海关	
	税额(两)	指数	税额(两)	指数	税额(两)	指数	税额(两)	指数
雍正	43 750	100	25 516	100	35 780	100	73 549	100
乾隆	271 953	622	62 608	245	89 407	250	203 335	276
嘉庆	899 064	2 055	65 980	259	79 908	223	186 549	254
道光	899 064	2 055	65 980	259	79 908	223	186 549	254

资料来源:雍正《大清会典》卷 52《关税》;乾隆《户部则例》卷 52《关税》;嘉庆《大清会典事例》卷 109《关税》;道光《户部则例》卷 39《关税》。

---

① 据姚贤镐:《中国近代对外贸易史资料》第 1 册,第 254—255 页计算。

② 王庆云:《石渠余纪》卷 6《纪关税》,王湜华点校本,北京古籍出版社 1985 年版,第 271—276 页。

表 2—29　1820—1839 年粤海关实征税额一览表

年份	实征税额(两)	年份	实征税额(两)
1820	1 479 820	1830	1 663 635
1821	1 497 022	1831	1 461 806
1822	1 485 147	1832	1 532 933
1823	1 404 913	1833	1 477 846
1824	1 444 323	1834	1 669 713
1825	1 298 829	1835	1 424 944
1826	1 576 637	1836	1 674 852
1827	1 850 046	1837	1 789 424
1828	1 441 924	1838	1 242 044
1829	1 499 581	1839	1 448 559
十年平均	1 497 824	十年平均	1 538 576

资料来源:中国社会科学院经济研究所藏《粤海关关税征收报告表》。

　　清代前期,白银是欧洲各国购买中国茶、丝等商品的主要支付手段。西洋商船将大量白银运至广州,购买中国的丝、茶等货;中国商人收入白银,在广东购货贩回内地各省。随着外贸的发展,广东本地商品运销外省的规模也不断扩大。各省商人运货至广州出口,以所得之银购买洋货和"广货"运销内地,成为清代广东商品流通的基本模式;留在本地的白银又继续运作,将广东经济越来越广泛地纳入以外贸为中心的市场体系之中。这样,对外贸易与国内贸易,本地市场与国内国际市场的商品流通越来越紧密地交织在一起,形成一个有机的整体,而广州则成为这一流通的中枢。表 2—30 是清代广州与全国各地贸易商品种类,请参见。

表 2—30　清代广州与全国各省区往来贸易商品品种示例

省区	各省输入广州的商品	从广州输往各地的商品
广东	丝、米、鱼、盐、水果、蔬菜、木材、银、铁、珍珠、肉桂、槟榔	所有进口货物及外省运至广州的货物和鸦片
福建	红茶、樟脑、靛、烟草、糖、漆器、纸、上等夏布、矿产	毛棉布匹、酒、表、鸦片
浙江	上等丝织品、纸、扇子、笔、龙井茶、金华火腿、酒	鸦片
江南	绿茶、丝织品	进口货物、鸦片
湖广	大黄、麝香、烟草、蜂蜜、苎麻	土产品、洋货、鸦片
江西	粗布、苎麻、磁器、药材	毛织品、线装书籍、鸦片
直隶	人参、葡萄干、枣、皮货、鹿肉、酒、药材、烟草	各种布匹、钟表、进口杂货、鸦片
山东	水果、蔬菜、药材、酒、皮货	粗布、鸦片
河南	大黄、麝香、杏仁、蜂蜜、靛青	毛织品、洋货、鸦片
山西	皮货、烧酒、麝香	布匹、欧洲皮货、表、书籍、鸦片
陕西	黄铜、铁、宝石、药材	棉毛布匹、书籍、酒、鸦片
甘肃	金子、水银、麝香、烟草	欧洲货物、鸦片
四川	金子、黄铜、铁、锡、麝香、药材	欧洲布匹、漆器、眼镜、鸦片
云南	铜、锡、宝石、麝香、槟榔、孔雀翎	丝织品、毛棉布匹、各种食品、烟草、书籍、鸦片
广西	米、肉桂、铁、铅、扇子、木材	土产、海外来货、鸦片
贵州	金、水银、铁、铅、烟草、香料、药材	洋货、鸦片

资料来源：据姚贤镐《中国近代对外贸易史资料》第 1 册第 305—307 页。

　　广州地位的上述变化对珠江三角洲经济的发展具有十分重要的意义，它使正在兴起的三角洲的商品经济与海外市场发生了十分密切的联系，并以国际市场的需求为直接动因而迅速发展起来。

最具代表性的当推"桑基鱼塘"专业区的发展。这是一种以种植业与水产养殖相结合的生态型农业经营方式。广东本非蚕桑区，明代果基鱼塘一直是南海九江、顺德龙山、龙江一带的主要经营方式。明末清初开始出现"桑基鱼塘"，即把原来的果基改为桑基，基种桑，塘蓄鱼，桑叶饲蚕，再以蚕屎饲鱼，塘泥肥桑。乾隆二十二年广州"独口通商"，国外生丝及丝织品的采购都集中到广州，国际市场的需求刺激了三角洲蚕桑业的发展，乾嘉年间出现了"弃田筑塘，废稻树桑"的热潮。到清代中叶，珠江三角洲已形成一个以九江为中心"周回百余里，居民数十万户，田地一千数百余顷，种植桑树以饲春蚕"的专业化、大面积的蚕桑生产基地，成为仅次于江浙地区的蚕丝生产中心。[①]小农以蚕桑为业，缫丝成为一种十分普遍的家庭手工业。丝、棉纺织、"广彩"烧制和制茶等手工业，也都因出口的需要而兴盛起来。

商品经济的发展也使珠江三角洲从事商业、运输业的人口大大增加。如番禺县小民有不少"商于省、佛，并交蕃船"，从事对外贸易；顺德县也多"贸易于石龙、江门、省垣、佛山四镇"者。据说在广州经商者大致以"顺德之人居其三，新会之人居其二，番禺及各县、各府、外省之人居其二，南海之人居其二"[②]。在珠江三角洲四百万人口中已有百万以上是借贸易以为生计了。

总之，独口通商政策使广州一跃成为全国最重要的口岸城市，不仅广州城市经济以对外贸易和转口贸易为中心，同时也带动了珠江三角洲商品经济的迅速发展。不过，广州的繁荣和珠江三角洲的崛起，实际上是以牺牲其他地区的发展为代价的。

＊　　　＊　　　＊　　　＊

以上考察我们看到，清代前期随着海禁的开放，随着华北平原、长江中上游诸省的经济发展以及东北、台湾等新区的开发，全国商品流通的范围、品种和数量都有大幅度的增长，产销分布也有很大的变化。运河作为一条以漕运为主要目的的人工水道，其航运价值自然

---

① 刘志伟：《试论清代广东地区商品经济的发展》，《中国经济史研究》1988 年第 2 期。
② 龙廷槐：《敬学轩文集》卷 2《初与邱滋畲书》，《清代诗文集汇编》第 452 册，第 446 页。

无法与海洋相比,因而逐渐为海运所取代已成必然之势;另一方面,随着长江沿线经济的发展,长江这条全国最长、水量最丰的天然水道,其航运价值也日益被开发利用,成为贯通东西的经济大动脉和重要流通渠道。流通格局的上述变化,既是全国性经济布局变化的一个重要表征和组成部分,也代表着经济发展的必然趋势。

流通格局的上述变化在税收方面也有所反映。清代前期,运河、沿海和长江成为全国最主要的流通干线,这三条水道合计税额占全国关税总额的 80%—90%;而它们在关税总额中各自所占比重也有很大的变化。从康熙至嘉庆的一百数十年间,运河诸关税收虽有增长,但它在全国关税总额中所占比重已从清初的 50% 降至 30% 左右;与此相反,沿海诸关所占比重则从 15% 上升到 38%,其税收额更是大幅度增长,从清初的 18 万两增至 170 余万两,为清初的 9.4 倍;长江各关税额也从清初的 37 万两增至 130 余万两,增长了 2.5 倍,所占比重基本保持在 30% 上下;沿海与长江合计,税收额达 310 余万两,约占全国关税总额的三分之二。①

另一方面,由于清政府独口通商政策的限制,大批原应由江、浙、闽三海关出口的商品,不得不绕经江西大庾岭商道转广州出口。"独口通商"政策虽然促进了广州和珠江三角洲的迅速崛起,但是以牺牲更广大地区的发展为代价的。这一政策使清代前期沿海贸易的发展在很大程度上受到限制,南洋航线的贸易未能得到真正的发展,特别是地处长江入海口的上海,其优越的经济地理位置难以正常发挥,这一状况直到鸦片战争之后才得以根本改观。

(本文原载《清史研究》1999 年第 3 期,有删改)

---

① 据康熙《大清会典》、雍正《大清会典》、乾隆《户部则例》、嘉庆《大清会典事例》及《史料旬刊》第 27—30 期所载各关税额统计。

第三章　明清时期商业城镇的发展

第一节　明清时期的临清商业

　　宋元以来直至明初,我国北方经济远远落后于江南。明成祖迁都北京以后,京师所需及北边军用,除每年供应"百官六军之食"的数百万石漕粮需自南方各省北运外,"公私一切应用货物"也多需仰给东南。明代因长期禁海而海运弛废,陆路转输又费用不赀。因此,自永乐中会通河浚通后,运河就成为南北物产交流的主要运输渠道,为当时国计民生命脉之所系。这样,运河自南而北所经淮安、济宁、临清、德州以及天津等各大码头,自然成为经济上的重要城镇;其中,临清又具有特殊重要的地位。

　　临清,地处山东西北部,位于会通河北口,大约正当江北运河的中段,又扼据会通河与卫河交汇之处,为南来北往及西向运输的"舟航之所必由"[①]。这一优越的地理位置,使临清成为"南北往来交汇咽喉之地"[②],从而发展成为一个重要的商业中心。明万历年间,临清钞关所收船钞商税每年达八万三千余两,超过京师所在的崇文门

---

　　①　王儁:《临清州治记》,康熙《临清州志》卷 4《艺文》。
　　②　王直:《临清建城记》,康熙《临清州志》卷 4《艺文》。

钞关,居全国八大钞关之首。①清代自康熙二十三年海禁开放以后,南方货物开始由海道、运河两条途径运往北方。随着海运的发展,上海、天津等沿海港口迅速崛起,临清的经济地位已不如明代那么显赫了。不过,直到乾隆年间临清的城市商业仍相当繁华,它仍是北方诸省中最重要的商业城市之一。咸丰年间黄河决口、太平天国起义,会通河长年失修,淤塞不通,漕粮改由海路北运。运河运输阻断,与运河共命运的临清商业也渐趋式微,不复昔日。

通观明清时代的经济史,临清这座商城曾闪烁过耀眼的光辉。临清城市的兴盛,如果从明景泰元年(1450)建城算起,至清咸丰五年(1855)黄河决口淤塞运河为止,持续了四百年。其中,明嘉靖至清乾隆是临清商业的鼎盛时期。那么,繁盛时期的临清其商业状况如何?该城市场上汇聚的是些什么商品?这些商品的来源和去向如何?活跃在临清市场上的商人是从哪里来的?临清商业的繁荣给周围地区带来什么影响?本文试就这些问题做一粗略的探讨。

一、繁华的临清城市商业

临清,明初为东昌府属县,系漕运五大水次码头之一,然有仓无城。景泰元年始于会通河北岸"缘广积仓为基"修建砖城。城周九里有奇,面积约五平方里,略呈方形,东南西北各设一门,依次名威武、永清、广积及镇定。城中设衙署、学宫,粮仓占地面积约四分之一。十五世纪中叶以后,运河交通日繁,临清人口渐增,弘治二年(1489)升为州。又于嘉靖二十一年(1542)扩建城垣,自砖城东南及西北两角开始,夯土为墙,延袤二十余里,面积扩大了五倍。砖城隅于东北,变为新城的一个组成部分。土城设新门六,水门三,砖城的广积、永清二门则成为内门了。卫河自南水门入,穿城偏西境曲折北行;汶河(即会通河)自东水门入,至鳌头矶一分为二:其北支西北行,于临清闸与南来之卫河合流北上,即为北运河;其南支过鳌头矶掉头而南,

---

① 八大钞关为:崇文门、河西务、临清、浒墅、淮安、扬州、北新、九江。八关商税总额34万余两,临清一关即占四分之一。《续文献通考》卷18《征榷考》;《明经世文编》卷411,赵世卿:《关税亏减疏》。

于板闸与卫河交汇。三条水道把土城切割为形状、面积各不相同的东西南北中五个部分。鸟瞰州城全貌,宛如一颗心脏,汶、卫二水恰如动脉、静脉,运流翕张,使其怦然搏动,生机勃勃。土城建成后,砖城完全成为政治中心、仓储要地,原在此进行的某些集市贸易,逐渐迁出砖城。如线子市,移至广积门外小市以北;马市,大约更早在砖城营建之初就已迁出了。城内虽"间有阛阓,不过菜果食物之属"①,除有粮铺十余家外,在商业上已不占多大的地位。而土城的五个区,商业均甚繁华。②

中州,由汶、卫二河环抱而成。"东南纨绮,西北裘褐,皆萃于此",是临清商业最为繁盛之区。一条长街贯穿南北,自北而南分为锅市街、青碗市街、马市街三段,长达三里有余。锅市街及青碗市街两侧,皮货、冠帽、鞋袜、杂货、米豆、纸张等各类店铺林立,其中磁器店和纸店最多时都曾达二十余家,羊皮店也有七八家。马市街主要集中了银钱、皮货、帽靴、海味、果品、杂货等铺。长街以西有白布巷,店铺以布店为主;绸缎店则集中在与其相交的果子巷,布匹、绸缎等铺在明代都曾多达数十家。再南为粮食市,有粮店十余家,主要经销自河南卫辉等处运来的粮食。长街尽南端的东西夹道,亦为"市贾所聚"之地。长街以东为榷税分司所在,南来北往的船只在此验关纳税。

北区,东起广积门,西抵卫河东岸,南以汶河为界,北至怀朔门外塔湾,这是临清商业的又一聚集区。天桥以北的小市是北区最主要的商业街,自关帝庙至张仙祠,长约里许,两侧店铺百余家,古玩珍宝、金属器皿、粮食、木材、故衣,应有尽有。另有牛市街,有钱店、杂货店;小闸北岸有缎行以及零剪铺、金珠宝饰等店。怀朔门外塔湾一带,集中了粮店十余家。北区的另一特点是聚集了较多的手工业者,除牛市街有碾坊、磨坊、油坊等外,这里还有加工皮毛及竹木器的手工业者聚居,其产品也有很多"列肆于市"③。

卫河西,指卫河西岸至州城土墙之间的狭长地带。靖西门为本

---

① 乾隆《临清直隶州志》卷2《建置》。

② 以下关于临清商业街市的描述,除特别注明外,均依据乾隆十四年《临清州志》卷11《市廛志》和乾隆五十年《临清直隶州志》卷2《建置》。

③ 乾隆《临清州志》卷11《物产志》。

城的西向通道,本区的商业主要集中于城门一带。靖西门内有粮店十数家,收籴临清西乡一带运来的粮食。棉花市在灶王庙,与东城宾阳门内的棉花市遥遥相对,分别集散来自西、东两个方向的棉花,收花季节每日可入数万斤。本区的另一特点为茶叶店集中,"大者二十八家,小者不计",南方茶船到临清,皆靠卫河西码头。

东区,北至永清门,南濒汶河,东起宾阳门,西迄鳌头矶。本区商业主要集中于鼓楼斜街、永清大街和柴市。沿汶河北岸的鼓楼斜街有粮店十余家,经销自济宁一带沿汶河北上的粮食,每年可达数百万石。永清门外的永清大街亦有粮店二十余家。永清大街以西有横街名柴市,东西长二里许,两侧多柜箱、金漆、张罗、杂货、丝店、机房等店铺、作坊。此处另一特点为四乡柴薪集中之地。临清有官窑二十余座,承造城砖,随漕船搭解上京。每烧砖一窑需柴八九万斤,均由附近州县及济南、兖州二府所属 18 县领价办纳。途远州县运薪困难,皆挟赀来临清就近采买,因而形成临清东区偌大的柴薪市场。[①]此外,宾阳门内有棉花市,前已提及。

东南区,指汶河南支以东与中州隔河相对的狭长地带。其街市分为三段,互不相接。北部的车营面积最大,在砖闸以东,有粮店十余家,主要经营本地粮食买卖。临清东南诸县农民及商贩将米谷车载驴驮至此粜售。板闸南二里许为南厂,此处货物以船具为主,如绳缆、木篙、橹、桨、船只等;亦有烟、酒、油、茶等铺杂处其间。最南端为南水关,俗名土桥,每逢三、八日为绵绸市,馆陶、堂邑、冠县等地小农或手工业者负绸以售,日集绵绸可达千余匹。

从该城商业布局可以看出,临清市场同时兼有批发、零售和农产品集散的功能。中州地区布匹、绸缎、磁器、纸张等店铺以及卫河西的茶叶店等同类店铺的高度集中,显然带有中转批发商业的特征,其中很多店铺是兼营批发业的,也有一些属于存储货物并作为商业中介机构介绍大宗商品成交的邸店、货栈。经营不同商品的各类店铺杂居错处于同一条街市——最典型的是北区小市街的店铺结构——则明显地反映着它以本地居民消费为主的性质。卫河西、东区及东南三区除了茶叶及来自济宁一带的大宗粮食的贸易外,基本上属于

---

① 乾隆《临清直隶州志》卷 9《关榷附临砖》。

以农产品集散为主的市场,其商品多来自本州及相邻县分。除了生产者的直接出售外,当有相当一部分是地方商贩从乡集和县市中收购商品的汇集。这里是城乡市场的交汇点,也可以说是墟集市场的扩大与集中。

临清城内如此繁华的商业,不仅大大超过与它平级的州城,就是在当时北方的府城、省城中也是十分罕见的。这主要表现在:

第一,大大小小的商业街市几乎遍布全城。据民国志记载,临清盛时"北至塔湾,南至头闸","市肆栉比"。①中州的锅市街、青碗市街、马市街以及北区的小市街等,属于百货荟萃的综合性商业街;而白布巷、果子巷、卫河西浒的茶叶店,以及遍及全城六个区的粮食市等,则是以专营某一类商品的店铺集中为特征的商业街区。

第二,店铺种类繁多。上述已提及的店铺就有数十种,其中包括:粮店、布店、绸缎店、丝店、皮货店、羊皮店、鞋袜靴帽店、故衣店、锅店、磁器店、纸店、金属器皿(如金、银、铜、锡、铁等)铺,烟、酒、茶、盐、果品、海味、辽东货(人参、貂皮、青黄鼠皮等)、木料、船具、木器、家具、首饰、古玩等各种店铺;碾坊、磨坊、油坊、皮毛加工、竹木作坊等也有一些是带店铺的。此外,还有银钱、典当等铺,木炭店、药材行、饮食店和制作香烛纸马、盆、桶、锅盖等作坊店铺,以及棉花市、绵绸市、线市、姜市、柴市、猪市、驴市、鸡鸭市等农副产品的专门市场。可见,城区商业经营的商品门类繁多,档次齐备,可适应各种各样的消费需要。

第三,商店数量众多。在这个方圆30里的城市中汇聚的店铺究竟有多少?我们无法找到完整的统计数字,这里只能撮取较为重要,并尚能获得一些确切数字的十余种行业作一粗略统计(见表3—1)。

此外,据州志记载,乾隆年间北区的一条长仅里许的小市街就有商店百余家。以上二者相互参证,可以肯定,明清两代临清城内店铺数量至少在六七百家以上,明代或更多些。如果再加上各种类型的作坊店铺、市集商贩,临清的大小商业店铺可能超过千家。

———————

① 民国《临清县志·经济志·商业》。

表 3—1　明清两代临清城内主要店铺数量及其增减比较

类　别	明代隆万年间	清乾隆十四年
布　店	七十三家	各街俱有
缎　店	三十二家	七八家
杂货店	六十五家	不　详
粮　店	不　详	百余家
磁器店	二十余家	减　半
纸　店	二十四家	五六家
羊皮店	不　详	七八家
辽东货店	大店十三家	无
茶叶店	不　详	大者二十八家,小者不计
盐　行	公店外,十余家居各街	不及半
典　当	百余家	十六七家
客　店	大小数百家	减　半

资料来源:《明神宗实录》卷 376,万历三十年九月丙子;乾隆《临清州志》卷 11《市廛志》。

说明:表中"隆万年间"一栏,除布店、缎店、杂货店三项为万历年间记载外,其他各项,原始资料中多称"昔年"、"旧有",大约是指临清最繁盛的隆万时期。明清之际的战乱波及临清,使这城一度萧条,至乾隆时虽已恢复繁荣,但显然已不如明代,商业布局也有所改变,这从表中均可看出;而粮食的经营则远胜过明代。

与明清时代的其他城市一样,临清的商业无疑是要为本地居民的衣食所需服务的。不过,其商业的繁荣程度又远远超过临清本地城乡消费的需要。临清州人口在万历年间为三万余户,六万六千余口[①],以后直到乾隆年间仍未超过此数。商业繁荣与人口构成的差距悬殊,表明临清城市商业中有很大一部分不是为本城服务的。

二、临清市场上的主要商品及其流向

如此繁华的商业街市,表明临清有大量的商品在流通。临清商

---

① 万历《东昌府志》卷 12《赋役》。

业中的绝大部分属于外来商品的输入和转销。经由临清转运的商品以棉布、绸缎及粮食为最大宗。

先看棉布和绸缎。明清时代,江南是纺织业最发达的地区,其产品质地好,产量高,行销全国。棉布,以松江一带所产为佳。如上海标布"俱走秦晋京边诸路"①;嘉定棉布"商贾贩鬻近自歙、杭、清、济,远至蓟、辽、山陕"②;常熟之布"捆载舟输行贾于齐鲁之境者常什六"③。丝织品,则以苏杭、南京称最。张瀚《松窗梦语》记述:"江南之利莫大于罗绮绢纻,而三吴为最",秦晋燕周大贾不远数千里而求之者"必走浙之东"。④南京绸缎也是"北趋京师,东北并高句骊、辽沈,西北走晋绛、逾大河,上秦雍甘凉"⑤,大量北销。

明代南方棉、丝织品的北销多从临清中转。如直隶河间府市场上的丝织品来自临清的为数不少。⑥辽东、山陕布商都曾活跃于临清市场,他们从临清购买江南的纺织品,运回北边贩卖。⑦河南及山东的乡间商贩也到临清采买布帛,运回销售。⑧临清本地与北方各省一样,棉纺织业尚不发达,城乡棉布消费大约也需仰赖于江南。

此外还应注意的是,明政府及军队所需棉布和丝织品的供应问题。据严中平先生估计,这项需要约在1 500万—2 000万匹之间,而明中叶以后除少量征收本色外,百分之八九十是从市场上购买的。军用之中又以九边需量最大,戍守官兵有七八十万之多,军队及其家属的消费,再加上互市的需要,数量至少在五六百万匹以上。⑨这项军需有的是朝廷发银委员前去产地购买,有的则由各地商贩自行运

————————

① 叶梦珠:《阅世编》卷7《食货》。
② 万历《嘉定县志》卷6《物产》。
③ 嘉靖《常熟县志》卷4《食货》。
④ 张瀚:《松窗梦语》卷4《商贾纪》。
⑤ 同治《上江两县志》卷7《食货》。
⑥ 嘉靖《河间府志》卷7《风俗》。
⑦ 《明神宗实录》卷376,万历三十年九月丙子,台北"中研院"历史语言研究所1962年校勘本,第7073页;《万历会计录》卷42《钞关船料商税》,《北京图书馆古籍珍本丛刊》第53册,第1329—1330页。
⑧ 兰陵笑笑生:《金瓶梅词话》第81回《韩道国拐财依势,汤来保欺主背恩》。
⑨ 参见严中平:《中国棉纺织史稿》,商务印书馆1955年版,第29—30页;梁方仲:《中国历代户口田地田赋统计》,乙表57《明代各镇军马额数》。

往北边销售。①前者需借道临清北上,后者之中则有相当数量购自临清市场。前述活跃于临清的辽东、山陕商人就有不少是转贩军需及互市用品的。所以明人陈继儒说:商人自数千里外装重资自江南贩布,"其溯淮而北走齐鲁之郊,仰给京师,达于九边,以清源为绾毂"②。清源,即临清之古称。运销整个华北、东北及西北地区以供军需民用的大量江南布匹、绸缎,主要以临清为中转轴心。因此,各地商人云集于此开店设肆,万历年间临清城内有布店73家,绸缎店32家,布匹年销量至少在百万匹以上③,加上绸缎,则为数更巨。其中除少量销给本境及周围地区城乡居民外,绝大部分是批发中转贸易。临清是当时北方最大的纺织品贸易中心,故有"冠带衣履天下"④之称。

康熙二十三年开放海禁,江南布匹绸缎的北销逐渐转而利用更为便利低廉的运输手段,即由沙船海运天津、辽东。同时更为重要的是,随着北方棉纺织业的发展,华北、西北对布匹的需求逐渐转向北方市场上获取。直隶的肃宁,山东的历城、定陶在明代后期已有商品布的外销⑤;到清代北方棉纺织业更有长足的发展,直隶、河南、山东数省相继出现了一批较著名的棉布产地,明代经常远涉数千里赴江南采买布匹的秦晋巨贾大多转向华北棉布产地购买。如直隶正定府元氏县"男女多事织作",为晋商聚买之地,"布甫脱机,即并市去"。⑥永平府乐亭县所产布匹"本地所需一二,而运出他乡者八九",大抵以销往关外为主。⑦河南孟县的孟布"山陕驰名,商贩不绝","自陕甘以至边墙一带,远商云集,每日城镇市集收布特多,车马辐辏"。⑧正阳

---

① 《明神宗实录》卷212,万历十七年六月丙戌,第3972页;《明英宗实录》卷236,景泰四年十二月辛亥,第5153—5154页。

② 陈继儒:《陈眉公全集》卷59《布税议》。

③ 乾隆《临清州志》卷11《市廛志》。

④ 万历《东昌府志》卷2《风俗》。

⑤ 徐光启:《农政全书》卷35《木棉》;万历《历乘》卷12《布帛》;万历《兖州府志》卷4《物产》。

⑥ 乾隆《正定府志》卷12《物产》。

⑦ 乾隆《乐亭县志》卷5《风土》。

⑧ 乾隆《孟县志》卷4《物产》。

县的"陡布"也是"东达颍亳，西至山陕，衣被颇广"①。因而北方棉布消费对江南市场的需求大大减少了。丝织业方面，清初北方尚无长足的进展，对江浙绸缎的需求仍保持相当数量，不过由于海运的畅通，一部分绸缎可由海路北上京津；另一方面，往来于畿南、鲁北的商人为了逃避商税，往往由济宁、东昌等处弃舟起旱，绕越临清税关，因此绸缎的输入量也远不如明代。②这样，临清作为纺织品中转贸易市场的作用不断削弱，直至基本丧失。到乾隆年间，临清市场上的布匹绸缎已转由济宁、东昌拨贩，主要是为本地消费服务了。③随着这一市场功能的改变，临清城内的布店、绸缎店显著减少，其分布也由高度集中转为散见于各街了。

粮食，是临清市场上商品之又一大宗。据州志记载，进入临清市场的粮食来源有四：南路而来，主要产自济宁、汶上、台儿庄一带，"每年不下数百万石"，沿汶河北上；西路而来，主要为河南所产，年亦"不下数百万石"，由卫河东运；北路而来者产自沈阳、辽阳，年约数万石，"自天津溯流而至"。临清本境及附近州县所产运入州城交易者为数亦在不少，如临清以南的馆陶、冠县、堂邑、莘县、朝城等县粮食，多车载驴驮而来，于车营一带出售，"日卸数百石"；城北塔湾上市的粮食多来自北部直隶广平府的清河等县，"日卸数十石"；靖西门内的粮食市场则系临清本境西乡一带村庄入城粜卖，亦"日卸数十石"。乾隆年间临清城内粮食集中市场共有六七处，经营粮食的店铺多达百余家，年交易量达五六百万石至千万石。粮食品种则包括米、麦、粟、秫、豆类等。④

这些粮食中有很大一部分是经临清转销外地的。直隶、山东、河南三省的丰歉调剂就是其中一个重要流向。

临清位于山东西北部，北界直隶，西近河南。三省水旱蝗雹等灾间有发生，商人运粮以丰济歉是经常的。如乾隆九年直隶收成歉薄

---

① 嘉庆《正阳县志》卷9《物产》。

② 中国社会科学院经济研究所藏《钞档》（以下简称《钞档》）：署山东巡抚琦善道光四年二月二十七日题本。

③ 乾隆《临清州志》卷11《市廛志》。

④ 乾隆《临清州志》卷11《市廛志》。

而河南丰稔,"商贩趋利如鹜,自南往北,连樯不绝"①。乾隆二十一年河南歉收,又有他省的大批粮食运入河南。②流向虽有所改变,但都须经临清中转,临清的粮食市场在其中起了重要的作用。因此项需要而经由临清转销的粮食的总量虽然没有确切的记载,乾隆初年临清关米粮免税金额的记录为我们提供了一个难得的参考数据③,据此可估算大概(参见表3—2)。

表 3—2　乾隆初年临清关免过米粮税银统计

年　分	免过税银(两)
二年(1737)	12 830
三年(1738)	18 630
五年(1740)	19 643
七年(1742)	17 298
八年(1743)	47 314
九年(1744)	52 970
十年(1745)	25 985
合　计	194 670
平均每年	27 810

资料来源:《钞档》吏部尚书协理户部事纳亲乾隆六年一月二十五日、乾隆六年二月十九日、乾隆六年十月八日题本;山东巡抚喀尔吉善乾隆八年十月二十一日题本;户部尚书海望乾隆十年十一月十五日题本;户部尚书刘于义乾隆十一年九月二日题本。

如表所示,乾隆初年临清关免征米粮税银最少为乾隆二年,最多为乾隆九年。按照临清关税则折算粮石,前者当在 58 万—116 万石之间,但该年并非全年免税,故这一数字不能反映全貌;后者为 240

---

① 《钞档》:户部尚书海望乾隆十年十一月十五日题本。
② 《钞档》:户部右侍郎吉庆乾隆二十三年九月九日题本。
③ 乾隆二年起,天津、临清两关奉旨免征部分过关米粮税银;乾隆七年又令全国各关全部免征米粮过关税;至乾隆十三年停止免征。参见《清朝文献通考》卷27《征榷考》。

万—480 万石之间；如以七年平均计算，折粮则为 125 万—250 万石。①在这些粮食中会有相当一部分是在临清市场直接购买，或经由临清批发转销，也有很大数量只是经临清过路，在此应上纳过税。②因而经由临清市场转销的粮食当分别在上述各项的上限之下，而实际过关的粮食总量自然都超过了各自的上限。也有一些年分，各地粮食差价不大，长途贩运者少。如乾隆十年"直隶、豫、东三省粮价无甚低昂，商贩获利无几，往来者少"③。即使如此，该年经由临清关转运的粮食仍在一二百万石之间。

南船回带豆类是临清市场粮食的又一流向。江南、闽、浙诸省豆制品加工业颇为发达，当地手工业者用黄豆等磨豆油、榨油饼，或加工制作其他豆制品，倚以为生。④他们所需的原料有很大一部分来自北方。政府明文规定，回空漕船可免税带回黄豆等物。所以直隶、山东等地豆类经运河而南销者数量很大，在临清装船者也有一定数量。该关关税中此项税收一直占有相当的比重。⑤

临清为明清最重要的漕运码头之一，有广积、临清二仓设置于此，主要收贮河南、山东并直隶大名府两税所入，岁额"二十余万石"⑥，"以备漕粮四百万之不足"⑦。明初，漕粮全部起运本色，中叶以后实行变通，"许粮户赍银径赴水次收买"⑧。所以距临清较远的粮户，为免运送之劳，多携银两往临清市场购粮，就近交纳上仓。嘉靖

---

① 临清关税则："征收米麦税银，照浒墅关之例签量计石，每担纳银二分二厘，杂粮照原额每担一分一厘"（光绪《大清会典事例》卷 239《户部·关税》）。如按每石征银二分二厘计，乾隆二年免征税银 12 830 两，折粮为 58 万余石；如以每石征银一分一厘计，折粮当为 116 万余石。按此推算，乾隆九年免征税银 52 970 两，折粮分别为 240 万石和 480 万石；以平均额 27 810 两计，折粮则为 125 万石和 250 万石。

② 按规定，商货于临清发卖者纳全税，在四外发卖者临清税六分；如系赴河西务、崇文门发卖，临清只税二分，其余至发卖地补足（参见万历《大明会典》卷 35《商税》）。由于临清关免征税银中肯定有一部分属于过税，故上述折算的粮食量显然低于实际的粮食过关数量。

③ 《钞档》：工部尚书哈达哈乾隆十一年五月十四日题本。

④ 道光二十三年《饼豆业建神尺堂碑》，《上海碑刻资料选辑》，第 282 页。

⑤ 《钞档》：署山东巡抚琦善道光四年二月二十七日题本。

⑥ 阎闳：《修理三仓记》，乾隆《临清直隶州志》卷 3《仓庾》。

⑦ 顾炎武：《天下郡国利病书》卷 41《山东七》，上海古籍出版社 2012 年版，第 1703 页。

⑧ 张学颜：《万历会计录》卷 35《漕运》，《北京图书馆古籍珍本丛刊》第 53 册，第 1081 页。

三年户部征粮则例更明令上述二仓并德州所承运的漕粮,每石连耗征银八钱,"趁米贱时赴临清并附近去处,仍买本色上纳"①。此外,大名府的小滩镇收兑河南开封等府漕粮"二十万石"②,嘉靖、隆庆年间亦已折征银两(每石一两五钱)于小滩附近买米交兑。③临清距小滩仅百里,又有水路之便,应在小滩交纳本色的粮户当会有相当一部分来此购买。以上两项合计,在临清市场籴买上仓的粮食大约可达二三十万石之谱。清代当亦不下于此。

临清本地的粮食购销也有相当的数量。首先是城乡非农业人口及往来客商的消费。临清城乡人口约六七万,其中商业、手工业人口比例较大,所谓"逐末者多,力本者少"④。加之外来商贾、游客、漕丁众多,流动人口至少在四五十万人次⑤,因而"地产麦谷不敷用,犹取资于商贩"⑥。城居人口、工商业人口及流动人口的消费,绝大部分需从市场上获取。

其次是农业人口中的余缺调剂,品种调剂。临清一带经济作物的种植很广,以植棉、种果为主的农户需要从市场上购买一部分甚至全部口粮。即使种植粮食作物的农户,由于小麦与杂粮的差价悬殊,也往往出售小麦,购入杂粮自食以增加收入。这种粜精籴粗、余缺调剂、有无调剂以及"人挟一帛一缣,易儋石之粟"⑦的购买,就每个个人而言数量固然有限,但却是经常地、普遍地存在着,也是构成临清粮食市场交易的不可忽视的又一内容。

其三,制曲造酒的消耗。东昌府及直隶大名府小滩一带所产小麦的质量在北方小麦产区中首屈一指⑧,是制曲的好原料。因而明清两代临清的踏曲业都曾盛极一时。东城、西城各有踏曲巷,每年麦

① 俞谏:《漕例疏》,转引自鲍彦邦:《明代漕运的形成及其赋役性质》,《中国社会经济史论丛》第1辑。
② 张维新:《改折漕运疏略》,《天下郡国利病书》卷53《河南四》。
③ 马森:《明会计以预远图疏》,《明经世文编》卷290。
④ 乾隆《临清直隶州志》旧序。
⑤ 每年经由临清往返的漕丁即达24万人次,往来客商从其贩运的商品量推算,当亦不在此数之下。
⑥ 乾隆《临清直隶州志》卷2《建置》。
⑦ 万历《东昌府志》卷2《物产》。
⑧ 《三台万用正宗》卷21《商旅门·大小麦条》:"小麦高者,须是小滩、东昌。"

收季节,富商大贾挟重资而来,广收新麦,在巷中"安箱踏曲",以致麦价涌贵。①临清酒肆众多,酒的消耗量也大,酿酒当亦是本地粮食的一项很大的消耗。

外地运入临清的大宗商品还有铁锅、磁器、纸张和茶叶等。

铁锅,是临清市场上的重要商品之一,其品种有广锅、无锡锅及西路铁锅等。广锅出自广东,辗转运销而来;无锡锅则由南船带至;西路铁锅大约即出自山西潞安的潞锅。临清本地消费以广锅、无锡锅为多;西路铁锅及其他铁器、铁钉、犁铧、火盆、车川等货物大部分转运外地,在临清只报过税。②高唐、河间一带所用的"山陕铁器"就有不少系由临清转运而至。③此外,宣府、大同、辽东互市所用的铁釜及其他铁器④,也有不少系由临清采买,或经由临清转运。临清城内有街名"锅市",以锅名市在一般城市中似不多见,估计其上市的商品量当属可观。

磁器,主要来自江西景德镇,"每岁进货多者十万,少亦不下四万"⑤,经销磁器的店铺明代曾多达 20 家,清代亦有十余家。纸张,来自福建、江西,品种甚多,如杠连、古连、毛边、三把头、五披、八披、头堂、本堂、本、表、笺等,店铺多时也有二十余家。关于纸的销售状况目前所见资料不多,仅见康熙《永平府志》记有:布帛裘褚"自临清转至"⑥。永平府地处直隶最北部,据此推论,临清输入纸张的转销起码可达直隶的大部分地区。茶叶,来自安徽、福建等地,品种有松罗、雨前、天池等,经营茶叶的店铺大小数十家。其集中于卫河西者,以山西商人经营的边茶转运贸易为主,茶船到临清,"或更舟而北,或舍舟而陆,总以输运西边"⑦。其余散处于城内各街的茶叶店及由布店、缎店、杂货店等代销的茶叶,则是为本地消费服务的。

他如来自山东或长芦盐场的盐,既有就地零售,也有转销他方。

———————————

①　乾隆《临清州志》卷 11《市廛志》。

②　乾隆《临清州志》卷 11《市廛志》。

③　嘉靖《高唐州志》卷 3《地理志》;嘉靖《河间府志》卷 7《风俗》。

④　《明穆宗实录》卷 54,隆庆五年二月庚子,第 1336 页;卷 55,隆庆五年三月庚寅,第 1376 页。

⑤　乾隆《临清州志》卷 11《市廛志》。

⑥　康熙《永平府志》卷 5《风俗》。

⑦　乾隆《临清州志》卷 11《市廛志》。

还有辽东的人参、貂皮等高档消费品,临清亦有销售。

经由临清外销的商品主要有棉花、梨、枣、丝织品等。

棉花,北花"柔细中纺织",临清所在的冀鲁豫交界地区更是以棉花的优质高产著称。《山东通志》称:"棉花六府皆有,东昌尤多"①,东昌府又以高唐、夏津、恩县、范县、武城为集中产区,并以其质地优良被誉为"北花第一"②。是以"江淮贾客列肆赍收"③,大批运往江南。明末农学家徐光启曾说:"今北土之吉贝贱而布贵,南方反是。吉贝则泛舟而鬻诸南,布则泛舟而鬻诸北。"④清代仍有大批棉花南运。临清附近的高唐、夏津、武城等州县均有棉花收购市场。如夏津城内"自丁字街以北直抵北门皆棉花市,秋成后,花绒纷集,望之如荼,年之丰歉率以此为验"⑤。武城县也是"每岁秋成,四乡棉花云集于市"⑥。附近州县的棉花或零星、或大批地汇集到临清,"日上数万斤"⑦,从这里远销江南。

梨、枣,临清一带盛产梨、枣,嘉靖《山东通志》记载:梨,"出东昌、临清、武城者为佳";枣,"东昌属县独多"⑧,有"千亩之家千树梨枣"⑨之赞。相邻的河南彰德、直隶大名、河间等府也盛产梨、枣、核桃等果品⑩,大多也需经临清转贩江南。北上货船轻舟返航时,很多在临清购买此类干鲜果品压舱南下。档案记载,乾隆七年临清关所征枣税银 700 余两⑪,这一数字并未反映南下梨、枣的全部,因为漕船回空捎带梨、枣在 60 石以内的部分是免税的。

丝织品,是临清外销的最主要的手工业品。明代临清丝织业已

① 嘉靖《山东通志》卷 8《物产》。
② 《三台万用正宗》卷 21《商旅门·棉花》。
③ 万历《东昌府志》卷 2《物产》。
④ 徐光启:《农政全书》卷 35《木棉》。
⑤ 乾隆《夏津县志》卷 2《建置志》。
⑥ 道光《续武城县志》卷 2《街市镇集》。
⑦ 乾隆《临清州志》卷 11《市廛志》。
⑧ 嘉靖《山东通志》卷 8《物产》。
⑨ 万历《东昌府志》卷 2《物产》。
⑩ 顾炎武:《天下郡国利病书》卷 52《河南三·彰德府》;陈梦雷编:《古今图书集成·职方典》卷 140《大名府·风俗考》;纪昀:《阅微草堂笔记》卷 13《槐西杂志三》。
⑪ 《钞档》:户部尚书刘於义乾隆十一年九月二日题本。

较发达,城内聚集和散处的机房估计可达百余家。丝织业的原料分别来自山东、河南及江南等地,用途各异。如东丝织绫绸,湖丝织帕幔,西丝织带子并作线,茧丝织茧绸、绵绸等。产品较精美的有首帕、汗巾、帕幔、帛货(哈达之类)等,质地虽比不上苏杭所产,但在当时北方丝织业中已属佳品,行销颇畅,"远近人多用之"①,京师、开封、宣府等地都有专门经销临清丝织品的店铺,与南京、苏杭罗缎铺、山西潞绸铺、泽州帕铺比肩相争。②其中尤以帕幔最为绮丽,堪称第一流的佳品。祭神所用的"帛货"则远销西藏、西宁。至于绵绸、茧绸、丝布等则属低档产品,多在土桥的绵绸市上交易,每集可聚千余匹。③其生产者及消费对象以附近州县的小农为多。

　　羊皮和绒毡制品,也是临清外销的本地手工业品。《东昌府志》称:"羊裘、毡罽出自府城、临清者佳。"④临清以硝皮、制皮、缝皮为业者主要是聚居于北城的回族居民,他们"制皮作裘,列肆于市"。羊皮,本地所产仅占十之三,其余主要来自直隶、河南及西北诸省,而以束鹿小羔皮和西口皮为最优。由于水质关系,临清的羊皮制品具有"特柔而不膻"的特点,雍正年间被列为贡品,岁进三千张,每年冬春于临清关预发价银,令铺户采买上纳。⑤其余产品大体也以北销为主。

　　绒、毡,均为羊毛制品。制毡,"以春毛、秋毛中半和用";织绒,"纺羊毛而织之,刷之,绒卷似羊羔皮"。此类制作多有店铺,前店后坊,"经年工作",自产自销,亦有小贩街头售卖。较低档的产品则为鞯毡、鞍具之类,以"败絮杂毛染织合成线",制成马褥、车围、坐具、铺垫等等,为农业及运输业所需。另有织作床毯、地毯等,也是临清的特产。⑥不过,丝织、皮毛、绒毡等业的进一步发展,则是清中叶以后的事了。

---

① 乾隆《临清州志》卷11《市廛志》、《物产志》。
② 乾隆《临清州志》卷11《市廛志》;《如梦录·街市记》;陈梦雷编:《古今图书集成·职方典》卷155《宣化府·风俗考》。
③ 乾隆《临清州志》卷11《市廛志》、《物产志》。
④ 万历《东昌府志》卷2《物产》。
⑤ 乾隆《临清州志》卷11《物产志》、《市廛志》。
⑥ 乾隆《临清州志》卷11《市廛志》、《物产志》;民国《临清县志》第4册《经济志·旧工艺》。

在以上的考察中我们看到,汇集于临清市场上的商品包括农产品、畜产品、手工业品及其他各类杂品,门类繁多,品种齐全。无论就品种还是就数量而言,民生日用品都占有绝对的优势;其中又以衣、食所需为最大宗。在这些商品中,又有高低档次的不同,从而适应着不同等级消费水平的需要。如纺织品中,江浙绸缎为较高档的丝织品,而绵绸、茧绸、棉布等价格相对低廉,更适于一般百姓的消费。此外,城内还有为数可观的数十家专营故衣的店铺,其中有相当部分当是以临清众多的脚夫、纤夫及下层劳动群众为消费对象的。又如日用器皿中景德镇磁器价格高于磁州所产,故乡间所用以附近磁州产品为多。①至于完全属于奢侈性的消费品则有金银器皿、珠宝首饰以及一些名贵的毛皮、药材,无论是绝对量,还是就其在整个商业中所占比重来说,均属有限。另一方面,我们也注意到,生产资料型的商品在该城市场上为数不多,马、牛等牲畜的交易已退出城市市场②;而犁铧、车川等农具虽有输入,但未见有专门的店铺经销,这些交易显然是转到更接近农村的下一级市场去进行了,在较低层次的市场上清晰地见到了它们的踪迹。③城内商业中可列为生产资料性质的商品,大抵只有运输所需的船具、鞍具之类,以及丝、线、皮毛、竹木等手工业原料型商品。这种商品构成,突出地反映了临清城市商业是以民生日用品的贸易为主的消费性特点。

十六至十八世纪,临清曾是北方最大的纺织品贸易中心和粮食贸易中心。不过,作为纺织品市场的临清,以明代隆万年间为鼎盛,清代地位逐渐下降;而作为粮食市场,临清的地位则是逐渐上升的。明代临清粮食市场的规模没有见到确切的记载,从需求量估计,明代临清的粮食交易量也当为数可观——临清城乡非农业人口及流动人口的数量之大,经济作物种植面积之广,制曲造酒业的兴盛,以及漕

---

① 光绪《馆陶县乡土志》卷8《商务》:"磁器由直隶磁州贩来,若碗碟等器质粗价廉,人多用之。南磁贩来者少,且价昂,买者少。"这虽是清代后期的记载,但所反映的事实当同样适用于我们所考察的时代。

② 乾隆《临清州志》卷11《市廛志》记载:马市、牛市,当年曾分别为马、牛等牲畜的交易市场,今则名存实亡。

③ 嘉靖《河间府志》卷7《风俗》:"贩铁者,农器居多,至自临清、泊头。"

粮籴买上仓的需要,都有赖于商品粮食的供给,而冀鲁豫三省之间的丰歉调剂也不是在清代才出现的。另一方面,从宏观上考察,限于明代粮食商品化程度和北方经济的发展水平,可能提供的商品粮数量远低于清代,因而作为粮食贸易中心的临清,从明代到清代是处于逐渐发展过程中,乾隆年间达到鼎盛。此时,临清城内外粮铺百余家,粮食年销量达五六百万石至千万石,成为当时北方最大的粮食交易中心之一,在全国也是屈指可数的。

临清商业是以中转为主的商业。为了本城及周围地区的需要,临清大量输入粮食、布匹、纸张、磁器、铁锅、盐及竹木等手工原料;同时,它也在大量地集中本地区特产,如棉花、干鲜果品以及裘皮、丝织品等输往外地。不过其商业中更大数额是粮食、茶叶、绸缎、布匹、磁器、铁器、纸张等商品的中转贸易。从一定意义上讲,临清的商业繁荣乃是中转贸易的繁荣,因此形成了它城不大而商业街市甚多、人口少而贸易兴隆的特点。

临清城市市场兼有三个不同级别市场功能。如前所述,临清既是零售商业构成的消费市场,又是农产品集中收购市场,同时还是多种商品的中转批发市场。因此,临清商业既作为地方性市场为本城居民、手工业者及附近州县的农民服务,又作为区域性市场为鲁西、豫东北及直隶一个相当广大地区的物资交流服务,同时还作为商品转运枢纽在全国经济活动中为南北两大经济区的商品流通服务。在十六至十八世纪临清的鼎盛时期,它的市场功能显然是以后者为主,这一时期的临清是一个身兼三级功能的复合性市场,而其活跃全国经济方面的作用尤为突出。其间,明清两代又有不同:在明代,临清作为全国性中转市场的作用极为突出;到清代,它作为全国性市场虽仍在发挥作用,而作为区域性市场的功能已呈现出明显的上升趋势,并日益占有重要地位。北方经济自身的发展使之对南方的依赖性逐渐减少,而它们相互之间的经济联系则在不断加强。

三、临清的客籍商人和服务于商业的土著

商品流通当然离不开商人及其商业资本的活动。活跃于临清市场上的商人既有本地土著,也有外来客籍。州志称:临清"本境之民

逐末者多,力本者少",甚至"逐末者十室而九"。①这当然不能视为确切的百分比,但临清经商人口占有很大的比重是可以肯定的。客籍商人有来自南方的徽州商人、江浙商人、南京商人,也有来自山陕、辽东、河南、直隶乃至山东本省的济宁、青州、登、莱诸府的商人。其中以徽商、晋商及江浙商人为数最多,资本也最雄厚。明人曾说,临清大贾"皆侨居,不领于有司版籍",而"土人列肆屈指可数"。②州人刘梦阳也说,"临清以聚贾获名"③。外来客商是构成临清商人队伍的主体。在临清,外来的商业资本以绸缎布匹、粮、茶、盐等项的批发中转贸易及银钱典当业为主要经营项目。

要想对临清各行的商业资本做出一个确切的估计,有待于进一步发掘史料。这里我们只能列举一些较著名的商行及其商品经销额,借以管窥临清的商人队伍及其资本构成。

徽商在客籍商人中为数最多,故明人曾有"临清十九皆徽商占籍"④之语。临清有专为徽、苏二府商人所设义冢两处,"寄椿有屋宇,葬地有封识",专供客死临清的徽、苏商人寄椿或葬埋之用,占地三十余亩⑤,也反映了徽商人数的众多。徽商经营的内容相当广泛,而比较集中的为银钱典当业。明代临清的银钱典当铺曾达百余家,"皆徽、浙人为之"⑥。他如盐、粮、布、缎、竹木、磁器等,当亦有徽商资本渗入其间。虽然徽商在临清的商业活动缺乏具体的史料记述,但从当时徽商资本之雄厚,经营范围之广,在全国商人中所占的显赫地位,及其在临清的人数之多,可以推论徽商的经营范围至少会涉及临清商业的大部分门类。

绸布业,以江浙商人较为集中。成化年间苏州、南翔、信义三会的布商合而为行,到隆万间达到鼎盛,每岁进布百万匹有奇。当时一家字号为"一左元"的布店,每出一银必点一朱,每年需用朱粉达二三十斤,足见其经销额之大。临清的布店、缎店总计有百余家之多,

① 乾隆《临清直隶州志》卷首《旧序》;卷9《关榷四》。
② 顾炎武:《天下郡国利病书》卷41《山东七》,上海古籍出版社2012年版,第1697页。
③ 刘梦阳:《修东岳庙记》,康熙《临清州志》卷4《艺文》。
④ 谢肇淛:《五杂俎》卷14,上海书店出版社2001年版,第289页。
⑤ 乾隆《临清直隶州志》卷2《建置》。
⑥ 乾隆《临清州志》卷11《市廛志》。

"合以各家，其费难量"①。山陕、辽东布商由于北边军需、互市需量甚大，也多从临清市场上购买布匹绸缎转贩北边，当亦有不少资本投入绸布业中。

茶叶业，以晋商资本最为集中。茶，为西北少数民族生活所必需，又为国家官榷商品，利润最丰。但由于转销路程遥远，"非巨商贾不能任"②。唐宋以来，历朝政府实行以茶易马之法，而明制尤为致密："有官茶，有商茶，皆贮边易马。官茶间征课钞，商茶输课略如盐制。"清代因之，仍于陕甘易马。其茶产地、销地大多以引行茶，惟直隶、河南、山东等地不颁茶引，仅于茶商到境时"由经过关口输税，或略收落地税"③。临清由于运道方便，又没有引额限制，遂成为商茶由产地销往西北的一条重要通道。此项边茶转运贸易主要由山西商人经营，卫河西岸设有大小数十家专为边茶转运服务的茶店货栈。康熙年间山西茶商韩四维等曾捐资在卫河西岸修建一座大王庙，"壮丽无比"④，茶商资本之大及获利之丰从中也可得到间接的反映。

盐业，明代曾于临清"开中"，故盐行"昔年最盛"。砖城内的州前街设有公店，其余十余店散居各街，每年行盐万余引，清代减半。临清的盐多来自长芦、山东两处盐场。长芦盐顺运河南下，"天津盐船络绎不绝"⑤；山东沿海利津、富国等场的盐则经由大、小清河水陆接运至张秋入运河北上。经营盐业的有徽商、天津商人、山东商人等，按引行盐，各有销地。此外由于销盐利润特丰，南来北往的各地商人也多借漕船夹带私盐，"北行则夹带抵通州，南归则贩卖抵临清，皆权贵势力者窝顿兴贩"⑥，虽屡禁而不能止。

如前所述，粮食是临清市场上最大宗的商品。虽属廉价粗重商品，但年交易量甚大，经营粮食的商业总资本当亦为数可观。业此者大约包括徽州商人、江浙商人、山陕商人、辽东商人。从大宗商品粮

① 乾隆《临清州志》卷11《市廛志》。
② 张瀚：《松窗梦语》卷4《商贾纪》，第85页。
③ 《明史》卷80《食货四·茶法》，中华书局点校本1974年版，第1947页；《清史稿》卷124《食货五·茶法》，中华书局1976年版，第3653页。
④ 乾隆《临清州志》卷11《市廛志》。
⑤ 康熙《馆陶县志》卷6《赋役·盐课》。
⑥ 周庆云：《盐法通志》卷19《职官七·政绩》。

的来源估计,冀、鲁、豫三省商人也会有不少参与其间。

此外,辽东商人在明代也为数不少,他们从东北贩来贵重的皮毛、药材及其他土产,回程贩去货物则"各不一"①,大抵以军需及互市所用的布匹绸缎、铁锅等项为大宗。

在临清活动的商人大都归属于不同的商行。"行"既是商人的同业组织,又是政府管理商人的一种手段。在临清,布商有行,绸缎有行,磁器、盐、纸等业也各有归属。如布行,明成化年间由苏州、南翔、信义三会商人联合而成,每岁轮置"行首"一人,"司一岁出入,凡庆谒、馈献、宴饮、交际、大至贷饷助公",均由"行首主其事"。②看来,行首的职责大体包括这样几个方面:其一,总理本行公共事务,并协调同业内部关系,本行与其他各业及社会各界之间的相互关系。其二,包纳商税及支应各项公务。如万历年间临清"三大行"共承纳税额三万五千余两,几占临清关税总额的二分之一;其他"杂货小行"共承纳商税万余两。③临清每逢举行乡饮、宾兴、考试三大典,所需磁器均在磁行取用。其三,经管本行公共经费收支,即所谓"司一岁出入",其经费来源主要是本行各商一岁所交厘金,以及其他捐助款项。其四,措办义举,如修桥、建寺、兴学等。临清三行商人集资扩修汶河以南的大王庙等,即属此类。万历年间税监马堂在临清激起民变被裁革后,山东巡抚黄克缵力主利用商人原有的"行"的组织来管理商人,他建议"不用委官,止用行首,量行户之大小,或二三人或三四人,使司其事。盖以商贾而侦察商贾,计甚便也"④。

还应特别注意的是,活跃在临清市场上的还有大批漕军。有明一代及清代前期,政府每年役使军籍运丁,将数百万石漕粮由南方各省解运京师及有关仓厫,是谓漕运。由于政府所发运粮脚费往往不敷支应,而且运军长途颠簸辛劳,饷银又低,所以明清两代政府都曾规定,准许漕运官军利用漕船搭运一定数量的私人货物,沿途贩卖。

---

① 乾隆《临清州志》卷11《市廛志》。

② 乾隆《临清州志》卷11《市廛志》。

③ 《明神宗实录》卷418,万历三十四年二月丙午,台北"中研院"历史语言研究所1962年校勘本,第7890页。临清的三大行为哪三行,尚未查到确切记载,如果从商品经销额的大小推论,当以布、缎、粮三者为最。暂附识待考。

④ 《明神宗实录》卷418,万历三十四年二月丙午,第7890页。

明代"漕运军人许带土产易换柴盐",并"置有土产、松杉板木、篙竹等物,沿途易换银布,以备交粮车脚等用"①;清代规定亦相类似。政府对这些搭运的土宜货物免其抽税,"以资运费""以恤军困"。这批漕军每年往返运河之上,北上重船限额携带"土宜",南下回空时又往往在免税额外揽载商货,更完全变为客货商船。明清两代漕船约在万艘左右,每船配置运军、水手10—12人,于是运河沿线十数万非正式的商人每年往返进行贸易活动,其中相当数量的漕军要在临清购销商品。可以肯定地讲,这批不是商人的商人,在促进临清的商业繁荣中也起着相当重要的作用。

大规模的商品流通,不仅要有商人及商业资本,而且需要一系列为之服务的人员、设施、机构。因而围绕着这些外来客商及其资本的活动,在临清形成了包括购销、存储、运输在内的一整套商品流转环节及辅助设施,从而保证了外来客商经营活动的顺利进行。临清本地的商业资本大多投资于此。

临清以转运贸易为主,商贾辐辏,百货汇集,"商旅之所往还住止,水陆货物之所以储蓄贸迁"②,需有个落脚之地。因此,临清的客馆、邸店业甚为发达,大小店坊分行别类,有数百家之多。这些客馆即是商人过客的停居之所,也为商人存储和转运货物服务。故州志称,"商贾虽周于百货,而贸迁以应时需者必藏于此而后通"③。这些客馆、店坊有的是临清的官民之家、"街市人户"利用个人闲置屋宇充作"停货店舍"④,招揽过往客货。较大的商行一般则有各自的专店,如纸商,店在会通河南北锅市及工部街,"商来寓店,店列字号";茶商,店在卫河西,"大者二十八家,小者不计";辽东客商,巨贾店主有七家,后增至十三家。客店店主从客商货物中抽取一定数量的租金,"资为生业"⑤,有些店主并兼充买卖双方的中介,赚取佣金,亦即牙

①　万历《大明会典》卷27《漕禁》,《续修四库全书》第789册,上海古籍出版社2002年版,第497页;《万历会计录》卷35《漕运》,第1107页。

②　《明英宗实录》卷254,景泰六年六月乙亥,台北"中研院"历史语言研究所1962年版,第5477页。

③　王直:《临清建城记》,康熙《临清州志》卷4《艺文》。

④　《续文献通考》卷18《征榷考》,浙江古籍出版社1988年版,2932页。

⑤　乾隆《临清州志》卷11《市廛志》。

商。这种情况大约并不罕见,故所谓客馆实际上有很大一部分乃是邸、店、牙三者合一的机构。有些店主还与商人相互立有合同,甚至属于行商、坐贾合营性质。当然,一些较大的商行也可能是由客商自己在此设店的。有些店主并包纳商税,万历年间临清商税中由牙店包纳的税银为二万余两,约占商税总额的三分之一。①

除上述兼事牙商的店主外,临清还有一批专门的牙侩、经纪。举凡故衣、杂货、布缎,"各行贸易俱有","细至柴炭、蔬果亦不能少"。他们以居间拉捎赚取牙佣,有百余名之数,但"凡有店主及按货合同者不在此例"②。

外地输入商品的分销和本地农产品的汇集并不总是生产者直接入城购买和出售,而需要一批经常出入于较低级别市场的商人。如车营、塔湾及靖西门内的粮食市以本土及附近州县的粮食买卖为主,其中会有相当一部分粮食是由乡集、县市的零星收购汇集而来。东西两城棉花市的棉花汇集当也是如此。临清本境从事商业的人口众多,大约正是适应了这种需要。

由于商品运输的需要,临清的运输业也随之高度发展。作为重要水运码头的临清,民船运输十分发达。明代小说中记载,由京师放外任的官员,或径赴任所,或回乡接取家小,多在临清雇船,由水路南下。③往返漕船搭载客货,也是临清水运的一个重要组成部分。

商品的运销往来,所需装卸脚夫为数甚多,以至大批本地小民依为生计。脚夫也有行,并且分区分帮划定地界:自东水门至钞关,钞关至砖闸,砖闸至板闸,板闸至广济桥,广济桥至北水门,各为一界,"船载止处,各出运货,不相侵犯"。至于粮行、纸店等,又有专门的脚行为之服务,不在此例。为护送商货而设立的临清标丁,"有马有步",共百余名,以精骑射、骁勇力"称最天下",主要是护送三行货物、金钱南北往来,暴徒不敢相犯。④

为运输服务的手工业则有油篓业、织席业及船具制造业等。油

① 《明神宗实录》卷 418,万历三十四年二月丙午,第 7890—7891 页。
② 乾隆《临清州志》卷 11《市廛志》。
③ 冯梦龙:《醒世恒言》卷 36《蔡瑞虹忍辱报仇》,人民文学出版社 1995 年版,第 788—815 页。
④ 乾隆《临清州志》卷 11《市廛志》。

篓,"编竹成之,糊以油纸"。临清的油篓以轻坚耐用,不怕鼠啮而著称,故南来客商在临清购买香油、菜油北上者必购此装油。城内从事此项编织业的手工业者为数不少,聚集成巷,即以"油篓"名之。①临清的席厂街为织席者聚集之地,席的编织主要是为漕仓、漕运以及大量商品粮的运销所需。橹、浆、绳缆的制造更显然是为水运需要服务的。

此外,外来客商人等作为庞大的消费人口,他们食宿所需还导致了临清饮食业、旅店业的发达。临清客馆甚多,除上述作为商业经营的辅助设施外,同时属于消费性服务设施,不仅只接待客商,也接待过往士子游客。明薛煊《临清旅店诗》曰:"有客乘骢来借宿,新诗留作赁房钱。"饮食行业,如茶饭食店、酒肆等"随街皆有",制曲造酒均很发达。生猪,临清本地所产不敷供应,需从济宁、沂州等地贩来货卖,"日集千余口",这也是由饮食业的需要所致。此外,临清专营制作修理桶、盆、锅盖、笼屉的手工业者有数十家之多②,主要也是为城内众多的客馆、饮食店及过往船只的此类消耗服务的。而为了一掷千金的商人们买笑挥霍,娼妓麇集,青楼栉比,勾栏成巷,则使人们透过这座城市由商业发达而形成的"繁华",看到这个社会阴暗的一面。

这样,以外来客商及其商业资本的活动为中心,在临清形成上述一整套商业、服务业体系,构成临清城市经济的主体,并左右着本城大部分居民的生计。临清城内虽亦有丝织、皮毛加工等手工业,但与这个庞大的商业经济相比,在整个城市经济结构中所占比重甚微。临清的城市经济基本上是围绕着商品流通这一中心运转的。

临清的商业活动是以客籍商人为主体,而他们所获商业利润又大多流出本境,很少在此落脚。如河南汤阴郑氏行贾临清,而把所获利润带回家乡,维持其在原籍的地主家族的经济;徽商李君"时时贾临清,往来江淮间",间岁一还乡,而最终定居江南嘉定。③资本既不进入生产过程,又不在此扎根,因而临清的经济繁荣也就如同建筑在沙滩上的楼阁,基础极不稳固。

---

① 乾隆《临清州志》卷11《市廛志》。
② 乾隆《临清州志》卷11《市廛志》。
③ 何乔远:《名山藏》卷101《货殖记》,《续四库全书》第427册,第557页;归有光:《震川先生集》卷18《例授昭勇将军成山指挥使李君墓志铭》,周本淳点校本,上海古籍出版社1981年版,第456—457页。

四、商品流通对临清及相关地区的经济影响

没有畅通的运输渠道就没有繁盛的贩运贸易。前已述及,临清商业的繁荣主要得利于其优越的地理位置。分合于临清的三条水道,北达京津,南抵苏杭,西及汴梁,是临清商品流通的主脉;以这三条主干为端点,再与其他水路、陆路相互衔接,就构成一张动脉与支脉纵横交织的广袤的商品流通网。正是通过这一流通网络,临清的商品运销所及,除山东本省各府州县外,包括京师、直隶、河南、山西、陕西、甘肃、湖广、广东、江西、福建、安徽、江苏、浙江以及辽东等地,遍及明代十三布政司中的九个,清代关内十八行省中的十四个以及关外的广大地区,甚至远及西藏、蒙古等边疆特区。州志所称临清盛时,"南达闽粤,北通辽海",当属纪实而非虚妄。

临清作为南北物资交流中心,从南方输入的布匹、绸缎、铁锅、磁器、纸张等,大多为当时经济相对落后的北方地区不能生产或所产不敷需求的商品;而输往南方的棉花、豆类、梨、枣等农产品亦为南方所需。商品的相互流通,在一个相当大的范围内满足了社会各阶层的各种需要。这一点是显而易见的。商品流通也当然地对临清本地及周围地区的经济产生了重大影响,这主要表现为:

第一,商品流通促进了城市的发展与繁荣。

临清原为东昌府属县,元末明初的战乱曾使"淮以北鞠为茂草"①,对这一带破坏很大。明初临清编户仅只六图,地广人稀,疮痍满目。洪武年间,划堂邑等县版图归之,并屡次迁民以实,渐增编为三十六图。即使图图满额,达 110 户,也不过三千余户。明中叶以后,随着商品流通的发展,"游宦侨商日渐繁衍","四方之人就食日滋"②,临清城乡人口都有了迅速的增长,在建置上也升格为州。临清城也因"生聚日繁,城居不能什一"③,于正德、嘉靖年间两次扩建,"以卫商贾之列肆于外者"④。到万历年间,临清州户口已增至三万

---

① 《明史》卷 77《食货一·户口》,中华书局点校本 1974 年版,第 1881 页。
② 康熙《临清州志》卷 2《赋役》;乾隆《临清直隶州志》卷 2《建置》。
③ 乾隆《临清直隶州志》卷 3《城池》。
④ 康熙《山东通志》卷 13《城池》。

余户。①

各地商人的涌入，商品的汇集，在临清形成了遍及全城熙攘喧嚣的商业街市；为商业资本活动所需的购销储运等各项设施，则为本地居民提供了门类众多的就业机会。这二者相辅相成地结合在一起，构成了临清城市经济的整体。商品流通使临清由明初的荒郊僻野，以及其后的漕运码头，发展为一座繁华的商业城市。

第二，商品流通促进了本地区农业生产的商品化。

临清作为南北物资交流中心分别为本地区农产品的汇集和远销，以及南方手工业品的输入和转销提供了便利条件，促进了社会经济的活跃与发展。"商业依赖城市的发展，而城市的发展也要以商业为条件"②，二者互为因果。明初临清地区值战乱之后，"田多荒芜，居民鲜少"，社会经济亟待恢复，尚拿不出多少商品与南方相交换。中叶以后，随着北方农业生产的发展，特别是植棉的普及，这种状况有了很大改变，农产品输出增长，交换能力也随之提高，能够从江南输入更多的手工业品和其他必需品，而交换的需要反过来又促进着商业性农业的发展。嘉隆万以降，该地区农业的商品化已达到相当的程度，并形成了农业种植的专业性分工，夏津、高唐、武城、恩县都是棉花的集中产区，夏津县五个乡中就有三个乡以植棉为主，以至"年之丰歉率以此为验"③。植树种果也很普遍，有些农民甚至专以种植果树为业，"每岁以梨枣附客江南"，以出售果品的收入开支全家的衣食日用所需和交纳赋税。④经济作物的种植自然是以出售为目的的，另一方面，经济作物种植的专业化意味着有更多的农户需要从市场上获得粮食，也就同时反映了粮食商品化程度的提高。棉花、梨、枣等农产品的大量输出，也在一定程度上提高了小农的经济收入，如棉花的输出就使棉区很多农民"以此致富"，甚至引起民俗转奢⑤，而这一地区农产品输出的增长和消费水平的提高，又为江南地区提供

---

① 万历《东昌府志》卷12《赋役》。
② ［德］马克思：《资本论》第3卷，人民出版社1975年版，第371页。
③ 乾隆《夏津县志》卷2《建置志》。
④ 康熙《堂邑县志》卷16《人物》。
⑤ 万历《东昌府志》卷2《物产》；陈梦雷编：《古今图书集成·职方典》卷254《东昌府风俗考》。

了手工业原料和产品市场,从而为江南经济的进一步发展创造了有利的外部条件。事实上南北两大经济区的频繁交换,不仅对于交换双方,而且对于活跃全国经济都有着极为重要的意义。作为交换中枢的临清,功不可没。

第三,商品粮食的流通在一个相当大的范围内起着平抑粮价的作用。

粮食流通是临清商品流通最重要的内容之一。粮食的流通满足了临清城市大量非农业人口、流动人口、附近乡村以种植经济作物为主的农业人口的日常消费,以及种植粮食的农户调剂品种、余缺的诸多需要。不过,由于临清粮食市场的流通规模甚大,其作用远不止此。

传统时代以农业为国民经济的主体,粮食生产是农业的最主要内容。生产条件、技术水平的基本一致,使得商品粮食在一定区域范围内会形成大致相同的价格。这种地区性的平均价格又会由于供求关系发生波动,而波动的结果是使粮价在一个更大的范围内趋向平均。我们知道,地区间的价格差是商人追逐的商业利润的重要来源,因而也是吸引商品流通的动力所在。从一个较短的周期来看,只要价格差大于流通费用,这种商品运动的势头就不会停止。如果从更长的周期来看,反复流通的结果,必然导致相关地区之间的价格趋向一致。灾荒歉收或其他意外变故,会引起某一地区范围内供求失调,从而使长期流通形成的地区性"常价"被打破,商人的囤积居奇更推波助澜地加重了价格上涨趋势。但是,这种状况不可能长期持续。如前所述,地区性的价格差会引起丰产低价地区粮食的大量流入,使粮价回跌,重新达到平衡。如天启年间,丘县遭受蝗灾,谷价沸腾,知县高继凯"为转河南粟千余石而价以平"①。直隶、河南、山东三省粮食的丰歉调剂正是临清市场粮食流通的一项重要内容。透过临清这一窗口我们已经看到,因丰歉不均引起的供求失调是三省间出现粮食差价的主要原因,这个地区性的差价既是吸引商人贩运粮食的主要动因,也是粮食流通量的重要调节器。差价小,"商人获利无几",则贩运者少;差价大,"商人趋利如鹜",粮食流通量激增。

---

① 康熙《丘县志》卷5《职官志》。

从孤立的每一个商人来说,他从丰产低价地区运往灾区的粮食越多,速度越快,自然获利就越大。但是由于众多商人的争相趋利,结果却是这种输入速度越快,输入地的粮价回跌也就越快;输入量越大,粮价就越是趋向于"常价"。以临清为中心的粮食流通正是通过供与求这对矛盾的不断运动,使粮食价格在一个相当大的区域范围内趋向平均,并不断地维持着这一平均化趋势。这样,建立在地区性生产水平基础上的小范围内的粮食价格,通过流通波及相关地区,从而形成一个较大范围内的价格平均;而这一大范围的价格平均,又通过流通不断地起着稳定某些小范围内由丰歉或其他原因引起的价格波动的作用。换言之,大规模的商品流通正是通过价值规律和供求规律的自发调节,形成"常价"并不断地维持"常价"的过程。也正是流通本身使商人的贪欲在很大程度上受到制约,从而使其商业活动更多地起到了保证社会经济生活正常进行的积极作用。明清两代政府为了保持政治上的稳定,也是采取措施尽力稳定灾区粮价的,除了利用传统的常平仓之外,还采取鼓励商品粮食流通的政策,灾年免收粮食运销税就是政府利用临清这一重要的粮食市场的证明。因此,封建商业贱买贵卖的规律在中国这样的中央集权制国家范围内,在像粮食这类商品的流通中,其作用并不是无限度的。同理,布匹、绸缎以及其他各种大宗民生日用品的贸易,或多或少也是如此。

总的说来,临清作为商业中心,对于周围地区的经济发展无疑起了积极的促进作用。不过,对于该地区生产结构以及生产关系的变革,其所起作用甚微。

活跃在临清市场上的商品——我们暂且撇开其中属于中转的部分不论——输出以农产品棉花、梨、枣为主,输入以棉布及日用器皿为主。即以本地的初级农产品换取南方的手工业品。"以州之所有余易州邑之所以不足"[①],反映了临清地区与江南在经济发展水平差距的这种交换,显然对经济较发达的手工业产品输出区更为有利。这种交换越发展,交换双方在经济水平上的差距也就越大。因此,商品交换不仅只是个量的扩大,还有一个质(这里是指输出商品中手工

---

　① 康熙《临清州志》卷 2《土产》。

业产品所占比重)的提高问题。从这个角度看,临清作为商业中心存在了数百年之久,并没有给其周围地区经济带来根本性的改变,这里的单一种植业结构依然如故,商品输出仍以初级农产品为主。历史证明,农产品的直接输入城市乃至远销,可以引起城市商业的高度繁荣,却不能导致本地区生产结构的显著变化;只有农产品就地加工的发展,才可能促成农村经济的根本性变革。

临清的商业是为封建政府的国用军需服务的,也是为社会各阶层的消费需要服务的。这种类型的商品流通是建立在需求基础上的,它从属于消费。一个很说明问题的现象是,作为纺织品贸易中心,临清的繁荣是与北方纺织业的落后,从而形成的北方消费市场对江南纺织品的需求相联系;而它衰落则恰恰是由于北方棉纺织业的发展造成的。足见这种商品流通不是资本主义性质的。十六至十八世纪的临清城市经济,一方面是商业的高度繁荣,另方面是产业的相对薄弱。由于资料的欠缺,我们难以确认在该城经济中有无资本主义的因素产生。不过,如果从该城以后的历史发展来考察,起码可以认为,临清商业的高度繁荣并非资本主义生产方式的序曲,商品流通并没有为之带来生产关系的根本性变革。

*　　　*　　　*　　　*

临清属于流通中心型城市。临清城在建筑之初,几乎完全是为了保卫国家漕运仓储的需要,其后的城市扩建以及建置上的升格,主要也是因为它在保证政府和军队的供应方面,以及财政税收上的重要地位。封建政府为保证漕运对运河不断修浚,随之而来的则是商品流通的发展。这一经济的自然发展过程在很大程度上改变了、或者说是冲淡了该城的政治色彩,使之最终得以商业著称于世。如果将中国封建社会的城市划分为政治中心、手工业中心及商业中心三类的话,临清无疑属于第三种类型。与各级较大的政治中心,如开封、济南等城市相比,临清没有众多的高级官僚,也没有封王赐爵的世袭府第;和以发达的手工业著称的城市,如苏州(当然,该城的商业也很发达,这里暂且撇开不论)相比,这里没有闻名遐迩、行销全国的特殊手工业产品,临清在某些方面倒是与位于长江中游的汉口有类似之处,都以发达的转运贸易而著称。

临清的繁荣并非基于自身工农业生产的发展,恰恰相反,它的繁荣是当时南北经济发展不平衡的产物,是北方消费市场对较为先进的江南经济高度依赖的产物。或者也可以说,这是一种全国范围内的余缺调剂、有无调剂。南方商品的大规模北销,需要有一个中继市场,而地理位置、交通条件等方面的特点,使该城得以膺此重任。正因为如此,临清商业的繁荣与北方经济的发展程度成反比,随着清代北方经济的发展,临清的重要性势必日益下降。这一点,在十八世纪已经有所反映。

临清的商业多为转运贸易,是沟通产品与消费的桥梁。它以生产过程的终结为前提,并不介入生产之中,因而不是资本主义的商品流通。十六至十八世纪的临清并没有由于商业发达而产生资本主义。在中央集权制度下,临清所起的作用不仅是为保证国用军需的供给,同时也在为整个地主经济的运转服务,该城市场上粮食、棉花的大量吞吐正反映了这一点。临清的商业并不是地主经济的对立物,而是它的重要组成部分。

(本文原载《中国经济史研究》1986 年第 2 期)

第二节　清代乾隆至道光年间的重庆商业

重庆位于四川盆地东部,嘉陵江在此与长江交汇。明清两代重庆均为府治所在,以巴县为附郭。历史上,重庆是一个军事重镇,向为兵家必争之地,经济开发相对较晚。清代重庆作为商业城市的崛起,与清初四川盆地的大规模移民开发密切相关。

关于清代前期的重庆经济,已有不少学者进行过研究。[①]不过,近年来《清代乾嘉道巴县档案选编》的出版[②],为我们对重庆经济做进一步的考察,提供了大量极为珍贵详实的资料。本文主要利用这些档案资料,对乾隆—道光年间重庆城市经济的发展特点,特别

[①]　如冉光荣《清代前期重庆的店铺经营》(《清代区域社会经济研究》,中华书局 1992 年版)、林成西《清代乾嘉之际四川商业重心的转移》(《清史研究》1994 年第 3 期)等,王笛《跨出封闭的世界》、王纲《清代四川史》等书中对清代重庆商业亦有论及。

[②]　四川大学历史系、四川省档案馆编:《清代乾嘉道巴县档案选编》上册,四川大学出版社 1989 年版;下册,1996 年版。

是重庆作为西南地区重要流通枢纽的地位和作用，做进一步的探讨。

一、各省商人在重庆经营的主要行业

明代四川经济已有一定的发展。万历年间四川人口为 26 万余户，310 万口；耕地面积1 348万亩。明末的连年战争对四川经济破坏极大，清初几乎完全荒芜。康熙二十四年四川全省耕地仅 170 余万亩，田赋岁入仅 3 万余两。①为恢复经济，清政府制定了一系列优惠政策，一方面招徕流落外地的川民返回故里，另一方面鼓励外省农民进川开垦。经过数十年的移民垦荒，土地渐辟，经济复苏。雍正年间四川耕地面积已增至2 100余万亩，乾嘉时又增至4 600万亩；地丁田赋岁入雍正年间增至 22 万余两，乾隆时为 66 万两，道光年间超过 100 万两。②

随着经济的恢复与发展，商品流通也日渐活跃。位于四川盆地长江口的重庆遂成为四川与内地联系的主要通道，成为四川，也是长江上游最大的商业城市和货物集散中心。乾隆《巴县志》记载称，重庆为"三江总汇，水陆冲衢，商贾云集，百货萃聚"，"吴、楚、闽、粤、滇、黔、秦、豫之贸迁来者，九门舟集如蚁，陆则受廛，水则结舫。计城关大小街巷二百四十余道，酒楼茶舍与市阛铺房鳞次绣错"。③《巴县档案》亦载，"渝城系三江总汇，上通云南贵州，下通湖广陕西"，自"临江门搭船至磁器口，逆水四十余里；磁器口搭船至临江门，顺水三十余里，系水陆冲衢……每日经过客商络绎不绝"。④在这里集散的商品除四川本地所产之外，"或贩自剑南、川西、藏卫之地，或运自滇黔秦楚吴越闽豫两粤之间"。⑤

乾隆年间重庆商业已相当繁荣，县志记载，其时该县领帖牙行计有一百五十余家，"十倍他邑"。表 3—3 是乾隆年间重庆牙帖数额及其税额的具体状况，请参见。

---

① 梁方仲：《中国历代户口田地田赋统计》，乙表 32、61、66。
② 梁方仲：《中国历代户口田地田赋统计》，乙表 61、66、79。
③ 乾隆《巴县志》卷 10《风土志》；卷 2《建置志》。
④ 《清代乾嘉道巴县档案选编》上册，第 409 页。
⑤ 乾隆《巴县志》卷 10《风土志》。

表3—3 乾隆年间重庆牙帖及其税额一览表

类 别	张 数	税银(两)	类 别	张 数	税银(两)
山货帖	55	62.5	酒 帖	3	3
广货帖	20	27	猪 帖	2	2
杂粮帖	12	18.5	纸 帖	1	1.5
药材帖	8	9	丝 帖	2	2
青靛帖	8	8	西货帖	2	2
竹木帖	6	13	毛货帖	2	2
锅铁帖	7	7	大红帖	2	2
布 帖	4	4.5	杉板帖	2	2
磁器帖	3	4	广鱼帖	1	1
纱缎帖	1	1.5	铜铅行	1	3
广货布匹帖	1	1.5	典当行	1	5
姜麻帖	2	2.5	船行帖	2	2.5
油 帖	3	3			
油麻帖	1	1	合 计	152	188.5

资料来源:乾隆《巴县志》卷3《赋役志》。

重庆居民系以移民为主。乾隆年间重庆建有湖广、江西、福建、江南、浙江、山西、陕西等八省会馆,这些会馆虽是移民会馆,但其核心和主体则是商人。重庆的牙行经纪也"大率俱系外省民人领帖开设"。《巴县档案》中有一份嘉庆六年"八省客长"奉地方官之命对该城现存牙行牙帖状况进行调查的禀文,文称:"渝城原额引帖修(旧)计有一百五十一张,现在开行者计有一百零九张,余帖存滞,并无开设";"查得江西省开行者共四十户,湖广省开行者共四十三户,福建省开行者共十一户,江南省开行者共五户,陕西省开行者共六户,广东省开行者共二户,保宁府开行者共二户"。该禀文附有这109户牙行的清单,分别开列各行的省籍、行名、领帖人及实际经营者姓名,经营内容等项。[1]其中,江西商人主要经营山货、棉花、药材;福建商人

———————

[1] 《清代乾嘉道巴县档案选编》上册,第252—256页。

则集中在山货和烟草两行;江浙商人多经营糖、纸张、磁器等货;陕西商人经营皮毛;四川保宁府的二行都是经营丝的,保宁府乃是著名的阆丝产地;而两湖商人经营范围甚广,靛青、棉布、杂粮、麻、山货、磁器、锅铁、花板、猪、酒等行均有涉及,其中又以靛青和山货为多。表3—4 所列是嘉庆六年各省客商所领牙帖及其经营内容,请参见。

表3—4　嘉庆年间各地客商在重庆所领牙帖分布一览表

	江西	湖广	福建	江南	陕西	广东	四川保宁府	合计
山货	22	7	7		1	1		38
棉花	12							12
药材	11							11
靛行		8						8
布行	2	2			1			5
锅铁	2	3						5
烟行			4					4
麻行	1	2						3
糖行				3				3
酒行		3						3
毛货					3			3
丝行							2	2
磁器		1		1				2
油行	1				1			2
花板		2						2
猪行		2						2
纸行				1				1
纱缎						1		1
杂粮		1						1
铜铅	1							1
合计	52	31	11	5	6	2	2	109

资料来源:据《清代乾嘉道巴县档案选编》上册第254—256页统计。

二、重庆市场上汇聚的主要商品

从表 3—3、表 3—4 我们看到,汇集于重庆市场上的商品主要有山货、广货、粮食、药材、染料、竹木、棉花、布匹、磁器、锅铁、烟草、糖、酒、丝、麻、绸缎等。其中,粮食、药材、染料、木竹及"山货"等项是从四川输出的主要商品,而棉花、磁器、锅铁、烟草、以及"广货"则为输入商品。现择要分述如下。

1. 山货与广货

乾隆《巴县志》所列重庆牙帖以山货、广货二者为最。《巴县档案》亦载,"渝城水陆冲衢,万商云集,凡城内城外各牙行既有山货、广货之分……各照码头卖货,不得彼此搀越,致起争端"①。所谓山货主要是指皮革、桐油、白蜡、木耳、竹笋等产自山区的四川(以及西藏、云贵经由四川输出)土产。巴县档案中有记载称:孔茂公"开山货行,代客买卖牛皮牛胶"。又如,嘉庆九年贵州商人黎德茂"装笋子来渝投瑞泰行发卖";秦玉顺"贩运笋包来渝,起贮德丰行,交与李得丰并挂平之胡天佑发卖";这里的瑞泰行、德丰行就都是山货行。②桐油,是造船修船的重要涂料,重庆南部山区的綦江、南川、江津等县是四川桐油的重要产区,如綦江县"桐子到处皆有",每年"八九月间挑负盈路,收者积之如山,油房声相应",所产桐油除点灯外"皆载出外河,为捻船油漆之用,屯户有岁获万金者"。③民国《巴县志》有记载称"桐油旧隶山货"④,即桐油在清代曾属山货业,民国时已单独立为一业了。

所谓广货当也是对某一类商品的总称,不过广货行经营的内容未见明确记载。广货,大概是指从广东运来的商货。王纲《清代四川史》言:在四川经营的广帮又分"内广帮"和"外广帮",所谓"内广帮"系指住在顺德、广南、古岗三栈内的广东客商,其他广客即称"外广帮"。⑤不过,上述嘉庆年间湖广商人在重庆领帖牙行中所占比重之高远超过广东商人,故这里的"广货"也可能主要是由湖广商人贩运

①　《清代乾嘉道巴县档案选编》上册,第 362 页。
②　《清代乾嘉道巴县档案选编》上册,第 369、363、362、254 页。
③　道光《綦江县志》卷 10《物产》。
④　民国《巴县志》卷 13《商业》。
⑤　王纲:《清代四川史》,成都科技大学出版社 1991 年版,第 749 页。

入川的。

2. 粮食

粮食是四川输出的大宗商品之一。清初数十年的移民垦荒,使四川农业得到迅速恢复与发展,到雍正年间川米已开始大量外销,"出荆襄达吴粤",成为江浙地区商品粮的重要来源之一。雍正年间抚按大臣有言:"汉口地方川米连樯而至,米价平减,江浙客商搬运甚多",且有"江浙粮米历来仰给于湖广,湖广又仰给于四川"之语。[①]邓亦兵估计乾隆年间由四川输出的粮食每年约三百万石[②];吴承明先生则将输往江南的川米与湘米合计,估为一千万石。[③]

四川粮食输往江楚诸省都需经由长江东下,故重庆之粮食市成为"川省总汇",贸易十分繁荣。重庆周围的津渡即多系"米口",嘉陵江上的 16 处津渡中有 9 处为"米口",长江上的 9 处津渡更全部为"米口"[④],四川各府州县的余粮通过不同的水道和市场环节汇聚于此。如重庆府定远县所产米谷"舟运保宁、重庆一带地方"[⑤];"夔州、保宁二府以及其余府属有产米地方,俱……装至重庆就卖"[⑥]。较远的地区,粮食多先汇集到地方性粮食市场,如金堂的赵家渡、射洪的太和镇,以及遂宁、万县、泸州、合州等都是较大的粮食集散地;绵州、彰明、江油、安县所产粮米经太和镇运至遂宁,再运至重庆出川。[⑦]重庆共有杂粮行帖 12 张,粮食买卖立有行规。道光年间的杂粮行规定有七条,其中有六条涉及粮食买卖,摘录如下:

> 一议,银水平砝仍照旧例,不得轻平毛色,有滥行规;
> 一议,即现随手账期买卖,当客面议,始无欺假争论;
> 一议,斗斛仍遵官结行斗,经行户斗纪过量,庶无舛错;
> 一议,大小两河远近上下客货抵岸,任客投行,务要秉公按时市议价;行用照老额,每石卖客二分,买客二分,不得违例过

① 《雍正朱批谕旨》,迈柱、王景灏等折。
② 邓亦兵:《清代前期内陆粮食运输量及变化趋势》,《中国经济史研究》1994 年第 3 期。
③ 许涤新、吴承明主编:《中国资本主义的萌芽》,第 275 页。
④ 王笛:《跨出封闭的世界》,中华书局 1993 年版,第 207 页。
⑤ 嘉庆《定远县志》卷 17《风俗志》。
⑥ 《雍正朱批谕旨》六年二月初六日管承泽奏本。
⑦ 王笛:《跨出封闭的世界》,第 208—210 页。

索,如违凭客帮议罚;

　　一议,大小两河客货来渝,未经行户议价,或自过载,自起坡,对客买卖,较取斗每石一分行用;倘经行主提盘交易,仍照前例每石取用,无得紊乱;

　　一议,投行经手生理之人,务要至公无私,遵规议价,勿得滥规贴用惑商舞□;所获用资,以二分一石上入行用,不得任意乱规,如违规不遵,任行主公禀;

　　……

　　以上公议条规,务宜恪守遵依,不得违拗。如有故违,有误客事,照公议章程受罚,不得推诿。[1]

3. 药材

药材是四川输出的又一大宗商品,乾隆年间重庆有药材行帖8张,嘉庆六年的清单所列则有11行,均由江西商人经营。江西樟树镇是全国最著名的药材市场,由重庆输出的药材估计有相当一部分系输往樟树。四川所产药材品种很多,如綦江县药材以枳壳、木瓜为大宗“小贩收买,商人捆包,船载渝行,或径至楚”[2]。灌县之青城山产川芎、泽泻,该县太平、中兴二场即以药材为商品之大宗,这两个场的药材先汇集到石羊场,顺石羊水下运至元通场,商人在此把从各场收购来的药材汇集成庄,然后大批运出川省。[3]简州、资州、遂宁、内江等州县则盛产红花。王培荀《听雨楼随笔》记言,“蜀地红花贩入四方者较他省为佳,内江县产尤多”[4]。红花既是药材,又可作染料,故江浙商人也千里迢迢赴川省购之染丝绸。乾隆年间陆炳有诗《红花行》记之曰:“简州四月采红花,简州城门动塞车;买花尽是苏杭客,姑苏余杭道途赊。争发红花趁头水……半月为限悉抵家;抵家之时方仲夏,颜色鲜新染轻纱。”[5]

4. 染料

---

①　《清代乾嘉道巴县档案选编》上册,第246页。

②　道光《綦江县志》卷10《物产》。

③　高王凌:《乾嘉时期四川的场市、场市网及其功能》,《清史研究集》第3辑。

④　王培荀:《听雨楼随笔》卷6《内江红花》,魏尧西点校本,巴蜀书社1987年版,第344页。

⑤　王培荀:《听雨楼随笔》卷5《简阳红花》,第326页。

四川输出的染料除上述的红花之外,靛青数量更大得多,重庆专门设有青靛牙帖 8 张。川省的綦江、江津、合江、长宁等县都是重要的蓝靛产地,如合江县谢常明、袁鹏先等以"栽种蓝靛营生",道光六年"二人共装靛三十二包来渝",投洪兴行发卖;道光八年在朝天门开设钱店的商人黄有成"先后立票借客民"丘发源、王和顺等人白银 3 900 余两,"作本往合江县买靛来渝发售",采购量相当之大。①又如商人王正顺以"买贩靛斤生理",嘉庆二十一年他在江津县"承买唐茂先蓝靛,价银一百三十两","将靛载渝投天一行出卖";道光九年"长宁县靛客程裕隆、江津县靛客刘聚和共贩靛三十三包运渝,投朝天门林德茂靛行发卖";道光十八年客商柳兴顺、张洪发、黄仕顺等从"綦江、合江、江津各处贩靛来渝朝天门外,投裕丰行发卖",所贩靛包"约值银一千四百余两"。②汇集于重庆的靛青除供本城染坊所需之外,主要是沿长江东下销往湖广等处。如商人余魁顺"在渝开设魁顺栈,代客装靛生理",道光十一年十月代"黄帮靛客"田复顺、刘德二人雇邓应洪船只装载大靛共 164 包,运往汉口。③重庆靛行也定有行规。嘉庆六年的靛行行规列有:

> 一议,一客之货或一船之货分起三两行者,无论字号各别,务口口口酌验货做价;如一人做价,一人过秤,其货完售,通知兑银,违者公罚;
>
> 一议,凡九河来靛,务须留神查看边底,分别真伪……
>
> 一议,做价务须公平,过秤亦当公正……
>
> 一议,凡收各买客银两,仍照旧规,以九一色足兑……
>
> 一议,凡兑卖客银两,务须斟酌,尽以收回之银兑给……
>
> 一议,凡兑卖客之秤,仍照较准常制法码兑给,出入一体,以免争论……
>
> 一议,凡来行买靛之客,不拘多寡,其秤与价仍然一体方为公平交易,童叟无欺……④

---

① 《清代乾嘉道巴县档案选编》上册,第 352 页。
② 《清代乾嘉道巴县档案选编》上册,第 351、354、357 页。
③ 《清代乾嘉道巴县档案选编》上册,第 356 页。
④ 《清代乾嘉道巴县档案选编》上册,第 237—238 页。

嘉庆六年巴县地方官也发布告示，将客商与靛行行户协商议定的"银色、秤斤"等项规定昭示于众。其告文曰："查得渝城靛行自乾隆三十六年因银色、秤斤不一，致邱有山、邓明山等上控藩宪……至嘉庆四五两年弊窦复萌，银色倍低，秤斤不一，彼此紊乱行规。去年腊月九河山客协同八行行户等妥议，两愿遵照旧规……蒙批委八省议复。民等遵委公议，两愿遵照旧规，铁制正秤，撒手离锤，每篓除皮十八斤，每百斤加十斤，九八色银过验，九折扣兑……据此除呈批示外，合行出示晓谕行户、靛客人等知悉，嗣后务须遵照旧规，颁发铁制正秤，称吊靛斤，撒手离锤，每篓除皮十八斤，每百斤明加十斤。其银仍照旧规，九八成色过验，九折扣兑。"①

5. 木材竹料

长江上游及其支流金沙江、嘉陵江、涪江、渠江等流经的四川、云南、贵州等省，是清代最重要的竹木产区和输出区之一，所产竹木多沿长江及其支流运往江南各地，或再转运河北上输往直隶、京师。金沙江发源于青海西部，先后流经四川、云南，再转回四川，至叙州汇入长江，在其所流经的四川雅安府甘孜、巴塘，云南丽江府境内，森林连绵数百里。云南的木材沿车洪江、牛栏江、金沙江运下；昭通永善的竹木、四川叙州府雷波厅等处的木材，也由金沙江顺流而下，运往叙州、重庆出售。嘉陵江发源于陕西南部，经陕西、甘肃入四川境，经保宁、顺庆二府至合川；涪江发源于松潘厅，经龙安府、绵州、潼州至合川；南江发源于保庆府境内，与巴水在江口合流，经绥定府入渠江，亦至合川；嘉陵江、涪江、屈江在合川汇流至重庆入长江。保宁、顺庆、潼川、巴州南江的木材，分别沿这三条江下运，"每年五六月江水泛涨方能扎筏放行，至七八九十等月始陆续抵（渝）关"，"或就近发卖，或运贩下楚"。②

重庆是长江上游最重要的木材集散市场，是西南木材向长江中下游转运的枢纽。康熙初年清政府在重庆设立渝关，征收关税，"乾隆十七年将渝关移设夔州府征收，惟木税仍在渝关，以便稽查"③。

① 《清代乾嘉道巴县档案选编》上册，第238页。
② 经君健：《清代前期民商木竹的采伐和运输》。
③ 《清代乾嘉道巴县档案选编》上册，第323页。

"重庆以上抵关木植完税之后,给有完单,听其发卖。凡有江楚商贩在重庆零买已税之木,总汇扎筏,前往湖广江南贩卖"。重庆城外江北嘴一带地方,江宽水平,是木材改捆扎筏之处,有专营此业者,凡"山客发卖各项木植,远商扎造下楚大簰,数十年来百无一失。篷缆夫工,熟谙齐备"①。乾隆《巴县志》载重庆竹木帖共有六张,竹木本为一帖,但竹行、木行往往分设。如乾隆四十五年冯兆元出租竹行租约中即写明:"帖内载竹木二字,木行已分开设,竹行无人承力开设,……,将竹木帖内竹行出租与杨瑞龙开设。"②商人经营者似也多竹、木分做,如乾隆年间合州商人安居甘王奇等"俱做竹子生理,均投渝发卖";嘉庆十五年木商刘成万"办运木植来渝发卖",售出大圆木四架半,共计202根,价银1 344.64两。③据说在四川领票入山伐木者多系江西、湖广商人。④

6. 棉花

棉花是重庆输入的主要商品之一。棉花多来自湖广,经营者也以湖广商人为多。如据商人江清等言:"小的们是湖广人,运花来渝发卖";唐仁和等也称,彼等"俱系楚籍,贩花生理","数千里运花赴渝"至朝天门码头,"每日码头上下棉花四五百包不等"。⑤如以每包百斤计算,则每日在朝天门码头起卸的棉花当有四五万斤之谱。陕西商人也有不少从湖广贩运棉花入川,如傅如松、赵松牲二人均"籍陕西,由楚贩运棉花来渝投行发卖";陕西商人刘志成则系"在籍承领东本来渝生理有年",嘉庆十年六月二十日"贩运棉花七十二包,投渝巨富方牛和、方豫泰叔侄自置行内发卖",所贩棉花价值2 530两零。⑥又如,道光二十年重庆商号全和彩号在汉口镇雇周兴顺船只,一次就"装载棉花一百八十包,运渝交卸"⑦,数量可观。再如马乾一、张大丰等五位商人"均系领本来渝生贸",嘉庆十年三月贩棉花投"巨豪郑

① 经君健:《清代前期民商木竹的采伐和运输》。
② 《清代乾嘉道巴县档案选编》上册,第327页。
③ 《清代乾嘉道巴县档案选编》上册,第328、323页。
④ 陈世松主编:《四川通史》第5卷,第255页。
⑤ 《清代乾嘉道巴县档案选编》上册,第339、338页。
⑥ 《清代乾嘉道巴县档案选编》上册,第342—343、339页。
⑦ 《清代乾嘉道巴县档案选编》上册,第424页。

殿扬等所开大昌棉花行"内发卖。其中,马乾一棉花价银1 000两零,张大丰银3 520余两,陶协盛2 740两,李如升365两零,王大丰银1 190余两,总计棉花价银达8 800余两之巨,均投往一家棉花行发卖,该棉花行的规模显然十分可观。①由湖广输入的棉花运抵重庆,再由此转销川省各县。道光九年吴立生雇请"胡高谟代卖棉花生理,每年工价二十千,高谟将花运至铜邑等处发卖"②。前述湖广商人江清等贩运至渝的棉花,有江津县商人买去71包,值银1 537两零。③四川各地船只装运棉花回本邑,须按路途远近,每包抽收一定数量的厘银作为船帮支办官府兵差的费用,如"装棉花赴江津船,每包收银一分五厘";"装棉花赴合江船,每包收银三分";"装棉花赴金堂船,每包收银八分"等等。④

7. 磁器

磁器是重庆输入商品之又一大宗。重庆共有磁器帖三张,主要由江浙商人经营,嘉庆六年《浙江会馆碑文》记载,"我湖列圣宫公所,自前辈偕宁府经营,百年于兹,所需公费,借货物之多寡,随斟酌以捐输,永定章程,咸称平允。第我湖贸易于渝者,磁器为最,杂货次之。粤稽渝城磁行牙帖有三,备载府志,既可任客投牙,又堪杜绝把持之弊也"。这里的"湖"当系指浙江湖州府,"宁府"或系指宁波府。该会馆碑文还言,"向来江浙磁货自豫楚及川,一体同照。因乾隆五十六年间紊乱前规,分开彼此,今后仍修旧规,另置湖震公栈。凡有磁帮公事,无分江浙,合而为一,永以为好";并规定了磁行的抽厘额:"凡磁货投发行售,俱属梓里,挂平经手仍照旧规外,本行厘金减半;本客粗磁每子三厘,细磁每只一分六厘,照数归公,以资行用";如系"过江水客,无论粗细磁器,正疏外,仍归厘金,每子六厘"等等。⑤与前述棉花一样,四川各帮船只装运磁器回邑销售,也须"每子收银五厘",作为船帮支办兵差的费用。⑥

---

① 《清代乾嘉道巴县档案选编》上册,第339页。
② 《清代乾嘉道巴县档案选编》上册,第343页。
③ 《清代乾嘉道巴县档案选编》上册,第339页。
④ 《清代乾嘉道巴县档案选编》上册,第403—404页。
⑤ 《清代乾嘉道巴县档案选编》上册,第251页。
⑥ 《清代乾嘉道巴县档案选编》上册,第403—404页。

8. 棉布

重庆经营棉布业的商人、商号为数不少,主要分为广布、土布两大帮。广布大概系指来自湖广的棉布,土布显然指四川本地所产。汇集于重庆的大量广布、土布除供应四川本省的非棉布产区之外,有相当一部分销往云贵、西藏等省。如居住在巴县仁里十甲的商人王吉顺,以"办卖布匹生理",即曾"往黔省桐邑发卖布匹"。①

清代前期,由于"川民不谙纺织",所产棉花往往由"商贩贱售至江楚成布",复"运川重售"。②棉花出川,楚布入川,乃是清代前期重庆棉、布贸易的基本形式。清代中叶,随着四川棉纺织业的发展,这一贸易格局发生了很大变化。首先,四川所产棉花已不能满足本地棉纺织业的需要,嘉道年间楚花已成为四川输入的大宗商品,我们在前面已经看到。其次,四川土布产区和商品量均有大幅度增长,除满足本地需求外,已有相当数量可供外销。如川北的岳池县"出布颇多,运贩他境"③;中江县所产棉布有大布、连机、台正等数种"远商贩至滇黔,为大装货"④。土布贸易量的增长也使重庆棉布业发生了较大的变化,道光年间《巴县档案》记载,"查渝城近日广布运来稀少,系被土布阻滞之故",四川土布业的发展使广布需求量大为减少,重庆原经营广布业的布行因业务萎缩倒闭了4家。⑤而经营土布业的店铺、商贩数量则大幅度增长,道光二十年的一份档案开列有渝城土布帮、土布铺商人字号,共二三十家,如土布铺商有高义和、唐亿顺、李兴顺、徐利川等;土布贩商、字号计有何原茂、董义和、汪双发、陈祥兴、和盛栈、万元栈、永义栈等;土红布帮有唐玉发、朱富顺、谭和丰、玉太顺;等等。⑥新开设的奕美、政庆、太正等号并自设染坊,收买"广安土布,自行染造"色布,夺去了色布帮老字号邱正昌、刘德昌两家不少生意。⑦

此外,滇铜、川盐等特殊商品转销湖广,也是重庆商业的一项重

---

① 《清代乾嘉道巴县档案选编》上册,第 396 页。
② 《清高宗实录》卷 747,乾隆五十年九月,第 226 页。
③ 道光《岳池县志》卷 18《风俗》。
④ 道光《中江县志》卷 1《地理志·物产》。
⑤ 《清代乾嘉道巴县档案选编》上册,第 345 页。
⑥ 《清代乾嘉道巴县档案选编》上册,第 346 页。
⑦ 《清代乾嘉道巴县档案选编》上册,第 345 页。

要内容。

三、重庆居民的职业构成

随着商业的发展，重庆的城市规模和城市人口也有较大的增长。明代重庆城厢只有 8 坊 2 厢，清代乾隆年间已增至 29 坊 15 厢。道光《重庆府志》记载，巴县嘉庆元年报部户口为75 000余户，21 万余口，但对乡村人口未做区分。①又据《巴县档案》记载，道光四年全县人口共计82 053户，386 478口；其中城内及关厢合计共有17 850户，65 286口；城居人口占全县总户数的 21.8%，占全县总人口的 16.9%。②

作为一个商业城市，重庆城市人口中经商人口所占比重较高是自然的。表 3—5、表 3—6 分别对重庆定远厢和紫金、灵璧二坊居民职业结构进了统计。这三个坊厢中商业人口均超过 50%，再加上从事运输业、饮食服务业和手工业者，工商业人口比重更高达 80%—90%。

表 3—5　乾隆三十八年重庆定远厢居民的职业结构

职业分类	户数（户）	占比（%）	备　注
总　计	300	100	
商　业	153	51.0	
开店铺	50		米铺、杂货铺、鞋铺、草鞋铺、药铺、烟铺、布铺、手巾铺、纸马铺、蜡铺、香铺、开行
小商贩	103		卖木、卖竹、卖煤、卖柴、卖米、卖菜、卖糕、卖汤圆、卖水、卖茶、卖烟
饮食业	22	7.3	饭铺、酒铺、油铺、豆腐铺、糕铺、屠户、厨子
服务业	21	7.0	剃头、裁缝、轿铺、抬轿
手工业	16	5.3	糖坊、糟坊、皮房、机房、石匠、木匠、铁匠、做香、做扇子
运输业	71	23.7	驾船、驾户、渡船、抬木、抬石、抬米、背货
合　计	283	94.3	

资料来源：《清代乾嘉道巴县档案选编》下册，第 310—311 页。

---

① 道光《重庆府志》卷 3《食货志》。
② 据《清代乾嘉道巴县档案选编》下册第 340—341 页统计。

表 3—6　嘉庆十八年重庆紫金、灵璧二坊居民职业结构

职业分类	户数（户）	占比（%）	备　　注
总　　计	534	100	
商　　业	287	53.7	
开店铺	90		扇铺、伞铺、烟铺、纸铺、帽铺、鞋铺、布铺、棉衣铺、麻铺、线铺、针铺、杂粮铺、米铺、京果铺、油果铺、盐梅铺、花铺、香铺、玉器铺、书铺、炭铺、油蜡铺、油脂铺、蜡烛铺、木货铺、罗盘铺、油漆铺、砖瓦铺
金融、行栈	82		钱铺、当铺、栈房、竹厂、炭行、开行、挂平
小商贩	43		卖米、卖油、卖笋、卖菜、卖肉、卖鸡、卖蛋、卖炭、卖烟、卖布、卖广货、收牛皮
其　　他	72		记作生理、小生理或小生意
饮食业	60	11.2	饭铺、酒铺、茶铺、菜铺、糕铺、酱园铺、油盐铺、油铺、豆腐铺、粉铺、厨子、包席
服务业	22	4.1	轿铺、抬轿、剃头、浆洗、担水
手工业	49	9.2	染坊、纸作坊、毡房、米房、面房、炭房、打铜、铁铺、银铺、做扇子、刻书、手艺
合　　计	418	78.3	

资料来源:《清代乾嘉道巴县档案选编》下册,第 318—319 页。

关于重庆的商业,我们在前面已经做了较详细的论述,这里对该城的运输业、饮食服务业再做些具体考察。

运输业的发达是商业城市的重要特点之一,作为水运码头,重庆船行船户之多更有其必然性。汇集于重庆的船只既有本省各府县的船帮,也有下游湖广各府船帮,分为广帮、川帮,"广帮装拨下楚一切等省客货,川帮装拨本省境内进出一切口岸地名客货……已立合约,彼此不得争装"①。各帮船只以航行河道之不同又有大河帮、小河帮之别。大河系指长江,小河系指重庆上游长江支流各河。大河帮又

---

① 《清代乾嘉道巴县档案选编》上册,第 408 页。

以重庆为界分为两段,重庆下游长江沿线四川、湖广各府船帮称"下河帮",计有长涪帮、忠丰帮、夔丰帮、归州峡外帮、归州峡内帮、宜昌帮、宝庆帮、湘乡帮等,共有船只七百二十余只;重庆上游长江沿线各府县的船帮则称"大河帮",计有嘉定帮、叙府帮、金堂帮、泸富帮、合江帮、江津帮、綦江帮、长宁帮、犍富帮等,估计也有船数百只。小河帮计有遂宁帮、合州帮、中江绵州帮、长庆帮、兴顺帮、顺庆帮、渠县帮等;各帮航行范围亦有不同:如遂宁帮系上至绵州、潼州府各船只;渠县帮船只的行船范围上至东乡、太平二县,下至广安、岳池;保宁帮上至广元县及陕西略阳县;兴顺帮系装略阳货至顺庆交收等等,约计共有船三百余只。①

除上述船帮之外,重庆各码头还有为往来商船提供装卸服务的拨船,其王家沱码头与五门拨船又有分工,并立有"拨船合约",规定五门应差拨货,由"王家沱码头小船载入;其有山广杂货花包油脂,悉归五门拨船拨运;所有谷米粮食等项,任客雇船拨运,两无阻滞"②。此外,重庆还有不少以抬木、抬米、背货为生的居民,也是为商货的搬运服务的。

饮食服务业也是重庆城市商业结构的重要组成部分。城市消费主体不同,饮食业的规模、档次会有较大的差异。对于商业城市而言,大量流动人口是城市饮食业的主要服务对象。这些流动人口除少数富商大贾之外,更多的是小商人,小本经营者乃至农民,他们的消费档次都不太高。为满足不同档次消费人口的需要,除高档酒楼饭馆之外,低档饭铺、酒铺也大量存在。乾隆《巴县志》称,重庆"酒楼茶舍"鳞次。《巴县档案》记载,紫金、灵璧二坊五百余户中,有饭铺10家,酒铺9家,茶铺12家,以做厨子、包席为业者也有数家。③又如武云、武俸与王居安三人合伙开设的"天星楼面馆",可能有一定规模;杨高太"在南纪门外开豆腐铺生理";熊合顺、岳国顺、钟长春等"在本城设炉打卖烧饼生理"等,则都是小本生意。④

从事服务业者,如经营婚丧喜庆业者为数不少,王世华、瞿先、刘

---

① 《清代乾嘉道巴县档案选编》上册,第417—418、402—404页。
② 《清代乾嘉道巴县档案选编》上册,第418页。
③ 《清代乾嘉道巴县档案选编》下册,第318—319页。
④ 《清代乾嘉道巴县档案选编》上册,第393、385、388页。

怀仁、罗玉、李向荣、李仕元等人各开有花轿铺,刘玉、谢贵等"在朝天门城内设有四大行吹炮手生理"。重庆的花轿铺分为上行、下行,从事吹打业者大约也相应地分属上、下行,如刘玉、谢贵等为"下行吹炮手",汪贵、景贵等则与上行关系较为密切。又有以剃头、修脚、浆洗、裁缝为业者,修脚行业还设有罗祖会,定有行规,看来从业者也人数不少。①

乾隆—道光年间重庆城市手工业也有较大发展,尤以丝织、造纸及钮扣制造等业为最。

1. 丝织

据《巴县档案》记载,乾隆五十九年重庆有"机房二百余家","绸号四十余家"。②如张玉龙自祖辈在渝城"开设万盛号织绫机房生理",到道光四年已是第四代了,并且与开县客商形成长期固定的买卖关系,"前搭后账,同行共知"。又如汪正兴、傅永顺、许义全黄开泰等数人均系"在渝开设机房生理";张宗华、梅玉兴、汪世照、张恒丰、张家桂等则"都在汪正兴、张永顺们各机房帮工织绫"为生。③

四川桑蚕业较为发达,很多州县均为蚕丝产区,尤以保宁府的阆丝最著。重庆丝织业所需原料丝当主要来自本省,经营蚕丝业者也以四川本地商人为多,重庆的两张丝行牙帖即均由保宁府商人承领,凡"装运山丝、水丝各样丝斤来渝,务须投行发卖"。重庆的丝线帮也由本省商人所把持、曾于乾隆年间与"江南、江西、湖广、贵州五省客长议立章程……议明开铺之家不得自行打线"。④不过重庆从事丝织业者可能以楚省移民为多。嘉庆七年楚省黄机房公立有《永定章程》。此事的缘起是因黄机房工匠谭仕贵、秦宝华等为工价银色与雇主发生纠纷,经县审断具结,由县令给示公立的。该章程规定了机房各工种的工价,计有提花、会绫、重绫、大绫、中绫、保帕、大绉绸、小绉绸、须巾、彩巾、灯纱、提花上手等12种,并规定"嗣后工价银两遵照九四足兑,不得低毛一二抵塞"。在

① 《清代乾嘉道巴县档案选编》上册,第394、395、390页。
② 《清代乾嘉道巴县档案选编》上册,第347页。
③ 《清代乾嘉道巴县档案选编》上册,第349、249—250页。
④ 《清代乾嘉道巴县档案选编》上册,第348页。

重庆上清寺还有楚省"丝棉行"所设的义冢,为该省从事此业客死他乡者提供安息之所。①

2. 造纸

四川竹木资源丰富,故造纸业成为重要手工业之一。重庆城内纸铺、作坊为数不少。如紫金、灵璧二坊,即开设有纸铺 11 家,另有红纸作坊一家。②这些纸铺有些不仅卖纸,还自行造纸,可能是前店后场的形式。如开设纸铺的廖洪兴等即称,他们"历来招徒兼雇工匠打截纸捆";胡富川等也在重庆"千厮坊正街各开草纸匠生理"。重庆造纸业工匠人数众多,故于乾隆年间议定,分为储奇党、朝天党两帮,各建有蔡伦会。道光间因朝天党工匠"孤贫者多殁,下庄银不敷葬费",两帮集议每"打纸一捆,零星抽钱四文",除用于祀神之外,"余作衣棺安厝"之资。③

3. 钮扣制造

重庆钮扣业分为川、广两帮。川帮系四川本地原有的钮扣制造业,广帮则是道光年间自广东佛山迁来的钮扣工匠。据道光二十一年《广扣帮公议章程》记载,"我广扣一行向在粤东佛镇开设,不惜工本,制造精细,四远驰名,历有多年,以取行商坐贾人咸信之,毫无紊乱。及今分来渝城,仍照原郡精工造作……四远销售,已及十载"。川、广两帮制造钮扣各有划分,不得逾越。据广东籍人莫信成所言,"道光十五年客民们在广东雇倩匠师来渝制造花素广扣发卖,经凭渝城钮扣铺首事周晴川们议明行规,分定川、广两帮",规定客民们制造广帮钮扣,"不得混做本地钮扣";本城川帮钮扣铺"不得做蚁广帮扣子,各有行规章程无紊"。④

＊　　＊　　＊　　＊

以上考察我们看到,乾隆—道光年间重庆已发展成为一个颇具规模的商业城市。凭借其优越的地理位置,该城的流通所及不仅可达四川本省各府以及相邻的湘鄂陕豫、云贵、西藏等省,而且远及江

---

① 《清代乾嘉道巴县档案选编》上册,第 241—242、250 页。
② 《清代乾嘉道巴县档案选编》下册,第 318—319 页。
③ 《清代乾嘉道巴县档案选编》上册,第 247、248 页。
④ 《清代乾嘉道巴县档案选编》上册,第 242、243 页。

浙闽广,成为长江上游和西南地区最大的流通枢纽城市。以外来客商的经营活动为中心,形成了一整套商业、服务业体系,构成重庆城市经济的主体,并左右着本城大部分居民的生计。该城的手工业虽也有一定发展,但与庞大的流通体系相比,在整个城市经济构成中所占比重不大。

(本文原载《清史研究》1998 年第 3 期)

第三节 清代河南的商业重镇周口

由于资料的匮乏,古代商业城镇研究中商业规模的估算十分困难。而对中等商业城镇的研究[①],困难就更为突出。因为这些城镇一则非国家税关之所在,无税收档案可资查阅;二则非通都大邑,地方文献(如府志、州县志等)大多语焉不详,很少能有较为具体翔实的记载。不过,明清两代各省商人大多会在经商地点建立会馆,这些会馆的创建、增修都是由各帮商人集资而成,并多镌诸贞珉以冀永久,从而为我们保留了一批十分珍贵的商业资料。笔者从 1991 年开始,陆续对山东、河南、江西等数省几十个县、市的商人会馆遗存进行实地调查,收集了一批商人会馆的碑刻资料。本文主要利用在周口调查时收集的部分碑刻[②],并参考相关的方志、档案资料,对清代河南商业重镇周口进行个案考察。

一、乾隆—道光年间汇聚周口的各地商帮及其会馆修建

周口(今周口市)是清代河南著名商业城镇之一,位于河南省东部。明代属开封府商水县,清代属陈州府,为商水、淮宁(今淮阳县)、西华三县所分辖。贾鲁河自西北而来与沙河、颍河在此交汇,穿镇而过,形成三岔河口。沙河以南属商水,沙河以北属淮宁,贾鲁河以西则为西华县所辖。

周口,又名周家口,明代称周家店。明末,周口已是从江淮至开

---

① 详情参见许檀:《明清时期城乡市场网络体系的形成及意义》(《中国社会科学》2000 年第 3 期)一文对市场层级的划分。

② 笔者此次调查得到郑州大学王兴亚教授和周口市博物馆杨子山馆长的诸多帮助,特附笔致谢。

封水路交通线上商船停泊的一个码头。隆庆年间刊行的商书《天下水陆路程》从淮安至开封的水路中记有"周家店",这条水路由淮安经洪泽湖入淮河→经凤阳府、寿州至正阳关纳税后入颍河→溯颍河西北行,经颍上、阜阳、太和等县入河南界→再 130 里至周家店→从周家店转贾鲁河北上 45 里抵西华县城→再北行 160 里至朱仙镇→从朱仙镇起车,陆路 40 里至开封。①不过,此时的周口还只是个小码头。

周口的兴起约在清康熙年间,周口南、北两座山陕会馆都是康熙中叶创建的。据顺治《商水县志》记载:"周家口,在沙河南岸,明代居民不过百家";永宁集,位于沙河北岸,"东西五里,南北二里,商贾辐辏,称巨镇云"。②此时的周家口和永宁集还是两个各自独立的集市。康熙《陈州志》"乡村集镇"条将周家口列为"新兴"集市,而不载永宁集③,估计此时周口的发展势头已超过永宁集。雍正十一年陈州知州董起盛奏请将陈州升府,其陈述的理由为:"陈州幅员辽阔,绵亘数百里,界连八邑,犬牙相错,河通淮泗,路达江楚。更有所属周家口一带地方水陆交冲,五方杂处,一切刑名钱谷、稽查保甲,各处验勘,难以悉举,事本繁多。"此项奏报很快获得批准,雍正十二年升陈州为府,并添设粮捕水利通判"驻扎周家口",以加强管理。④到乾隆年间,沙河南岸的周家口与北岸的永宁集已经完全连成一体。乾隆《商水县志》记载:周家口集"旧在沙河南岸,仅有子午街一道,居民数家。国朝治平百年以来,人烟聚杂,街道纵横延及淮宁境,连接永宁集,周围十余里,三面夹河,舟车辐辏,烟火万家,樯桅树密,水陆交会之乡,财货堆积之薮。北通燕赵,南接楚越,西连秦晋,东达淮扬,豫省一大都会也"⑤。嘉道年间,周口镇内商船停靠的码头埠口计有上齐埠口、下齐埠口、大渡口、小渡口、新渡口、王家埠口等六个。⑥

---

① 黄汴:《天下水陆路程》卷 5《淮安由南河至汴城水路》,杨正泰校注本,山西人民出版社 1992 年版,第 148—149 页。
② 顺治《商水县志》卷 2《舆地志》。
③ 康熙《续修陈州志》卷 1《舆地志》。
④ 道光《淮宁县志》卷 2《沿革志》;乾隆《淮宁县志》卷 5《职官志》。
⑤ 乾隆《商水县志》卷 1《舆地志》。
⑥ 道光《淮宁县志》卷 3《疆域志》。

从里社建制的变化中,我们也可看到周口的发展轨迹。康熙年间商水县所设"二十四地方"中有"永宁集地方",而周家口尚无独立编制。乾隆初年增设七个"地方",周家口是其中之一,所辖居民1 919户;加上"永宁集地方"所辖1 132户,共计3 051户①;以户均5人计算,人口为1.5万。又据民国年间的统计,周口沙河南岸有居民4 219户,20 385口;沙河北岸1 874户9 301口;二者合计共6 093户29 686口。②不过此时的周口已是"连年生意冷落异常",商业人口大多迁至周口以西京汉铁路线上的漯河③,人口数量比繁荣时期大大减少了。我们估计,周口最盛时全镇人口至少可达四五万,每年的流动人口也是一个相当大的数量。

乾隆—道光年间是周口商业最繁盛的时期,这从商人会馆频繁而大规模的重修和扩建可明显反映出来。其时,山西、陕西、安徽、江西、湖广、福建等省商人纷纷来镇贸易,在周口修建了十余座商人会馆,大多规模宏大。先简要述之:

山陕会馆,又称关帝庙,有两座,分别坐落于沙河南北两岸。南岸会馆,"在周家口西偏沙河南岸,山西商人张在天等建"④,时间约在康熙二十年前后,占地20亩。其建筑有戏楼、东西廊房、大拜殿等。⑤北岸会馆,位于沙河北岸兴隆街,占地21 000平方米。会馆始建于康熙三十二年(1693),其后,康熙末年以及雍正、乾隆、嘉庆、道光、咸丰、光绪年间多次重修和扩建。⑥

安徽会馆,又称江南会馆,亦名草关帝庙。乾隆三十七年(1772)建,占地约15亩。其建筑有戏楼、拜殿、大殿和东西廊房等,还建有一座长12米、高6米的大照壁,上雕二龙戏珠及各样花草图案。⑦该会馆曾于道光年间重修,道光十七年《江南会馆重修庙序》碑记言:"江南会馆由来久矣,墙垣颓败,屋宇渗漏⋯⋯于是会中公同酌议捐

---

① 乾隆《商水县志》卷1《舆地志》。
② 民国《商水县志》卷5《地理志》。
③ 民国《商水县志》卷12《丽藻志》。
④ 乾隆《商水县志》卷2《建置志》。
⑤ 周口市地方史志编纂委员会编:《周口市志》,中州古籍出版社1994年版,第599页。
⑥ 《周口市志》,第598—599页。
⑦ 《周口市志》,第600页。

修,遂于道光十三年八月动工,先修正殿以及火神殿,大王殿重新翻盖,并庙后二十余间砖墙瓦房,于十四年秋后落成。"①

　　江西会馆,又称万寿宫,位于沙河北岸万寿街;其建筑有照壁、花戏楼、八卦亭、瓷牌坊、东西廊房、拜殿、大殿等,占地约 30 亩。湖广会馆,即禹王宫,位于沙河南岸;占地约 80 亩,建有照壁、戏楼、石牌坊、大殿和东西配殿,大殿中祀禹王像。福建会馆,又名天后宫,位于贾鲁河西岸;占地 10 余亩,建有大殿、配殿和僧房,祀天后圣母。覃怀会馆,即沙河北岸迎水寺;占地 30 余亩,建有山门、东西配房、僧室、禅堂、大殿,塑有岳飞、张显、汤怀、王贵四人之像,故又名四圣会馆。②

　　除上述各地商帮所建的地域性会馆之外,周口还有两座行业性会馆。其一,专营粮食业的陆陈会馆,又名平王庙,在沙河南岸山陕会馆西侧,占地约 8 亩。该会馆有左、中、右三门,内建戏楼、拜殿、大殿、禅堂、僧室、大仙阁等,祀唐将张巡、许远。其二,油业会馆,又名大王庙,在沙河南岸山陕会馆东侧,占地约 4 亩。建有戏楼、拜殿、山门、龙亭、大殿等。③该会馆建于乾隆中叶,祀宋末忠臣谢绪。会馆建筑今已无存,不过县令山西安邑人牛问仁所撰《周口南岸金龙四大王庙碑记》记载了会馆的创建过程,碑言:"乾隆癸巳初夏,问仁宰商水。次年甲午春,同乡张辑五等议建大王庙于周口颍水之南,乙未秋告成,属余志之……王(指谢绪)卒于封邱之金龙口,行四,故曰金龙四大王。我朝定鼎百三十年,屡著灵绩,夹河两岸多立庙祀。周口地界淮、商,贾鲁诸河汇入颍流,商贾云集。康熙年间都油增价,众商舟楫顺利,诸借王休,咸思报之。粮油商人公议每千百抽存什一,乾隆初年计得四百余金,经营生息三十余年,又各竭力捐输,始得赞成其事。"④油业会馆的创建系经营粮油业的商人在康熙年间动议,经数十年抽厘集资,经营生息,至乾隆中叶才得以建成。从会馆首事张辑五与牛县令为同乡这一点来看,该会馆的商人可能也以山西为多。

---

①　该碑现藏于周口市博物馆。
②　《周口市志》,第 599—600 页。
③　《周口市志》,第 599 页。
④　乾隆《商水县志》卷 10《纪事志》。

此外，周口还有不少由手工业工匠建立的行业性会馆或庙宇。如府君庙为毡坊业同业会馆，系寓周怀庆毡坊业营建；鲁班庙为木泥业营建，每年农历六月二十日有庙会；老君庙为铜铁业营建，每年二月十五、十月十五为会期；酒仙庙为酿酒业营建，以杜康为酒业"祖师"。又如，机神庙为机坊业营建，缸神庙为印染业营建，葛仙庙为纸作业营建，嫘祖庙为丝业营建，孙膑庙为皮革业、制鞋业营建，等等。①

清代周口所建诸多会馆中至今完好保留下来的只有沙河北岸的山陕会馆一处，现为周口市博物馆。整个建筑为三进院落，沿中轴线由南向北，前院有照壁、山门、钟鼓楼、铁旗杆、石牌坊、碑亭、前拜殿、大殿、东西配殿，东西两边廊房分别为药王、灶君、财神、海仙诸神殿；中院又称春秋阁，沿中轴为戏楼、后拜殿及春秋阁，两边为东西廊房和看楼；后院东侧为马王殿、老君殿、瘟神殿，西侧为客舍和僧房。②该会馆保存有多块碑铭，其中，乾隆四十八年《重修关圣庙诸神殿、香亭、钟鼓楼并照壁、僧室、戏房及油画诸殿、铺砌庙院碑记》、道光二年《山陕会馆春秋阁院创修牌坊、两廊、看楼、客庭工作等房铺砌甬路院落碑记》、道光十八年《重修关帝庙记》、光绪三年《山陕会馆碑记》等较详细地记载了山陕会馆历次重修和扩建的经过。根据碑文记载，我们将该会馆创建、重修和扩建过程列表如下（见表3—7）。该表可见，山陕会馆从康熙三十二年创建，至咸丰二年最后完工，时间持续达一百五十余年之久。其间重修和扩建工程进行了十余次，大多开支浩繁，如嘉庆五年至七年修建春秋阁和歌舞台，耗银二万余两；嘉庆末至道光初的增修也费银二万余两；道光十六至十八年的工程，又开支26 000余两。③如此频繁的扩建修缮工程，充分显示了山陕商人的经济实力。

咸丰年间周口迭遭战乱，"三次焚毁，几至于尽"，所幸会馆得以保留。其后，山陕商人逐渐复业，又再次集资，于光绪初年对会

---

① 彭大海：《周口庙宇"拾零"》，《周口文史资料》第5辑，第96—107页。

② 《周口市志》，第598—599页。

③ 据嘉庆七年《创建春秋阁各行商抽分毫厘碑记》、道光二年《山陕会馆春秋阁院创修牌坊、两廊、看楼、客庭工作等房铺砌甬路院落布施抽积银钱碑记》、道光十八年《重修关帝庙记》、《重修关帝庙岁积厘金记》等碑。

馆"重加修整",使之焕然一新。此后,再未见有大规模的修缮,这显然与周口地位的变化密切相关。光绪末年京汉铁路开通,在周口以西仅百里的漯河设立车站,漯河很快取代周口成为豫东南的商品集散地,周口"连年生意冷落异常",各地商人大多迁往京汉铁路线上的漯河了。①

表 3—7　周口山陕会馆建筑年表

年　代	建　筑　与　修　缮
康熙三十二年(1693)	会馆创建
康熙五十二年(1713)	添建河伯、炎帝二殿
康熙五十六年(1717)	建药王殿、东廊房
康熙六十一年(1722)	建财神殿、西廊房、禅房僧舍
雍正九年(1731)	重修大殿,添建香亭
雍正十三年(1735)	建舞楼、山门
乾隆八年(1743)	建老君殿
乾隆十五年(1750)	建钟、鼓二楼
乾隆三十年(1765)	建马王殿、酒神殿、瘟神殿、石牌坊、马亭、戏房
乾隆四十六年至四十八年(1781—1783)	重修香亭、钟鼓楼、药王殿、瘟神殿及马亭、戏房,彩绘诸殿、两廊,铺砌内外庙院
嘉庆五年至七年(1800—1802)	建春秋阁、歌舞台
嘉庆二十年至道光二年(1815—1822)	立牌坊 2 座、建廊房 14 间、客庭 10 间、看楼 10 间、作坊 20 间,并修院墙、砌甬道、施彩绘
道光十六年至十八年(1836—1838)	重修殿宇、香亭、石舫,"崇其基址,高其栋宇"
道光三十年至咸丰元年(1850—1851)	建后院飨亭,修葺前后殿廊楼阁
咸丰二年(1852)	全部落成
光绪三年(1877)	重加修整,焕然一新

资料来源:据周口山陕会馆各碑汇总。

---

① 民国《商水县志》卷 12《丽藻志》。

二、山陕商人在周口经营的主要行业

清代周口商业的繁荣,主要得益于其地理条件。颍河、沙河与贾鲁河在该镇交汇,东南流入淮河而达于江南。贾鲁河,俗名小黄河,发源于开封府新郑县,经朱仙镇过扶沟县东北,汇溱、洧二水,由西华县毕家口入淮宁境,径刘家埠口、李方口、彭家埠口,下至周家口入沙河。①颍河发源于河南府登封县,由禹州、许州,经临颍入西华县,至周家口与沙河合流,东南流入安徽境;沙河发源于汝州之鲁山县,至郾城与汝水合,至周家口与颍水汇合。②这三条水道在周口交汇后,东南流经沈丘县入安徽太和境,"径界首集、税子铺、旧县集、和阳驿,出阜阳界牌集,至颍上八里垛达于淮"③,再经由运河而达江浙,周口因此成为河南东部与江南地区商品流通的重要枢纽。

凤阳关是河南东部与江南商品流通必经的税关。据该关档案记载:"凤阳关设立正阳镇地方……商贩经由要路河道有四:一曰淮河……凡豫省粮食、杂货自光州、固始及周家口等处从正阳、新城、怀远、蚌埠、长淮、临淮、盱眙出口,渡洪泽湖走清河境入运河南下者,俱由于淮"④;又:"凤阳大关,坐落寿县之正阳镇……凡豫省米豆自西而东来者,俱在大关报税后,即由洪泽湖而至下江高邮州至邵伯镇投行发贩。"⑤正阳镇,位于安徽寿州西南,颍水与淮河在此交汇,由光州、固始和周口输往江南的粮食均在此报关纳税,然后由淮河经洪泽湖入运河南下。光州和固始县在河南省最南部,其所产粮食由淮河上游支流东北行入淮河;周家口在光州以北数百里,这里集散的粮食系由颍河东南流入淮河,故周口的腹地范围不包括光州、固始,其涵盖的主要是河南东部陈州府和开封府的大部分地区,汝宁府的北部,以及河南中部的部分州县。计有:陈州

① 乾隆《淮宁县志》卷2《河渠志》。
② 雍正《河南通志》卷8《山川下》;民国《太和县志》卷3《水利志》。
③ 民国《太和县志》卷3《水利志》。
④ 中国第一历史档案馆档案(以下简称档案):乾隆十四年十二月初十日兼管凤阳关监督凤阳府知府尤拔世奏折。
⑤ 档案:乾隆三十三年正月初三日李质颖奏折。

府属淮宁、西华、商水、沈丘、项城、扶沟、太康,开封府属祥符、尉氏、通许、郾陵、郑州、中牟、新郑、洧川、禹州、汝宁府北部的上蔡、西平,许州所属临颍、郾城、襄城,以及南阳府东北部的叶县、舞阳等,共计二十余州县。

周口的商业主要是河南东部与江南商货的转运贸易,其输出商品以陈州、开封一带所产农副产品为主,输入则以江南所产绸布、杂货为主。乾隆年间的档案记载:"凤关税钞米豆居十之七八,杂货止十之二三,全赖上游豫省陈州、汝州、光(州)固(始)等处出产米豆以及凤(阳)、颍(州)、泗州各属所产粮食年岁丰稔,客商运往江苏货卖,而下江杂货亦借回空船只顺便贩运,往来纳税,上下流通,钱粮始能丰旺。"①光绪《凤阳县志》记言:"向来河南货物由颍河、涡河舟运至此上岸,陆路至浦口发往苏杭;亦有苏杭绸缎、杂货由浦口起旱,至长淮雇船运赴颍、亳、河南等处。"②下面我们来做些具体考察。

粮食是周口集散的最大宗的商品,主要由颍河南下经淮河销往江南。周口的陆陈会馆应是经营此项业务的。据上引凤阳关档案:"凤关税钞,米豆居十之七八",其粮食主要来自"上游豫省陈州、汝州、光、固等处出产米豆"以及安徽"凤、颍、泗州各属所产粮食"。据统计,从乾隆二十四年闰六月至二十五年三月的九个月中,陈州府属淮宁、西华、商水、沈丘、扶沟五县共输出粮食 223 600 余石③,这些粮食主要是在周口集中运往江南的。遇到河南灾歉年分,周口也从江淮输入粮食。如乾隆四年七月河南巡抚尹会一奏报:"祥符等属两次被淹……民间仰食维艰。而邻省舟楫可通者惟江南、山东二省。江南则由淮河之正阳关以达于陈州府之周家口,山东则由运河之临清关以达于漳、卫二府之楚王、道口等处。"因而奏请凡"彼地商贾装载米、麦、粮食等项贩至豫省粜卖者,其经由正阳关、临清关免其收税",以鼓励商人贩运粮食至河南歉收地方。此项奏报经户部议复,很快

① 乾隆四十八年六月二十四日管理凤阳关税务庐凤道王懿德折,《宫中档乾隆朝奏折》第 56 辑,第 565 页。
② 光绪《凤阳县志》卷3《舆地志》。
③ 乾隆二十五年五月初十日河南巡抚胡宝瑔折,《历史档案》1990 年第 4 期。

得到批准,朱批:"依议速行,钦此。"①

在河南粮食输出中,大豆占有很大比重。乾隆四十七年因陈州府属淮宁、商水等六县,汝宁府属汝阳、上蔡等七县"俱被水成灾,产豆无多,客商无从贩运",以至凤阳关"过关米豆粮载南下者甚属无几",税收缺额甚多。②大豆运往江南,主要用于榨油、磨腐之用。豆饼也是江南大量输入的商品,周口油业会馆经营的油,以及榨油所出之豆饼、菜饼等,估计也会有一部分输往江南。此外,山陕会馆的商人也有一部分经营此业者,在道光十八年抽厘碑中油行列名商号有16家,抽厘为76.12两,又有零厘头银284.15两,合计为360余两,占行商抽厘总额的3.5%(参见表3—8)。

酒曲也是周口输出的重要商品之一。收麦踏曲,然后贩运外省销售,主要也是由山西商人经营的,虽屡禁而不止。河南巡抚尹会一对此有一系列的奏报。如:"豫省本系产麦之区,每至收成,西商挟其厚赀在于码头集镇开坊踏曲,如祥符之朱仙镇、陈桥,陈州府之周家口……内黄之楚王,浚县之道口等处,皆渊薮也。"③又言:"河南素称产麦之区,遂有山西富商大贾挟其厚赀,乘麦收价贱之时,在于码头集镇广收麦石,开坊踏曲。每商自数十万以至百余万块不等,车载船装贩运他省,是豫省之曲实为各省之用。"④

周口山陕会馆道光十八年《重修关帝庙岁积厘金记》碑碑阴开列了此次捐资抽厘的行商字号共计320家,分属于杂货、麻、油、丝、布等15行。我们将其列表如下:

表3—8所列320家行商中,抽厘最高者为562.52两,其次为540.06两,再次为470.43两;此外,超过100两者还有20家。抽厘最低者仅3两,另有三两零二分、零四分、零五分、零六分、零七分等数家。除这320家开列名号的行商之外,各行均另有"零厘头"银数两、数十两乃至数百两,总计为1 631.49两。所谓"零厘头",笔者估

---

① 尹会一:《尹少宰奏议》卷7《河南疏六》,《丛书集成初编》本,中华书局1985年版,第67、69页。

② 档案:乾隆四十八年六月二十四日管理凤阳关税务庐凤道王懿德折。

③ 尹会一:《抚豫条教》卷3《禁止贩曲》,《官箴书集成》第4册,黄山书社1997年版,第713页。

④ 尹会一:《尹少宰奏议》卷5《河南疏四》,《丛书集成初编》本,第46页。

计应为抽厘不足 3 两的行商累计而得,因为在列名商号中没有抽厘低于 3 两者。如果这一估计不错的话,那么这批小商人、小商号的总数至少超过 500 家。

表 3—8　道光十八年《重修关帝庙岁积厘金记》碑所列各行商号抽厘统计

行　业	列名商号数	厘金(两)	零厘头(两)	合计(两)	占总额比(%)
杂货行	180	7 518.36	396.83	7 915.19	76.91
麻　行	21	200.89	187.54	388.43	3.77
油　行	16	76.12	284.15	360.27	3.50
丝　行	9	101.99	202.75	304.74	2.96
布　行	13	85.59	139.34	224.93	2.19
京货行	15	152.61	47.09	199.70	1.94
西烟行	14	85.83	90.42	176.25	1.71
骡　行	7	168.86	1.87	170.73	1.66
果　行	12	68.00	89.50	157.50	1.53
白米行	13	77.81	71.74	149.55	1.45
山货行	11	67.7	66.21	133.91	1.30
鱼米行	3	15.87	34.20	50.07	0.49
竹木行	3	28.70	7.09	35.79	0.35
皮　行	2	8.10	10.53	18.63	0.18
药材行	1	3.85	2.23	6.08	0.06
合　计	320	8 660.28	1 631.49	10 291.77	100.0

资料来源:据周口山陕会馆道光十八年《重修关帝庙岁积厘金记》碑统计。

表 3—8 可见,山陕商人经营的行业中,白米行列名商号 13 家,抽厘 77.81 两;此外零厘头银 71.74 两,合计为 149 两零,仅占行商抽厘总额的 1.45%。这里所谓白米行估计是专营大米的行业,河南本地产稻不多,周口的大米可能是从南方输入的。麻行,列名商号 21 家,共抽收厘金 200 两零,与零厘头银合计为 380 余两,占抽厘总额的 3.77%。麻,周口附近数县均有所产,其输出方向既有南下,亦

有北上。同光年间开封的"麻商巨擘"恒隆号麻店,就经常在周口进货。①丝行,列名商号 9 家,抽厘 101 两零,与零厘头银合计为 304.74两。此外,竹木、药材、皮毛制品等也都是周口输入或中转的商品。不过从抽厘金额来看,山陕商人中经营此业者可能为数不多。如周口的药材业估计主要由河南本省商人经营。沙河北岸的覃怀会馆,应是怀庆府商人所建。该帮商人向以经营怀药著称,康熙年间即在汉口建有专营怀药的怀庆会馆,乾隆时改称覃怀药王庙。②颍河上游的禹州是河南重要的药材市场,禹州药材大会创设于乾隆年间,以"每年夏孟、秋仲、冬十一月"为会期。该药材会原设在密县洪山庙,因"山路崎岖,药物难运",乾隆初年禹州绅商"请众商迁禹作买作卖,往来脚运俱听客便",将"密邑洪山庙药栈请至禹"。由于"禹州道路平坦,搬运较易",药材大会很快发展起来,山西药材、洋广药材等"十三帮"药材商汇聚于此建立会馆。③怀庆府药商也在禹州建有怀帮会馆,而且在禹州药材业十三帮商人中规模最大,当地民谣言:"十三帮一大片,不如怀帮会馆一个殿。"④

　　表 3—8 所列 320 家行商中,以杂货行所属商号为数最多,共计180 家;其实力也是最强的,前述抽厘超过 100 两的 23 家,全部为杂货行的;180 家行商共抽收厘头银 7 518 两零,再加上零厘头银共计7 915.19两,占抽厘总额的 3/4 以上,估计其年经营额可达 80 余万两(详下)。那么,所谓杂货究竟包括那些商品?档案资料给我们提供了一些信息:如乾隆二十一年凤阳关开列的几类商品税收中有:粮食银比上届少收28 585两零,茶、麻、烟、纸、糖、果等银比上届少收11 491两零,绸、布、子花比上届少收银4 140两零,钉、铁、油、碱等银比上届少收 342 两零,豆饼、菜子等银比上届少收10 497两零,毡、皮等银比上届少收 172 两零,等等。⑤乾隆二十二年征收税银中,粮食银比上届少收17 323两零,茶、麻、烟、纸、糖、鱼、果、菜等银比上届少

　　① 民国《通许县志》卷 14《艺文志》。
　　② 民国《夏邑县志》卷 5《建置志》。
　　③ 据禹州《十三帮创始碑记》、《永禁开设车行碑》、《山西药材社、洋广药材人和社》捐银碑等,均藏禹州市博物馆。
　　④ 王兴亚:《明清河南集市庙会会馆》,中州古籍出版社 1998 年版,第 199 页。
　　⑤ 档案:乾隆二十三年正月初十日安徽巡抚高晋折。

收19 753两零,钉、铁、油、碱、瓷器等银比上届少收2 780两零;而绸、布、子花、红花、线货、故衣等项比上届多收银3 565两零,菜豆饼、芝麻、菜子等项比上届多收银8 256两零,毡皮毛货等项多收银 836 两零。①以上档案中所开列的商品除粮食之外,还有茶、麻、烟、纸、糖、鱼、果、菜,钉、铁、油、碱、瓷器,绸、布、子花、红花、线货、故衣、毡皮毛货,菜豆饼、芝麻、菜子等等,其中,毡皮毛货当属皮行经营,豆饼、菜籽、芝麻等货或当由前述陆陈会馆、油业会馆经营,麻、布、烟、果、鱼也各自有行,至于茶叶、纸、糖、瓷器、钉铁、碱、绸缎、棉花、线货、故衣等,大概就是所谓杂货之类了。同治年间开封府鄢陵县有记载言:该县输入商品中"铁器自河内清化镇来,磁器自南阳舍(赊)旗店来,杂货自淮宁周家口来"②。直至民国年间太康县纸张、糖、绸缎、布匹等货仍有相当一部分系由周口转运而至。③《西华县续志》记载了民国年间该县三条通航水道往来运输的商品:(1)沙河,是该县河运最为便利的河道,在县境内长达九十余里,上通鄢城、襄城,下接周家口,东南可达皖北,商船往来,帆樯相望;运输以粮米、杂货为大宗。(2)贾鲁河,上通新郑,下达周家口,在县境内长 65 里;上游新郑、长葛、禹、密等县所产大枣、条香、煤炭、石灰,下游由周家口南来之竹木、杂货及本境之五谷均由此运输。(3)颍河,自□湾以下至周家口一段七十余里可通航,其输出品以柳制之簸箕、篮筐及五谷、果品等类为多。④民国年间,漯河已取代周口成为豫东南的商品集散地,周口的商品流通量已不如清代,但其所记商品和流向仍可资参考。

三、从山陕会馆集资金额看周口的商业规模

以上我们对清代周口商业的发展脉络、商品流通概况分别进行了考察。那么,像周口这样的商业城镇,其商业规模究竟能达到一个什么样的水平? 这里,我们拟依据周口商人会馆碑刻资料,对清代中叶该镇的商人商号数量及其经营规模作些具体考察。

周口山陕会馆的历次扩建重修,一般都采取集资方式,分别向行

① 档案:乾隆二十三年十月二十五日安徽巡抚高晋折。
② 同治《鄢陵文献志》卷9《风俗》。
③ 民国《太康县志》卷5《商业》。
④ 民国《西华县续志》卷7《交通》。

商、坐贾募集。道光二年碑对此有一个较具体的说明:"斯举也,共计费银二万两有奇。所从来者有二:一则出之于吾乡之铺户也,开设有地而子母常权,承帝之麻,当思酬帝之德。于嘉庆十四年挨行募化,量本金之大小为捐数之重轻,统计得银一万六千二百两。一则出之于吾乡之行商也,来往不时而懋迁有术,既为山陕之人,应预山陕之事。于嘉庆十四年仍循往例千钱抽一,至道光元年共得银一万二千九百两。"①据此,我们可对行商的经营规模做一大致估算。据该碑所言:此次集资从嘉庆十四年至道光元年,共计 12 年。行商系按千分之一的比例抽厘,12 年共抽收厘金银12 900两,平均每年1 075两,以 1‰ 的抽厘率折算,平均每年的经营额为 107 万两。至于坐贾捐银,系"量本金之大小为捐数之重轻",共计捐银16 200两,但其认捐比例不详。如果从经营特点来考虑,行商每年往返于途,其在周口停留、储货均有赖于会馆;但另一方面,行商只有部分时间在镇逗留,而坐贾则是全年在镇经营,二者对会馆的依赖可谓各有侧重。我们姑且假定坐贾的捐资比例不应低于行商的抽厘率,即其捐资数额也大致相当于实际经营额的千分之一,坐贾捐银16 200余两,以 12 年平均,折合年经营额 135 万两。这样,行商、坐贾合计,年经营额约在240 万两。

道光十六至十八年的大修,共计用银26 000余两。此次集资从道光丙戌至乙未,即道光六年至十五年,"阅九载"。集资方式仍旧是坐贾认捐,行商"计金抽厘"。②九年时间行商抽厘10 290两,折合年经营额 114 万两;坐贾捐银16 270两,按同样的方法折合年经营额 180余万两。行商、坐贾合计,年经营额为 290 余万两,与嘉庆年间相比又有增长。

我们还可做进一步的分析。从道光六年至十五年的九年间,杂货行 180 家行商抽厘以及零厘头银共计7 915两零,平均每年为879.46 两,以 1‰ 的抽厘率折算,平均每年的经营额高达879 000余两。以同样的方法折算,麻行的年经营额为 43 000余两,油行为

---

① 道光二年《山陕会馆春秋阁院创修牌坊、两廊、看楼、客庭工作等房铺砌甬路院落布施抽积银钱碑记》。

② 道光十八年《重修关帝庙记》、《重修关帝庙岁积厘金记》二碑。

40 000两,此外年经营额超过 10 000两的还有丝行、布行、京货行、西烟行、骡行、果行、白米行、山货行等,年经营额不足万两者则有鱼米行、竹木行、皮货行和药材行,其中药材一行的年经营额仅只 600 余两。各行合计共10 290余两,九年平均为1 143.53 两,折合年经营额114 万余两。表 3—9 是道光十八年碑所载杂货等 15 行行商抽厘及其经营额折算,请参见。

表 3—9　道光年间周口山陕会馆各行抽厘及其经营额折算

单位:两

行　业	抽厘合计	年均抽厘	折合年经营额
杂货行	7 915.19	879.46	879 460
麻　行	388.43	43.16	43 160
油　行	360.27	40.03	40 030
丝　行	304.74	37.86	37 860
布　行	224.93	24.99	24 990
京货行	199.70	22.19	22 190
西烟行	176.25	19.58	19 580
骡　行	170.73	18.97	18 970
果　行	157.50	17.5	17 500
白米行	149.55	16.6	16 600
山货行	133.91	14.88	14 880
鱼米行	50.07	5.56	5 560
竹木行	35.79	3.98	3 980
皮　行	18.63	2.07	2 070
药材行	6.08	0.67	670
合　计	10 291.77	1 143.53	1 143 530

资料来源:据周口山陕会馆道光十八年《重修关帝庙岁积厘金记》碑统计。

道光十八年碑所载行商中,抽厘最多者为新盛翊 562.52 两,其次为龙兴歧 540.06 两,再次为瑞隆西 470.43 两。9 年平均,新盛翊每年抽厘为 62.5 两,以 1‰的抽厘率折算,平均年经营额为62 500两;以同样的方法折算,龙兴歧、瑞隆西两家的年经营额分别为60 000两和50 000余两。这里,我们以年经营额超过万两者为大商号,年经营额在1 000 两至10 000两之间的为中等商号,年经营额不足1 000两者为小商号,将这 320 家行商进行分类统计(见表3—10)。

表3—10　道光年间周口山陕会馆三百二十家行商抽厘及其经营规模的分类统计

分　类	抽厘额	折合年经营额	商号数	占比(%)	合　计	
大商号(1)	450 两以上	50 000 两以上	3 家	0.9		
大商号(2)	90—230 两	10 000—26 000 两	20 家	6.2	23 家	7.2%
中等商号(3)	45—89.9 两	5 000—10 000 两	20 家	6.2		
中等商号(4)	9.0—44.9 两	1 000—5 000 两	94 家	29.4	114 家	35.6%
小商号(5)	4.5—8.99 两	500—1 000 两	101 家*	31.6		
小商号(6)	3.0—4.49 两	300—500 两	82 家	25.6	183 家	57.2%
合　计	10 291.77 两	1 143 530 两	320 家	100.0	320 家	100.0%

资料来源:据周口山陕会馆道光十八年《重修关帝庙岁积厘金记》碑统计。

说明:＊义德诚、义德兴共抽银 16.47 两,本表以各占 1/2 记入小商号。

表 3—10 可见,年经营额在万两以上的大商号,除前述年经营额在五万两以上的三家之外,还有 20 家,合计 23 家,占总数的 7.2%;年经营额在1 000—10 000两之间的中等商号共计 114 家,占总数的 35.6%;年经营额不足 1 000 两的小商号共计 183 家,占总数的 57.2%。还需指出的是,前文我们估计所谓"零厘头"应是抽厘不足 3 两的小商号的累计数字,如果确实如此的话,那么这批小商号的年经营额当在 300 两以下,其总数至少超过 500 家。这样一来,经营额不足1 000两的小商号所占比例可能会高达 80%—90%。

道光十八年《重修关帝庙记》碑碑阴开列有 164 家坐贾捐银数目,其中八家首事董合盛、李源发、李玉成、王恒吉、路成盛、刘兴盛、牛公盛、李玉盛各捐银 646.44 两,合计共捐银5 170两零,占坐贾捐银总数15 312两零的 1/3。这八家首事应是周口最具规模的商号,其年经营规模估计都应超过万两,如果按上述行商抽厘比例折算则超过50 000两。其余商号共计 156 家,捐银11 107两零,其中捐银在100 两以上的 42 家,捐银 10—90 两者 75 家,捐银不足 10 两者 39家。现将其分别列表如下(见表 3—11),虽然我们不能确切地推算出这些商号的资本数量和经营额,但从捐资数量仍能大致区分出其商业规模的大小。

表 3—11　道光年间周口山陕会馆坐贾捐银的分类统计

分　　类	商号数	占比(%)	捐银数(两)	占比(%)
八家首事:				
各捐银 646.44 两	8	4.9	5 170.52	33.8
其他商号:				
捐银 300 两	10	6.1	3 000	19.6
捐银 200 两以上	11	6.7	1 620	10.6
捐银 100 两以上	21	12.8	2 900	18.9
捐银 50—90 两	21	12.8	1 330	8.7
捐银 10—45 两	54	32.9	1 133	7.4
捐银 1—8 两	39	23.8	159.2	1.0
总　　计	164	100.0	15 312.72	100.0

资料来源:据周口山陕会馆道光十八年《重修关帝庙记》碑统计。

安徽会馆也保留有一块道光年间重修会馆的捐资碑,即道光十七年《江南会馆重修庙序》碑。该碑碑阴镌刻有捐资商人商号 82 家,共捐钱 171.2 千文。其中捐钱最多者为李元发,捐钱 10 千文,不过仅一家;另有捐钱 8 千文者 6 家;捐资最少者不足 200 文,曹义兴、公盛明等 5 家共捐钱 900 文,平均每家仅 180 文。表 3—12 是这 82 家商人商号捐资额的分类统计,请参见。需要特别说明的是,这 82 家并不是捐资商人商号的全部。该碑所列捐款来源共有四项,即:"收众山客乙千零二十七千文,收本镇门面厘头钱四百六十六千四百文,收捐布施钱乙百七十乙千七百文,收黄铜行捐钱五十八千乙百文",四项合计共捐资"乙千七百二十三千三百文"。其中第一项,所谓"众山客",从字面看当系指来自山区或经营山货的客商,共捐钱 1 027 千文;第二项"本镇门面厘头钱",当系指在周口开设铺面者按一定比例所抽收的厘头钱,共 466.4 千文;其三,收捐布施钱 171.7 千文,此项捐款与碑文所列的 82 家商人商号所捐之钱数大致相符,应就是;其四,黄铜行所属各商号捐资 58.1 千文。四项捐资中只有第三项开列了捐款商号 82 家。以捐资数量推论,我们估计在周口开设铺面的商号和黄铜行所属商号应也会各有数十家;至于"众山客",更应是徽商中数量最多,或者经营规模最大的。这四者合计,在周口的安徽商人商号数量当不会低于 200 家。

表 3—12   道光年间安徽会馆八十二家商人商号捐资分类统计

捐资额	商号数	占比(%)
8—10 千文	7	8.5
4—6 千文	10	12.2
2—3.8 千文	11	13.4
1—1.8 千文	21	25.6
900 文以下	33	40.3
合 计	82	100.0

资料来源:据道光十七年《江南会馆重修碑序》统计。

据山陕会馆道光十八年的两块碑,我们已知在周口的山陕商人中仅有名号可考者,就有坐贾 164 家,行商 320 家,合计为 484 家。如果加上抽厘不足 3 两的众多小商号(数量至少可达五六百家),数量当超过 1 000 家。这还仅仅是北岸的山陕会馆,不包括沙河南岸的山陕会馆所属商号。[①]安徽商人商号估计有 200 家,再加上江西、湖广、福建,以及河南本省商人,我们估计在清代中叶周口的鼎盛时期,全镇的商人商号数量可达 1 500—2 000 家,至少超过千家。

＊   ＊   ＊   ＊

以上我们对清代周口商业的发展脉络、流通概况、商业规模分别进行了考察。明末,周口已是从江淮至开封水路交通线上的商船停泊码头之一;清代随着河南自身经济的发展和区域之间经济联系的加强,周口借助其地理位置的优势,逐渐成为河南东部与江南商品流

---

① 就现有资料,我们还不清楚这两座会馆构成的区别,为避免重复只计算一处。

通的一个重要枢纽。其输出商品以陈州、开封一带所产农副产品为主,输入则以江南所产绸布、杂货为主。咸丰年间周口屡遭兵燹,商业大受影响。至清末京汉铁路通车,各省商人陆续迁往漯河,周口商业渐趋式微。

　　乾隆—道光年间是周口商业的鼎盛时期,这从诸多商人会馆频繁而大规模的重修与扩建可明显地反映。前面,我们依据山陕会馆捐资抽厘金额折算,嘉庆年间该会馆所属商人商号的经营规模在 240 万两左右;道光年间又有增长,达 290 万两。周口除沙河北岸的山陕会馆之外,南岸还有一座山陕会馆,此外还有安徽会馆、江西会馆、福建会馆、湖广会馆、覃怀会馆、陆陈会馆、油业会馆等共计十余座。就目前的资料而言,沙河北岸的山陕会馆可能是规模最大,实力最强的一个。不过,周口输出的大宗商品中,粮、油、药材等项主要都不是由该会馆经营,而另有专营粮食业的陆陈会馆、专营油业的油业会馆,至于覃怀会馆当以经营药材为主。这里,我们姑且假定北岸山陕会馆的商业规模占全镇的 1/2,把嘉道年间周口全镇的商业规模估为 500 万—600 万两,应不致是过高估计吧。

　　在古代商业城镇研究中,对商业规模的估算是一个相当困难的课题。但是如果没有一个量的概念,我们对商业城镇的研究显然很难深化。有鉴于此,笔者利用目前所能收集到的一些零散数据,尝试性地进行了一些估算,希望能够抛砖引玉。更准确、更深入的研究还有待于进一步的资料发掘。

(本文原载《中国史研究》2003 年第 1 期)

第四节　清代河南赊旗镇的商业

　　商业城镇的发展,是明清时期中国经济发展的一项重要内容。其中,除作为流通枢纽而崛起的运河、长江、沿海较大的商业城市之外,作为地区性商业中心发展起来的中等商业城镇为数更多,它们中有相当一部分在行政建制上不过是一个镇,但其经济地位已超过一般的府州县城。不过,对此类商镇的考察除江南地区已有较多成果外,其他地区则相对薄弱。地区一级的商业中心到底发展到一个什么样的程度,其商业规模如何,这些商业城镇的分布状况如何,等等,尚缺乏深入系统的研究。其中一个重要原因显然是由于资料的缺乏。因为此类商业城镇一则非国家税关之所在,无税收档案可资查阅;二则由于行政建制较低,地方文献(如府志、州县志等)大多语焉不详。不过明清两代各省商人大多会在经商地点建立会馆,这些会馆的创建、增修都是由各帮商人集资而成,并多镌诸贞珉以冀永久,从而保留了一批十分珍贵的商业资料。笔者从 1991 年起陆续对山东、河南等省几十个县、市的商人会馆遗存进行实地调查,收集了一批清代商人会馆的碑刻资料。借助这些碑刻资料,可以对相关商镇进行较深入的个案考察,对其发展脉络、商业构成、商业规模及其在区域市场中的地位等,得出一些具体、详实并更加符合历史实际的认识。

赊旗(今河南社旗县城)是清代河南一个著名商镇,属南阳府南阳县。关于其商业状况,《南阳县志》卷 3《建置》记载:该镇"南船北马,总集百货,尤多秦晋盐、茶大贾";民间亦有"拉不完的赊旗店,填不满的北舞渡"之谚。而山陕会馆可以说是该镇当年商业繁荣的一个实证。1999 年出版的《中国古代建筑》大型图文集《社旗山陕会馆》收入各类图片数百幅,从建筑结构、建筑特色、装饰艺术等角度对会馆的各项建筑进行了详细介绍和考证,堪称图文并茂。该书"绪论"部分对赊旗商业有这样一段描述:巅峰时期全镇有 72 条街,"山货街专营土特产品,铜器街集中经营日杂用品,骡店街则专为骡马客商提供日夜宿店服务……";"城南两河交汇处设码头多处,往来船只千帆竞扬,桅杆如林,卸货分类,再由马帮转发各地,通宵达旦,熙攘鼎沸……至今镇南两河沿岸尚有码头遗址多处,镇内街道名称、布局及铺面形象仍多保留原貌"。[1]该书在"附录"部分收录了有关该会馆创建、重修及商业经营的碑刻 7 通,但在收入碑文时却将最能反映该镇商业状况的各碑碑阴所镌商号捐款部分全部略去,这不能不说是一个遗憾。1999 年笔者前往赊旗调查,在山陕会馆建筑(今为社旗

---

① 河南省古代建筑保护研究所、社旗县文化局编:《社旗山陕会馆》,文物出版社1999 年版,第 1—2 页。

县博物馆)院内抄录了有关该会馆的一批碑铭。①就笔者管见,这些碑刻资料迄今未被系统地利用过。②本文主要利用这批碑刻,并参考相关资料,对清代赊旗镇的商业进行个案考察。

一、赊旗山陕会馆的修建过程

　　赊旗镇又名赊店、赊旗店,位于河南省西南部的南阳盆地。赵河、潘河在该镇交汇后入唐河,由唐河南下至樊城转汉水可直抵汉口;由赊旗北上,陆路经裕州(今方城县)有驿道通洛阳、开封以及山陕;东北行由舞阳县北舞渡入沙河抵周家口,转贾鲁河北上可达开封,顺沙河东下则进入安徽。故县志有言:赊旗"地濒赭水,北走汴洛,南船北马,总集百货"③;山陕会馆《创建春秋楼碑记》亦称:"镇居荆襄上游,为中原咽喉"。

　　赊旗,在明代嘉靖、万历两部府志中未见记载,而康熙《南阳府志》、《南阳县志》卷2《集镇》中都记有"赊旗店"。《社旗山陕会馆》一书认为赊旗镇的前身是兴隆店,"系由镇南兴隆店发展而来"④。不过从方志记载看,赊旗的兴起似更早于兴隆店。康熙三十三年(1694)《南阳府志》"集镇"条在南阳县下记有:"赊旗店,城东九十里";在裕州属下则记载:"兴隆镇,新集。"也就是说,当《南阳府志》纂修之际兴隆镇还是一个新建的集市,而赊旗店已有一段时间的历史了。康熙五十五年的《裕州志》卷2《集镇》记载更为清晰:"兴隆镇,系康熙二十九年知州潘云桂招徕流寓新设。"又据雍正二年(1724)《同行商贾公议戥秤

---

①　笔者此次调查得到王兴亚教授大力帮助,特附笔致谢。这批碑铭计有:雍正二年《同行商贾公议戥秤定规》(同治元年重刻)、乾隆四十七年《创建春秋楼碑记》、乾隆五十年《公议杂货行规碑记》、嘉庆二十二年《南阳赊旗镇山陕会馆铁旗杆记》、道光二十三年《过载行差务碑》、民国十二年《重建山陕会馆碑记》、《重兴山陕会馆碑记》等,均存于社旗县博物馆。

②　关于清代赊旗镇的论文,笔者所见有邓亦兵《清代南阳府名镇的经济性质》(《中州学刊》1986年第4期)、肖利平:《由赊旗镇的兴衰看商业与交通的关系》(李希曾主编:《晋商史料与研究》,山西人民出版社1996年版,第164—170页)。王兴亚《明清河南集市庙会会馆》(中州古籍出版社1998年版)一书对赊旗镇及其山陕会馆均有涉及,但未展开论述;不过该书在附录部分收录了赊旗等会馆的部分碑文,为研究者提供了方便。

③　光绪《南阳县志》卷3《建置》。

④　《社旗山陕会馆》,第1页。

定规》碑记言：“赊旗店四方客商杂货兴贩之墟，原初码头卖货行户原有数家，年来人烟稠多，开张卖载者二十余家。”估计赊旗的兴起应是在康熙初年或者更早，到雍正时已初具规模。乾隆初年地方政府在该镇设营汛、置巡检司，派兵驻防巡哨，以加强管理。①

据《社旗山陕会馆》一书考证，该会馆有两次大规模的集中营建。第一次在乾隆至道光年间，乾隆中叶创建春秋楼，嘉庆、道光年间陆续修建了大殿、两廊、临街群房，以及悬鉴楼、东西辕门、东西马棚、琉璃照壁等；第二次是同治、光绪年间的重修，除春秋楼未能重建之外，基本恢复了会馆的原貌。②这些建筑大多完好地保留下来，1988年被定为全国重点文物保护单位。下面依据碑文略加考察。

据考证，山陕会馆的前身是关帝庙，雍正二年《同行商贾公议戥秤定规》所言“合行商贾会同集头等，齐集关帝庙”，即指此。乾隆四十七年(1782)《创建春秋楼碑记》追述：“镇兴伊始，立庙之初，即谋卜地为建楼之基”。文中的“庙”亦指关帝庙，当时因财力所限只“立庙”而未能“建楼”。③到乾隆中叶，经过数十年发展，山陕商人已是财力雄厚，人才济济，“首事诸君……各输其诚，各展所长”，“或效奔走取材于楚，泛江河而来宛郡；或周知四方，遍访匠师，集工锤之技于庙建。凡数阅寒暑，百物备，五材具，然后辇山而石，剧地而陶”，至乾隆四十七年春秋楼落成。其建筑面阔七间，高三十余米，三重檐歇山琉璃顶，雕梁彩绘，金碧辉煌，民间有“赊镇有个春秋楼，半截插在天里头”之谣。④

嘉道年间，会馆陆续修建了大殿、两廊、群房、悬鉴楼和琉璃照壁等，并铸造了一对重达五万余斤的铁旗杆。会馆主体建筑为山、陕两省商人集资共建，铁旗杆则是陕西同州府朝邑等县商人单独捐建的。嘉庆二十二年《南阳赊旗镇山陕会馆铁旗杆记》记述其经过言：“赊旗镇在县治之东百里，地属水陆之冲，商贾辐辏而山陕之人为多。因醵

---

① 据乾隆《舞阳县志》记载，乾隆十年北舞渡派兵驻防巡哨系“照裕州赊旗店成例”，故赊旗设汛驻防应在乾隆十年之前。

② 《社旗山陕会馆》，第3—6页。据该书考证悬鉴楼始建于嘉庆元年，落成于道光元年；琉璃照壁的修建时间在道光元年前后，东西辕门、东西马棚也是这一时期修建的。这几项建筑因位于会馆最南端，咸丰年间得以幸免于火，一直保存至今。会馆的其他建筑如大殿、两廊、马王庙、药王庙等则系同光年间重建。

③ 《社旗山陕会馆》，第3页。

④ 《社旗山陕会馆》，第24页。

金构会馆,中祀关圣帝君……其余金则缮廊庑,岁时伏腊,同人展廊评讲公事,咸在乎是。落成有日矣,而我朝邑一属之所募除公用外,独赢三千余金。庙之壮丽不可有加,又不可析金以入私橐,因铸铁旗杆二,株重五万余斤,树于大门之左右。"从碑文记载可知,嘉庆末年会馆的主体建筑已基本落成,因集资款项仍有剩余,才铸造了这对铁旗杆。铁旗杆的底座为一对狮子,东侧一只上铸有"大清嘉庆二十二年岁次丁丑桐月,叩献山陕庙铁旗杆一对,五万余斤,永保平安,吉祥如意";署名为"同州府朝邑县毡坊、合阳县胶坊、大荔县皮坊人等全叩献"。西侧狮子上铸有"首事人穆坤、陈和顺胶坊、协盛毡坊、刘道杰、马龙德、义盛皮坊全叩献,永保合会平安";"陕西同州府朝邑县安仁镇金火匠人双合炉院索武成、索福魁……等全铸造"等字样,清晰地标明了捐献者和铸造工匠的身份。嘉道年间会馆主体建筑的修建未见具体资料,不过从保存下来的悬鉴楼、琉璃照壁等已足见此次营建的规模与气派;而从一对铁旗杆耗资 3 000 余两推论,会馆的主体建筑至少耗银数万两。

　　咸丰年间,赊旗屡遭兵燹。七年(1857)捻军围城,本镇绅商凭借春秋楼抵抗,捻军屡攻不克,遂放火焚烧春秋楼,除位于最南端的悬鉴楼等得以幸免之外,会馆的大部分建筑被毁。同治年间山陕商贾再次集资重修,至光绪十八年(1892)全部落成。不过此时的赊旗镇商业已大不如昔,以至在会馆落成之际未能及时立碑志纪。民国十二年(1923)《重建山陕会馆碑记》追记了会馆的重修过程:"赊旗镇山陕会馆由来已久,遐迩驰名。慨自咸丰七年八月捻匪蹂躏,焚及会馆大殿、廊房、春秋楼,荦荦大者俱化灰烬。嗣经山陕商贾连年抽厘……又经同乡大宗捐输,始得鸠工。上建关帝大座殿,中设大拜殿,前筑大月台,环以石牌坊;拜殿两旁药、马王殿各三间,东西小腰楼各一间,东西两楼廊各十三间……虽比旧式尚少春秋楼一座,而厥功亦伟,气宇宏大,楼阁辉煌。"同光年间赊旗会馆的重建共花费白银87 788两,在已知河南众多山陕会馆中是耗资最巨的。

　　赊旗商业以山陕商人为主,而山陕会馆的修建经费又都来自两省商人的集资,故会馆的修建过程也大体反映了赊旗商业的发展脉络:(1)从清初到乾隆年间是该镇商业兴起和初步发展阶段,春秋楼的落成可以说是赊旗商业繁荣的象征,也是进入新阶段的一个标志;

(2)嘉道年间该镇商业进入鼎盛,会馆的一系列营建主要集中于这数十年中;(3)咸丰年间赊旗屡遭兵燹,发展受挫,同光年间重新振兴,可惜这第二次辉煌维持的时间不长;(4)光绪后期赊旗商业逐渐衰落,这固然有该镇商人自身的因素,而大环境的变化,以及交通运输格局的改变当是主要原因。总之,山陕会馆两次大规模的修建工程,正是赊旗商业发展中两个黄金时段的真实反映。

二、从山陕会馆集资金额看赊旗的商业规模

赊旗山陕会馆的历次修建多采取集资方式,利用会馆各碑所镌参与集资的商号名称及其捐款金额,可对该镇商业做进一步的考察。

乾隆四十七年《创建春秋楼碑记》镌有捐资商号 423 家,共集资 8 068两。从该碑开列的各商号捐资数额来看,此次集资采取的应是抽厘方式。[①]其中抽厘最多为 130 两,超过 100 两者一共只有 5 家;抽厘不足 1 两者 38 家,最少者仅 2 钱 2 分。看来这些商号的经营规模都不是很大。表 3—13 是《创建春秋楼碑记》所镌抽厘商号的分类统计,请参见。

表 3—13　乾隆年间赊旗山陕商人创建春秋楼
抽厘商号的分类统计

抽厘分类	商号数	占比(%)	抽厘额(两)	占比(%)
100 两以上	5	1.2	555.79	6.9
50—100 两	48	11.3	3 763.75	46.6
10—49.9 两	134	31.7	3 039.43	37.7
1—9.9 两	198	46.8	683.65	8.5
1 两以下	38	9.0	27.2*	0.3
合　　计	423	100.0	8 068.82	100.0

资料来源:据乾隆四十七年《创建春秋楼碑记》统计。

说明:＊其中有一家捐钱 800 文,以制钱 1 000 文折银一两计算,折银 0.8 两。

---

①　抽厘或是认捐,从捐资数额可明显区分:认捐一般都是整数,抽厘则即便数额较大仍有尾数,如周口道光十八年《重修关帝庙岁积厘金记》碑所列抽厘最多者为 560.52 两,其次为 540.06 两等等。

乾隆年间参与集资的商号中可以区分出行业的有：粮行、粉局、花店、花行、油坊、醋坊、枣行、席铺、铁铺、杂货铺、瓷铺、碗铺、琉璃店、木铺、皮袄铺、衣铺、染坊、炮坊、罗厂等。其抽厘金额，如四合瓷铺 88.21 两、玉盛铁铺 20.02 两、日杂铺 15.5 两、琉璃店 7 两；双合花店 22.06 两、义和花行 17.03 两、马永杏花行则只有 3 两。又如魁元粮行抽厘 5.18 两、森茂粮行 5.02 两；永丰粉局 15.96 两、东三胜粉坊则只有 0.42 两；还有油坊 5 家、醋坊 4 家，抽厘多者只有 3 两，少则几钱。也有少数几家抽厘超过 100 两的商铺，但不知其经营内容。

嘉道年间修建会馆的集资未见记载。民国十二年《重建山陕会馆碑记》记述同光年间重修会馆的集资经过曰："自咸丰七年八月捻匪蹂躏，焚及会馆大殿、廊房、春秋楼，荦荦大者俱化灰烬。嗣经山陕商贾连年抽厘，希图积少成多，以为重修之资。奈工程浩大，缓不济急，又经同乡大宗捐输，始得鸠工。"即此次集资包括"抽厘"和"认捐"两部分。其中"抽厘"从同治八年至光绪十六年，共抽收厘金72 858两；由于工程浩大，仍不能满足需要，因而又发起募捐，并得到"同乡大宗捐输"，共获捐款14 930两；两项合计 87 788 两，全部用于会馆的重修。①《重建山陕会馆碑记》和《重兴山陕会馆碑记》两碑依据会馆保存的帐册在碑阴分别镌刻了从同治八年至光绪十六年"山陕商贾连年抽厘"集资，以及"同乡大宗捐输"的名单和数额。下面分别考察。

先看抽厘。《重建山陕会馆碑记》列有抽厘商号 383 家，共抽收厘金69 613两。其中抽厘金额最高者6 933两，其次为4 389两，超过1 000两的共计 12 家；抽厘金额最少者为 8 两，计有 18 家。此外，该碑另记有"零星小宗厘金"2 165两，估计应是抽厘不足 8 两未被刊名列碑的商号的累积数；如果这一估计不错的话，这些商号数量至少会有 300 余家（以平均抽厘 7 两计算），也可能更多得多。与列名商号合计，抽厘金额共为71 778两。此系累计数字，与前引碑文原载72 858两略有出入。表3—14是该碑所列 383 家商号以及零星抽厘的分类统计，请参见。

---

① 民国十二年《重建山陕会馆碑记》、《重兴山陕会馆碑记》。

表 3—14 同光年间赊旗重修山陕会馆抽厘商号的分类统计

抽厘分类	商号数	占列名商号比（%）	厘金合计（两）	占抽厘总额比（%）
1 000 两以上	12	3.1	31 147	43.4
501—1 000 两	18	4.7	13 049	18.2
101—300 两	70	18.3	16 723	23.3
21—100 两	144	37.6	6 731	9.4
8—20 两	139	36.3	1 963	2.7
合　计	383	100.0	69 613	97.0
零星小宗厘金	数百家	——	2 165	3.0
总　计	——	100.0	71 778	100.0

资料来源:据民国十二年《重建山陕会馆碑记》统计。

在《重建山陕会馆碑记》的 383 家列名商号中,抽厘最高者为福源店,其次为花粉行、陆陈行,此外抽厘超过1 000两的还有 9 家。其中花粉行、陆陈行、驼盐两行显然是行业名,其余大部分是商号名。据碑文记载,此次抽厘系从同治八年至光绪十六年,即 1869—1890 年,长达 21 年之久。该碑未说明抽厘率,笔者参照周口山陕会馆的抽厘率,按 1‰ 的比例计算。表 3—15 所列为福源店等 12 家抽厘超过1 000两的商行商号抽厘金额及其经营额的折算。该表可见,花粉行的年经营额为 20 万两,陆陈行为 16 万两;而福源店的年经营额高达 33 万两,位居全镇之首;致和永、晋源店两家商号的经营额也超过 10 万两。

按照同样的方法,还可对所有参与抽厘商号的经营额进行折算。《重建山陕会馆碑记》所列各类商号抽厘金额合计为 71 778 两,平均每年 3 418 两,折合年经营额 340 余万两。需要指出的是,由于该碑所列 383 家商号中包括有花粉行、陆陈行等行业抽厘,每一行业至少会有商号十几家或几十家;另一方面,"零星小宗厘金"的平均额很可能低于 7 两,因而实际参与抽厘的商号估计可达 800 家,或者更多些。

表 3—15　福源店等十二家商行商号抽厘金额及
其经营额的折算

单位:两

商号名称	抽厘额	年均抽厘	折合年经营额
福源店	6 933	330.143	330 143
花粉行	4 389	209.000	209 000
陆陈行	3 450	164.286	164 286
致和永	3 224	153.524	153 524
晋源店	3 124	148.762	148 762
三泰和	1 851	88.143	88 143
复盛协	1 828	87.047	87 047
复来店	1 595	75.952	75 952
驼、盐两行	1 466	69.809	69 809
信兴顺	1 417	67.476	67 476
双兴店	1 161	55.285	55 285
永盛源	1 009	48.047	48 047
合　计	31 447	1 497.476	1 497 476

资料来源:据民国十二年《重建山陕会馆碑记》统计。

再看认捐。《重兴山陕会馆碑记》列有参与认捐的商帮商号捐款 125 宗,共捐银 14 832 两。其中捐银最多者为盒茶社 4 500 两,其次为山陕帮 750 两、正兴盛 550 两、众票帮 500 两;捐银 150 两以上的 5 家,100—150 两者 32 家;在列名商号中捐银最少者为 10 两,有 10 家。此外,该碑也列有"零星花名小宗布施银"共 103 两,应是捐银不足 10 两未被刊名列碑者捐银的累积数。全部捐款合计为 14 935 两,与碑文原载 14 930 两略有出入。表 3—16 是该碑所列商帮商号捐银的分类统计。在该碑的捐款署名中有相当一部分是商人团体,如盒茶社、山陕帮、众票帮、陕西药帮、西烟帮、同心

社、银色社、酒仙社等,至少十余个。这些商人团体包括的商号多
则十几家、几十家,最少也会有三五家,因此实际参与认捐的商号
至少会有二三百家。"抽厘"与"认捐"合计,同光年间重修会馆参
与捐资的商号当超过千家。

表 3—16　光绪年间赊旗重修山陕会馆参与认捐的
商帮商号捐银分类统计

捐款分类	商帮商号	占列名商号比(%)	捐银(两)	占列名捐款比(%)	占全部捐款比(%)
500 两以上	4	3.2	6 300	42.5	42.2
100—400 两	37	29.6	5 190	35.0	34.8
50—80 两	44	35.2	2 410	16.2	16.1
20—45 两	26	20.8	769	5.2	5.1
10—16 两	14	11.2	163	1.1	1.1
合　　计	125	100.0	14 832	100.0	99.3
零星小宗捐款	不详	——	103	——	0.7
总　　计	——	——	14 935	——	100.0

资料来源:据民国十二年《重兴山陕会馆碑记》统计。

　　同光年间的抽厘商号中,可区分出行业的主要有陆陈行、花粉行
以及驼、盐两行。陆陈行,也就是粮食行。驼、盐两行,"驼"当指骆
驼,"盐"即食盐。食盐是专卖商品,南阳府属各邑除舞阳县外,其余
12 州县均食河东盐,岁额36 246引。[①]河东盐产自山西解州,从解州
至南阳府各县无水路可借,全靠牲畜驮运。驼、盐两行关系密切,大
概就是因为这一缘故。花粉行,"花"当指棉花,"粉"可能是指粉皮、
粉条等粮豆制品;不过花、粉两行应是完全不相干的两个行业,其抽
厘合并计算颇令人费解。

　　光绪年间参与认捐的商帮商号中,可区分其行业的有:盒茶社、

──────────

① 　嘉庆《南阳府志》卷 3《赋役志》。

蒲茶社、众票帮、陕西药帮、西烟帮、蕃锡社，以及永隆统、永禄美、玉泉馆、正兴隆、锦璋秀、蔚盛长等字号。其中，永隆统、永禄美、玉泉馆、正兴隆等都是赊旗本镇开设的酒店，赊店酒历史悠久，行销范围可达秦、晋、鄂、湘等数省。①锦璋秀是山西侯马吕氏家族在南阳府城开设的经营京广杂货的字号，创办于1871年，投资25 000两，是当时南阳最大的一家杂货店，凡绸缎、绣货、珠宝首饰、铜锡器皿、日用杂品，甚至北京同仁堂的名贵中药，都在其经营范围之内。②所谓"盒茶社"应是经营"帽盒茶"的商人团体。据说清初晋商运茶原用方形篓，因驮运不便改为半圆柱形，两篓相对成圆柱形，似帽盒，故名帽盒茶。③从汉口山陕会馆的捐资中可知这一团体至少包括商号二三十家，经营盒茶者多为山西太原府的商人。④"蒲茶社"可能是经营湖北蒲圻一带所产茶叶的商帮，抑或是山西蒲州经营茶叶的商人团体。"众票帮"是指山西各票号驻汉口的分号，光绪初年在汉口开设的票号约有30家。⑤蔚盛长是山西平遥票号蔚字五联号之一，它可能直接在赊旗镇开设有分号，故在"众票帮"捐银500两之外单独捐银220两。"陕西药帮"是经营药材业的陕西商帮；蕃锡社，从字面理解应是经营进口洋锡的商人团体。

三、山陕商人在赊旗经营的主要行业和商品

在前文的考察中我们看到，陆陈行、花粉行、驼盐行都是赊旗商业中较重要的行业，此外茶叶、杂货也是赊旗转运贸易之大宗。下面

---

① 社旗县志办：《赊旗镇历史上的繁荣与衰落》，《社旗文史》第1辑，1986年版，第7页。

② 王丙申：《南阳最大的锦璋秀京广货商店》，《南阳文史资料》第2辑，1986年版，第84—85页。

③ 田树茂、田中义：《晋商开辟的茶叶之路》，李希曾主编：《晋商史料与研究》，第230页。

④ 汉口山陕会馆春秋楼有光绪七年"太原府盒茶帮众号"所捐匾额，列名商号有庆丰元、长顺川、长裕川、翁盛泉、隆盛元、乾裕魁、大道恒、天聚和、协成泉、祥泰厚、复泰谦、大德昌、德巨生、长盛川、兴隆茂、义泉贞、大德兴、聚盛泉、巨贞和、大涌玉、裕盛川、义合生、谦泰兴等共计23家；财神殿有光绪十年"太原府盒茶帮众号"所捐匾额，列名商号共17家，其中协成公、集生茂、大德常、德慎恒、大德兴、天顺长等数家前匾未见（光绪《汉口山陕西会馆志》，藏湖北省图书馆）。就茶叶运销路线推论，这些商号都应与赊旗有联系。

⑤ 黄鉴辉：《山西票号史》，山西经济出版社1992年版，第175页。

参考其他资料,对这几个行业再做些具体考察。

粮食是赊旗商人经营的重要行业。河南是清代华北主要的粮食输出区之一,每年至少有上百万石的粮食输出。如乾隆二十四年闰六月至二十五年三月的九个月中,河南各州县共输出粮食 115 万余石。①在同光年间的集资中,陆陈行的抽厘金额高达3 450两。据说民国年间该镇有八大粮行,每天成交粮食 20 余万斤,仅"通盛行"一家每天就要装运大小车辆 60 多辆,牲畜 40 多头。②河南属北方旱作粮食区,以种植小麦、大豆、杂粮为主,湖广两省则以水稻种植为主。故北方杂粮的输出、南方稻米的输入应是赊旗粮食业经营的主要内容。③此外,赊店酒能行销秦、晋、鄂、湘数省,其酿酒业也应相当发达。

棉花是河南种植最多的经济作物,明清两代均有较大规模的输出。棉花也是赊旗商人经营的重要商品之一。乾隆年间创建春秋楼的抽厘商号中至少有花行 3 家,从抽厘金额看双合、义和两家花行应具有一定的规模。同光年间花、粉两行抽厘金额高达4 389两,虽然不知道花、粉两项各自的比例,已足见此项贸易之繁盛。1870 年德国地理学家李希霍芬在《旅华日记》中写道:"我所走的那条路,在南召与来自赊旗镇的另一条路相接通……我每天遇到多少列驮子,从河南府载上了棉花,前往樊城和老河口。"④这是河南棉花经赊旗向湖北输出。不过,清代湖北属产棉区,而陕西、甘肃则属缺棉省区,故河南所产棉花大多输往西北。李希霍芬在关于河南及陕西的报告中也曾明确指出:河南府棉花"主要是输往陕西和甘肃,输往山西及湖北的数量较小"⑤。实际上,湖北所产棉花运往陕甘一带的也为数不少。咸阳是陕西关中重要的棉花集散市

① 乾隆二十五年五月初十日河南巡抚胡宝瑔折,《历史档案》1990 年第 4 期。
② 社旗县志办:《赊旗镇历史上的繁荣与衰落》,《社旗文史》第 1 辑,第 7 页。
③ 咸丰十一年日升昌汉口分号就曾由樊城经赊旗向平遥发运大米,黄鉴辉:《山西票号史》,第 150—151 页。
④ [德]李希霍芬:《旅华日记》卷上,转引自李文治编:《中国近代农业史资料》第 1 辑,第 425 页。
⑤ 《李希霍芬书信集》,转引自李文治编:《中国近代农业史资料》第 1 辑,第 425 页。

场,其棉花"水陆并至,南则荆襄云梦,东则临汝宏农……运载殆无虚日"①。从荆、襄、云梦运销陕西的棉花应是溯汉水而来,经由赊旗镇转陆路北上的。

山西商人经营的茶叶是经由赊旗转运的大宗商品,这些茶叶主要销往俄国、蒙古。清代前期晋商采买的茶叶主要产自武夷山区,茶叶由产地陆运至江西河口镇,由信江水运入鄱阳湖,转长江至汉口,然后溯汉水北上。衷于《茶市杂咏》记载了山西商人到河口采购茶叶的情况:"清初茶叶均系西客经营,由江西转河南运销关外。西客者山西商人也,每家资本约二三十万至百万,货物往还络绎不绝。"②其转运路线从河口镇开始水运→汉口→襄樊→抵赊旗;从赊旗改陆运→山西→张家口→蒙古、俄国。十九世纪五十年代受太平天国起义影响,茶商改为采买两湖地区的茶叶,主要产自湖南安化、临湘及湖北蒲圻。山西祁县的大德诚茶庄即从湖南安化购茶,晋川、晋裕川、顺记、义兴等山西茶庄多在临湘购茶。③在光绪年间对山陕同乡的募捐中,盒茶社捐款4 500两,蒲茶社捐款 360 两;此外大德玉、大泉玉、大升玉、祥发永、裕庆成、兴泰隆、天顺长、聚兴顺、兴隆茂、宝聚公等 10 家商号各捐银 50 两,它们也都是经营茶叶的山西商号④;合计为5 360两,占此次募集总额14 935两的 1/3 以上,足见茶商资本之雄厚。

杂货是赊旗转运商品的又一大宗。雍正二年《同行商贾公议戥秤定规》记言:"赊旗店,四方客商杂货兴贩之墟";乾隆年间《公议杂货行规碑记》称:"本镇之有杂货行由来已久",乾隆五十年因有商号不遵旧规,影响到全行之生意,于是"集我商行公议规程",订立行规十余条,以规范全行商业行为。清末《祁县茶商大德诚文献》也记载说,"此处(指赊旗)码头以杂货为首",各种商货脚

①　《创建花商会馆碑记》,转引自方行、经君健、魏金玉主编:《中国经济通史·清代经济卷》,经济日报出版社 2000 年版,第 1003 页。
②　彭泽益编:《中国近代手工业史资料》第 1 卷,第 304 页。
③　史若民、牛白琳编著:《平祁太经济社会史料与研究》,山西古籍出版社 2002 年版,第 481—482、489—490、134—135 页。
④　在汉口山陕会馆各商帮所捐春秋楼、天后宫匾额中,这 10 家商号同属"山西太(原)汾(州)两府红武茶帮"(《汉口山陕西会馆志》)。

价往往以杂货之运价为基准,如"红茶梗子每千斤价同杂货,西老茶、大花茶照杂货解矮银一两,东老茶照杂货下银二两五钱"等等。①

在周口的考察中笔者指出,杂货行是周口山陕商人经营的最重要的行业。据道光十八年周口《重修关帝庙岁积厘金记》碑所载,往来于周口的行商分为杂货、麻、油、丝、布、果、京货、西烟、山货、鱼米、竹木、药材等15行;在列名该碑的320家行商中,杂货一行所属商号就占180家,数量最多;其实力也是最强的,杂货行共抽收厘头银7 915两,占行商抽厘总额的3/4,年经营额估计可达80余万两。周口杂货行所经营的商货大体包括茶叶、纸、糖、瓷器、钉铁、碱、绸缎、棉花、线货、故衣等。②赊旗各行未见有周口那样细致的划分,其杂货经营范围可能更广。茶叶的转运已如上述,下面再略举数端。

赊旗的纸、糖等货来自湖南、四川、广东。如道光十七年八月,山西"茂盛德记"商号从中湘(即湖南中部湘潭、衡阳一带)购入洋糖134包,11 600余斤,各种纸张1 100块,经汉口、樊城运抵赊旗;洋糖在赊交由晋和店、元吉店出售,纸张则运往周口销售。道光二十二年腊月,该商号从中湘购入苏木120捆,各种纸张500块,又从汉口购入洋糖342包,冰糖20箱,于次年2月运抵赊旗;将洋糖、冰糖在赊交由晋和店、元吉店、森茂店销售,其余苏木120捆、纸张498块等运往周口。道光二十六年九月,该商号在赊旗晋和店购入川糖80包,共8 885斤,雇牛车10辆陆运至北舞渡,然后雇船水运至周口出售。③这些北上商品中川糖为四川所产,冰糖应为广东所产,纸张当为湖南或者江西所产,而洋糖、苏木等系进口商品,应是从广东进口,经由湘粤交界的骑田岭商路进入湖南,再由湖南北上的。表3—17所列是

① 史若民、牛白琳编著:《平祁太经济社会史料与研究》,第502—503页。
② 许檀:《清代河南的商业重镇周口》。该文曾指出周口的杂货主要来自江南,系溯淮河、颍河北上到周口;据新近收集到的山西商人帐册,我们又得知从湖广溯汉水北上,经赊旗、北舞渡转运,是周口杂货的又一来源。不过这条路线有一段需要陆运,其商货量可能不如前者。
③ "茂盛德记"帐册,该帐册系笔者从太原文物市场购入,据商贩称是从临汾收购来的。

道光年间"茂盛德记"商号从南方输入的杂货及其购、销地点,请参见。

表3—17　道光年间"茂盛德记"商号从南方输入的商货示例

年　代	购货地点	购入商品	商品数量	销售地点
道光十七年	中　湘	洋　糖	134 包	赊　旗
		纸　张	1 100 块	周　口
道光二十二年	中　湘	苏　木	120 捆	周　口
		纸　张	500 块	周　口
道光二十二年	汉　口	洋　糖	342 包	赊　旗
		冰　糖	20 箱	赊　旗
道光二十六年	赊　旗	川　糖	80 包	周　口
道光二十六年	汉　口	西　糖	266 包	赊旗、周口
		结　糖	464 包	赊旗、周口
道光二十七年	中　湘	洋　糖	199 包	赊　旗
		纸　张	1 796 块	赊　旗

资料来源:"茂盛德记"帐册。

"茂盛德记"商号由赊旗南运的主要是河南所产金针(黄花菜)、粉皮、粉条等货。如道光二十三年秋,该商号从赊旗的晋和、森茂、元吉等店购入黄花菜两万余斤,打包装成 222 包;又从诚兴店、合昌店陆续购入粉皮 98 捆;腊月起运,翌年正月抵汉口销售。道光二十五年,"茂盛德记"在周口购入黄花菜23 778斤,分装成 160 包,经由北舞渡陆运赊旗,再由赊旗水运至湘销售。二十七年该商号从周口购买黄花菜 189 包运抵赊旗,其中 110 包在赊旗本镇售出,其余 79 包由赊水运至湘发卖。表 3—18 所列是"茂盛德记"商号在赊旗、周口购买向南方输出的商货及其销售地点,请参见。

表 3—18　道光年间"茂盛德记"商号向南方输出的商货示例

年　代	进货地点、商号	购入商品	商品数量	销售地点
道光二十三年	赊旗晋和店	金　针	82 包	汉　口
	赊旗森茂店	金　针	70 包	汉　口
	赊旗元吉店	金　针	70 包	汉　口
	赊旗诚兴店	粉　皮	50 捆	汉　口
	赊旗合昌店	粉　皮	48 捆	汉　口
道光二十五年	周　口	金　针	160 包	中　湘
道光二十六年	赊旗晋和店	金　针	65 包	汉　口
	赊旗森茂店	金　针	65 包	汉　口
	赊旗森茂店	沙　菜	29 包	汉　口
	赊旗元吉店	金　针	121 包	汉　口
道光二十七年	周　口	金　针	189 包	赊旗、中湘
道光二十七年	赊旗元吉店	金　针	98 包	中　湘

资料来源:"茂盛德记"帐册。

以上记载可以看出"茂盛德记"是行商,而晋和、元吉、森茂、诚兴、合昌等店则是坐贾,它们都是经营杂货的商号。在乾隆四十七年《创建春秋楼碑记》所列抽厘商号中有"晋和店",抽厘金额为 3 两。但在同光年间的抽厘商号中该店未再出现,这有两种可能:一是经咸丰年间的战乱,该店已不复存在;二是该店因抽厘金额低于 8 两,未被刊名。即便属于前者,从乾隆中叶到道光末年,这家商号在赊旗经营也有六七十年之久了。其他数家商号则未见碑铭刊列。

赊旗山陕会馆前的南北长街名瓷器街,瓷器当也是该镇转运的大宗商品。乾隆年间四合瓷铺抽厘 88 两零,在 423 家商号中是较高的,估计应是兼营批发与零售。以水路之便,赊镇的瓷器当来自江西景德镇或湖南醴陵。又据《鄢陵文献志》卷 9《风俗》记载,该县"瓷器自南阳舍(赊)旗店来,杂货自淮宁周家口来。"鄢陵属开封府,在河南中东部。由此可知赊旗输入的瓷器至少会转运河南的大部分地区。

赊旗会馆中设有药王殿,药材当也是该镇商人经营的重要商货之一。《重兴山陕会馆碑记》所镌捐款名录中,"陕西药帮"捐款

为 200 两。大黄是陕西所产著名药材,乾隆年间的一份奏报称:
"大黄产于陕西,聚于湖北汉口,向来多系江西客人由楚贩来福建
省城及漳、泉等郡发卖销售。"①福建的药材行户也说:"各样药材俱
由江西樟树镇贩运来闽销售,但江西亦不产大黄,闻得陕西泾阳县
为大黄汇集之所,转发汉口、樟树等处行销。"②汉口、樟树都是重要
的药材集散市场,大黄从陕西到汉口应是经由赊旗转运的。又据
清末的记载,从赊旗运往禹州的药材有专门的"秤规"。③禹州是河
南的药材集散市场,这里聚集有"十三帮"药材商,尤以河南本省怀
庆帮药商实力最强。从赊旗发往禹州的药材估计应来自汉口、樟
树等南方药材市场;同样,在禹州聚集的北方药材也会经由赊镇运
往汉口等处。

　　此外,绸缎布匹、皮货、水烟等也是赊旗镇南北转运的商货。乾
隆年间有记载称:陕西一省"绸帛资于江浙,花布来自楚豫"④;同治
年间陕西巡抚蒋志章也说:"潼关冲要,行旅必经……东来皖豫各贩,
以绸缎、南杂各货为大宗;川甘东去之商,以水烟、药材等物为巨贾";
"甘肃口外物产,如皮货、水烟等项均属大宗"。⑤进出潼关的南北商
货很大部分需要经由赊旗转运。皮毛制品是陕西的主要特产,如泾
阳县"皮行甲于他邑,每于二三月起至八九月止,皮工齐聚不下万
人";合阳县"多作毡";大荔县"聚各色生皮熟成,四方商贾多来售
者","每年春夏之交万贾云集";当地商人"挟赀远贾,率多鬻皮
业"。⑥在前面的考察中我们已经看到陕西皮毛商在赊旗具有相当的
实力,嘉庆年间捐造铁旗杆者就是陕西大荔、朝邑、合阳等县的皮毛
商。水烟为甘肃特产,王诉《青烟录》卷 8 记言:"水烟者起于甘肃之

---

　　①　乾隆五十四年四月初四日伍拉纳等奏折,转引自《中国经济通史·清代经济卷》
第 1127 页。

　　②　《清高宗实录》卷 1382,乾隆五十六年七月,《清实录》第 26 册,第 538 页。

　　③　史若民、牛白琳编著:《平祁太经济社会史料与研究》,第 504 页。

　　④　贺长龄编:《清经世文编》卷 28,陈宏谋:《巡历乡村兴除事宜檄》,中华书局 1992
年版,第 690 页。

　　⑤　陕西巡抚蒋志章奏折,转引自彭泽益编:《中国近代手工业史资料》第 1 卷,第
600、601 页。

　　⑥　卢坤:《秦疆治略》泾阳县;乾隆《同州府志》卷 11《食货志》;道光《大荔县志》卷 6
《土地志》;乾隆《大荔县志》卷 3《风俗》。

兰州。兰州五泉山下产烟草,既制,必隔水吸之,入腹而后吐,醉人尤易。""初时人畏其力猛,食者绝少,渐自秦而晋,而豫,而齐鲁燕宋、大江以南,今且遍天下无不至矣。"同治年间开封山陕甘会馆的集资中即有"水烟行"的捐款①,前列之"西烟帮"可能也是经营甘肃水烟的商帮。又据《社旗山陕会馆》一书记述,该镇经营的商品有"药材、生漆、桐油、竹木、粮、棉、布匹、茶叶、食盐等……据传,单药材一项月销售量达十余万斤;六家货栈行日成交木材一千余立方,竹竿五万余斤;八大粮行每天成交粮食 20 余万斤;九家染坊,最大的一家日染青蓝布 300 余匹"②。这应是当地居民对民国年间商业的回忆了。

赊旗是水陆接运的过载码头,运输业是该镇经济的重要组成部分。据说赊镇盛时,河道停船一次可达 500 余只,全镇有 48 家过载行,日夜装卸不停,十几家骡马店家家客满,大车小车络绎不绝。③由于地理条件原因,该镇以陆路运输更为发达。道光二十五年"茂盛德记"商号从湖南贩运洋糖、纸张等货至赊旗,一次就雇牛车 100 余辆将这批货物运至北舞渡,共支付运价 214 两。④除骡、马、牛、驴等牲畜之外,远程运输骆驼有其独特的优势,故开设驼厂是赊旗运输业中的一个特点,最多时一次能有骆驼几百峰。⑤同光年间重建会馆的集资中,增益驼厂在行业抽厘之外又单独捐银 50 两,估计应是驼行中实力较强的字号。《祁县茶商大德诚文献》记载有从赊镇陆运的各种方式,牛车、马车、骡子、长驼各有装货规则、运货时限和脚价。如雇牛车运货至北舞渡、襄县等处"每辆欠银二钱,限十天,误期每车罚钱一千";至汝州、禹州"每辆欠银三钱,限十二天送到,误期每车罚钱二千";雇马车运货至郑州花园口、开封柳园口以及洛阳等处,"脚价付九欠一,以十天为期,二十天见回票,误期每车罚银八两";远程货物如山西祁县、太原、直隶张家口等处则多用"长驼",也各有限期,"脚银付三欠七"或"付四欠六"。赊旗的陆路转运范围至少包括河南、山

① 开封山陕甘会馆同治三年《重修后道院碑记》。
② 《社旗山陕会馆》,第 1 页。
③ 社旗县志办:《赊旗镇历史上的繁荣与衰落》。
④ 茂盛德记:《买纸、糖使用帐》。
⑤ 社旗县志办:《赊旗镇历史上的繁荣与衰落》。

西两省的主要城镇,以及东口(张家口)和西口(杀虎口或归化城)。[1]
赊旗镇有一条南北长街名骡店街,各类脚行、骡马车驼等店估计多汇
聚于此。

＊　　　　＊　　　　＊　　　　＊

以上考察可见,赊旗的兴起约在康熙初年,清代中叶达到鼎盛,
咸丰年间一度受挫,同光年间又再创辉煌。赊旗不但是河南中、西部
及山陕甘地区与南方数省商品流通的重要枢纽,也是晋商对俄茶叶
贸易的重要转运通道。

依据赊旗山陕会馆碑刻资料,可知乾隆年间创建春秋楼参与抽
厘的商号有 400 余家,共捐银 8 000 余两。嘉道年间会馆的一系列建
筑虽然开支不详,但从保存下来的悬鉴楼等建筑,以及一对铁旗杆耗
资 3 000 两推论,会馆的主体建筑至少耗银数万两,捐资商号数量肯
定超过乾隆。同光年间重修会馆共集资 87 700 余两,参与捐资的行
商、坐贾超过千家。由于资料的欠缺,笔者无法确定同光年间赊旗商
业的繁荣程度是否超过嘉道,不过从该镇的商业构成和大宗捐款来
源角度分析,晋商对俄茶叶贸易的发展以及票号的兴盛都在清中叶
以后,故同光年间赊旗的商业规模至少应不逊于嘉道时期。

赊旗山陕会馆的抽厘方式未见周口那样的明确记载。不过,仔
细分析同光年间"抽厘"与"认捐"两份捐款名录,可以看出赊旗会馆
的集资与周口略有不同,抽厘以坐贾为主,而认捐则以行商为主。也
有一部分商号既参与抽厘,也参加了认捐。如福源店抽厘金额高达
6 933 两,此外又认捐 150 两;像这样同时参与抽厘和认捐的商号还
有永隆统、永禄美、天成局、六吉永、蔚盛厚、起发宽等。在前面的考
察中,笔者曾依据《重建山陕会馆碑记》所镌各商号的抽厘金额折算
出其年经营额为 340 余万两,若再加上《重兴山陕会馆碑记》所列商
帮商号的认捐,该镇山陕商人的年经营额估计可达四五百万两。还
需特别说明的是,赊旗会馆的碑文中未记载抽厘率,上述折算数字是
依照周口的抽厘率得出的,可能与实际规模有较大出入。更准确、更
深入的研究还有待于进一步的资料发掘。

(本文原载《历史研究》2004 年第 2 期)

---

[1]　史若民、牛白琳编著:《平祁太经济社会史料与研究》,第 501—506 页。

第五节 清代中叶聊城商业规模的估算

数据资料的缺乏是影响古代商业城镇研究的瓶颈之一,商人会馆碑刻可说是目前所见能够对商镇规模进行估算的最好资料,特别是会馆集资的抽厘率,可据以对经营额进行折算。

在笔者收集的华北各地会馆碑刻中,聊城山陕会馆是质量最好的一组。其一,数量较多,共 16 通[①];其二,时间跨度较长,从乾隆八年(1743)至光绪二十年(1894),延续 150 余年;其三,嘉庆二十二年(1817)《山陕会馆接拔厘头碑记》对于抽厘率变化的记载尤为珍贵,可借以进行不同时期的比较。这批碑刻资料已有学者进行过介绍和初步研究[②],但对其中所含商业信息未予深入发掘。本文主要依据这批碑文,先对山陕会馆的历次集资进行考察梳理,然后借助其中抽厘率的记载,对山陕商人在聊城的经营规模进行估算。

一、聊城山陕会馆创建、重修及历次集资

聊城位于山东西北部运河沿线,为东昌府治,清代前期是运河沿线一个重要的水陆转运码头。档案记载称:"临清关系水路要津,并非陆路大道,绸缎等货在台庄、济宁、东昌等处起卸,直由南、北、中三大路北上,既免关津之课钞,又无漕船闸座之阻滞"[③];"所有各色细货自江苏、闽广而来者,舟至济宁、东昌等处即便起载,车驮北去"[④],故有大量商人汇聚聊城。晋人李弼臣《旧米市街太汾公所碑记》记

---

① 这批碑文现存聊城山陕会馆,笔者于 1994 年和 1997 年在聊城考查时收集抄录,已收入许檀编:《清代河南、山东等省商人会馆碑刻资料选辑》,天津古籍出版社 2013 年版,第 271—352 页。

② 笔者所见相关研究主要有:赵生玲:《清代乾隆至光绪年间的聊城商业》,《聊城大学学报》2005 年第 3 期;李红娟:《聊城山陕会馆碑刻分类及其史料价值》,《聊城大学学报》2005 年第 3 期;王云:《聊城山陕会馆碑刻及其史料价值》(见卞利等主编:《民间文献与地域中国研究》,黄山书社 2010 年版)等。

③ 中国社会科学院经济研究所藏《钞档》:乾隆十一年九月初二日署直隶河道总督刘於义题本。

④ 中国第一历史档案馆编:《雍正朝汉文朱批奏折汇编》第 13 册,第 779 页。

言，"聊摄为漕运通衢，南来客舶络绎不绝，以故吾乡之商贩者云集焉，而太、汾两府者尤夥。自国初康熙间来者踵相接，侨寓旅舍几不能容。有老成解事者议立公所，谋之于众，佥曰：善。捐厘醵金，购旧宅一区，因其址而葺修之，号曰太汾公所。"①太汾公所是山西太原、汾州二府在聊经商者所修建。据说清代各省商人在聊城建有山陕、江西、苏州、武林等八大会馆②，但目前保留下来的只有山陕会馆一处。

聊城山陕会馆坐落于聊城东关外运河西岸，坐西朝东，背城面河而立，为山陕二省商人集资兴建。该会馆始建于乾隆八年，不过会馆地基是乾隆元年购入的，"其地东西长四十三步，南北阔三十步"，"又后门南角园基一段，东西长十二步，南北阔十一步零三小尺"，"计地五亩七分"，价银共836两，"于乾隆元年七月二十六日税契粘尾"。③或许是募集建筑经费尚需时日的缘故，会馆在购地之后并未马上兴工，至乾隆八年才正式开工，兴建大殿、南北二殿以及戏台等，至十一年告竣。碑文记载称："山陕会馆之设创自乾隆八年，中祀关圣帝君，殿宇临乎上，戏台峙其前，群楼列其左右"④，美轮美奂，金碧辉煌。会馆的创建经费来自商人捐款，乾隆十一年《山陕会馆碑记》碑阴镌有参与集资的商人商号401家，共捐银8180余两。⑤其中捐款最多为900两，最少者仅1钱1分。该碑所列捐款金额大多带有尾数，故笔者估计此次集资系以抽厘为主。

乾隆二十八年，会馆重修戏台，增建看楼。乾隆三十一年《山陕会馆重修戏台、建立看楼碑记》记其经过云："山陕会馆之设创自乾隆八年……迄于今，历二十有一年矣。第岁月既久，戏台不无飘摇之虞，大厦将覆，佥议欲修葺之。且艮、巽二隅一望无涯，未免有泄而不蓄之憾，并议欲增饰之。兹则张君裕如倡□率先，翕然者闻风景从。遂庀材鸠工，陶甓取粲，因前制而缮葺焉，旁增看楼二座。

---

① 许檀编：《清代河南、山东等省商人会馆碑刻资料选辑》（以下简称《碑刻资料选辑》），第353页。

② 参见竞放主编：《山陕会馆》，聊城地区新闻出版局，1996年，第3页。

③ 《碑刻资料选辑》，第271、279页。

④ 《碑刻资料选辑》，第279页。

⑤ 实际捐款者402家，"东昌府经历"罗世锦捐银二两，未计入。

以乾隆二十八年癸未兴工作于仲春,考庆成于季秋。"此次重修捐款商号 139 家,"共捐□银一千零九十七两八钱八分,工匠料物等项共使银九百九十九两三钱八分,下存银九十八两五钱,修补殿宇打碑使用"①。乾隆三十六年,会馆因大殿"脊檩折损,柱梁拔坏"再次重修,至次年季秋告竣。参与集资的商号 143 家,共捐银 354.5 两。②乾隆四十二年,会馆增建南北亭厦及两楼游廊等,捐款商号 155 家,共捐银 499.4 两。③以上几次重修,从捐款金额来看规模都不大。

山陕会馆规模最大、历时最久、耗资最巨的重修是在嘉庆年间。此次工程新建春秋阁、飨亭和钟鼓楼,重修了大殿、南北二殿以及山门、戏台和看楼,碑文赞之曰:"迹虽修也,而工倍于创","庙貌焕然一新"。工程"起癸亥,迄己巳,七年而工告竣"④,即从嘉庆八年至十四年,历时七年,耗资49 600余两。

据嘉庆十五年"历年进出银两帐目"碑记载,此次会馆重修的资金来源共有五项:(1)收布施银6 294.64两;(2)收厘头银42 980.25两;(3)收利银 422.79 两;(4)收众号用物并房租共银 495.52 两;(5)收房价长利银 139.92 两;五项合计共收干白银50 333.12两。⑤所谓"布施银"估计是各商号的认捐银两,"厘头银"应是各商号依据经营规模以一定比例抽收的捐款;所谓"利银"当是会馆出借银两收取的利息,"众号用物并房租"银系会馆出租房屋和其他用品收取的租金;惟"房价长利银"未详其意。在这五项收入中,厘头银一项即占总额的 85.4%,抽厘、认捐合计49 270余两,约占总额的 98%。可见,商人捐款是会馆重修最主要的资金来源。

此次重修竣工之际共立有四碑,除开列各项收支的"历年进出银两账目"碑外,其余三通分别镌刻了商号捐款。嘉庆十四年《会馆大工告竣碑记序》记述其集资状况言:"当夫善念一起,在诸公方苦工役浩大,难以奏效。乃首议捐输,而慷慨仗义者彼此如出一

---

① 《碑刻资料选辑》,第 279—282 页。
② 《碑刻资料选辑》,第 283—285 页。
③ 《碑刻资料选辑》,第 286—289 页。
④ 《碑刻资料选辑》,第 298 页。
⑤ 《碑刻资料选辑》,第 312 页。

辙;次拔厘头,而绳绳继继有加无已者层累而日上。"①下面分别略
做考察。

嘉庆十四年《山陕会馆众商重修关圣帝君大殿、财神大王北
殿、文昌火神南殿暨戏台、看楼、山门,并新建飨亭、钟鼓楼序》和
《会馆大工告竣碑记序》二碑碑阴开列的"众号历年共捐厘头干白
银",当即前文所言"次拔厘头"部分。二碑所镌抽厘金额相互衔
接,排列顺序从高至低;前者从最高的1 373.82两起至3两止,后
者从2.98两起至最低的6分;二碑合计共697家商号,抽收厘头
银42 960余两。

嘉庆十四年《春秋阁碑文》碑阴镌有捐款商号390家,此外油工
张清镜捐银4.5两,木工赵聚捐银12两。从捐款金额来看似既有抽
厘,亦有认捐。如位列第一的至诚店捐干白银55.8两,第二名兴盛
号捐元宝银51.83两,第三名宗久号元宝银51.25两等,似属抽厘;
而福裕号、世隆号、晋魁丹店等6家商号各捐干白银50两,义顺店、
元恒丰、锦成宁等12家商号各元丝银50两,合顺丹店、和生作坊、四
美烟铺等14家各捐纹银10两等,当系认捐。各商号所捐银两有干
白银、元宝银、元丝银、纹银等数种,约计6 300余两。②该碑所列应就
是前文所言"首议捐输"部分,即会馆最初筹资时的捐款。由于尚未
议定规则,故各随所愿,银色也未统一。笔者还注意到,该碑所镌
390家商号中有200余家也参与了抽厘,有140余家商号在上述抽
厘碑中未见,另有40余家难以确定。三碑合计,参与此次集资的商
人商号当有800余家。

此次大规模重修之后,山陕众商为谋长久之计,议定了一个持续
集资的方法,并从嘉庆十六年开始实行。嘉庆二十二年《山陕会馆接
拔厘头碑记》记言:"山陕会馆之修得吾乡诸君子之力,规模阔大,焕
然一新。于嘉庆七年起工,历八年告竣,前碑记之详已。兹犹以需用
浩繁,计除支销以外所存无几,诚虞来少去多,倘有修补,仍未免左支
右绌。爰集众商公同计议,既遵照旧拔四厘之例,减为一厘,约以五
年为期,定于每岁夏秋二季公同收取,轮流经营……庶几一切修补之

<hr>

① 《碑刻资料选辑》,第306—307页。
② 分别为纹银2 549.94两,干白银2 072.26两,元丝银1 145两,元宝银609.15两。

费永取给于此。"①该碑碑阴镌有嘉庆十六年至二十年的抽厘金额，合计7590余两。道光三年(1823)"众号厘金"碑镌有嘉庆二十一至二十五年的抽厘金额，计1790余两。这10年抽厘所得的开支情况未见碑文记载，估计主要用于会馆的日常性维修。

道光年间会馆又进行了一次较大规模的重修。起因是二十一年正月会馆演戏，"优人不戒于火，延烧戏台、山门暨钟、鼓二亭"。此次工程重建山门、戏台、左右二门、钟鼓楼、南北殿和小鼓棚，并重修春秋楼，以及"墨摩油洗，各处见新"，至二十五年竣工，共耗银14800余两。碑文记载称："斯役也，梓匠觅之汾阳，梁栋来自终南"，重建的戏台、山门和钟鼓楼比原来更加雄伟，"戏台基广十数弓，高出云表，前三楹与正殿对峙，上可容梨园子弟百余……其山门、钟鼓亭亦雄壮胜昔时。"②此次重修，参与集资的商号计有366家，此外监生牛允迪也捐银30两。道光二十五年《重修山陕会馆戏台山门钟鼓亭记》镌有道光"十八至二十四年众号厘金布施"金额，共计14760余两。其中抽厘最高者为1034.73两，其次为564.72两，最低者不到1钱。

咸同之际会馆进行了一次较大规模的集资，同治四年(1865)《山陕众商会馆续拔厘金碑记序》碑阴开列有咸丰八年至同治元年的"众商厘金"，共计8280余两，但未见重修记载。同治六年会馆重修大门和旗杆，与以往不同是，此次集资采用的是认捐方式。捐款商号中有28家捐银8两，38家捐5两，20家各捐3两，最少的1家捐银2两，合计87家商号共捐银476两。修缮工程耗银127.31两，剩余银两交由"值年会"管理。③光绪二十年重修山门外栏杆，也采取认捐方式，捐银最多者10两，最少2两，捐款商号仅28家，共捐银164两；工程支出为199.2两，短缺的三十余两系"由铅元会拨入"④。

以上考察我们看到，聊城山陕会馆自创建之后，曾于乾隆、嘉

① 《碑刻资料选辑》，第314页。
② 《碑刻资料选辑》，第325、233页。
③ 《碑刻资料选辑》，第350—351页。
④ 《碑刻资料选辑》，第352页。

庆、道光、同治、光绪年间多次重修。会馆的创建、重修以及日常维护所需费用都来自商人集资。表 3—19 是山陕会馆的历次集资统计，请参见。

表 3—19　聊城山陕会馆历次集资状况一览表

集资时间	集资目的	捐款商号	捐款金额（两）
乾隆八至十一年	创建会馆	401	8 188.34
乾隆二十八年	重修戏台、增建看楼	139	1 097.88
乾隆三十六至三十七年	更换脊檩柱梁	143	354.5
乾隆四十二年	增建南北亭厦、两楼、游廊	155	499.4
嘉庆八至十四年	大规模重修	800 余	49 274.89
嘉庆十六至二十年	日常集资	363	7 594.95
嘉庆二十一至二十五年	日常集资	261	1 796.13
道光十八至二十四年	重建与重修	366	14 760.92
咸丰八年至同治元年	日常集资	953	8 284.4
同治六年	重修大门、旗杆	87	476
光绪二十年	重修栏杆	28	164

资料来源：据聊城山陕会馆各碑统计。

表 3—19 显示，在聊城山陕会馆创建和重修中，参与集资的商号数量以乾隆初年会馆创建和嘉庆年间的重修为最，分别超过 400 家和 800 家，比平时高出很多。大规模的修建工程一般会在较大范围进行集资，多有外来客商参与，故商号数量远超过平时，这不难理解。惟咸同之际的日常性集资参与商号多达九百五十余家，令人颇觉意外，我们留待下节讨论。至于工程规模则以嘉庆、道光年间为最，乾隆中后期的三次重修规模有限，大体可视作会馆草创之后的增补与扩建；而同光年间会馆修缮规模下降，当与聊城商业的衰落相关。

二、对山陕商人经营规模的估算

聊城山陕会馆的创建、重修及日常维护的资金均来自商人集资，且主要采取抽厘方式。嘉庆二十二年《山陕会馆接拔厘头碑

记》较明确地记载了抽厘率的变化过程,该碑记言:"山陕会馆之修
得吾乡诸君子之力……历八年告竣,前碑记之详已。兹尤以需用
浩繁,计除支销之外所存无几,诚虞来少去多,倘有修补,仍未免左
支右绌。爰集众商公同计议,既遵照旧拔四厘之例减为一厘,约以
五年为期,定于每岁夏秋二季公同收取,轮流经营……兹五年之期
已满,又复议减一厘为三毫,以图久远……"①该碑碑阴镌有十六年
至二十年的抽厘金额,所谓"五年之期已满"当即指嘉庆十六年至
二十年。

依据该碑所言,聊城山陕会馆的抽厘率在嘉庆十六年之前是按
"旧拔四厘之例",即按千分之四的比例,每银一两抽取 4 厘;自嘉庆
十六年起"减为一厘",即将抽厘率改为千分之一,每银一两抽取 1
厘;并约定每年分夏秋两季抽收,以五年为一期,由各商号轮流经管。
待到嘉庆二十年五年期满之时,大约是因集资较丰的缘故,"又复议
减一厘为三毫",将抽厘率再降至万分之三,即每银一两只抽取 3 毫
了。据此,我们可按照会馆历次集资金额对山陕商人的经营规模进
行估算。

乾隆十一年《山陕会馆碑记》所镌参与会馆集资的商人商号
401 家,共抽厘 8 180 余两。该碑未记载集资年限,若从乾隆八年开
工起算至十一年竣工,4 年平均,每年 2 047 两,以 4‰ 的抽厘率折
算,年经营额为 51 万余两。嘉庆十四年的两通抽厘碑所镌 697 家
商号共抽厘 42 960 余两,碑文也未言及集资年限,会馆修建过程有
"起癸亥,迄己巳,七年而工告竣"和"嘉庆七年起工,历八年告竣"
两种记载②,这里以 8 年计算,平均每年抽厘 5 370 两,以 4‰ 的抽
厘率折算,年经营额为 134 万余两。考虑到会馆集资应先于开
工修建,实际集资时间会更长些,以上两次折算的经营额可能
偏高。

嘉庆二十二年《山陕会馆接拔厘头碑记》碑阴开列了嘉庆十六至
二十年 363 家商号的抽厘额,共银 7 471.44 两,京钱 124.5 千文,以
一千文折银一两,合计为 7 595.94 两。五年平均,每年 1 519 两零。

① 《碑刻资料选辑》,第 314 页。
② 《碑刻资料选辑》,第 298、314 页。

嘉庆十六年会馆的抽厘率改为 1‰,依此折算,山陕商人的年经营额为 151.9 万两。该碑所列抽厘最高者为"公信凤"430.52 两,五年平均折合年经营额 8.6 万两;其次为"元吉正"抽厘 295.89 两,平均年经营额 5.9 万两。表 3—20 所列是抽厘 100 两以上的 13 家商号及其经营额折算,它们的年经营额均超过 2 万两。

表 3—20　嘉庆十六至二十年间抽厘一百两以上的
商号及其经营额的折算

商号名称	抽厘金额 (两)	五年平均 (两)	折合年经营额 (两)
公信凤	430.52	86.104	86 104
元吉正	295.89	59.178	59 178
兴盛章	269.48	53.896	53 896
福兴和	243.54	48.708	48 708
大魁和	240.64	48.128	48 128
隆和义	202.90	40.580	40 580
咸宁亨	160.38	32.076	32 076
公义先	150.32	30.064	30 064
宗久合	135.30	27.060	27 060
偕义麟	118.55	23.710	23 710
福裕宁	116.85	23.370	23 370
日新岩	104.13	20.826	20 826
世隆店	103.80	20.760	20 760

资料来源:据嘉庆二十二年《山陕会馆接拔厘头碑记》,以 1‰ 的抽厘率折算。

以同样的方法计算,抽厘 50 两以上的商号年经营额当在万两以上,抽厘超过 5 两者年经营额在 1 000 两以上,抽厘在 1—5 两之间者年经营额在 200—1 000 两之间,抽厘不足 1 两的商号经营额不足 200 两。我们以年经营额超过万两者为大商号,超过一千两不足万两为中等商号,不足千两者为小商号,将该碑所列 363 家商号分类如下(见表 3—21):

表 3—21　嘉庆十六至二十年间聊城三百六十三家山陕商号抽厘及经营额的分类统计

分　类	抽厘额	折合年经营额	商号数(家)	占比(%)
大商号	50 两以上	10 000 两以上	46	12.7
中等商号	5.0—49.9 两	1 000—10 000 两	128	35.2
小商号(1)	1.0—4.9 两	200—1 000 两	94	25.9
小商号(2)	不足 1 两	200 两以下	95	26.2
合　计	7 595.94 两	151.9 万余两	363	100.0

资料来源:据嘉庆二十二年《山陕会馆接拔厘头碑记》统计,以 1‰的抽厘率折算。

说明:捐京钱者共 14 家,其中 5 千文以上的 8 家归入中等商号,4 千文以下的 6 家归入小商号。

道光三年"众号厘金"碑镌有嘉庆二十一至二十五年 261 家商号的抽厘金额,共银1 760.53两,京钱 35.6 千文,合计为1 796.13两,五年平均为 359 两零。自嘉庆二十一年始,山陕会馆将抽厘率降至0.3‰,依此折算,年经营额平均为 119.7 万两。该碑所列抽厘最高者为"福兴和"167.4 两,五年平均折合年经营额 11.2 万两;其次为"元吉正"98.5 两,平均年经营额 6.6 万两。以同样的方法计算,抽厘 15 两以上的商号年经营额当在万两以上,抽厘 1.5 两以上的商号年经营额超过1 000两,抽厘 0.3—1.5 两者年经营额在 200—1 000两之间,低于 0.3 两者年经营额不足 200 两。表 3—22 是按此标准所作的统计,请参见。

表 3—22　嘉庆二十一至二十五年聊城二百六十一家山陕商号抽厘及经营额的分类统计

分　类	抽厘额	折合年经营额	商号数(家)	占比(%)
大商号	15 两以上	10 000 两以上	32	12.3
中等商号	1.5—14.9 两	1 000—10 000 两	108	41.4
小商号(1)	0.3—1.49 两	200—1 000 两	46	17.6
小商号(2)	0.3 两以下	200 两以下	75	28.7
合　计	1 796.13 两	119.7 万两	261	100.0

资料来源:据道光三年"众号厘金"碑统计,以 0.3‰的抽厘率折算。

说明:捐京钱者共 8 家,自 1 600 文—10 千文不等,均归入中等商号。

　　道光元年至十七年的抽厘状况未见记载,不知在此期间会馆的集资是否中断,也不知其抽厘率是否发生变化? 道光二十五年《重修山陕会馆戏台山门钟鼓亭记》镌有道光十八至二十四年的集资金额,计有商号 366 家①,捐银14 706.92 两,京钱 54 千文,合计14 760.92 两,七年平均为2 108两零。该碑未言及抽厘率,若按嘉庆二十二年碑所言以 0.3‰ 的抽厘率折算,平均年经营额为703 万两;这一数字颇令人吃惊,故我们以 1‰ 的抽厘率从低折算,则年经营额为 210 万两。该碑所载抽厘最高者为"福兴和"1 034.73两,7 年平均为 147.8 两;仍以 1‰ 的比例折算,年经营额为 14.78万两;其次为"万盛成"号 564.72 两,平均年经营额为 8.07 万两。表 3—23 是对道光二十五年碑所镌 366 家商号所作的分类统计,该碑所载为七年的集资额,为便于与上表比较,改以 70 两和 7 两为大、中、小商号的界标。

　　表 3—23　　道光十八至二十四年聊城三百六十六家山陕
　　　　　　　　商号抽厘及经营额的分类统计

分　类	抽厘额	折合年经营额	商号数(家)	占比(%)
大商号	70 两以上	10 000 两以上	52	14.2
中等商号	7.0—69.9 两	1 000—10 000 两	200	54.6
小商号(1)	1.4—6.9 两	200—1 000 两	83	22.7
小商号(2)	不足 1.4 两	200 两以下	31	8.5
合　计	14 760.92 两	210.87 万两	366	100.0

　　资料来源:据道光二十五年《重修山陕会馆戏台山门钟鼓亭记》统计,以 1‰的抽厘率折算。

　　说明:捐京钱者只有 1 家,54 千文,归入中等商号。

　　以上考察我们看到,从乾隆至道光山陕商人的经营规模迅速增长。其经营总额在乾隆初年只有数十万两,嘉庆时增至一百数十万两;道光年间即便以 1‰ 的抽厘率从低折算,山陕商人的经营总额也达 210 万两,与嘉庆年间相比至少增长了 38%,与乾隆初年相比则

---

　　①　此外,监生牛允迪捐款 30 两,未计入。

翻了两番。

比较表 3—21、表 3—22、表 3—23 还可看到,商人队伍构成方面的变化也十分明显。道光年间经营额万两以上的大商号和经营额千两以上的中等商号所占比例均有提高,其中又以中等商号比重增加较大,嘉庆年间分别为 35％和 41％,道光时已达到 54％;而小商号所占比重则从嘉庆年间的 46％和 52％降至 31％,特别是经营额 200两以下的商号由嘉庆时超过 1/4 降为不足 10％。经营规模超过万两的商号当是以大宗商货的批发转运为主,经营额数千两的中等商号中也会有相当部分从事批发转运贸易;至于经营额不足千两的小商号当是以零售商业为主,其中经济实力最弱的经营额低于 200 两者大约只能维持基本生活了。商号构成的这一变化反映了聊城作为大宗商品转运枢纽的地位在嘉道年间不断加强。

咸同之际山陕会馆又进行了一次较大规模的集资,同治四年《山陕众商会馆续拔厘金碑记序》记言:

> 闻尝综稽往籍,《书》纪图终慎始之训,《礼》详耕九余三之文,《易》垂利用为大之经,《诗》载有备无患之义,以是知经始之难也,而继绪尤不易。即厘金一事亦然。如山陕会馆者,倘诸君子仅创于前,而众善人莫为于后,则需费浩繁,日久殆尽。将巍巍莫大之殿宇,何以永远辉煌;穰穰多方之客商,何以安保福利乎?忆昔年来屡捐厘银若干,其规模意义勒诸贞珉者已深切著明矣。特因多历年所,唯恐左支右绌,爰集众商公议,仍按旧例抽分,五年为止,何思远而虑深也。惟望蔼蔼吉人修多善而膺多福,怀永图而利永贞,同心同德,共勤盛举,斯不负前此奋兴之雅意焉。[①]

从碑文记载可知,咸丰年间会馆抽厘之例曾经中断,此时重新开始。该碑碑阴开列了咸丰八年至同治元年的抽厘金额,参与商号953 家,共抽厘8 284.4两,五年平均为1 656两零。该碑虽言"仍按旧例抽分",但由于道光年间抽厘率的缺失,笔者仍难以确定所谓"旧例"到底是 1‰还是 0.3‰。这里仍按 1‰从低折算,年经营额为165.7 万两;该碑所镌抽厘最高者仍是福兴和,计 505.49 两,五年平

---

① 《碑刻资料选辑》,第 334 页。

均,折合年经营额 10.1 万两;其次为信顺全 274.23 两,平均年经营
额为 5.5 万两。表 3—24 是以 50 两和 5 两作为界标,以 1‰的抽厘
率对参与集资的 953 家商号的分类统计,请参见。

表 3—24　咸丰八年至同治元年聊城九百五十三家山陕商号抽厘金额及经营额的分类统计

分　类	抽厘金额	折合年经营额	商号数(家)	占比(%)
大商号	50 两以上	10 000 两以上	38	4.0
中等商号	5.0—49.99 两	1 000—10 000 两	187	19.6
小商号(1)	1.0—4.99 两	200—1 000 两	223	23.4
小商号(2)	1 两以下	200 两以下	505	53.0
合　计	8 284.4 两	165.7 万两	953	100.0

资料来源:据同治四年《山陕众商会馆续拔厘金碑记序》统计,以 1‰抽厘率折算。

　　咸丰四年太平军袭扰东昌府境,临清、聊城相继被围;咸丰五年
黄河冲决运河,夺大清河道入海;咸丰十一年宋景诗起义军围攻聊
城,"焚掠东关,困城数日"[1]。社会动荡与河道变迁无疑会对聊城商
业产生负面影响。然而,同治四年碑所镌抽厘金额显示,咸丰末年山
陕商人在聊城的经营仍保持相当规模,其经营总额 165 万两,虽然比
道光年间下降不少,仍超过嘉庆时的数字。还有一点值得特别注意,
参与抽厘的商号多达 953 家,远远超过嘉道年间三四百家的规模。
此次集资并非大规模修缮工程的筹款,故参与者应属聊城本地商号。
这一现象似反映出咸同之际聊城山陕商人的数量较嘉道时有很大增
长,与以往我们对咸丰年间山东运河沿线经济衰落的认识有较大差
距。在如此动荡的时局和困境之中,山陕商人仍努力维持着聊城商
业的稳定,实属不易。

　　不过,将表 3—24 与嘉道年间的各表相比则可看出,参与集资的
商号数量虽大大多于前此,但其经营规模则明显偏小。在九百五十
余家商号中,年经营额超过万两的大商号只占 4%,远低于嘉道时的

───────────

① 光绪《聊城县乡土志·兵事录》。

12％—14％；中等商号所占比例不足 20％，不仅低于道光时的 54％，与嘉庆年间 35％的比例也相差甚远。而年经营额不足千两的小商号占比达 76％，特别是经济实力最弱的商号多达 505 家，占商号总数的一半以上。换言之，山陕商人的惨淡经营虽然延缓了聊城商业的衰退过程，但其作为大宗商货转运枢纽的地位却已明显下降。

同治年间，捻军继续活跃于鲁西北一带，并于同治七年(1868)袭扰聊城①；另一方面，漕粮改由海运后，政府不再投入大量财力物力疏浚运河，运河山东段淤塞严重，南来商货日益减少。光绪年间临清关档案记载："溯自黄水穿运以来，张秋口门淤塞，汶河(即运河)成为平陆，舟楫鲜通，凡东南各省货物之北来者，皆用轮船装运，由海口直达津沽。汶河久无船只往来，税源因而断绝。"②宣统《聊城县志》记言："殷商大贾晋省人为最多，昔年河运通时，水陆云集……迄今地面萧疏，西商俱各歇业，本地人之谋生为倍艰矣。"③"西商俱各歇业"，聊城商业因此一落千丈。

＊　　　＊　　　＊　　　＊

以上考察我们看到，从乾隆至道光，山陕商人在聊城的经营规模迅速增长。乾隆初年，其经营总额还只有数十万两，嘉庆年间增至一百数十万两；道光年间即便以 1‰的抽厘率从低折算，山陕商人的年经营额也达 210 万两，与乾隆初年相比翻了两番。嘉道年间是山陕商人实力最为雄厚的时期，汇聚聊城的山陕商号至少有三四百家，最多可达八九百家。其中，年经营额超过万两的大商号有四五十家，公信凤、元吉正、万盛成等商号的年经营额高达五六万、七八万两，福兴和号更达十数万两。

据记载，清代在聊城经商者除山陕商人之外，还有江西、江苏、浙江等省商人，共建有山陕、江西、苏州、武林等八大会馆。其中，以山陕商人实力最强。《聊城县志》有言"殷商大贾，晋省人为最多"；碑文则称"东郡商贾云集，西商十居七八"。④若以山陕商人数量及其经营

---

①　光绪《聊城县乡土志·兵事录》。

②　中国社会科学院经济研究所藏《钞档》：山东巡抚周恒祺光绪七年奏折(该折无月份和日期，朱批时间为闰七月初十日)。

③　宣统《聊城县志》卷 1《方域志》。

④　《碑刻资料选辑》，第 325 页。

额占全城的 70%计算,嘉道年间汇聚聊城的各地商人至少有五六百家,最多可达一千数百家。全城合计,嘉庆年间聊城的商业规模已达 200 万两;道光年间以 1‰的抽厘率从低折算,其年经营额为 300 万两,若以 0.3‰的抽厘率折算则高达 1 000 万两。

咸丰年间的社会动荡对运河经济冲击很大。不过,由于山陕商人的惨淡经营,聊城商业并不像以往我们想象的那样迅速衰落。同治四年碑所镌抽厘金额显示,咸同之际山陕商人在聊城的数量有较大增长,经营总额也保持相当规模;另一方面,从商人队伍构成看,以零售业为主的小商号高达 76%,而实力雄厚的大、中商号大幅度减少,聊城作为大宗商货转运码头的地位已明显下降。

(本文原载《清华大学学报》2015 年第 2 期)

第六节 明清时期华北的商业城镇与市场层级

研究明清时期的城市和市场,必然要提到"施坚雅理论"。[①]该理论自二十世纪八十年代传入国内,区域市场研究一度成为经济史研究的热点。就笔者管见,施坚雅最大的贡献是把地理学的空间概念、层级概念引入了原本缺乏空间感和立体性的历史领域,从而为我们开辟了一片新天地。

然而,任何理论都不能代替具体的研究。对中国传统市场的研究也不能停留在对市场的模型建构和等级划分,还需要进一步探讨其实际状况:不同等级的市场中心地究竟发挥着怎样的作用,不同地区、不同等级的中心地其商业规模如何,分布状况是怎样的,腹地范围到底有多大,等等。多年来笔者所做的一系列个案,主要是希望从实证角度对明清时期的传统市场有更加具体深入的了解。

在进入实证研究之后,笔者面临的较大困惑是,等级划分过细实际上很难操作;特别是对全国做宏观分析时,很难将某个具体城镇在

---

① 施坚雅的相关论著主要有:Marketing and Social Structure in Rural China,《亚洲研究杂志》第 24 卷第 1—3 期(1964—1965 年);《中国农村的市场和社会结构》,史建云、徐秀丽译,中国社会科学出版社 1998 年版;*The City Late Imperial China*,Stanford University Press,California,1977(中译本:《中华帝国晚期的城市》,叶光庭等译,中华书局 2000 年版)。

8 个层级①中准确定位。故笔者将明清时期的城乡市场网络体系简化为流通枢纽城市、地区性商业中心和基层市场三大层级。所谓流通枢纽城市，是指在全国或大区域的商品流通中作为转运枢纽的城市，其贸易范围至少覆盖几个省，并多为中央一级的税关所在地；地区性商业中心或称中等商业城镇，主要指在地区性商品流通中发挥重要作用的城镇，其贸易范围至少应能覆盖一两个府、十来个县，或者更大些；所谓基层市场是指遍布全国的农村集市，包括一般"市镇"和州、县城在内。此外，笔者的划分特别注重的是各城镇在市场运行中的实际地位，而不考虑其行政建制。②

　　数据资料的缺乏是影响明清时期市场层级划分的主要瓶颈。施坚雅用以建构中心地层级的主要指标——近代邮政体系③，在清代中叶尚未出现。目前所见能够对明清时期的市场实态提供一些数据信息的主要有两类资料：

　　其一，税收档案，包括关税和地方商税。关税属中央财政，明清两代政府在全国主要流通干线设立税关，对大宗商品征收流通税（即过税）。一般来说，中央级的税关（隶属户部或工部）大多设在税源最丰的地方，故税关所在多为流通枢纽城市。明代属于中央的税关数量不多，存留资料也很有限；清代中央一级的税关有 40 多处，并保留有大量税关档案，从中可以较为具体地了解各关所征税额、商品来源、去向及其在不同时期的变化。地方商税，是各级地方政府征收的商税，主要为落地税（即坐税），收入归地方支配。关于地方商税，目前所见相关档案较少，不过在地方志中多少会留下些记载，其中一些税收额远高于一般府州县的城镇很可能是地区性商业中心。

　　其二，商人会馆碑刻。明清两代各地商帮多会在经商地建立会馆，会馆的创建、重修都是由商人集资而成，并多镌诸贞珉以冀永久，从而为我们保留了一批十分珍贵的商业资料。其中，商人捐款部分

---

①　施坚雅将中心地划分为八个级别，从高到低依次为：中心都会、地区都会、地区城市、较大城市、地方城市、中心市镇、中间市镇、标准市镇等八级别，参见［美］施坚雅：《中华帝国晚期的城市》，第 338—340 页。

②　参见许檀：《明清时期城乡市场网络体系的形成及意义》，《中国社会科学》2000 年第 3 期。

③　［美］施坚雅：《中华帝国晚期的城市》，第 404—406 页。

所提供的信息是任何其他文献资料无法替代的,特别是会馆集资的抽厘率是目前所见可据以对经营规模进行折算的最有效手段。这批资料目前还较少被学界所关注,有待进一步发掘利用。

本文主要利用以上两类资料,首先以山东的临清、聊城为例对税关城市和非税关城市的商业状况分别进行考察,尽可能地反映这两类商城的在功能、规模等方面的差异;然后在此基础上对冀、鲁、豫三省[①]商业城镇的空间分布与市场层级进行整体考察梳理,其中设有税关的城镇主要以其税额多寡作为衡量尺度,未设税关的城镇以地方商税税额或者是否建有商人会馆作为主要筛选标准。

一、临清与聊城

临清和聊城均位于山东西北部,滨运河。聊城为东昌府治;临清明初为东昌府属县,弘治年间升为州,乾隆四十一年(1776)升为直隶州,其行政地位虽不如聊城,但经济功能却远超过府城。下面我们分别考察。

1. 临清——设有税关的商城[②]

永乐年间京杭运河的浚通对临清经济发展影响甚大。临清位于会通河北口,又扼据会通河与卫河的交汇之处。宣德年间临清仓扩容为 300 万石,成为运河沿线最重要的漕粮储运码头;漕船之外,“商船多自淮安、清河经济宁、临清赴北京”[③]。明政府在此设关榷税,并一直延至清代。

最迟到隆万年间,临清已成为华北首屈一指的商业城市。《利玛窦中国札记》记载:“临清是一个大城市,很少有别的城市在商业上超过它,不仅本省的货物,而且还有大量来自全国的货物都在这里买卖,因而经常有大量旅客经过这里。”[④]万历年间临清关商税

---

① 本文对华北的考察限于冀、鲁、豫三省,一方面是由于笔者目前只完成了这三省的初步考察,另一方面也为了便于与施坚雅所列华北地区大体对应。

② 关于临清商业,详情参见许檀:《明清时期的临清商业》。

③ 《明宣宗实录》卷 107,宣德八年十一月戊辰,台北“中研院”历史语言研究所 1962 年版,第 2399 页。

④ 〔意〕利玛窦、〔比〕金尼阁:《利玛窦中国札记》,何高济等译,中华书局 1983 年版,第 337 页。

83 800两,居全国八大钞关之首。其时,临清有布店73家、缎店32家、杂货店65家、纸店24家、辽东货店13家,磁器、茶叶、故衣等店铺各数十家,银钱典当铺百余家,大小客店数百家,仅这几类合计已有七八百家,再加上其他各类店铺作坊,仅坐贾即将近千家。

清代海禁开放之后,南方货物开始由海道北上。随着海运的发展,上海、天津等沿海港口迅速崛起,临清的地位逐渐下降。不过,直到清代中叶临清仍是华北各省中最重要的商城之一,也是运河山东段惟一的税关。乾嘉道三朝临清关的税收额总体呈下降趋势,到道光年间大体保持在 4 万—6 万两。图 3—1 是乾隆—道光年间临清关实征税额的变化。①

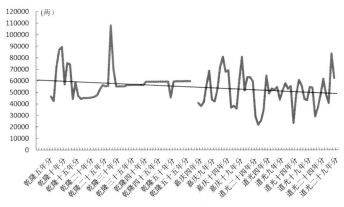

图 3—1 乾隆—道光年间临清关实征税额的变化

资料来源:据中国第一历史档案馆和台北故宫博物院所藏临清关税收档案汇总统计。

临清是以中转批发贸易为主的流通枢纽城市,其贸易所及至少包括江南、华北两大经济区的主要省份。经由临清转销的商品以棉布、绸缎、杂货和粮食为最大宗。

明代江南是全国的丝、棉纺织业中心,运销华北、西北及辽东地区的布匹、绸缎大多经由运河北上,在运河沿线形成很多纺织品中转市场。徽商黄汴《天下水陆路程》记载:“北直隶各府,辽、蓟边客货皆

---

① 户部和工部在临清均设有税关,图 3—1 中的税收数据为户、工二关合计。

由漕河而去,止于临清州、河西务、张家湾起陆"[1];陈继儒亦言,江南棉布"溯淮而北走齐鲁之郊,仰给京师,达于九边,以清源为缩毂"[2]。清源,即临清之古称。各地商人云集于此开店设肆,使临清成为华北最大的纺织品贸易中心和中转批发市场。隆万年间临清的布匹年销量至少在百万以上,绸缎销量亦属可观。《临清州志》记载:"布商,店在白布巷,自成化二年苏州、南翔、信义三会合而为行,隆万间浸盛,岁进布百万有奇";"绸缎商,店在果子巷……旧有数十家字号"。[3]同类店铺的高度集中,正是中转批发贸易的特点。

清代,粮食成为临清市场上最大宗的商品。档案记载:"临清关税米麦居多,而米麦贩运之多寡又视邻省粮价之贵贱";"临清一关原系水路通津……惟赖米粮商贩船只通过,始得钱粮丰裕;又必直隶与豫、东两省彼此粮价贵贱不同,或北收南贩,南收北贩,米粮通行过关,船料粮税方克丰盈"。[4]乾隆年间,临清经营粮食的店铺多达百余家,年交易量达五六百万至千万石,是当时山东,可能也是华北最大的粮食市场。汇集临清的粮食绝大部分是转销外地的,冀、鲁、豫三省间的丰歉调剂是其中的主要内容。

此外,经由临清转运的大宗商品还有茶叶、纸张、磁器等等。

2. 聊城——未设税关的商城[5]

聊城位于临清以南 120 里。永乐年间会通河成,聊城借运河之便很快成为"商贩所聚"之处,也曾设官榷税[6],但很快裁撤。大概是离临清较近的缘故,明代聊城商业并不繁荣,万历年间所征商税只有

---

[1] 黄汴:《天下水陆路程》卷 5,杨正泰校注本,山西人民出版社 1992 年版,第 150—151 页。

[2] 陈继儒:《陈眉公全集》卷 59《布税议》,北京大学图书馆藏崇祯刻本,第 21 页。

[3] 乾隆《临清州志》卷 11《市廛志》,山东地图出版社 2001 年版,第 459 页。

[4] 中国第一历史档案馆藏关税档案:《山东巡抚喀尔吉善奏报临清户关盈余银两事》,乾隆八年七月二十四日;《山东巡抚准泰奏报确查临清户关税银盈余较少缘由事》,乾隆十六年六月十三日。

[5] 关于聊城商业,详情参见许檀:《清乾隆至道光年间的聊城商业》,《史学月刊》2015 年第 3 期。

[6] 永乐二十一年"山东巡按陈济言:淮安、济宁、东昌、临清、德州、直沽,商贩所聚。今都北平,百货倍往时,其商税宜遣官监榷一年,以为定额。"(《明史》卷 81《食货五》,第 1976 页)

200 两。①清代,各地商人纷纷来此贸易,聊城渐成为运河沿线一个重要码头,并分割了临清的部分商品转运功能。

前已述及,明代临清是华北最大的纺织品贸易中心。清代的情况有很大变化,档案记载:临清关"征收《则例》定自前明,其时百货云集,所以有一千九百余条之多。至于今日,南北货物云集于济宁、东昌两处。临清关系水路要津,并非陆路大道,绸缎等货在台庄、济宁、东昌等处起卸,直由南、北、中三大路北上,既免关津之课钞,又无漕船闸座之阻滞,所以历查旧册,南来绸缎到关实少"②。乾隆年间聊城已取代临清成为运河沿线重要的绸缎转销地之一,临清所用绸缎反要从聊城批发。棉布的销售也有变化,明代东昌府是山东最主要的棉花产区,所产棉花多由"江淮贾客列肆赍收"沿运河南下,而从江南返销棉布。清代东昌府成为山东的商品布输出区,嘉庆年间聊城有布店多家,其中丰泰、文盛两家布店的年经营额约为5 000两,信成、重盛两家更高达万两。这些布店当系山陕商人为收购本地土布而开设,主要销往西北或口外。

临清是茶叶转运西北的重要码头,乾隆年间经营茶叶的店铺"大者二十八家,小者不计"③,尤以晋商经营的边茶转运贸易最盛。不过,在嘉庆年间聊城重修山陕会馆的集资中有来自张家口的德盛玉、合盛全、兴太和等商号的捐款。张家口是中俄茶叶贸易最重要的转运枢纽,合盛全、德盛玉都是经营中俄茶叶贸易的晋商字号,曾出现在嘉庆四年进入恰克图的商号名册之中;特别是合盛全号,从嘉庆直到咸丰始终在恰克图的商号名册中。④可见,聊城应也是恰克图茶路的重要转运站之一。

此外,皮毛、纸张、烟草、海味等也是经由聊城转运的较大宗的商品。

---

① 万历《东昌府志》卷11《田赋志》。
② 中国社会科学院经济研究所藏《钞档》:刘於义:《为查奏关税事》,乾隆十一年九月初二日。
③ 乾隆《临清州志》卷11《市廛志》。
④ 参见赖惠敏:《十九世纪晋商在恰克图的茶叶贸易》,陈熙远主编:《覆案的历史——档案考掘与清史研究》,台北"中研院"历史语言研究所2013年版,第597—598页以及附录一、附录二。

聊城不设税关,没有临清那样的税收数字可资参考。不过,聊城山陕会馆保留有该会馆创建、重修的大量碑刻。据碑文记载,该会馆始建于乾隆八年,至十一年告竣,其后曾多次扩建重修,其创建、重修以及日常维修经费都来自商人集资,是按照一定的抽厘率收取的。嘉庆二十二年《山陕会馆接拔厘头碑记》对会馆的集资方法有较明确的记载:

> 山陕会馆之修得吾乡诸君子之力,规模阔大,焕然一新……前碑记之详已。兹犹以需用浩繁,计除支销以外所存无几,诚虞来少去多,倘有修补,仍未免左支右绌。爰集众商公同计议,既遵照旧拔四厘之例,减为一厘,约以五年为期,定于每岁夏秋二季公同收取,轮流经营……兹五年之期已满,又复议定减一厘为三毫,以图久远,庶几一切修补之费永取给于此。①

该碑碑阴镌有嘉庆十六年至二十年的抽厘金额,所谓"五年之期已满"当即指这五年。从嘉庆二十二年碑我们可得到三个抽厘率:嘉庆十六年以前为4‰,嘉庆十六年至二十年为1‰,嘉庆二十一年以后为0.3‰。

表3—25是依据上述不同的抽厘率对乾嘉道三朝山陕商人经营规模所作的折算。需要说明的是,会馆的创建和重修,除本地商号(即坐贾)捐款外,大多会有外来客商(即行商)参与集资,故在经营规模折算时需要对外来捐款进行扣除。在表3—25所列的5组数据中,乾隆初年为会馆创建的集资,嘉庆前期和道光年间为重修集资,不过乾隆十一年和道光二十五年碑所镌捐款名录中均未对外来客商加以标注,只有嘉庆十四年碑中有所标记:计有53家外地商号参与集资,占抽厘商号的7.6%;但抽厘金额有限,共372两零,仅占抽厘总额的0.87%。②不过,考虑到该碑的标注可能存在遗漏;且乾隆十

---

① 许檀编:《清代河南、山东等省商人会馆碑刻资料选辑》,第314页。
② 嘉庆十四年该会馆共有三通捐款碑,此处的统计数据为:《山陕会馆众商重修关圣帝君大殿、财神大王北殿、文昌火神南殿暨戏台、看楼、山门并新建飨亭、钟鼓楼序》、《会馆大工告竣碑记序》二碑合计;因《春秋阁碑文》所镌捐款商号有相当部分与上述二碑重复,故该碑捐款未计入抽厘总额,此处也不予统计。

一年碑文中有"倡议者鸠工,闻风者踵至,豪商巨客接轸联镖"①的记载,应会有较大宗的外来捐款,笔者将扣除比例提高到 20％,统一对创建、重修的三次抽厘金额进行修正,以免对经营规模造成高估。至于嘉庆后期的两组数据为日常集资,不会有多少外来客商参与,故未作调整。还需说明的是,由于道光元年至十七年(1821—1837)的抽厘状况未见记载,笔者不能肯定道光十八至二十四年的集资是否仍采用 0.3‰的抽厘率。如以 0.3‰的抽厘率折算,七年平均的年经营额为 560 余万两;这一数字颇令人吃惊,为稳妥计,笔者采用 1‰的抽厘率从低折算,所得的年经营额为 168 万余两。

表 3—25　乾隆—道光年间聊城山陕商号的抽厘金额及其经营额的折算

年　代	抽厘金额（两）	修正值（两）	折合年经营额（万两）	备　注
乾隆八至十一年	8 188	6 550	40.9	以 4‰的抽厘率,4 年平均
嘉庆七至十四年	42 965	34 372	107.4	以 4‰的抽厘率,8 年平均
嘉庆十六至二十年	7 596	——	151.9	以 1‰的抽厘率,5 年平均
嘉庆二十一至二十五年	1 796	——	119.7	以 0.3‰的抽厘率,5 年平均
道光十八至二十四年	14 761	11 809	168.7	以 1‰的抽厘率,7 年平均

资料来源:据聊城山陕会馆乾隆十一年、嘉庆十四年、嘉庆二十二年、道光三年、道光二十五年碑统计。

表 3—25 显示,乾隆初年聊城山陕商人的经营总额还只有 40 万两,嘉庆间已超过 100 万两,道光年间以 1‰的抽厘率从低折算其经营额也达到 168 万两,与乾隆初年相比翻了两番。即便考虑到物价上涨因素,其经营规模的增长仍属可观。

清代在聊城经商者除山陕商人外,还有江西、江苏、浙江等省商

① 许檀编:《清代河南、山东等省商人会馆碑刻资料选辑》,第 272 页。

人,若以山陕商人的经营额占全城 70% 计算①,全城合计,乾隆初年聊城的商业规模为 58 万两,嘉庆时增至 150 万—200 万两;道光年间以 1‰ 的抽厘率从低折算为 240 万两,若以 0.3‰ 的抽厘率折算则超过 800 万两。乾隆—道光年间聊城商业的发展与临清关税额的下降形成明显反差。

二、华北商业城镇的空间分布与市场层级

以上我们分别考察了临清、聊城两个商城,清代像临清这样属于中央级的税关共有四十余个,其中税收额较高者有二十余处,它们大多位于运河、长江、沿海等重要水道沿线,是全国最重要的流通枢纽;而聊城这种未设税关的商业城镇在数量上远超过前者,其商业规模虽不如前者,但也在地区性商品流通中发挥着重要作用。以临清和聊城作为参考,笔者将华北的商业城镇分为设有税关和未设税关的两类,分别进行梳理。

1. 设有税关的商业城镇

冀、鲁、豫三省中以直隶所设税关最多,计有崇文门②、通州、天津、山海关、张家口和多伦诺尔 6 处,山东只有临清一处,河南则没有中央级的税关。

京师所在的崇文门税关,明代万历年间税收为 68 900 余两,稍逊于临清③;清代该关税额大幅度增长,嘉道年间每年实征税额达 28 万—32 万两④,居华北各关之首。不过,崇文门征收的是入城商税,凡转销他处的货物在通州已经分流。换言之,运入京城的商品主要是供本城居民消费的。

天津建卫筑城始于永乐二年(1404),明代借漕运之便逐渐兴起,

① 宣统《聊城县志》卷 1《风俗记》有:"殷商大贾,晋省人为最多";碑文则称:"东郡商贾云集,西商十居七八"(《清代河南山东商人会馆碑刻资料选辑》,第 325 页)。
② 崇文门税关位于京师,本不属直隶。不过,本节主旨在于考察华北商业城镇的空间分布,为简便起见,从地理空间角度暂将其归入直隶。
③ 《续文献通考》卷 18《征榷一》,第 2937 页。
④ 参见倪玉平:《清代嘉道关税研究》,北京师范大学出版社 2010 年版,第 198—201 页。京师除崇文门税关外,还有左翼、右翼二关,不过,此二关"专征田房契税和牲畜税",即其中有相当一部分属于不动产交易税,故未将其计入。

清代的沿海贸易使之加速发展,嘉道年间天津已成为北方沿海最大的港口城市。天津设关始于康熙元年(1662),其实征税额雍正时为7万—8万两,嘉道年间为12万—15万两。天津从江浙、闽广输入的商品以糖、茶、纸张、磁器、洋广杂货为大宗,从东北输入的主要是粮食;这些商品除供本地消费外,绝大部分转运北京,也有一部分销往直隶、山东各地。①

张家口是塞北地区最重要的商业城市,也是汉蒙贸易、中俄贸易的转运枢纽。该城位于长城沿线,明代隆庆年间被定为与蒙古各部互市之地,清初设关榷税,乾隆年间张家口—库伦商道成为中俄恰克图贸易最主要的通道。嘉道年间张家口实征税额6万余两。在该城从事贸易者以晋商为多,输出以茶叶、烟草、杂货为大宗,尤以茶叶为最;输入则以俄国所产毛皮为主。②

多伦诺尔位于直隶北部,是漠南蒙古的商业中心。乾隆十五年清政府在此设立税关,嘉道年间其关税定额为21 536两。经由该关输出的商品以茶叶和纺织品为大宗,输入以牲畜、皮毛、木材为主。多伦诺尔的腹地范围大体包括直隶的口北地区、漠南的锡林郭勒草原以及喀尔喀蒙古库伦以东地区,同时它也是张家口—库伦商道上一个重要的转运码头。③

山海关明代为军事要塞,康熙三十三年设关征税,关署在临榆县之山海关镇。该关最初定额仅25 000两,乾嘉年间大幅度增长,实征税银为11万—13万两。不过,该关税源主要来自东北沿海港口,尤以锦州、营口为最,而大关所在的山海关镇税收额有限。④

通州分司,又称坐粮厅,设于康熙年间,关署在通州城内。通州是货物进京的分流地,由运河北上的货物至此,"按价值贵贱分别落地、起京计数科税"⑤;北销张家口的货物由通州转运,不进京城。嘉

---

① 参见许檀:《清代前期的沿海贸易与天津的崛起》,《城市史研究》第13—14辑;许檀、高福美:《乾隆至道光年间天津的关税与海税》,《中国史研究》2011年第2期。

② 参见许檀:《清代前期的北方商城张家口的崛起》,《北方论丛》1998年第5期;《清代后期晋商在张家口的经营活动》,《山西大学学报》2007年第3期。

③ 参见许檀、何勇:《清代多伦诺尔的商业》,《天津师范大学学报》2007年第6期

④ 参见许檀:《清代前期的山海关与东北沿海贸易》,《清史论丛》2002年号。

⑤ 嘉庆《大清会典事例》卷187《户部·关税》,沈云龙主编:《近代中国史料丛刊三编》第66辑,第656册,第8624页。

道年间该关实征税额为 1.2 万—1.4 万两。[①]

表 3—26 是嘉道年间直隶六关和山东临清关的关税定额与实征税额简表,请参见。

表3—26　嘉道年间直隶、山东各关关税定额及实征税额简表

税关名称	关税定额	实征税额	备　注
直隶崇文门	102 175 两	28 万—32 万两	盈余无定额,尽收尽解
天津关	108 156 两	12 万—15 万两	关税、海税合计
山海关	111 129 两	11 万—13 万两	
张家口	60 561 两	6 万余两	
多伦诺尔	21 536 两	不　详	
通　州	12 339 两	1.2 万—1.4 万两	
山东临清关	56 748 两	5 万—6 万两	户关、工关合计

资料来源:关税定额据《嘉庆大清会典事例》卷 187、190;实征税额据前引各文。

2. 未设税关的商城

根据笔者目前掌握的资料,清代中叶山东可作为地区性商业中心的城镇,除聊城之外主要有:济宁、德州、张秋、大汶口、台儿庄、胶州、莱阳、黄县、烟台、益都、潍县、周村、泰安、博山等。其中,济宁、周村、胶州、烟台的商业规模可能超过聊城,简述如下:[②]

位于运河沿线的济宁是鲁西南的商业中心,明代中叶已相当繁荣,清代进一步发展。乾隆年间该城有布店 25 家,绸缎店 21 家,杂货店 35 家,竹木店 14 家等,每年征收商税 7 900 余两。济宁从江南输入绸缎布匹、竹木、杂货分销兖州、曹州二府,又汇集本地所产粮食、大豆、烟草、果品等输往江南、直隶以及北部的东昌府。

周村是山东中部的商业中心,有"旱码头"之称。其兴起在康熙年间,乾嘉年间迅速发展。云集周村的客商来自山西、河南、直隶、奉天、福建、江西等省,其中北方商人以晋商实力最强,南方商人以福建

---

① 参见倪玉平:《清代嘉道关税研究》,第 35—36 页。

② 以下关于山东的商业城镇,详见许檀:《明清时期山东商品经济的发展》,中国社会科学出版社 2007 年版,第 111—164 页。

为多,在周村分别建有山陕和福建会馆。道光四年周村重修山陕会馆,仅十余日即"募钱万余缗",其经济实力由此可见一斑。周村从南方输入的商品以绸缎、杂货为大宗,在本地集散的商品主要是棉布、生丝、丝绸、茧绸等,其销售范围除山东中部各府外,还远及直隶、河南、山西以及东北。

位于山东半岛南岸的胶州,是东部沿海兴起较早的港口城镇,明代隆万年间已是山东大豆、海产输往江南的重要码头。清代海禁开放之后,江浙、闽广商船大量北上,贸易量迅速增长。雍正年间重定船税,胶州每年征银7 540两,相当于清初山东沿海船税总额 786 两的 9.6 倍,其海贸发展之速由此可见一斑。

乾隆以降,随着北洋贸易的发展和东北的开发,位于山东半岛北岸的烟台迅速崛起,"逮道光之末则商号已千余家矣,维时帆船有广帮、潮帮、建帮、宁波帮、关里帮、锦帮之目",并取代胶州成为山东半岛最重要的港口。咸丰九年(1859)郭嵩焘为筹办山东厘局所做的调查显示:"烟台为南北之冲,海船经过收泊较多于他处,故以此一口(收税)为较盛";在此次调查汇总的山东沿海 14 州县所征海税总额中,烟台所在的福山县为 12 123 两,占比 28%,而胶州所征仅6 071两。[①]

清代中叶河南可作为地区性商业中心的城镇计有:开封、洛阳、南阳、河内、朱仙镇、周口、赊旗、北舞渡、道口、清化、荆子关等。其中,洛阳、周口、赊旗和朱仙镇的商业规模似与聊城大体相当。

洛阳是河南府治,明代商业状况不详,清代前期有较大发展,嘉道年间汇聚该城的行商、坐贾已有千家。洛阳不仅是河南一府的商业中心,也是陕甘地区与中原及南方各省商品流通的重要通道。洛阳输入商品以绸缎、布匹及南方杂货为大宗,其中相当一部分转销西北;洛阳本地向西北输出的商品以棉花为大宗,向南方输出的商品主要是西北所产皮毛、药材、水烟等。笔者曾依据潞泽和山陕两座会馆的集资金额估算,清代中叶洛阳商业的年经营额可达四五百万两。[②]不过,这一数字是行商、坐贾合计,即便以行商捐款占其中一半予以

---

① 丁抒明主编:《烟台港史》,人民交通出版社 1988 年版,第 22、25 页。

② 参见许檀:《清代中叶的洛阳商业》,《天津师范大学学报》2003 年第 4 期。

扣除,洛阳的商业规模也可达 200 万两。^①

位于淮河上游的周口是河南东南部的商业中心。明末周口已是从江淮至开封水路交通线上的商船停泊码头,清代成为河南东部与江南商品流通的转运枢纽。其输出以陈州、开封、汝宁等府所产农副产品为主,输入则以江南所产绸布、杂货为主。清代中叶,山陕、安徽、江西、湖广、福建等地商人在周口都建有会馆。道光年间汇聚该镇的行商、坐贾至少超过千家,年经营额约计可达 300 万两。^②

赊旗所在的南阳盆地属汉江水系。该镇的兴起约在康熙初年,清代中叶达到鼎盛,同光年间再度辉煌。赊旗是河南西南部与南方数省商品流通的重要枢纽,同时也是晋商对俄茶叶贸易的转运通道。同光年间汇聚该镇的行商、坐贾有千余家,仅以坐贾抽厘金额估算,赊旗山陕商人的年经营额已达 340 万两。^③

位于开封城南 40 里的朱仙镇是清代前期河南东部最重要的商城,与汉口、佛山、景德镇并称为清代四大镇。该镇在明代中后期开始兴起,乾隆年间进入鼎盛,商人商号数量超过千家。汇集于朱仙镇的商货中,绸缎、布匹、杂货等来自江浙、安徽,烟草、铁器来自山西。这些商品除相当一部分供应省城开封之外,其转运范围至少包括开封府属各州县,以及河南东北部的卫辉、彰德等府。道光二十三年水灾对朱仙镇破坏很大,也成为该镇由盛而衰的转折点。^④

省城开封明代商业较为繁荣,有大量商人商货云集,除供本城消费外,也有部分商品转销外地,是华北地区一个重要的商品集散市场。清代,开封商业主要是为本城居民服务,以零售商业为主,其商品多来自城南的朱仙镇。朱仙镇衰落之后,开封商业的批发、中转功

---

① 嘉道年间洛阳山陕会馆重修经费为 25 000 两,其中坐贾集资 13 350 余两,占总额的 53%;其余 47%中估计有相当部分为行商捐款,可能还有其他来源。

② 参见许檀:《清代河南的商业重镇周口》。周口山陕会馆道光二年碑所镌坐贾捐银 16 200 两,以 1‰的抽厘率,12 年平均,折合年经营额 135 万两;道光十八年碑所镌坐贾捐银 16 270 余两,9 年平均,折合年经营额 180 余万两。若以山陕商人的经营额占周口全镇一半计算,嘉道年间周口的商业规模约为 270 万—360 万两。不过,1‰的比例是行商集资的抽厘率,坐贾则未见明确记载。

③ 参见许檀:《清代河南赊旗镇的商业》。

④ 参见许檀:《清代河南朱仙镇的商业》,《史学月刊》2005 年第 6 期。

能才逐渐增强,商业规模也随之增长。①

此外,位于河南、山西二省交界的清化镇是豫北地区的商业重镇,也是晋、豫二省间商货转运的重要通道。该镇兴起较早,明代嘉隆年间已汇聚各省商人数百名,清代继续发展。由山西南下的商品以铁货为最大宗,从清化北运的商品以南方杂货为主,粮食、药材、花炮、竹器是清化本地输出的重要商品。②地处豫西山区的荆子关则为豫、鄂、陕三省间物资交流的重要通道,山陕、湖广、江西商人均在该镇建有会馆。据道光年间山陕会馆碑刻统计,汇聚该镇的行商坐贾超过千家。经由荆子关输出的主要是本地和陕南山区所产山货,如生漆、药材、木耳等;从湖广输入的则以粮食、布匹、杂货为大宗,其中很大部分转运陕西、甘肃。③

关于直隶的地方性商业中心,笔者目前掌握资料较少,只能做一大致勾勒。

祁州是华北最重要的药材贸易中心,每年春冬两季举办药材大会,交易月余,为"大江以北发兑药材之总汇"。药材贸易也带动了其他商品的汇集,"百货辐辏,商贾云集,药材极海山之产,布帛尽东南之美"④。道光初年重修药王庙,参与集资的药材帮有关东、山东、山西、陕西、京通卫、古北口外、五台厂、蔚州厂、四路众客商,以及黄芪帮、甘草行等。同光之际重修药王庙,参与捐款的外来药商又增加了武安帮、怀帮、天津卫帮、宁波帮、江西帮、广昌帮等,还有北大会、南大会、南药市,以及杂货、山货、估衣、皮货、食店等行和周边各县商号,至少有2 000家商人商号参与集资,共捐京钱33 598千文。⑤

运河沿线的张家湾是通州分司的分税口,乾隆年间已建有山西会馆,其经营行业包括布行、铁行、烟行、煤行、茶叶、成衣以及金融、

---

① 参见许檀:《明清时期的开封商业》,《中国史研究》2006 年第 1 期。

② 参见许檀、吴志远:《明清时期豫北的商业重镇清化》,《史学月刊》2014 年第 6 期。

③ 参见许檀:《清代河南西部的商业重镇荆子关》,《天津师范大学学报》2009 年第 5 期。

④ 乾隆《祁州志》卷 2《建置志》;卷 7《艺文志》,台湾成文出版社 1976 年版,第 145、648 页。

⑤ 许檀编:《清代河南、山东等省商人会馆碑刻资料选辑》,第 437—488 页。

运输等。^①河西务，明代为全国八大钞关之一，万历时税额为46 000两^②；清代康熙元年税关移往天津，河西务成为天津关的分税口，也是天津、通州之间的重要码头。

束鹿县辛集镇以皮毛贸易著称，县志记载，"辛集镇为天下商贾云集之地"，"绵亘五六里，货广人稠，坐贾行商往来如织"^③。乾隆年间山西商人已在此建立了会馆。^④塔子沟和三座塔也有晋商在乾隆年间兴建关帝庙，亦即山西会馆。^⑤龙王庙位于大名县东南十八里卫河沿岸，是临清至河南道口之间的重要码头；该镇也建有山西会馆^⑥，但修建年代不详。省城保定，在光绪三十一年（1905）的《保定府城图》中标有三晋、两江、湖广、浙绍等多座会馆^⑦，不过其创建年代可能较晚。

3. 地区性商业中心的腹地范围与市场层级

利用商人会馆捐款，我们还可对各商业城镇的辐射范围进行具体考察。前已述及，商人会馆的大规模修建，除本地商号捐款之外，多有外来客商参与集资，捐资商号的地域分布可大体反映出该城的腹地范围。

从聊城山陕会馆嘉庆十四年的三通捐款碑可以看到，参与集资的外地商号主要来自鲁、豫、冀、晋四省。这些商号应都是山陕商人所开设，并与聊城有商业往来，因而才会在会馆重修之际参与其间。其中来自山东本省的有运河沿线的梁家浅、阿城镇，以及濮州、长清、章丘、蒲台等地的商号；河南的商号主要来自开封、周口和朱仙镇，尤

---

① 乾隆四十年张家湾重修山西会馆碑记，该资料为北京晋商博物馆孟伟教授惠赐，附笔致谢。

② 《续文献通考》卷18《征榷一》，第2937页。

③ 嘉庆《束鹿县志》卷9《风土志》；卷1《地理志》，台湾成文出版社1968年版，第948、696页。

④ 参见张慧芝：《天子脚下与殖民阴影——清代直隶地区的城市》，上海三联书店2013年版，第239页。

⑤ 乾隆《塔子沟记略》卷7《寺庙》；卷11《艺文》，《中国地方志集成·辽宁府县志辑》，第23册，凤凰出版社2006年版，第639、661页。

⑥ 东亚同文会编：《支那省别全志》第18卷《直隶省》，东亚同文会1920年版，第305—307页。

⑦ 保定直隶总督府展出之《保定府城图》，笔者于2015年4月参观时拍摄。

以朱仙镇最多；直隶的商号分别来自天津、泊头、郑口、深州、深泽、东明和张家口；来自山西的有太谷、榆次、介休及归化城的商号等。①这一范围比笔者原来估计的要大得多，即便不考虑茶叶等个别商品的转运范围，也已覆盖了鲁北、冀南和豫东的广大区域，至少涉及八九个府。图 3—2 是依据嘉庆十四年聊城山陕会馆捐款碑绘制的捐款客商的地域分布，请参见。

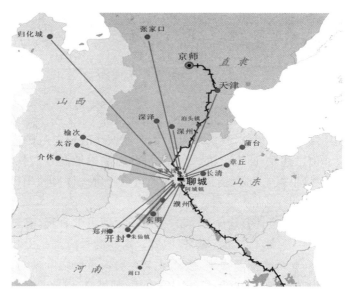

图 3—2　嘉庆年间聊城重修山陕会馆捐款客商的地域分布

在周村山陕会馆道光四年《关帝庙重修碑记》所镌捐款客商的地域分布中，来自山东本省者有济南府历城、齐东、章丘，武定府利津，青州府乐安，莱州府昌邑、潍县、胶州等地的商号；山西商号来自太原、太谷、盂县、寿阳、潞安、泽州等地，尤以潞、泽二府最多；河南商号来自中州；直隶商号来自京师、广平、冀州、南宫、赤峰等地；东北商号以盛京为多，也有来自锦州、吉林者。此外，还有几家来自江西、湖南的商号参与了集资。②图 3—3 是依据该碑绘制的外来客商的地域分布，请参见。

① 参见许檀：《清乾隆至道光年间的聊城商业》，《史学月刊》2015 年第 3 期。
② 参见许檀：《清代山东周村镇的商业》，《史学月刊》2007 年第 8 期。

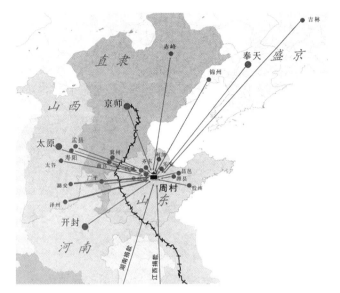

图3—3 道光年间周村重修山陕会馆捐款客商的地域分布

在咸同之际清化镇修筑城墙的集资中,铁货业、杂货业客商的地域分布可大致反映出该镇经销的铁货、杂货的转销范围。在铁货业众商中,山西的凤台、润城、米山等客商来自铁货产区,为铁货的供应者;而直隶的天津、滦州,山东的黄县、潍县、武定府等应属铁货销地。杂货业众商分别来自山西泽、潞二府和太原府祁县,以及清化镇周边的木栾店、延川集等,他们应都是来清化进货的(见图3—4)。①

在笔者以往考察的商镇中北舞渡的腹地范围最小。咸同年间该镇扩建重修山陕会馆,参与捐款的商号主要来自舞阳、襄城、叶县、郾城、临颍、西平、遂平等六七个县(见图3—5)。②

以上考察我们看到,地区性商业中心的规模也有很大差别。以聊城作为参照标准,笔者将山东、河南两省的地区性商业中心再分为A、B两级:其中规模较大者属于A级,计有:山东的聊城、济宁、周村、胶州、烟台,河南的洛阳、周口、赊旗和朱仙镇,其余各城镇暂归入B级。

---

① 参见许檀、吴志远:《明清时期豫北的商业重镇清化》。
② 参见许檀:《清代河南的北舞渡镇》,《清史研究》2004年第1期。

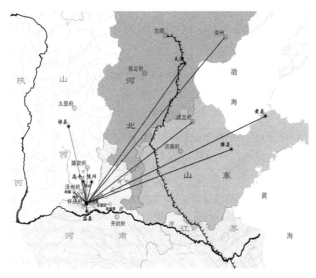

图3—4 咸同之际清化镇铁货、杂货的转销范围

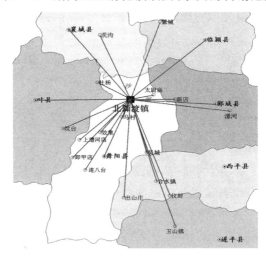

图3—5 咸同年间北舞渡重修山陕会馆捐款客商的地域分布

直隶的地区性商业中心可据以进行量化的资料较少。不过,在前文考察的6个税关中,崇文门、天津、张家口的税收均高于临清;通州、多伦诺尔二者税收较少,且腹地范围相对狭小;山海关税收虽然不少,但多征自锦州和营口,而非出自本城。故笔者将通州、多伦、山海关三者做降级处理,定为地区性商业中心中的A级。祁州药市的

贸易规模和辐射范围较大，也归入 A 级；其余各城镇归入 B 级。图
3—6 是依据以上分类所做的清代中叶冀、鲁、豫三省商业城镇的空
间分布与市场层级的示意图，请参见。

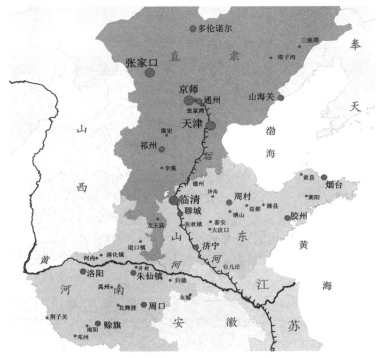

●流通枢纽城市　●地区性商业中心的A级　●地区性商业中心的B级

图 3—6　清代中叶冀、鲁、豫三省商业城镇的空间分布与市场层级

　　图 3—6 可见，冀、鲁、豫三省较高层级的商业中心——流通枢
纽城市和地区性商业中心中的 A 级共有 17 处，即京师、天津、张家
口、临清等 4 个流通枢纽城市，以及通州、多伦、山海关、祁州、聊
城、济宁、周村、胶州、烟台、洛阳、周口、赊旗、朱仙镇等 13 个属于
A 级的地区性商业中心，其空间分布与施坚雅《1843 年各区城市
中心地的等级—规模分布》中"华北"一图所列有很大差异。①在这

――――――――――

　　①　施坚雅所列冀鲁豫三省的中心地，从高到低次为北京、天津、开封、济宁、潍
县、顺德府（邢台）、东昌府（聊城）、保定、济南、临清、周口、青州府（益都）、彰德府（安
阳）、洛阳，见《中华帝国晚期的城市》，第 274 页。

17个商业中心中,府级以上的行政中心只有京师、天津、聊城、洛阳4处;此外,临清、济宁、张家口和多伦诺尔系直隶州(厅),通州、祁州、胶州为散州,山海关、朱仙镇、周口、赊旗、周村、烟台6处在行政建制上不过是一个镇。而施坚雅所列的开封、保定、济南三个省城均不在其中。

4. 对经营规模的初步估算

在前文的考察中,笔者依据山陕会馆的抽厘额估算,乾隆初年聊城的商业规模为50余万两,嘉庆年间已超过150万两,道光年间取低值为240万两,若以0.3‰的抽厘率折算则为800万两。临清的商业规模虽无法以税额折算,但可以肯定超过聊城,至少可达800万两。

山东的商城以临清规模最大,其年经营额以800万两计;其他主要商城中,济宁、周村、胶州、烟台的规模当不逊于聊城,各以240万两计;德州、张秋、台儿庄、泰安、大汶口、益都、博山、潍县、莱阳、黄县等10处规模较小,可能达不到乾隆初年聊城的规模,暂以30万两平均计算;16个城镇合计,年经营额约为2 300万两。

河南的商业城镇以洛阳、朱仙镇、周口、赊旗规模较大,以平均200万两计;开封、南阳、归德、永城、邓州、河内、清化、道口、北舞渡、荆紫关等10处也以平均30万两计算;14个商城合计,年经营额约为1 100万两。

直隶的6个税关中,崇文门、天津、张家口的税收额都超过临清,三者合计至少可达2 400万—3 000万两;多伦、山海关、通州三者以平均200万两计,祁州可能也相差不多;其他如保定、张家湾、河西务、辛集、龙王庙以及塔子沟、三座塔等7处,各以30万两计;14个城镇合计,年经营额为3 400万—4 000万两。

三省合计,仅前述17个高层级的商业中心经营规模已超过6 000万两;再加上B级的二十余个城镇,总计约在7 000万两上下。

三、结语

以上笔者对清代中叶冀鲁豫三省商业城镇的市场层级进行了划分,并以聊城作为参照,对三省主要商城的经营规模进行了初步估算。笔者对华北传统市场的研究虽然持续了多年,目前所能呈现出来的仍相当粗糙,但总比完全没有前进了一步。

一般而言,中央级的税关都设在税源最丰的地方,故税关所在多为流通枢纽城市。不过从直隶的 6 个税关来看,其税收额相差很大[①],故笔者将其中的多伦诺尔、通州、山海关做了降级处理。同样,地区性商业中心的规模也有很大差别;对此类商城腹地范围的考察,也大大超出以往的估计,远非"一两个府、十来个县"可以概括。如聊城的商品转运范围至少包括鲁北、冀南和豫东的八九个府;周村集散的棉布、丝绸的销售范围除山东中部三四个府之外,还远及直隶、山西和东北;清化镇的铁货转销范围包括山东北部和直隶东部,而南来杂货的转销则覆盖了晋东南和晋中;至于辐射功能最小的北舞渡镇,腹地范围则只有周边的六七个县。

在本文的考察中我们还可看到,各商业城镇的辐射范围、市场级别与其行政等级差异很大。在华北三省中,除京城的商业规模基本符合其行政地位之外,其他省城、府城的经济功能和商业规模大多与它们的行政级别不相匹配。具体而言,山东的 16 个商业城镇中,只有聊城、益都、泰安为府城,济宁为直隶州;其他如德州、胶州、黄县、莱阳、潍县、博山只是一般的州县城,而张秋、周村、烟台等在行政建制上不过是一个镇。其中,烟台的经济功能超过登州府城,周村的功能甚至超过省城济南。[②]至于临清与聊城二者的关系,在临清商业的鼎盛时期,它不过是东昌府辖下的一个散州,直至乾隆四十一年才升格为直隶州,此时的临清实际上已开始走下坡了。在河南的 14 个商业城镇中,开封为省城,洛阳、南阳、归德、河内为府城,朱仙镇、周口、赊旗、北舞渡、清化、道口、荆子关等在建制上只是一个镇。其中,朱仙镇的经济功能超过省城开封,周口的功能超过所属之陈州府城,赊旗的功能超过南阳府城。在直隶的商业城镇中,天津为府城,张家口、多伦诺尔为直隶厅,通州、祁州为散州,而省城保定的商业规模与它们相比则逊色得多。诸多行政级别较低的商业城镇的崛起反映的正是明清时期发展中的市场体系对原有行政体系的突破。

---

① 实际上华北的税关是税收额较少的,如果考察南方的税关,税收额的差距会更大。

② 直到胶济和津浦铁路开通后,济南的经济功能才大幅度提升。

从华北商业城镇的实际状况看,无论是流通枢纽城市,还是地区性商业中心,多是以中转批发贸易为主。这一点与中心地理论所强调的零售商业为主①似有较大差异。从明代到清代,临清商业地位的下降是由于部分中转批发功能的丧失,而清代聊城商业的发展也正是分割了临清的部分商品转运功能。只有京城和河南省会开封是少数例外②,二者均以零售商业为主,这显然与两城的政治地位和居民结构密切相关。

对传统市场的实证性、具象化研究需要花费大量的时间和精力。不过笔者认为,对为数众多的商业城镇做深入细致的个案研究,有益于我们摆脱以往的概念化、模式化思维,更加具体、深入地认识中国的传统市场。在这方面,商人会馆碑刻为我们提供了其他资料无法比拟的多层次、多方位的商业信息,希望有更多的学者关注此类资料。

(本文原载《中国社会科学》2016 年第 11 期)

---

① 参见[美]施坚雅:《中华帝国晚期的城市》,第 329 页。
② 山东省城济南、直隶省城保定可能也属此类。

第四章　明清时期农村集市的发展

第一节　清代山东牲畜市场

明清时期，农业和手工业仍是社会生产的两大主要部门。农业和手工业所需的生产资料，除土地而外，诸如牲畜、种子、肥料、工具、燃料等，主要是生产者自产自用，还是购于市场？市场上此类商品来自何处？流通情况如何？这些问题对研究当时的经济关系和市场结构来说，都是值得关注的。对此，前人已经有所注意，如李伯重同志曾对明清时期江南工农业生产中的燃料、动力等问题做了很好的研究。但总体看来，这类问题的研究还是相当薄弱的。在许多关于商品经济和市场问题的论著中，虽也曾涉及牲畜、铁器等商品，但从生产资料供求角度进行的专门研究似嫌过少，还不能从已有的研究中就小农经济条件的获取方式等问题得到满意的回答。由于各地生产条件差异较大，所以解决这一问题恐怕需要分别地区、分别商品来进行考察。我在研究明清时期山东经济的过程中，试图从流通角度对此做些探讨。正如事先估计的那样，有关资料匮乏而零碎，很难一下子据以得出结论，至于数量的研究就更困难了。归纳起来，仅可就该省清代某些生产资料的供求概况和趋势看出大致的眉目。进行这样的描述，是枯燥而乏味的，但却是一项有意义的工作。在这篇文章中，先就清代山东经济中最主要的生产资料之一——牲畜的供求情况进行探讨,其他生产资料将另文请教。

一、山东牲畜的需求与供给

畜力是我国封建社会生产力中的主要动力资源,因而牲畜成为土地之外最重要的生产资料之一。牲畜的使用,主要集中在农业和运输业,某些手工业也离不开它们。从山东地区的情况来看,所需牲畜以牛、驴、马、骡为主。耕地所用以牛为多,骡、马及驴间亦使用;从事运输则反是。

种植业是明清时期山东经济的主体。全区以旱田作物为主,粮食作物的主要品种为小麦、谷子、高粱和豆类;经济作物主要为棉花、果树等。在历史上,山东曾是我国最早开发的经济区之一,但中唐以后屡经战乱,经济长期处于凋敝状态。入明以来,政府积极推行移民垦荒等一系列恢复发展农业生产的政策措施,中叶以后人口日增,土地渐辟。嘉靖年间,通省耕地已达 57 万顷;清代中叶增至 98 万余顷。[①]其中一部分地亩系"一麦之外不复再秋"[②],或者仅获秋禾,但相当大的一部分土地则采取两年三熟制,轮获小麦、大豆以及高粱或谷子。

在农耕方法上,山东所在的华北地区与江南有较大的差异。据王祯《农书》记载,元代南方一般是"一犁用一牛挽之",而北方农俗则"一犁必用二牛、三牛或四牛"[③];明代江淮以北仍多以"牛四头为一具"[④]。山东的情况也是如此,如兖州府汶上县,俗以"牛三只为一犋"[⑤];沂州地区"每犁一犋,四其牛力,而拍抹等具亦然"[⑥]。清初登州府范围内习以"牛四谓之一犋,穷民有三四家合一犋者"[⑦]。清末济南府章丘县经营地主使用的也是四牛一犋的

---

① 梁方仲:《中国历代户口田地田赋统计》,乙表 76。
② 康熙《曹县志》卷 4《物产志》。
③ 王祯:《农书》卷 2《农桑通诀二·垦耕篇第四》,中华书局 1956 年版,第 14 页。
④ 王士禛:《池北偶谈》卷 21《谈异二·十具牛》,中华书局 1982 年版,第 502 页。
⑤ 万历《汶上县志》卷 8《艺文志》。
⑥ 乾隆《沂州府志》卷 32《艺文》。
⑦ 康熙《登州府志》卷 8《风俗》。

耕作方式。①直到二十世纪三十年代，山东省区仍广泛地使用三头牲口（三牛、二牛一骡、二骡一牛或三骡）组成一犋犁杖。②若以二牛（或骡、马）一犋，每年耕地百亩计③，明代中叶通省所需耕畜为110余万头，清代中叶为200万头。又，以每头牲畜平均使役寿命10—15年匡算，通省每年需要更新的牲畜明代约为7万—11万头，清代则为13万—20万头（若以四牛一犋每年耕地百亩计，所需牲畜之数倍之）。这是对明清时期山东农用牲畜年需求量的大致估计。

山东西部、北部平原地区的陆路运输方式，除肩挑而外，靠人力小车和牲畜驮运者相当普遍。东昌府馆陶、堂邑、冠、莘等县农民常"车载驴驮"赴临清出售粮食。④曹州府菏泽县，居民"不习担负，即二钧之重至一里之远皆用驴骡或小车载之"⑤。朝城县小农赴集卖菜亦用牲运。⑥至于更大吨位的运输无疑当系由畜挽车辆承担。而山东中部、东部的山区、丘陵地带，无水运可借，内陆运输几乎全部要靠畜力。如登州府属各州县"凡有搬运，俱皆负驴驮，日行不能百里"⑦。泰安府、沂州府的大部分州县大致也是如此。可见运输业，包括农业生产过程中的运送、商业运输以及服役性客运、货运所需牲畜，乃是山东牲畜需求量中另一重要部分。当然，这其中有些是农用牲畜兼及的，如兖州府济宁州一带就有不少农户兼营负贩，或于每年麦收之后"驱牛驴为之负载辇重糊口"⑧。这种情况在其他州县恐怕也非罕见。不过更为大量的商运和客运当是由"专业牲畜"承担的。清代山东各州县多设有车店、车行、驮户，运脚沿习，有官价、民价之分。所谓官价乃是运送漕粮、鞘银等官府货物的役银，民价则指一般客商雇

---

①　罗仑、景苏：《清代山东经营地主经济研究》，齐鲁书社1984年版，第71页。

②　[日]天野元之助：《山东农业经济论》，满铁经济调查会编：《满铁资料第97编》，南满洲铁道株式会社1936年版，第53—54页。

③　乾隆《沂州府志》卷32《艺文》。

④　乾隆《临清州志》卷11《市廛志》。

⑤　光绪《菏泽县志》卷6《风俗志》。

⑥　康熙《朝城县志》卷6《风俗志》。

⑦　乾隆《登州府志》卷11《艺文》。

⑧　道光《济宁直隶州志》卷6《职官》。

价。家有骡驴一二,以赶脚为生的驮户可能为数更多。[①]至于较大的商业店铺或作坊一般应有自己的车辆牲畜,以备店主往来及货运之需。这部分"专业牲畜"的数量虽然无法估计,但肯定相当可观。这一点我们从山东几个商业城镇中往来运输的牲畜量也可得到一些间接的证实。如兖州府济宁,明清时期是鲁西运河沿线一个重要商业码头,"南船北马,百货萃聚",商贾络绎,"车者、舟者、负者、担者,日不下千万计"。[②]济南府长山县的周村镇地处泰山山麓北缘,乾隆年间已是山东内陆地区的商业重镇之一,南北客货云集,"服贾牵牛负贩而过者日不啻千百计"[③]。光绪年间东部沿海登州府的烟台,每天来此驮货的骡子达三千头左右。[④]他如临清、张秋、潍县、胶州等都是明清时期山东重要的商业城镇和水陆交通枢纽,其情况大体也应如此。此外,山东境内各州县官设驿站所需马匹多者上百,少亦十数,也需年有更新置买。

综合以上描述,尽管我们不能提供准确的数字,但完全可以得出一个比较明确的印象,清代山东的牲畜需求是相当大的。那么,这些牲畜是从哪里来的呢?

山东是有畜牧传统的地区。《尚书》"莱夷作牧"说的就是鲁东之民以畜牧业为主。元代有畜牧传统的回族人口大量迁入,无疑也对此地畜牧业的发展做出了重要贡献。明清时代,山东许多州县的畜牧业都很发达,如明代东昌府"地寒土疏,独宜畜牧",富家大户多拥有"牛数具,骡马百蹄"。[⑤]青州府安丘县富庶之家养马可达四五十匹,喂牛七八十头。[⑥]峄县、滕县、泗水、沂州、郯城、费县,明代均属兖州府,那里的百姓"以田畜自饶"[⑦],是畜牧与农业并重的。清代曹州府曹县一带农家也多饲养大牲畜,"其畜多寡则视乎

---

① 光绪《日照县志》卷12《掇余志》,并参见登州、栖霞、齐东、新城、淮川等府、县志,以及《济州金石志》等。

② 徐宗幹:《济州金石志》卷5,康熙五十八年《大悲阁记碑》,第27页。

③ 嘉庆《长山县志》卷13《艺文志》。

④ 《海关十年报告》1882—1891年版,转引自彭泽益编:《中国近代手工业史资料》第2卷,第138页。

⑤ 万历《东昌府志》卷2《物产》。

⑥ 万历《安丘县志》卷10《方产考》。

⑦ 万历《兖州府志》卷4《风土志》。

家之贫富"①而定。曹州府、兖州府是我国北方为数有限的几个优秀牛种之一——鲁西黄牛的产地,尤以曹州府菏泽、郓城和兖州府济宁地区为中心产区。②由此可见,明清时期山东省内的牲畜资源是比较丰富的,其农业、运输业的需求有相当一部分可在省域范围之内获得。

山东地区所需牲畜也有一部分需从外省输入。明代山东商人就常赴北边、辽东从事边境互市贸易,贩牛马、皮张以回。③马匹的牧养,清代与明代不同。明制系养马于民,课其孳生,以供政府征调之需。山东的济南、东昌、兖州等府均有牧马草场,放牧马匹。而清初定制,禁民间养马,只有旗人、兵士以及缙绅之家才准许畜养马匹。到清代中叶,养马之禁虽已渐弛,但中原很多地区已改为养驴为主,民间养马业的衰退之势已难以挽回。④山东的情况也不例外。清代山东很多州县已是"地不产马",官府、民间所需马匹均"资市易于外地"⑤,大体以来自西北及塞上者为多。至于其他牲畜,也有从外省输入的。如东昌府清平县,"牛之大者来自河南,马之佳者贩于塞北"⑥。莱州府潍县虽然产牛,但不敷本县之用,每年从本省的沂州、曹州等府以及江苏、河南、陕西、蒙古等省区购入的牛、驴、马、骡等牲畜数量相当之多。⑦

---

① 光绪《曹县乡土志·物产》。

② 谢成侠:《中国养牛羊史》,农业出版社 1985 年版,第 109 页。

③ 《明英宗实录》卷 236;《明穆宗实录》卷 54,台北"中研院"历史语言研究所 1984 年版,第 5158、1336—1337 页。

④ 参见谢成侠:《中国养牛羊史》第十章《明代的养马业》;第十一章《清代的养马业》。

⑤ 顺治《招远县志》卷 5《物产》;康熙《阳信县志》卷 6《物产》;康熙《新城县志》卷 3《食货志》;道光《东阿县志》卷 6《田赋志附马政》。

⑥ 民国《清平县志》册 3《实业志》。

⑦ 据民国《潍县志稿》记载:民国年间该县输入的牲畜计有:牛,不足部分多购自江苏徐州及山东沂州,全年约贩入 28 000 余头,其中转销外县者 12 000 头;马,多由蒙古运入,全年贩入 2 000 匹,贩出 500 匹;驴,多河南所产,每年贩入约两万头;骡,以陕西及山东曹县所产为多,全年贩入约一万头。总计潍县一年共输入牛、马、驴、骡等牲畜六万头余,其中补充本地所需将近五万头,转销他邑一万余头。由于潍县在近代已发展成为一个重要工商业城市和铁路枢纽站,这一数字无疑大大超过明清时期该县的牲畜需求量。不过其货源方向以及从中反映的每一地区输出的牲畜品种,往往是多年来形成的传统,没有特殊情况不会轻易变更,这一点对我们了解明清时期山东的牲畜来源或许仍有一定参考价值。

　　清中叶以后,山东人口增长幅度甚大,人均土地已由明嘉靖年间的 7.6 亩降至不足 4 亩。在这种人地矛盾日益尖锐的情况下,相当一部分州县,特别是平原地区的济南、东昌、兖州等府,农业用地的迫切需要是必会导致原有畜牧业规模一定程度的萎缩。同时,因农业及商业的发展,对牲畜的需求量势成增长。因此从外地输入的牲畜量,清代中后期当会比明代及清代前期有所增长。

　　来自境外的大牲畜的输入是通过贩运商进行的,自不待言。山东境内,乃至各州县内的牲畜供求,同样也是通过市场买卖来实现的。明万历年间,泰安知州袁秬在当地设立官庄,招民垦荒,一次就"买牛三百只"①。清乾隆三十六、三十七两年,山东德州等 13 州县衙门共出借"耕牛银"2 500 余两,给民买牛以资耕种。②这些牲畜购买得以实现,无疑是要以市场条件的成熟为依据的。因此可以肯定地讲,明清时期山东境内有一条顺畅的商业渠道,为全境农业、运输业及其他各业所需的大牲畜提供服务。

　　下面,我们就来具体地考察清代山东的牲畜市场。

二、山东牲畜市场的两种形式

　　清代山东牲畜市场主要有两种形式:一是各州县城乡集市中的常设牲畜市,二是定期举行的庙会、货会中的牲畜市。

　　山东城乡集市与其他省区大多数市墟场一样,一般每旬开市两至三次,逢期百货咸集,是综合性的商品交易场所。其中有些集市,牲畜交易占据重要地位。如济南府邹平县,"民间逢集贸易,不过粮食、牛驴等项"③;东昌府夏津县"贸于市者除牲畜、杂粮、棉花、白布而外无他珍奇"④;莱州府平度州商贾贩易除粮食、布棉外,也只"牛驴羊豕"之属。⑤

　　牲畜市场有设于城镇者。山东几个较重要的商业城镇都有专门

　　①　万历《泰安州志》卷 4《秩官志》。
　　②　《清高宗实录》卷 1004,乾隆四十一年三月上,《清实录》第 21 册,第 460 页。
　　③　康熙《邹平县志》卷 7《艺文志》。
　　④　乾隆《夏津县志》卷 2《建置志》。
　　⑤　道光《平度州志》卷 10《风俗志》。

地点进行牲畜交易。济宁州"牛市在北门外","驴市在南关"①；张秋镇内有牛市、骡市、驴市各一处②，从明代一直延至清代。临清州城内有驴市，"每日辰时有市，巳时则散，买卖驴者咸集"；原在城内尚有牛市及马市，后移至四乡集场。③登州府黄县"市牛豕驴骡常在东关"④；莱州府胶州的牛驴市设在西关之外。⑤甚至作为省垣所在地的济南也有专门的马市。⑥

不过，更多的牲畜交易市场是设在更接近广大农民的各州县四乡集镇。这种有常设牲畜市的乡村集场，每县少则数处，多者可达十余处。如清代中叶，济南府长清县共有牲畜市 5 处，均设于乡村集场之中。⑦武定府商河县共有牲畜市 19 处，分布于四乡集镇。⑧这些牲畜市构成其所在集场的重要组成部分，每旬开市，至期而集。乾隆年间曾在山东做过范县、潍县两任县令的郑板桥有诗状之曰："驴骡马牛羊，汇卖斯为集；或用二五八，或以一四七。"⑨

各州县这种常设牲畜市的分布疏密不一。康熙年间，兖州府济宁州城乡共有 11 处集场设有牲畜市，平均每个牲畜市的交易腹地面积为 127 平方公里。清代中叶济南府陵县共有集场 15 处，其中有牲畜市者 4 处，大约每 4 集设有一处；平均每集交易腹地面积，一般集市为 53 平方公里，牲畜市为 200 平方公里。长清县共有大小集市 35 处，其中设有牲畜市的 5 处，平均每 7 集有牲畜市一处；一般集市的交易腹地面积为 35 平方公里，牲畜市为 248 平方公里。武定府商河县的牲畜市密度较大，全县 34 处集市中有 19 处设有牲畜市，平均每 1.8 集一处；该县普通集市的平均交易腹地

①　康熙《济宁州志》卷 2《舆地志》；道光《济宁直隶州志》卷 3《风土志·市集》。
②　康熙《张秋志》卷 2《建置志》。
③　乾隆《临清州志》卷 11《市廛志》。
④　同治《黄县志》卷 3《食货志》。
⑤　道光《重修胶州志》卷 1《关厢建置开方图》。
⑥　崇祯《历城县志》卷 3《建置志》。
⑦　道光《长清县志》卷 2《舆地志》；卷 5《食货志》。
⑧　道光《商河县志》卷 2《建置志》；卷 3《赋役志》。
⑨　嘉庆《范县志》卷 4《诗草》。

面积为 39 平方公里,牲畜市约为 70 平方公里。^①一般来说,设有牲畜市的集场比无牲畜市的集场总要相对集中些,其交易腹地面积相差三五倍或更多。各不同州县之间牲畜市的交易腹地也往往相差数倍。

各州县牲畜市的布局也不尽相同。东昌府清平县的 5 个牲畜市,除县城内有一处外,其四处为:石家集、胡里庄集、康家庄集和魏家湾集。该县县城偏处县境东端,因此这四处牲畜市都在县治以西。其中,除胡里庄集距县城 60 里外,其余各集与县城的距离均为 30 里。^②统观全县牲畜市的布局,大体形成一个以康家庄为中心的 X 形,东西南北各 30 里均匀分布(见图 4—1)。

济南府临邑县,7 处牲畜市分别为县城、胡家集、宿安镇、盘河镇、营子镇、田家口和清安镇。^③清安镇的确切位置不详,其余 6 处以 20 里左右的间隔均匀分布,随县境走向构成一个以县城为交点,分别向东北、西北和南向分叉的 Y 形(见图 4—2)。

图 4—1　清代中叶清平县牲畜市分布

与临邑县接壤的武定府商河县共有牲畜市十九处,其中一处在县城,另有两处确切位置不详,其余十六处基本上是以县城为中心,分别以 20 里、30 里、40 里为半径的环形(见图 4—3)。

由于资料所限,我们无法对更大范围的牲畜市布局进行整体考察。不过从上述几个县的情况大致可以看出,牲畜市的分布大体上是均匀的。就目前所见的能够计算的资料来看,每一牲畜市的腹地面积,范围最大的 248 平方公里,其交易半径不到 9

① 各州县面积据林修竹编:《山东各县乡土调查录》(山东省长公署科,1919 年)所载;集市数字据各州县方志记载。
② 嘉庆《清平县志》卷 8《户书》。
③ 道光《临邑县志》卷 2《地舆志》。

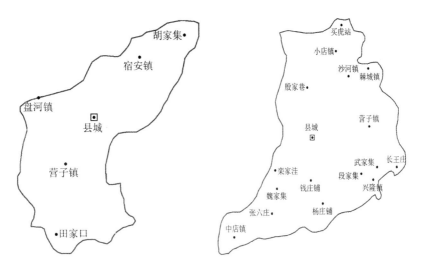

图 4—2　清代中叶临邑县牲　图 4—3　清代中叶商河县牲畜
　　　　　畜市分布　　　　　　　　市分布

公里。换言之,居住在县内任何地点的小农要购买牲畜,只要是赴距离最近的市场,来回最多用一天时间就足够了。这对购买者来说已是相当方便了。范围最小的约 70 平方公里,其交易半径不到 5 公里。就这样一个小范围内农民的牲畜更新来说,牲畜市场如此密集似乎并不必要。看来,这里的牲畜市场可能带有产地市场或中转批发市场的性质。

　　各州县牲畜市场开市时间的分布则从另一个角度体现了方便购买的特点。表 4—2 是乾隆—道光年间临邑等五县在一旬中牲畜市的开市时间统计,该表可见,各县常设牲畜市的开市时间交错相间,几乎每县每日均有一两个牲畜市开市。也就是说,各县居民在一年之中除春节等重大节日外,任何一天都可在该县范围内买到牲畜。

　　除上述城乡常设市外,定期举行的庙会、货会是山东牲畜市场的另一种形式。这种形式在明代就已有之,如万历年间东昌府每年"三四月间,居民转鬻牛马耕具,旁郡商贾往往凑集,三日而罢"①。清代

――――――――

　　① 陈梦雷编:《古今图书集成·职方典》卷 258《东昌府部纪事二》,中华书局影印本 1934 年版,第 10092 页。

这类记载就更多了。乾隆年间,夏津县每年正月、十月之十五日有会,"骡马牛驴及百货会聚"[1]。泰安府平阴县每岁之四月十五日为药王庙会,其时"商贾辐辏,买卖农具及牛马等物"[2]。莱州府之胶州有九龙山会,在州城西南 20 里,"每岁四月市马牛者集此"[3]。青州府诸城县五弩山在县治东南 60 里,"山前有庙,每岁四月市牛马者会焉"[4]。

表 4—1　乾隆—道光年间山东临邑等县牲畜市开市日期一览表

县别	一旬之中每天开市集数											
	一日	二日	三日	四日	五日	六日	七日	八日	九日	十日	合计	平均每日开集
临邑	2	1	2	2	2	1	2	2	2	1	17	1.7
长清	1	0	1	2	1	1	0	1	2	1	10	1.0
陵县	1	1	1	0	1	1	1	1	0	1	8	0.8
清平	1	0	0	1	3	1	0	0	1	3	10	1.0
商河	4	2	6	5	1	4	2	6	5	1	36	3.6
合计	9	4	10	10	8	8	5	10	10	7	81	—
平均	1.8	0.8	2	2	1.8	1.8	1	2	2	1.4	—	1.62

资料来源:据各县县志统计。

嘉庆年间,济南府禹城县的这类货会一年中竟达 21 次之多。其中在县城内开设者 5 次,在乡者共计 12 处 16 次。如以时间分布来计,则二月内 3 次,三月 2 次,四月 3 次,五月 2 次,六月 3

---

① 乾隆《夏津县志》卷 10《艺文志》。
② 嘉庆《平阴县志》卷 2《庙》。
③ 道光《重修胶州志》卷 12《山川考》。
④ 乾隆《诸城县志》卷 6《山川考》。

次,七月、九月、十月各 1 次,十一月 5 次。逢会之日"四方云集,平地张幕,画界成巷,炫采居奇以相贸易",每会或三日或五日,其贸易商品"惟日用、农器、马牛驴豕之属为多"①。如果以每会为期三日计算,该县一年中计有 63 天有牲畜市场开设,占全年总天数的 1/6。

光绪年间,曹州府郓城县的货会贸易也很兴盛。该县县城四关厢均有货会,"三月三日北关会,三月二十八日东关会,五月十三日东门内会,九月九日西关会,腊月八日南关会"。除五月份的一次外,其余四会均有牛马等牲畜出售。这种有牲畜交易的定期会,同样也在该县四乡集场举行。其中东乡各集一年中共有 10 次,西乡各集 13 次,南乡 16 次,北乡 15 次。与县城合计,该县一年中开设的牲畜交易市共有 58 次。②即便以每次开市一天计,与禹城县一年中总开市日期大体相似。在时间分布上,郓城县的牲畜交易市比禹城县更为集中,几乎全部在二至四月,九至十一月这 6 个月份中。其中,二月份共 10 次,三月共 12 次,四月 8 次,九月 4 次,十月 9 次,十一月 14 次,十二月则仅只县城南关 1 次。

以上可见,这类定期的牲畜交易市,时间大多集中于春耕之前,秋收之后。前者主要是为满足农民春季备耕时添置、更换牲畜的需要;而后者之中,一部分系供应冬小麦种植时期对牲畜的需求,另一部分则是农户在一年收获之后视年景好坏、收入多寡,从容有秩地增置生产资料,为来年的生产作准备。

综上所述,清代山东的牲畜市场主要是由乡村集市中的常设市场和定期举行的庙会、货会市场这两种形式构成的。就现有的不完整的资料来看,常设牲畜市比较密集的地区,其庙会市场相对要少;反之,庙会市场兴盛的州县其乡村集市附设牲畜市的较少。两者相较,常设牲畜市场在较小的范围内布局较密,方便交易;而庙会牲畜市场在较大范围内设市,突出了季节性,着重保证农业生产者在农作开始之前补充良畜的需要。此外,有些庙会市场的牲畜上市量和交

①　嘉庆《禹城县志》卷 4《建置志》。
②　光绪《郓城县志》卷 2《建置志》。

易量很大①,可能带有产地市场或批发市场的性质。如曹州府的郓城一带就是鲁西黄牛的集中产区,不排除商贩批量购买运销他处的可能。至于什么地方以何种形式为主,当属传统和习惯使然。不论如何,这两种不同类型的牲畜市相辅相成地构成山东地区牲畜市场的统一体,很好地保证了该地区牲畜的供给与调剂,从而保证了社会再生产的顺利进行。

三、牛驴税及其所占比重变化

牲畜贸易在山东地方市场中的普遍性和重要性,我们还可以从各州县所征收的商税中得到进一步的证实。

清代,山东地方政府征收的杂税共五项,即当税、田房契税、课程税、牙杂税和牛驴税。其中的牛驴税一项是包括骡马在内的大牲畜交易税。政府规定,买卖大牲畜必须经领有牙帖的牛驴经纪评定价格,并抽取交易税,严禁私下交易。猪羊等其他牲畜则另外设行,不在其内。②

方志所载山东 107 个州县的课税项目中均有牛驴税一项。其中有税额记载的,康熙、雍正两朝共 49 州县,乾、嘉、道三朝共计 55 州县。

在康熙、雍正年间的 49 州县中,税额最低者不足一两,如宁阳、鱼台;最高者 50 余两,如泰安。税额在 10 两以下的共 39 州县,占总数的 79.6%;税额在 10—30 两之间的 9 州县,占 18.4%;税额超过30 两的只有泰安 1 县,占 2.0%(见表 4—2)。

---

① 据民国年间《山东庙会调查》记载,博兴县药王庙会,会期 6—8 天,平均每天可销售牲畜五六百头。金乡县一年中有庙会 140 多次,其中牲畜交易以城隍庙庙会最为繁荣,"盛时能上牲口一万余头,年景好了能销三四千头"。济宁四乡仅春季庙会就有 16 处,总计会期 68 天,均有牲畜销售,尤以存崮堆庙会为最,"盛时牲口有一两万头,卖一二千头;最不济亦上一二千头,卖四五百头。十年衰旺平均,约上牲口三四千头,卖出八九百头。"这些虽都是民国年间的记载,但这些庙会据说多系数百年的古会,在清代即或没有这么兴盛,当也会有一定的规模(李文海主编:《民国时期社会调查丛编·宗教民俗卷》,福建教育出版社 2004 年版,第 201—202、234—235、228—229、224 页)。

② 参见乾隆《山东通志》卷 12《杂税》;道光《济宁直隶州志》卷 3《食货志》等。

表 4—2　康雍时期山东四十九州县牛驴税额的分组统计

税额分组	州县数	占州县总数比(%)
0.99 两以下	2	4.1
1—9.9 两	37	75.5
10—19.9 两	8	16.4
20—29.9 两	1	2.0
30—49.9 两	—	—
50 两以上	1	2.0
合　计	49	100

资料来源:据各州县方志统计。

在乾隆—道光年间的 55 州县中,税额在 10 两以下的州县有 22 个,占 40%;税额在 10—30 两之间的共 19 州县,占总数的 34.5%;税额在 30 两以上的共 14 州县,占 25.5%(见表 4—3),其中最高达 80 余两。

表 4—3　乾隆—道光时期山东五十五州县牛驴税额的分组统计

税额分组	州县数	占州县总数比(%)
0.99 两以下	1	1.8
1—9.9 两	21	38.2
10—19.9 两	13	23.6
20—29.9 两	6	10.9
30—49.9 两	8	14.6
50 两以上	6	10.9
合　计	55	100

资料来源:据各州县方志统计。

比较表 4—2、表 4—3 可以看出,乾隆—道光年间山东各州县征收的牛驴税比康熙、雍正时有了较大的增长:税额在 10 两以下的州县所占比例由 80% 左右降为 40%;税额在 10—30 两之间的州县所占比例由 18.4% 上升为 34.5%;特别是税额在 30 两以上的州县由 1 个增加为 14 个,比例也由 2% 上升到 25.5%。简言之,各州县征收的牛驴税税额从 10 两以下占压倒多数,变为以十数两到数十两者居多；其中 10—50 两者约占 50％，超过 50 两者约占 10％。

比较同一州县在不同时期的税额变化，反映出的增长趋势更为明显，有些州县的牛驴税额甚至增长十倍以上。如兖州府峄县，康熙年间牛驴税税额仅 4.18 两，到乾隆年间增至 74.4 两，增长约 17 倍①；曹州府单县，清初原额为 4.2 两，乾隆年间为 88.31 两，增长 20 倍②；青州府昌乐县，康熙初年征收牛驴税 7.03 两，嘉庆年间为 54.63 两，增长 6.7 倍。③

清代山东征收的牛驴税，并不是由政府直接在市场上征收的，而是由各州县领有牙帖的牛驴经纪包纳，上缴政府的只是其实际抽收额中的一部分。因此，我们无法依此税额对山东牲畜市场的实际交易量进行折算。不过从清初到中叶，山东地方市场抽收的牲畜税税率似无重大变化，税额的增长虽然不能完全排除政府聚敛和价格上涨因素在内，但税额的大幅度增长无疑是要以市场交易量的扩大为前提的，否则就不会有人愿意充任此类牙人经纪了。

随着税额的增长，乾隆—道光年间在各州县的课程、牙杂、牛驴三项商业税总额中④，牛驴税所占比重也较康雍时期有了明显的提高。在山东 107 州县中，这三项商税税额均有记载的，康熙、雍正年间共 48 个，乾隆—道光年间为 53 个。据康雍时期 48 州县统计，这三项商税总额中牛驴税所占比例在 10％以下的计有 27 州县，占总数的 56.3％；比例在 10％—20％之间的共 12 州县，占比 25％；在 20％—30％之间的 9 州县，占 18.8％；没有超过 30％的州县。在乾隆—道光年间的 53 个州县中，牛驴税所占比例在 10％以下的有 15 个，占总数的 28.3％；比例在 10％—20％之间的 13 个，占 24.5％；在 20％—30％之间的 15 个，占 28.3％；有 10 个州县的牛驴税所占比例超过 30％，占该 53 州县的 18.9％。可以看出，乾隆—道光时期大部分州县的牛驴税比重已从康雍年间的 10％以下上升到 10％—30％之间，并有近五分之一的州县超过 30％。牛驴税在地方政府三

---

① 康熙《兖州府志》卷 12《田赋志》；乾隆《峄县志》卷 4《田赋》。
② 康熙《兖州府志》卷 12《田赋志》；乾隆《单县志》卷 3《食货志》。
③ 康熙《昌乐县志》卷 2《田赋志》；嘉庆《昌乐县志》卷 8《田赋考》。
④ 在山东地方商税中，当税系专向当铺征收的铺税，田房契税属不动产交易税；其余三项大体囊括了地方市场商品交易的主要内容。

项商税总额中所占比重已相当可观。

　　牛驴税在各州县商税总额中所占比例在 10%—30% 之间的情况,以府为单位统计的结果也是如此。例如,乾隆年间莱州府所属 7 州县共征收牛驴税税银 259.64 两,平均每县 37.09 两;牛驴税在三税总额中所占比例为 15%。①又如,道光年间济南府所属 16 州县共征收牛驴税银 176.563 两,平均每县为 11.04 两;牛驴税占三税总额的 25.3%。②

　　我们看到的山东 107 州县三项税额资料中,既有康熙记载又有乾隆—道光记载的共 21 州县。③前后对比,牛驴税额增长的州县共计 14 个,税额持平者计有 5 县,税额下降的只有齐东、新泰两县。从牛驴税在三项商税中所占比例来看,比例上升的共 13 州县,下降的有 8 州县。不过,即使这比例下降的 8 个州县其实际税额仍有一定的增长,只是其增长率低于其他各商品税额的增长罢了。上述 21 州县合计,从康熙雍正到乾隆道光的百余年间,其牛驴税额从 102.395 两增至 462.97 两,每县平均额从不足 5 两增至 22 两零,增长率为 352%。三项商税总额从 1 293.567 两增至 3 093.858 两,每县平均额从 61.6 两增至 147 两余,增长率为 139%。牛驴税在商税总额中所占比例也由 7.9% 上升为 15% 左右,其增长率超过一般商税的平均增长率。

　　牛驴税额的增长和牛驴税在商税中所占比例的提高,从不同角度反映了乾隆—道光年间山东地区牲畜市场较之康雍时期已有了相当程度的发展。这种发展既反映了清代山东整个商品市场的发展,同时也反映了明末清初战乱中遭到破坏的社会经济此时已得到充分的恢复,整个社会经济链条已经进入正常运转阶段,农业生产及商品流通有了长足的发展。

　　和另外一些省区相比,山东地区各州县的牛驴税额并不是很大。

---

　　①　据乾隆年间莱州府所属七州县方志记载税额统计。这 7 州县中,掖、昌邑、即墨三县除课程、牙杂、牛驴三项商税外,另有船税一项,但无税额记载。

　　②　据道光《济南府志》卷 14《田赋》记载税额统计。

　　③　既有康熙记载,又有乾隆—道光记载的州县共 27 个,其中有 6 州县三项税额均毫无变动,显系照抄前志,并不能反映该州县的实际税收情况,故剔除在外。这 21 州县为:长山、邹、滕、峄、泗水、鱼台、金乡、单、巨野、冠、东平、蒲台、昌乐、章丘、邹平、淄川、齐东、滋阳、嘉祥、范、新泰。

以陕西关中地区为例,乾隆年间关中 29 州县共征收畜税 3 556 两零,平均每县 122 两零。其中高者达三四百两,低者除麟游一县为 4 两外,其余均在十数两至数十两之间。①不过,关中地区历史上就是个牲畜和毛皮的输出地区,这里的牲畜从明代就大量输入中原,如弘治年间"陕西、河南客商贩马骡,一年之间亦不止数万余匹,俱从潼关经过"。②到清代,关中地区牲畜的输出量就更大了。因此关中牲畜市场的贸易量中,将西北牲畜转售中原的贩运商人的贸易额可能占有较大比例。山东各州县牲畜税额尽管低于关中地区,但山东的牲畜市场基本上是为本地区的农业生产和运输业需要服务的。如果说关中地区的牲畜市场是产地市场或贸易中转站的话,那么山东绝大部分集市、庙会中的牲畜市场则是牲畜市场的终端。

本文一开始就曾说到,对于生产资料的研究应作数量考察,但要做到这一点难度极大。关键在于没有准确的、系列的数字统计资料。下面,在综合考察了山东各州县牲畜市的类型、分布,以及商税税额等因素之后,试图估算一下山东牲畜市场的年交易量。

前文表 4—1 曾给出乾隆—道光年间临邑等五县牲畜市每旬开市的集市数额。其中临邑县牛驴税额为 15.851 两,长清县为 0.55 两,陵县 6.1 两,清平县 21.285 两,商河县 14 两,各县平均为 11.56 两。这几个县大体上代表了各不同税额档次的州县类型,也基本符合当时各州县牛驴税的平均税额。依据表 4—1,平均每县每日开设牲畜市 1.62 次,一年之中除春节期间有半月停集外,平均每县每年开市五百六十余次。关于每集成交牲畜量的资料十分罕见,乾隆年间汶上县持帖牙人张有伦诉告孔府佃户张渊"违旨夺集"一案的有关移文中称,郓城县张家楼集的牛驴市占地十亩余,"一集之内所卖牛驴约有数百"③。这个数字由于是原告的陈述,可能系夸大之辞。为排除这一因素,姑且假定其实际交易量只有其中十分之一,即"数十"头。再者,一般集市每集交易量也会多寡不一,这里以平均每集成交 5—10 头的最低额计算,则每县一年中的牲畜交易量约在 3 000—6 000 头之间。

① 据魏志强:《明清时期关中区域市场初探》,中国社会科学院经济研究所硕士论文,1987 年,表 4 计算。
② 《御选明臣奏议》卷 10《马文升巡抚事宜疏》,《文渊阁四库全书》第 445 册,第 173 页。
③ 骆承烈等编:《曲阜孔府档案史料选编》第 3 编第 14 册,第 355 页。

庙会、货会形式的定期牲畜市,一年中约开市 60 天。这种定期市的交易范围比一般常设市大得多,又多集中于牲畜需求旺季开设,肯定其每日成交量要比常设市大得多。估以每日成交 30—50 头计算,则每县每年的交易量约在1 800—3 000头之间。

由于资料的欠缺,我们无法估计山东 107 州县中常设市为主或定期市为主的州县各自所占比例。假定以各占一半的比例分别计算,则山东全省在乾隆—道光年间每年的牲畜交易量约在 24 万—48 万头之间。这一数字大大超过前此我们依据耕地面积推算出的清代中叶山东全省每年 13 万—20 万头的耕畜需求量。不过,考虑到我们是以两牛一犋从低估算的,同时大量商业、运输业的牲畜需求均未计入其中,这两个计算结果还是基本吻合的。当然,这其中也会包括一部分重复交易和被淘汰的老畜。还需要说明的是,即使这后一数字也同样是以从低估计为原则的,在实际的市场运行中有相当一部分州县是常设市与定期市同时并存,因此山东牲畜市场的年交易量可能会大大超过这一数字。

＊　　　＊　　　＊　　　＊

本文没有考察山东牲畜市场最早始于何时,但可以肯定明代已经有相当规模,经过明末清初的萎缩阶段,到乾隆—道光年间,它已恢复发展为相当完备、庞大的网络体系,成为山东整个商品流通网的一个重要组成部分。

我们可以想见,每当开集开市之日,百货咸集,市声鼎沸。在靠边的广场上,桩桩栏头拴满犁牛、挽马和驴骡。熙熙攘攘的买主们抚毛探齿,仔细审视,寻觅着合意的头口,牲畜贩子和牙人经纪活跃其间,买贬卖褒,争竞不休。经过长时间的讨价还价之后,终于一笔笔地成交了。然后是欢欢喜喜地收款付税、抽取牙佣,买卖双方和中介人都达到了各自的目的。人欢马叫,自有一番热闹。直到响午过后,赶集的人纷纷散去,牲口贩子们满意地背起鼓鼓的褡裢,吆喝着剩下的牲口回到宿店,待次日清晨赶赴另一个集场;农民们牵着刚刚到手的耕畜,到集上的饭棚吃上一餐,愉快地踏上归途。一路上,不时有过往的乡亲投以羡慕的目光,牲畜的新主人则不厌其烦地回答着有关它的齿口和价格的诸多问询。

许许多多这样的市场,星罗棋布地散置在从运河两岸到登莱沿海的整个山东半岛上。这般热闹的场面,在不同的地方天天都会出现;而在同一个地方,每隔三五日又会出现一次。那些没有买到牲口的农民也不必失望,因为下一个集日很快就会到来。

正是这种日常生活中习以为常、平淡无奇的场景,向我们提出一个值得思考的问题:牲畜贸易是山东地方市场的一个不可忽视的内容,它在地方市场贸易总额中所占比重也相当可观。牲畜,是封建社会中农业和运输业的基本经济条件,这一条件的获得不是依靠自给自足,而主要是通过市场购买的。也就是说,小农的主要生产资料中,不仅土地是商品,牲畜同样也是商品。至于牲畜贸易的场所,主要不是在城市,而是在乡村集镇和庙会市场之中。因此在小农经济的运转中,不仅只是产品的剩余部分进入交换领域,其生产环节中也渗透着商品货币关系。那些星罗棋布的村镇集场在很大程度上具有生产资料市场的性质,而并非仅仅是小农少量剩余产品的交换场所。

(本文原载《中国经济史研究》1988 年第 2 期)

第二节　明清时期山东集市的发展

农村集市的发展,是明清时期山东经济发展中十分重要的组成部分。关于集市的研究,自二十世纪三四十年代以来已积累了相当数量的成果。[①] 这些先行的研究从理论上、方法上以及各区域的发

---

① 明清时期农村集市的研究,以加藤繁、天野元之助等日本学者开始较早,二十世纪三四十年代即有论著面世。六七十年代美国学者施坚雅将中心地理论引入区域市场研究,使集市研究进入区域研究的新阶段,八十年代以后也成为国内学者的研究热点之一。七八十年代迄今,海内外学者关于区域市场的研究,就笔者所知至少已涉及四川、江浙、闽广、江西、湖广、陕西、河北、山东等全国大部分省区,成果颇丰。具体到华北平原的研究,日本学者山根幸夫教授致力较早,其中关于地方官及乡绅豪民在集市发展中所起作用的研究对笔者启发尤大(《明·清初的华北市集与绅士·豪民》,[日]佐久间重男、山根幸夫编:《中山八郎教授颂寿纪念明清史论集》,日本东京燎原书店 1977 年版),石原润、中村哲夫教授关于河北集市的研究侧重于集市空间分布与市场层次的考察(《河北省明·清·民国时代的定期市》,《地理学评论》第 46 卷第 4 期;《清末华北的农村市场》,译文载张仲礼主编:《中国近代经济史论著选译》,上海社会科学院出版社 1987 年版)。台湾李国祁教授对明代中后期至民国三百余年间山东莱州府属各州县集镇的空间分布及发展脉络论述甚详(《16 世纪后期至 20 世纪初期山东莱州府的市镇结构及其演变》,《台湾师范大学历史学报》1980 年第 8 期)。这些论著对于笔者的山东研究颇多教益和启示。

展特色等方面,给笔者以诸多教益与启迪,也引起笔者的研究兴趣。本文拟对明清时期山东集市的发展做些考察,以就教于学界。

一、山东集市的发展概况

山东集市的勃兴大约在明代中叶。明初,山东值数百年战乱之后人口稀少,政府多次由山西、直隶迁民以实。中叶以后,人口逐渐蕃衍,土地垦辟,经济复苏,集市的勃兴也随之而来。

文献所见,明中叶以前山东集市的设立较多地出于地方官的努力。如青州知府孟迪正统二年莅任,“承积弊之后,振壅滞补隙漏”,“建市集通贸化”,“在郡十年,德化大行”。①东昌府夏津县令薛正,天顺二年到任,在官九年颇多建树,邑民有“薛侯德政”颂之,“起立集场以贸迁有无”即其德政之一;该县的张里长屯集则是弘治年间知县郑阳所立;到嘉靖年间夏津县已有集市七处,即:县市、张里长屯、张官屯、孙生镇、八方塔市、渡口驿、裴家圈。②高唐州有州市、梁村市、夹滩市、南镇、北镇、固河镇等集市六处,多为知州桑蓁所建。③

明中叶以后兴起的集市中则有一部分为民间所立。如济南府齐河县出家营集,永乐年间尚为荆棘之地,无村落人烟,直隶真定张氏,山东济阳王氏先后徙居于此,子孙蕃衍,嘉靖三十一年王氏子孙翔鹤兄弟“起集场,商贾辐辏以便贸易”④。又如,范县郑兴集建于天启末年,为乡绅郑邦士首倡,“谋之乡绅与阖学生员”,请于知县获得批准,“慨允给帖”,于是“修理街道,起三九集,名郑兴集”。⑤

到嘉靖—万历年间,山东各州县已初步形成一个疏密不一的集市网。如济南府济阳县有集市 14 个,淄川县有 9 个;兖州府汶上县共设集市 28 个,滕县 29 个;曹州府濮州有集市 32 个,范县有 8 个,观城县 4 个,朝城县 6 个;青州府乐安县有集 26 个,安丘县有 15 个;莱州府属七县共有 127 个,平均每州县 18 个。⑥

---

① 嘉靖《青州府志》卷 13《宦绩》。
② 嘉靖《夏津县志》卷 5《薛侯德政记》、《郑侯德政记》;卷 1《坊市》。
③ 嘉靖《高唐州志》卷 3《市镇》;卷 7《宦绩志》。
④ 民国《商河县志》卷 22《艺文》。
⑤ 康熙《范县志》卷下《创建泰山行宫碑记》。
⑥ 据各该府、州、县志。

　　明末清初的战乱使山东人口大量流失,经济萧条,明代中后期勃兴的集市也受到很大破坏。如濮州明朝后期共有集市三十余处,"平准量衡,市廛栉比",颇为繁盛,经明末清初兵燹水患集市大多衰落。清初,柳行、临潢、项城等十余集已是"市椽无存,故址付之蔓草";残存的集市如武家、富春、董家口等集"仅存一二颓椽败瓦",小民"担负薪蔬土物"前来,只能在"破庐荒草中"交易;稍具规模者仅只临濮、箕山、北王赵、旧城四集,集市商品亦"无南北聚物,市肆不过豆米麦及牲畜,较之昔则已径庭也"。①

　　清初修纂的方志中,有不少在集名之下注有"今废"字样,也反映了明代兴起的集市清初的衰落。如沂州府日照县,康熙十二年所修县志中共记有乡集九处,其中有四集注有"今废",县志称:"照邑户口凋残……村止数家或数十家,即镇集往来处所亦不满百家。"②万历年间费县有乡集二十余处,而在康熙县志中仅存探沂集等十余处,常庄、资庄、毛阳、诸天、烟庄、苗庄、朱柳、石井、诸满、棠黎林等十集俱废。③又如登州府招远县原有乡集八处,顺治年间仅存毕郭、下店、赵家庄、中村四集,而蚕庄、潘家、道头、岭上四集已废。④栖霞县原有乡集十处,康熙初年"仅存其七",大庄、杏家、隋家三集已废。⑤大约从康熙中叶开始,山东人口渐复,经济复苏,集市也随之逐渐恢复。据乾隆八年《宁阳县志》记载,该县明代有市集十余处,"明季群盗蜂起,在乡(集市)皆废,国朝顺治四年哀鸿甫定,乡集自白马庙起以渐而复,今则市廛密如也"⑥。

　　从山东方志中笔者收集到的不同时期的集市数据计有:明代(以嘉靖、万历两朝为主)42州县,占州县总数的40%;清初(以康熙朝为主)64州县,占州县总数的61%;清代中叶(乾隆至道光)74州县,占州县总数的69%;清末(咸丰至宣统,主要为光绪朝)56州县,占州县总数的52%。现将这些数据按十个府和四个经济小区分别计算,列表如下:

---

①　康熙《濮州志》卷1《跋郡治考后》。
②　康熙《日照县志》卷5《市集》;卷3《乡里》。
③　康熙《费县志》卷2《市集》。
④　顺治《招远县志》卷3《坊市》。
⑤　康熙《栖霞县志》卷1《坊市》。
⑥　乾隆《宁阳县志》卷1《市集》。

从表4—5、表4—6可见，康熙年间山东集市已开始有所增长。不过，十府之中兖州、济南、武定、泰安、沂州、莱州等六府的集市未恢复到明代的平均水平；比较四个小区的情况，则鲁北平原、鲁中山区和山东半岛的集市还处于恢复之中，只有鲁西平原因位于运河沿线，经济恢复较快，康熙年间已较明代有相当大的发展。就山东全省而言，集市的发展到乾隆时才完全摆脱了明末清初战乱的影响，开始全面地、大幅度地增长，并且直到清末仍保持着这一增长势头。据粗略估算，明万历年间山东有集市1 700余个，清康熙时稍有增加，约为1 800余个，清代中叶猛增到2 300左右，光绪年间山东集市已将近3 000个。

表4—4　明清时期山东集市的分府统计

府　　别	明　　代			清　　初			清　中　叶			清　　末		
	州县	集市数	平均	州县	集市数	平均	州县	集市数	平均	州县	集市数	平均
兖州府	6	113	18.8	9	157	17.4	5	121	24.2	9	328	36.4
曹州府	4	51	12.8	10	285	28.5	5	93	18.6	4	168	42.0
东昌府	5	35	7.0	6	54	9.0	8	132	16.5	6	122	20.3
济南府	3	62	20.7	7	125	17.9	13	340	26.2	8	197	24.6
武定府	2	32	16.0	2	26	13.0	6	102	17.0	8	117	14.6
泰安府	2	59	29.5	5	79	15.8	7	183	26.1	3	70	23.3
沂州府	5	112	22.4	5	88	17.6	7	198	28.3	2	86	43.0
青州府	6	95	15.8	7	129	18.4	6	111	18.5	2	96	48.0
莱州府	7	127	18.1	5	79	15.8	7	177	25.3	4	200	50.0
登州府	2	20	10.0	8	104	13.0	10	123	12.3	10	171	17.1
合　　计	42	706	16.8	64	1 126	17.6	74	1 580	21.4	56	1 555	27.8
全省集市估算[①]	1 747			1 830			2 290			2 975		

资料来源：据各州县地方志统计。

说明：①明代及清初山东共104州县，乾隆以后为107州县。

表 4—5　明清时期山东集市的分区统计

分　区　府　别		明代 州县	明代 集市数	清初 州县	清初 集市数	清中叶 州县	清中叶 集市数	清末 州县	清末 集市数
鲁西平原	兖州府	6	113	9	157	5	121	9	328
	曹州府	4	51	10	285	5	93	4	168
	东昌府	5	35	6	54	8	132	6	122
	泰安府①	—	—	3	50	4	94	2	54
	合　计	15	199	28	546	22	440	21	672
	平　均	—	13.3	—	19.5	—	20.0	—	32.0
	指　数	—	100	—	147	—	150	—	241
鲁北平原	济南府	3	62	7	125	13	340	8	197
	武定府	2	32	2	26	6	102	8	117
	青州府②	3	44	5	86	4	65	—	—
	合　计	8	138	14	237	23	507	16	314
	平　均	—	17.3	—	16.9	—	22.0	—	19.6
	指　数	—	100	—	98	—	127	—	113
鲁中山区	泰安府	2	59	2	29	3	89	1	16
	沂州府	5	112	5	88	7	198	2	86
	青州府	1	18	1	17	1	12	1	36
	合　计	8	189	8	134	11	299	4	138
	平　均	—	23.6	—	16.8	—	27.2	—	34.5
	指　数	—	100	—	71	—	115	—	146
山东半岛	莱州府	7	127	5	79	7	177	4	200
	登州府	2	20	8	104	10	123	10	171
	青州府	2	33	1	26	1	34	1	60
	合　计	11	180	14	209	13	334	15	431
	平　均	—	16.4	—	14.9	—	18.6	—	28.7
	指　数	—	100	—	91	—	113	—	175
总　计		42	706	64	1 126	74	1 580	56	1 555
平均每州县		—	16.8	—	17.6	—	21.4	—	27.8
指　数		—	100	—	106	—	127	—	165

资料来源:据各州县地方志统计。

说明:①泰安府共 7 州县,分属鲁西平原和鲁中山区两个经济小区;

②青州府共有 11 个县,分属鲁北平原、鲁中山区、山东半岛三个经济小区。

　　随着集市数量的增长,集市分布密度也大大提高。到清代中叶,山东已形成一个具有相当稳定性和相当密度的集市网。表4—6是清代中叶山东集市密度分区统计,该表显示,清代中叶山东集市分布已相当密集,集市交易面积平均只有66平方公里。各不同小区之中,平原区密度最高,平均交易面积40—70平方公里,其中又以曹州、济南、东昌三府称最;鲁中山区和山东半岛集市密度相对稍低,特别是沂州、登州二府平均交易面积超过100平方公里,不过如果考虑到这两个府的人口密度仅为其他各府的一半,其集市密度与平原区的差距实际上也并不是很大。至于每集的交易半径多在3—5公里之间,最长的不到7公里。换言之,小农赴集贸易一般只需1—2小时的路程,在交通工具落后的明清时代,步行半日即可往返的距离,对农民来说已经是够方便的了,可称之为“合理的”购物距离。不同地理环境的各府之间每集平均人口、交易面积、交易半径数字相当接近,或可看作山东集市发展的某种整体性。

　　山东集市以每旬开市两次,即五日一集者最为普遍,其集期组合多为一六、二七、三八、四九、五十相搭配。如东昌府高唐州嘉靖年间共有集市六处;州市以四九日为期,梁村市以二七日为期,夹滩市以一六日为期,南镇以二七日为期,北镇三八日为期,固村镇以一六日为期。①济南府平原县乾隆年间共有乡集29处,也都是每旬开市两次,其中以一六日为集期的有鸡鸣店、水务集、寇家坊等三集;以二七日为集期的有范宁屯、小屯、李家寨、红庙等四集;以三八日为集期的有古楼店、二十里铺、捉虎屯、杨柳寺、沙家庄、田家坊、老鸦陈、王古屯、高村等九集;以四九日为期的有马腰务、腰站、崔家寨、黄家集、苏家寨、饮马店、姜家集、董路口、仓上等九集;以五十日为集期的有水务店、孙家寨、周家寨、刘家屯等四集。②

　　每旬开市三次、四次或更多者间亦有之。上引高唐州的州市、夹滩市二集,康熙年间即改为每旬开市三次,州市“每月以三六九日为期”,夹滩市“每月以一四八日为期”③;冠县清水堡镇“每月之二五八

　　①　嘉靖《高唐州志》卷3《市镇》。
　　②　乾隆《平原县志》卷2《建置志》。
　　③　康熙《高唐州志》卷1《市镇》。

日"为集期,"商贾辐辏","五方庶民阗集"。①

表4—6 清代中叶山东集市密度的分区统计

分 区	州县数(个)	集市数量(个)	集市密度(集/100平方公里)	人口密度(人/100平方公里)	平 均 每 集		
					交易腹地(平方公里/集)	交易半径(公里/集)	人口数(人/集)
鲁西平原							
兖州府	14	267	1.51	198	66.29	4.6	13 136
曹州府	11	299	2.56	272	39.13	3.5	10 626
东昌府	14	215	2.29	296	43.72	3.7	12 932
合 计	39	781	2.01	—	49.68	4.0	12 119
鲁北平原							
济南府	16	369	2.49	271	40.11	3.6	10 880
武定府	10	170	1.56	201	64.12	4.5	12 991
青州府*	11	229	1.48	214	67.69	4.6	14 492
合 计	37	768	1.86	—	53.65	4.1	12 402
鲁中山区							
泰安府*	7	183	1.74	235	57.38	4.3	13 516
沂州府	7	198	0.87	95	115.66	6.1	11 017
合 计	14	381	1.14	—	87.66	5.3	12 217
山东半岛							
莱州府	7	177	1.11	211	90.40	5.4	19 062
登州府	10	134	0.73	104	137.31	6.6	14 272
合 计	17	311	0.90	—	110.61	5.9	16 998
总 计	107	2241	1.52	—	65.95	4.6	12 910

资料来源:本表主要依据乾隆至道光三朝方志资料,该时段无资料的州县用相邻时期资料补入,故与表4—4数字有出入。兖州府含济宁直隶州数字,东昌府含临清直隶州各县在内。

说明:* 为计算方便,将青州府统归入鲁北平原,泰安府归入鲁中山区。

———————

① 康熙《冠县志》卷6《重修清水堡镇记》。

　　每旬开市四次者,如东昌府恩县县城集以一六、三八日为市,贸迁集以一六、四九日为市,徐仁庄集以二七、五十日为市。①兖州府金乡县康熙年间共有乡集 19 处,其中每旬开市两次者 9 集,开市四次者 9 集,另有一集每旬只开市一次;乾隆年间该县乡集增至 23 处,并全部改为"十日四集"。②像金乡这样所有集市每旬开市四次的例子在山东并不多见,大多数州县系以每旬开市两次的集市为主,其中间或有一两个或三五个集市每旬开市三次、四次。

　　此外,山东各州县城一般都是集市所在地,方志称之为"州市"、"县市",或曰"在城集"。"城集"的集期种类比"乡集"更多些,除上述每旬两次、三次、四次者外,如东昌府夏津县城,明代以一六日为集期,清康熙年间改为"以二四六八十双日为期","每旬开市五次"。③乾隆年间济南府平原县,县城集市在东西南北各关轮设,"东西关逢二大集,东关又逢五小集","南北关逢七大集,北关又以四九小集","小北关逢十小集"④,即每旬二七、四九、五十日共有六天开市。兖州府金乡县城的集期:西关集六八日,北关集、南关集俱一三日,人皇集(在西关)二七、五十日,灵镇集(在西关南)四九日。金乡县城每日均有集市开设,只是地点"间迭轮流,日有多寡,月无闲日"⑤。一般而言,州县城作为地方行政中心,人口聚集,商业活动较乡镇集市更活跃些,开市日期也往往更多些。不过,各州县情况差异较大,有些乡镇集市商业的繁荣程度远远超过州县城集。

　　从明代到清末,山东集市在数量增长的同时,集市的开市频率也在不断增加。除上述高唐、金乡、夏津等州县的例子外,又如嘉庆《清平县志》记载该县魏家湾、戴家湾两集均为每旬开市两次,而在咸丰三年所纂《运河程途备览》一书的记载中,这两个集市已是每旬开市四次了;魏家湾以二八日为大集,一六日为小集;戴家湾以五十日为

①　雍正《恩县续志》卷 1《市镇》。
②　康熙《金乡县志》卷 2《乡社》;乾隆《金乡县志》卷 8《方社》。
③　嘉靖《夏津县志》卷 1《坊市》;乾隆《夏津县志》卷 2《街市》。
④　乾隆《平原县志》卷 2《市集》。
⑤　康熙《金乡县志》卷 2《乡社》;乾隆《金乡县志》卷 8《方社》。

大集,二七日为小集。①该书还记有:济宁州之安居镇、鱼台县之南阳镇均为"日日有早集",这也是方志记载中所未见的。据贾乃谦先生考证,该书系嘉兴人王浩为调查漕运现状从江南乘船溯运河北上沿途考察,并参酌前人著述所成。②看来,清中叶前后山东集市中除"城集"有每日开市者外,"乡集"中也已出现像江南那样每日开市的"早集"。

集期的交叉组合不仅将一旬之内的数次集期均匀相隔,而且为各集之间集期的交错编排提供了可能。各州县集市中,相邻的若干集市开市日期往往互相错开,各不重叠。关于这一点,只要将集市的空间分市与集期分布相互对照即可一目了然(参见图4—4)。这种集期编排方式很明显是为了方便居民选择。也就是说,居住于某地的小农既可以赴距离最近的集市,也可以赴任何一个集市——如果他认为该集在商品种类、价格及开市日期等方面更符合他的需要的话,他也可能舍近求远。换言之,小农赴哪一个集市贸易完全是根据他本人的目的,以及对其他诸因素的考虑自行决定,而不是被限定的。只有一种例外——专卖商品食盐的购买必须赴指定地点,否则即为私盐。③

表4—7是清代中叶临邑等县集市的开市统计。如表所示,每县每日总有三五个集市开市,也就是说各县居民在一年之中除春节停集半月外,几乎任何一天都可以在该县范围内赴集市交易。相邻集市集期的交错编排,更使得这种时间选择与就近贸易能够相互兼顾。总之,山东集市的集期安排完全是以方便交易为目的,从而在既定的集市密度条件下,为买卖双方提供了最大的便利和时、空选择余地。

---

① 嘉庆《清平县志》卷8《户书》;王浩:《运河程途备览》,该资料为贾乃谦教授惠赠,谨此致谢。
② 贾乃谦:《〈运河程途备览〉与运河城镇史初探》,《京杭运河研究论文集》,中国书店1993年版,第98—102页。
③ 关于山东食盐的购销状况,请参见许檀:《清代山东的食盐运销》,《中国盐业史国际学术讨论会论文集》,四川人民出版社1991年版。

表 4—7　乾隆—道光年间临邑等五县集期一览表

县别	集数	一 旬 之 中 每 天 开 市 集 数											平均每日开集
		一日	二日	三日	四日	五日	六日	七日	八日	九日	十日	合计	
临邑	15	6	2	2	3	4	5	3	2	3	3	33	3.3
长清	35	8	10	9	8	3	8	10	9	8	3	76	7.6
陵县	15	4	3	2	3	4	3		2	3	3	30	3.0
清平	14	4	3	2	2	3	4	3	2	2	3	28	2.8
商河	33	5	6	9	9	5	5	6	9	9	5	68	6.8
合计	112	27	24	25	24	18	26	25	25	24	17	235	—
平均	22.4	5.4	4.8	5.0	4.8	3.6	5.2	5.0	5.0	4.8	3.4	—	4.7

资料来源:据各县县志统计。

二、牙行的设置与管理

　　牙人、牙行是买卖双方的中介。牙人,亦称经纪、牙侩、驵侩等。明代商书《士商要览》中写道:"买卖要牙,装载要埠","买货无牙,秤轻物假;卖货无牙,银伪价盲。所谓牙者,别精粗、衡重轻、革伪妄也"。[1]山东方志称牙行为"集之媒人",又说牙行的作用在于"平物价","防争竞","理赋税"[2],即牙行在评估物价、主持交易之外,还承担着为政府征收课税的职责。

　　明初政府曾一度禁牙,下令"天下府州县镇店去处不许有官、私牙⋯⋯敢有称系官牙、私牙者,许邻里坊厢拿获赴京,以凭迁徙化外⋯⋯两邻不首,罪同"[3]。但牙人在商品交换中的作用实在是不可缺少。明代中叶,随着商品经济的发展,牙人的活动逐渐得到政府的正式承认:景泰二年收税则例开始列有"牙钱"[4];嘉靖二年的"市易

---

　　① 程春宇辑:《士商要览》卷 2,杨正泰:《明代驿站考(增订本)》(附录三),上海古籍出版社 2006 年版,第 363 页。

　　② 嘉庆《清平县志》卷 8《户书》。

　　③ 万历《大明会典》卷 35《户部·商税》,《续修四库全书》第 789 册,上海古籍出版社 2002 年版,第 158 页。

　　④ 杨嗣昌:《杨文弱先生集》卷 12《恭承召问疏》,《续修四库全书》第 1372 册,第 628 页。

法"更明文规定,"凡城市乡村诸色牙行及船埠头,准许选有抵业人户充应,官给印信文簿"①。

明中叶以后,山东不仅城市商埠设有牙行,不少州县集市也设牙征税。如嘉靖年间,莱芜县城和乡集均设有斗秤牙行,共计 208名。②乐陵县集市原设有"斗秤牙行各色共六十六名",每名每月纳银一钱,共征收课程银 79 两;万历年间"有新立集场,续添三十名",增加税银 36 两。③又如,万历年间济阳县每年征收课程银 149 两 5 钱零,"摊派十三镇斗秤户并各行户输纳"④。沂州"在城牙秤十三行",征银 42.3 两;"李家庄集牙秤十四行"征银 14.2 两。⑤泰安府商税课程共征银 769 两零,"俱在各行户名下派纳"。其中,铜器杂货行、布行、绸缎行等十余行共征收"行银"379 两零;州城及四乡"酒、饭、卖盐等项小铺"共征银 333 两零;"市集出摊小铺并各集斗、秤户"共征银 56 两零。⑥

牙行之设本为评定物价,主持公平交易,有促进商品流通的积极作用。然而利之所在,弊亦由此而生,不法奸牙借抽税为名中饱私囊,成为集市的一大弊端。万历《汶上县志》记言,市集之害"大者有三",牙行科敛"假公租以横索"即为其中之一⑦;历城县牙侩"以官税为名,物抬其价致使腾贵",而且"贩夫贩妇无一不征"。⑧清初牙行之弊较明代更甚,往往导致"商贾裹足"。这一状况引起山东抚按大臣的严重关注,康熙年间曾几次下令清查整顿。

康熙十八年,山东巡抚出示晓喻各州县,"近闻东省州县、卫所集场多为势豪土棍盘踞霸占,垄断网利。或自名集主,或称为行头,管集收税皆其家人,在集商民听其指使。各项价值任意低昂,百凡货物应税者固税,不应税者亦税,甚至斗粟尺布不能获免"。该抚下令:(1)各州县将"应税货物与滥设牙行彻底清查";(2)"凡系该州县卫所

---

① 刘惟谦:《大明律》卷 10《户律·市廛》,《续修四库全书》第 862 册,第 484 页。
② 嘉靖《莱芜县志》卷 2《集市》。
③ 顺治《乐陵县志》卷 3《课程》。
④ 万历《济阳县志》卷 3《课程》。
⑤ 万历《沂州志》卷 3《田赋》。
⑥ 万历《泰安州志》卷 3《税课》。
⑦ 万历《汶上县志》卷 2《建置志》。
⑧ 崇祯《历乘》卷 14《风俗》。

境内大小集场,责令乡地人等将集主行头按集报出,尽行革除,将革过花名造册送查";(3)"嗣后如有势豪土棍并劣衿恶监或官仆衙役仍前盘踞集场,把持行市,滥抽税银,口害商民者,许诸色人等赴院控告,以凭严拿"。并要求将此告示刊树木榜。①

康熙二十九年,山东巡抚佛伦再次重申"禁把持行市",其文曰:"查牙杂税银《全书》原有定额,今闻各属市集多有豪劣捏写鬼名,钻刺牌面押贴,或令子弟家仆充当,或招无赖光棍代应,而豪劣坐地分肥;无论何项物件俱列行头,有一行而分为数人,混收滥索,指一科十,应纳课银一两者科敛数十两不止;至于米麦粮食重索斗钱,小民买卖无不受其剥削……嗣后除外来货物旧例设有牙行者留用外,其余尽行革除,并不许势豪、衿役、宦仆捏名应充,搅扰集镇"。②

从方志记载中我们看到,上述的一系列清查整顿还是收到了一些实效。如邹平县令程素期于康熙二十七年抵任后,即着手"清查税务","将城市乡镇从前所有各行并所给行帖尽行查革",集市贸易改用"老成殷实乡约二名,协同该方甲总"管理,凡"买卖粮食、牛驴等物量抽税银","足额而止"。③嘉祥县于康熙年间革除"蒜地纸价银",雍正时又将"城乡集镇抽收蒜税永行革除"④。又如,莱芜县明代共设有斗秤牙行 208 名,康熙年间裁革合并,只留下斗 23 支,秤 23 连,共 46 名。⑤雍正初年乐安县令李方膺对该县集市牙行、税课进行了整顿;区分为"应纳课程者二十一行"和"不应税课程者四十五行";其交易较盛予以保留的牙行有斗行、牛驴行、丝绢行、布行、花行、木行、烧纸行、灰炭行;被裁革的牙行有小猪行、麻绳行、钱行、皮行、鱼行、羊毛行、杂货行等;在全县 42 个集市中,仍保留牙行设置的有 13 集,革除牙行的则有 29 集。⑥乐安县牙行存革状况详见下表:

---

① 康熙《城武县志》卷 8《艺文·李抚宪禁约》。
② 康熙《章丘县志》卷 10《艺文志·劝改恶俗条约》。
③ 康熙《邹平县志》卷 7《艺文志·革牙行牙帖详》。
④ 徐宗幹辑:《济州金石志》卷 7《嘉祥石》,道光二十五年刻本,第 72、78 页。
⑤ 康熙《莱芜县志》卷 2《市集》。
⑥ 雍正《乐安县志》卷 20《艺文志》。

表 4—8　雍正初年乐安县牙行整顿去留状况一览表

分　类	牙 行 名 称	集　市　名　称	合　计
应纳课程予以保留的牙行、集市	斗行、牛驴行 丝绢行、布行 花行、木行 烧纸行、灰炭行	小张集 黄丘集 大王桥集 牛家庄集 疙瘩集 莲花店集 颠徐店集 马头集 张家庄集 散水集 碑寺口集 辛店集 前张家庄集	21
不应纳课程被革除的牙行、集市	小猪行、麻绳行 钱行、皮行、鱼行 故衣行、羊毛行 杂货行、木炭行 席行、柴行、硝行 糟糠行、葛背线行 苇叶行、帘箦行	北关集 大张集 车王庄集 寨里集 油店 张郭集 石村集 杨家庙集 榆林集 杜家集 张淡集 李家桥集 张家庄集 孟家集 韩家桥集 五村集 王镇集 北西集 新庄集 宋王庄集 尚家道口 佛王集 草桥集 缪家道口 油房集 花官集 燕儿口集 东寨集 陡河集	45

资料来源:据乐安知县李方膺《革牙帖市税议》(雍正《乐安县志》卷20《艺文志》)统计。

　　设立义集,或将原有集市改为义集,也是地方政府扼制牙行之弊的一项措施。山东义集既有官府设立,也有乡绅所为。据康熙《章丘县志》记载,该县集市中县城、步村、辛家寨、山后寨、普济、临集、水寨、刁家庄等8集"设有额课";明水镇、相公庄、段家桥镇、山头店、旧军镇等19集"俱作义集,免其课程"。[①]这里,税集与义集之分显然为官府所定。

　　东昌府恩县,康熙年间共设立义集10处:

　　　　惠民集,在庞家营,十七日为市;

　　　　复兴集,在陈仓屯,五十日为市;

　　　　便民集,在梨行屯,二七日为市;

　　　　贸迁集,在宋家口,一六四九日为市;

　　　　大有集,在尤王庄,三八日为市;

　　　　魏家寨集,三八日为市;

　　　　王杲铺集,二七日为市;

　　　　刘王庄集,一六日为市;

_____

　　① 康熙《章丘县志》卷2《集场》。

徐仁庄集,二七五十日为市;

公平集,在董王庄,五十日为市。

这十处义集均为县令陈学海所立,"俱用义斗义秤,禁牙侩抽税,民甚便之"①。

济南府陵县神头镇集原有课税,设有官斗二枚,官秤一支,牲口经纪二人。康熙四十二年水灾后谷价腾贵,奸猾之辈乘机"钻领牙帖,把持行市。立斗数枚,帮挂斗户百余人,横索斗钱";"又假立线市、果市、鱼市、木市、布市、菜市等行头,纷纷讹诈,搅乱集场",致使商贾裹足不前。本镇乡绅深以为忧,乃商议将一切课税改由"本街绅衿捐输,并不着落行户取办",具呈于县令王公、朱公获得批准,并于康熙五十一年勒石为记②,神头镇遂成为义集。充任该集斗秤牙行者"必镇民公议忠实之人",他们不领牙帖,亦不纳课税,自然也无法借口抽税取利了。

牙行之弊并非山东一省所独有,故雍正年间清政府在全国范围内对牙行进行了整顿,山东当然也不例外。雍正四年,户部将各州县颁发牙帖的权力收归布政司③,以杜绝地方官吏与地棍朋比为奸。十一年,雍正皇帝又重申这一规定,并下令各州县将牙行定额,除新设集市之外,不得额外增加行数,从而扼制了牙行无限度地增设。稍后,清政府又制定了牙行五年编审,更换新帖的制度。

上述一系列的清查整顿,虽不能完全杜绝牙行之弊,但多少扼制了牙行的负面效用,使集市贸易得以正常发展。同时,通过这一系列的整顿,山东各州县集市的牙行设置与管理基本制度化、规范化了。

孔府档案中有一份"东阿屯屯官造送寿张集经纪清册",开列了嘉庆九年该集顶补斗、秤等行的经纪共七名,并登录了每人的年龄、相貌、承充牙行及被顶补人姓名、每年税额等等。此类文献颇为罕见,现将其抄录如下:

东阿屯屯官萧汝诚为申送事:今将东平厂集各行经纪姓

① 雍正《恩县续志》卷1《建置·市镇》。
② 道光《陵县志》卷17《金石志》。
③ 雍正《大清会典》卷53《户部·杂赋》。

名、年貌、住址造册申送,须至册者,计开:

井兆盛,年42岁,身中面赤有须,系东平厂厂户,住寿张集,充斗行经纪,系顶补孔保仁名缺,每年承办税银二两;

王兴业,年38岁,身中面赤有须,系东平厂厂户,住寿张集,充秤行经纪,系顶补王秉忠名缺,每年承办税银一两;

萧尚志,年44岁,身中面赤有须,系东平厂厂户,住寿张集,充木行经纪,系顶补孙保利名缺,每年承办税银一钱;

刘竹,年36岁,身中面赤有须,系东平厂厂户,住寿张集,充猪行经纪,系顶补孙育仲名缺,每年承办税银五钱;

刘传,年33岁,身中面赤有须,系东平厂厂户,住寿张集,充布行经纪,系顶补王恒九名缺,每年承办税银一两四钱;

扈健,年51岁,身中面赤有须,系东平厂厂户,住寿张集,充线行经纪,系顶补王国礼名缺,每年承办税银三钱;

贾克从,年45岁,身中面赤有须,系东平厂厂户,住寿张集,充屠行经纪,系顶补井兆昌名缺,每年承办税银三两五钱。

嘉庆九年 月 日押①

寿张集在东平州境内,是孔府东阿屯所辖屯集。由于孔府的特殊地位,屯集经纪的顶补招募、更换牙帖等事由各屯屯官负责(一般州县系由地方官负责),"选择殷实老诚之人照例造具册结,加具印结,具详兖州府",然后再由府转呈布政司,核查给帖。上引"寿张集经纪清册"当就是"照例"开造的。

又据档案记载,道光九年孔府郓城屯因经纪张太和等人领帖已满五年,照例更换,选任新人承充。孔府为此发票给新充牙行经纪的李江亭等,其票文如下:

袭封衍圣公府为给票事:案准山东布政司咨开,奉户部咨开,饬令将各集经纪按照五年编审之例,清查更换等因,咨会在案。查该经纪张太和等于道光四年五月领到司帖,扣至道光九年五月内,例限已满五年,今值更换之期,查得郓城屯屯户:

———————————

① 骆承烈等编:《曲阜孔府档案史料选编》第3编第14册,第377—378页。

李江亭,堪以充膺萧皮口粮行经纪;

王照钱,堪以充膺萧皮口大秤行经纪;

唐振清,堪以充膺萧皮口银行经纪;

王清溪,堪以充膺萧皮口屠行经纪;

刘存诚,堪以充膺萧皮口布行经纪;

王义合,堪以充膺张家楼粮行经纪;

唐清雅,堪以充膺张家楼大秤行经纪;

李克明,堪以充膺张家楼牛驴行经纪;

唐秉如,堪以充膺张家楼猪羊行经纪;

王克元,堪以充膺王家屯粮行经纪;

唐清训,堪以充膺王家屯大秤行经纪。

除出示晓谕外,合行给票。为此票仰李江亭(余十人略)遵照承办课税,毋得贻误及借滋事端,致干未便。须至票者:

右票给萧皮口屠行经纪王清溪,银行经纪唐振清,粮行经纪李江亭,大秤行经纪王照钱,布行经纪刘存诚,执此;

右票给张家楼大秤行经纪唐清雅,粮行经纪王义合,牛驴行经纪李克明,猪羊行经纪唐秉如,执此;

右票给王家屯 粮行经纪王克元,大秤行经纪唐清训,执此。

道光九年五月初一日

圣公府行①

显然,郓城屯各集此次更换经纪也是"照例"进行的。既然贵为"天下第一家"的孔府,牙行经纪的设置与管理仍是依照部例,我们有理由认为,上述关于牙行定额以及承充、顶补、编审的各项制度,在山东各州县应是比较认真地被执行了。

三、集市税收

以上对牙行的考察中我们看到,清代设行征税乃是因地制宜,以地方"物产之丰者",或以"外来货物"交易量较大者为对象②,因而每州县设行不尽相同。如前引东平州寿张集设有斗行、秤行、布行、线

① 《曲孔府档案史料选编》第3编第14册,第144—145页。
② 民国《茌平县志》卷2《市镇》;乾隆《济宁直隶州志》卷6《赋役》。

行、猪行、屠行、木行等；乐安县清初原设有各色牙行共计 24 种，雍正年间裁革后仍保留斗行、牛驴行、布行、花行、丝绢行、木行、烧纸行、灰炭行等 8 行。

各州县牙帖数额及所征税银亦多寡不一。例如，兖州府鱼台县乾隆三年领有司帖 233 张，共征收课程银 412.3 两，牙杂税银 157.35 两，牛驴税银 32.82 两；乾隆二十六年因南阳镇烟行歇业，开除司帖一张，免去课程银 8 两；二十八年又"开除南阳屠行司帖一张，课程银十两"；乾隆二十九年该县实存司帖 231 张，共征收课程银 394.3 两，牙杂税银 157.35 两，牛驴税银 32.82 两。①前引寿张集各行经纪承办税银最高者为屠行，每年 3.5 两；最低为木行，每年仅一钱。又如，嘉庆初年东昌府清平县斗行征银 47.635 两，花秤行征银 20.41 两，牛驴行征银 21.305 两，猪行征银 9.89 两，麻饼行征银 0.6 两，全县各行共征收税银 99.84 两。②光绪初年临朐县共有牙帖 26 张，其中牛驴帖 4 张，征银 8 两；其他各行牙帖合计 22 张，共征收课程、牙杂税银 59.3 两。③

前已论及，领帖征税的集市只是各州县集市中的一部分。各州县有税之集所占比例，以及各集所征税额则差异较大。如济南府长清县 35 个集市中，县城、丰齐、张夏、万德、芯村镇、赵官镇、归德、潘家店、季家寨、正官庄等 10 集领有司帖，设行征税，共计"布花行帖十张，牛驴行帖五张"；其余潘村等 25 集无帖，亦不征税，即有税之集还不到全部集市的 1/3。④东昌府武城县 16 个集市中"课程之集"有 7 个，也不到 1/2。其中征收税银最多者为县城集，每年 77.423 两；其次为甲马营和武官寨，分别为 24.662 两和 23.057 两；征银最少的行杖集，每年仅只 4 两零；7 集合计共征银 157.485 两，平均每集 22.5 两。⑤武定府集市中有税之集所占比例较高，如乾隆年间乐陵县 17 个集市中有 15 集征收税银，高者年征银 30 余两，低者只有二两零；

① 乾隆《鱼台县志》卷6《赋役志》。
② 嘉庆《清平县志》卷8《户书》。
③ 光绪《临朐县志》卷6《杂税》。
④ 道光《长清县志》卷2《市集》；卷5《杂税》。
⑤ 道光《续武城县志》卷2《街市镇集》；卷3《田赋》。

这 15 个集市共征收税银 195.6 两,平均每集 13 两零。[1]道光年间商河县 34 个集市中有 31 集征收税银,不过商河全县税银只有 40 两,故各集征银均属有限,高者不过二三两,低者仅仅三四钱。[2]

　　概括而言,清代山东各州县在集市上征收的商税主要有课程、牙杂、牛驴三项,多由牙行经纪代为征收。其中,牛驴税一项是包括骡马在内的大牲畜交易税。政府规定,买卖大牲畜必须经领有牙帖的牛驴经纪评定价格,并抽收交易税,严禁私下交易。猪羊等其他牲畜则另行设牙,不在其内。课程、牙杂两项则大体包括了除大牲畜之外集市贸易的各项主要商品。[3]

　　康熙年间,兖州府属 14 州县共征收课程银 579.449 两,牙杂税银 287.6 两,牛驴税银 128.079 两,三项合计共征收商税银 995.128 两,平均每州县 71.08 两。乾隆初年,莱州府属七州县共征收课程银 783.4 两,牙杂税银 702.721 两,牛驴税银 238.136 两,合计征银 1 724.258 两,平均每州县征银 246.323 两。道光年间,济南府属 16 州县征收课程银 425.25 两,牙杂税银 96.501 两,牛驴税银 176.563 两,合计共征收商税银 698.314 两,平均每州县 43.64 两。[4]

　　比较同一府、州、县不同时期的税收变化,税额的增长明显可见。如兖州府属 14 州县乾隆年间课程、牙杂、牛驴三项税银分别为 2 462.352两、1 483.713 两和 404.71 两,与前述康熙年间的税额相比,分别增长了 3 倍、4 倍和 2 倍。其中有些州县的税额甚至增长 10 倍以上,如峄县康熙年间三项商税共征银 40.708 两,乾隆年间增为 449.68 两,为康熙时的 11 倍;课程、牙杂、牛驴各税分别增长了 5 倍、42 倍、16 倍。嘉祥县康熙年间商税仅 14 两零,乾隆年间增为 148 两,为康熙时的 10 倍;其中课程、牙杂、牛驴三项分别增长了 7 倍、15 倍和 6 倍。泗水县乾隆时共征收商税 178.242 两,为康熙年

　　① 乾隆《乐陵县志》卷 1《市集》;卷 2《课程》。
　　② 道光《商河县志》卷 3《赋役志》。
　　③ 参见乾隆《山东通志》卷 12《杂税》;道光《济宁直隶州志》卷 3《食货志》。
　　④ 康熙《兖州府志》卷 12《田赋志》;乾隆《莱州府志》卷 3《杂税》;道光《济南府志》卷 14《田赋》。

间税额 13.81 两的 12.9 倍。①

青州府康熙年间商税总额为 1 142.02 两,咸丰初增为 5 285 两,增长了 3.6 倍。表 4—9 是青州府属各县商税增长统计。其中各州县增长比例,高者达十余倍,低者也有 1—2 倍。

表 4—9　清代青州府属各县商税增长统计

县别	康熙年间税额(两)	咸丰初年税额(两)	增长率(%)
益都	381.97*	670	198.97
博山	——	90	——
临淄	64.24	275	428.08
博兴	132.71	309	232.34
高苑	5.60	90	1 607.14
乐安	125.99	580	460.35
寿光	140.10	900	642.40
临朐	30.34	580	1 911.67
昌乐	103.75	751	723.86
安丘	78.66	590	750.06
诸城	78.66	450	572.08
合计	1 142.02	5 285	462.78
平均每县	114.202	480.455	420.71

资料来源:咸丰《青州府志》卷 31《赋役志》。

说明:＊博山税额在内。

全省合计,从康熙末年到乾隆中叶山东课程、牙杂、牛驴三项税额从 12 441 两增至 24 218 两,大约增长了一倍;嘉庆年间再增为 38 485 两,较乾隆时又增长了 50%,与清初相比已增长两倍多了(见表 4—10)。

———————

① 康熙《兖州府志》卷 12《田赋志》;乾隆《兖州府志》卷 13《田赋志》。

表 4—10　康熙、乾隆、嘉庆三朝山东商税增长统计

分　类	税银(两)			指　数		
	康熙	乾隆	嘉庆	康熙	乾隆	嘉庆
课程银	9 939.31	15 138.535	17 524.7	100	152	176
牙杂税	1 716.37	6 492.723	18 422.15	100	378	1 073
牛驴税	785.82	2 587.436	2 538.46	100	329	323
合　计	12 441.5	24 218.694	38 485.31	100	195	309
平均每州县	116.276	226.343	359.676	100	195	309

资料来源:乾隆《山东通志》卷 12《杂税》;乾隆《大清会典则例》卷 50《杂赋》;嘉庆《大清会典事例》卷 195《杂赋》。

清代地方商税原则上是每价银一两税银三分,即税率为 3%[1],山东大致也是如此。如康熙年间济宁知州吴柽《杂税论》言,牛驴税"按卖价每两抽税三分,此例人皆通晓";《阳信县志》也载,"牛驴,每两税银三分;花粮布猪,每两税银三分"[2]。如按此税率折算,嘉庆时山东集市商品交易额约为 130 万两。不过,上述各项税额并不是政府直接从市场上征收的,而是由各州县领有牙帖的牙行经纪包纳。在关于牙行的考察中我们已经看到,政府对牙行是按行、按帖定税的,牙行上缴政府的税额不过是他们实际抽收中的一部分。有记载称,牙行上缴的部分不过是其抽收额的"十之一二"[3];同时,山东各州县集市中有相当一部分是义集,或无税之集。因此,上述税额所反映的应只是山东集市交易中很少一部分;同样,其税额的增长幅度也远远未能反映山东集市贸易的实际发展。

四、几种主要商品的集市考察

由于生产与需求的不同,在同一州县范围内,某些集市以某种商

---

① 参见许檀、经君健:《清代前期商税问题新探》,《中国经济史研究》1990 年第 2 期。

② 乾隆《济宁直隶州志》卷 6《赋役》;康熙《阳信县志》卷 3《杂税》。

③ 康熙《城武县志》卷 8《艺文·李抚宪禁约》;骆承烈等编:《曲阜孔府档案史料选编》第 3 编第 14 册,《郓城屯所属各行集集头经纪征办税收》,第 288 页。

品的交易为主,另一些集市可能以另一种商品的交易著称,从而各种商品的集市分布情况不尽相同。下面我们拟分别考察粮食、棉花、牲畜等几种主要商品的集市贸易状况,以求对山东的集市有更进一步的了解。

1. 粮食市

粮食是集市贸易中最主要的商品。山东市场上的粮食流通量每年至少有上千万石,丰产地区粮食的汇集输出,灾歉之地粮食的输入分销,最基层的市场即是集市。粮食集市因其贸易量的多寡,贸易者的身份,以及集市功能的差异,大致可分为以下几种不同的类型:

(1)小生产之间有无互济、品种互济为主的粮食集市

康熙《莱芜县志》市集条记载:新兴集,一六日期,城西北 30 里;张里集,二七日期,城西北 50 里;方下集,五十日期,城西北 15 里;以上三集"不通孔道,市鬻者但有谷粟布帛,亦落落如晨星耳"①。莱芜县地处山区,本来就交通不便,此三集又"不通孔道",恐怕很难有外来商贩介入,集市粮食交易量有限,大约主要是集市周围数十里范围内小农之间的品种调剂、有无调剂。又如,清初濮州劫后仅存的数集,贸易的商品不过"薪蔬土物"、"豆米麦及牲畜";城武县的集市也是"无舟车之辐辏,日中贸易惟布棉柴米蒜茄诸物而已"。②看来,即便最萧条的集市也会保留这种有无互济的粮食贸易。

(2)以集散为主的粮食集市

此类集市在山东各州县分布相当普遍。如泰安府东阿县高家集,在县城东北 80 里,"厥里旷莽,民鲜土贾,市鬻谷粟,负贩者走焉,每逢三八集期";杨刘镇,在县东北 55 里,"诸屯之民居之","市鬻谷粟,负贩者走焉,每逢二七日集期"。③这两个集市显然已不只是小生产者之间的有无互济,而有不少外来商贩介入其间,收购粮食外运。

---

① 康熙《莱芜县志》卷 2《市集》。
② 康熙《濮州志》卷 1《跋郡治考后》。
③ 道光《东阿县志》卷 2《镇集》。

　　所谓"诸屯",可能是指明初移民屯种所建的居民区①,也可能是指孔府的屯庄,东阿县是孔府屯庄所在地之一。据孔府档案记载,东阿县黄家屯即设有所谓"青菜小集","以便屯民粜籴粮粒,完纳祀粮";又据雍正年间第68代衍圣公孔传铎疏称,"查拨给臣庙祀地坐落山东兖州府属地方,嗣因籽粒无从变易,自明季以来各屯庄遂设小集,以通有无"②。孔府屯庄分布于曲阜、郓城、鱼台、滋阳、菏泽、巨野,以及东平州等州县,屯庄境内多设有屯集。如郓城屯设有萧皮口、王家屯、张家楼等三集,"俱坐落郓城县";独山屯设有独山庄、古村、赵家庄等三集,"俱坐落鱼台县";平阳屯设有二集,"胡家集坐落菏泽县,王家屯坐落巨野县"等。③在这些集市上粜卖粮食者不只是孔府的佃户,孔府各屯庄所收大量地租,每年总有一部分要在集市上出售,换取货币。如康熙四十年鱼台县独山屯的权家铺庄售出的租粮有:麦5石零2升,谷2石5斗,高粱13石零9升,黑豆3石9斗,荞麦1石6斗5升零,共计各色粮食26石1斗6升零,得银36.736两;乾隆五年汶上县美化庄从所收租粮中售出:麦187石6斗,谷107石4斗5升零,高粱114石3斗5升零,黄黑豆136石9斗1升零,合计共出售粮食546石3斗3升,卖钱2 962千548文。④

　　鲁西平原的峄县、鱼台、汶上、范县、东平等州县是山东主要的粮食输出区,每年有相当数量的小麦、杂粮输往江南、直隶或河南;同时,兖州、沂州、莱州、青州等府每年约有一二百万石大豆输往江南。⑤这些粮食正是在此类集市上三斗两石地由小农零星出售,通过商贩聚零成整,自各地汇集起来的。自然,灾歉之年外地输入粮食的分销也是以此类集市为基础的。

　　(3)粮食转运性集市

　　此类集市一般位于交通要道,特别是河流沿岸。如鱼台县谷亭

①　山东土著居民聚落称里称社,由移民所建居民聚落则以"屯"称。
②　孔府档案,转引自何龄修等:《封建贵族大地主的典型——孔府研究》,中国社会科学出版社1981年版,第399、330页。
③　骆承烈等编:《曲阜孔府档案史料选编》第3编第14册,第71—72页。
④　刘重日等编:《曲阜孔府档案史料选编》第3编第11册,第288、319—320页。
⑤　参见许檀:《明清时期山东的粮食流通》,《历史档案》1995年第1期。

镇,明代曾是运河沿岸一个重要的粮食码头,"贾人陈橡其中,鬻曲蘖岁以万计"①;镇中有商贾开设店铺,是较大的粮食转运市场和加工地。清平县魏家湾集估计也属此类,该集濒临运河,是全县最大的粮食集市,共设有斗经纪 11 人,征收粮食税银 22.685 两,约占全县粮食税的一半(见表 4—11);除一般斗行之外,该集还设有"河下斗行",应是专门称量船载粮石的牙行经纪。又据《平阴县志》记载,咸丰年间该县受灾缺粮,邑民赵氏兄弟二人"赴铁门关买红粮三百余石以救饥"②。铁门关是武定府利津县的一个集市,位于大清河口,这里系滨海盐区,并非产粮之地,在此购买的"红粮"显然是由关东输入的,故铁门关也应是一个粮食转运性的集市。

下面我们以清平、莱芜两县为例,对其诸多的粮食集市试作划分。由于没有具体的粮食交易状况、交易量的资料可资依据,我们只能借助于牙行、税收资料试做分析。

表 4—11　乾嘉年间清平县集市斗行税额表

集市名称	集期	斗行(人)	税银(两)
魏家湾	一六	11	22.685
县　城	五十	6	8.1
新　集	三八	5	9.25
康家庄	四九	5	7.6
合　计	——	27	47.635

资料来源:嘉庆《清平县志》卷 8《户书》。

表 4—11 是清平县集市所设斗行人数及征收税银统计。清代中叶清平县共有集市 14 个,其中至少有 11 个可以确定有粮食买卖,这11 个集市可分为三类:前已述及,魏家湾集位于运河沿岸,是中转型的粮食集市;县城、新集、康家庄三集各设斗行五六人,征收粮食税7—9 两,大致可归为集散为主的粮食集市;此外,兴安、肖寨、张庙、松林、仓上、王家庄、吴坊等 7 集则无额设斗行,粮食买卖系由上述四

---

① 康熙《鱼台县志》卷 9《风土》。
② 光绪《平阴县志》卷 5《人物》。

集所设斗行轮流派出一二人前往兼理①,看来这些集市的粮食交易量不是很大,可能是以小生产者之间的交易为主,或者是以满足棉农的口粮需求为主。

图4—4　清平县粮食集市与集期分布示意图

　　由图4—4可知,清平县粮食集市的时空分布充分体现了方便交易的特点:第一,集市分布可以说相当均匀(县境西南角未设集市,估计是与邻县组成一交易圈),每一相邻集市的集期相互交错;第二,魏家湾、康家庄、新集、县城四个较大的集市分布亦属均匀,其开市时间也互不重复;第三,四个大集周围环绕的若干小集,集期安排与大集完全错开,这一点以康家庄最为明显,环绕其周围的六七个集市集期均与康家庄相异。

　　表4—12所列为康熙年间莱芜县斗行的设置状况。依据该表,我们将莱芜县15个集市加以分类:(1)新兴、张里、方下三集虽设有斗行,但粮食交易相当有限;新庄、上庄、文字现等三集在明代都曾设有斗秤牙行,清初斗行虽被裁革,估计集中不至完全没有粮食贸易,因此我们将此六集归为一类,即小生产者之间有无互济的粮食集市。(2)鲁西等三集各设斗二支,苗山等四集各设斗一支,这几个集市都

---

①　嘉庆《清平县志》卷8《户书》。

处于交通线上,当会有一些商贩往来其间;县城集设斗较多,估计是因县治所在,税粮的交兑,官吏和城居人口的消费所需,使该集的交易量大于其他集市。(3)该县唯一可能是转运型粮食市场的只有吐子口一集,该集位于莱芜由泰山山区北上进入鲁北平原的交通要道上,是赴省城、府城及青州府的必经之路,外境粮食输入,本境粮食输出都需经由此地。县志称吐子口为该县"第一巨集",其设斗数量也为全县之最,大大高于其他集市。不过莱芜地处山区,并非粮食丰产之地,故该集的转输作用可能在灾歉年景,由平原区输入粮食之时更为重要。以上划分不一定准确,在实际运作中各类集市的区别可能并不明显,也有不少集市可能同时兼有两类集市的功能。

表 4—12　康熙年间莱芜县各集斗行设置一览表

集　名	置斗数(支)	集　期	备　注
吐子口	6	二七	为第一巨集,赴省城、府城及青州必经之路
县　城	4	一六三八	东关三八日集,西关一六日集,各设斗行二支
鲁　西	2	四九	本县走泰安道也
旧　寨	2	三八	以下二集为青州、泰安传舍,埒吐子口
水　北	2	五十	
苗　山	1	四九	赴淄川以此为中顿
颜　庄	1	五十	赴新泰以此为中顿
雪　野	1	一六	本县赴省城经焉
山　口	1	五十	新增赴章丘、泰安道
新　兴	1	一六	以下三集"不通孔道,市鬻者但有谷粟布帛,亦落落如晨星耳"
张　里	1	二七	
方　下	1	五十	
新　庄	无	四九	以下三集明代各设有斗秤牙行三名,今裁
上　庄	无	二七	
文字现	无	不详	

资料来源:康熙《莱芜县志》卷 2《市集》。

2. 棉花市

棉花是山东集市贸易中最主要的商品之一。明代中后期山东棉产区已有相当活跃的棉花市场,如东昌府"高唐、夏津、恩县宜木棉,江淮贾客列肆赘收"①;兖州府郓城、汶上等县"土宜木棉","贾人转鬻江南,为市肆居焉"②;济南府济阳县"充赋治生"均仰赖棉花收成,需待"花商至"方能"泉货通"。③这些棉花贸易无疑是在集市上进行的。清代随着棉花种植的进一步发展,山东棉花市场较之明代更为普遍,贸易也更加兴盛。乾隆年间夏津县城自丁字街以北直抵北门"皆为棉花市,秋成后花绒纷集,望之如荼,年之丰歉率以此为验"④;道光年间武城县城也是"每岁秋成,四乡棉花云集于市"⑤。乡集的棉花贸易也毫不逊色,明代即为棉花重要产区的高唐州,嘉道年间共有棉花集市"数十集场","每集贸易者多至数十万斤"。⑥清代新发展起来的棉产区清平县,乾嘉之际已有县城、新集、康家庄、魏家湾、仓上、王家庄等棉花集市,据县志记载,"木棉集市向来新集最盛,近来王家庄、康家庄、仓上等处亦多买卖,四方贾客云集,每日交易以数千金计"⑦。清平县棉花集市开市日期及牙行税收状况请见下表:

表 4—13　乾嘉年间清平县棉花集市集期
与牙行税收统计

	县城	新集	魏家湾	康家庄	王家庄	仓上	合计
每旬开市日期	五十	三八	一六	四九	二七	一六	12 日
花秤行(人)	6	6	3	4	未设行	未设行	19
税额(两)	3.6	6.3	4.5	6.01	无	无	20.41

资料来源:嘉庆《清平县志》卷 8《户书》。

---

① 万历《东昌府志》卷 2《物产》。
② 万历《兖州县志》卷 4《风土志》。
③ 万历《济阳县志》卷 4《贡赋志》。
④ 乾隆《夏津县志》卷 2《建置志》。
⑤ 道光《续武城县志》卷 2《街市镇集》。
⑥ 光绪《高唐州志》卷 3《田赋考》。
⑦ 嘉庆《清平县志》卷 8《户书》。

上表可见,乾嘉年间清平县棉花集市共有 6 处,每集每旬开市两次,各集之间日期交错,轮流开设。这种集期分布既方便棉农出售,也方便商人收购。对小农来说,既可以就近出售,也可以在一旬之中的任何一天在县境之中的某一棉花市出售其产品,因为该县每天至少有一处棉花市开市;对棉商来说,则可以充分利用各集交错开设之便,巡回收购。表中县城等四集共设花秤行经纪 19人,约占全县牙行经纪总人数的 30%;共征收棉花税 20.41 两,占该县各行商税总额的 20%。而王家庄、仓上两集棉花交易量虽相当可观,但由于是新发展起来的棉花市,并未设行征税。因而,棉花在清平县集市商品交易中所占的实际比重可能比税额所反映的高得多。

秋成季节是棉花交易的旺季,山东棉花集市中有些是季节市,东阿县直沟头等四集就只在夏秋棉花成熟之时开设,"冬春无之"。[1]也有不少棉花集市是终年开市的,例如雍正年间郓城县萧皮口集每旬逢三、五、八、十日开集四次,一年之中除正月因春节停开六次,以及偶因雨雪停集之外,每逢开集之日均有棉花应市交易,该集税收清册对花行税收的记载足以证明这一点(见表 4—14)。

表 4—14　雍正六年四月至七年二月萧皮口集棉花税额统计

年　月	税　额	年　月	税　额	年　月	税　额
六年四月	2 201 文[1]	六年九月	4 443 文	七年正月	243 文[2]
五月	1 449 文	十月	4 007 文	二月	694 文[3]
六月	2 458 文	十一月	1 844 文		
七月	3 439 文	十二月	1 348 文		
八月	5 455 文				

资料来源:据骆承烈等编《曲阜孔府档案史料选编》第 3 编第 14 册第 224—274 页统计。

说明:①③六年四月和七年二月均为半个月税额,资料缺;②因春节停集半月。

上表的税额显示,棉花交易量的季节性起伏相当明显,八、九、十

---

[1]　道光《东阿县志》卷 2《镇集》。

三个月正当棉花收获之后，新花上市，交易最盛；同时也表明该集的
商品棉是一年到头有市的。八、九、十三个月的大规模交易中有相当
部分应属商人将新棉收购外运，而其他月份的棉花交易则应是以供
应本地农户及手工业户纺织所需原料为主了。清代，随着山东棉纺
织业的普及和发展，从事棉纺织业的农户、手工业户对原料棉的市场
需求越来越普遍化、经常化，棉花集市的后一项功能无疑也会相应地
随之发展。

　　关于棉花集市的空间分布，我们仍以清平县为例。乾隆年间该
县共有集市14处，其中设有花行征税的集市计有新集、康家庄、魏家
湾和县城共4处，其分布大体均匀而县境西北角缺（见图4—5A），就
中以新集棉花市为最盛，设有花行经纪6人，额征税银6.3两，约占
全县花行税收的三分之一，高于其他三集。乾嘉之际开始，"王家庄、
康家庄、仓上等处亦多买卖（棉花），四方贾客云集，每日交易以数千
金计"。这三集之中，康家庄棉市原已设有牙行额税，其余二集未设，
估计这两个棉花市的兴起更晚于前者。王家庄和仓上花市的兴起，
填补了县境西北方向原来的空缺，并且使该县的花市布局开始呈现
出北多于南的现象（见图4—5B）。清末民初，该县棉花市发展到11
个，其中有9个位于康家庄以北，就中又有6个集中于县境西北部，
其中大丁庄取代新集成为该县最大的棉花市。县城以东，则张庙集
花市取代了原来的县城花市（见图4—5C）。①整个清代清平棉花市
布局的发展变化请见图4—5。清平县东乡及西北乡土质宜棉，越来
越多的农户改种棉花；而西乡、西南乡土宜谷麦，只"间种木棉"②，棉
产不多。清代后期清平花市的分布完全改变了嘉庆以前平均分布的
旧况，明显地呈现出产地市场的格局。

　　这种情况，在其他县份也不同程度地存在。如泰安府东阿县境
内东南部为丘陵区，原本"无大聚落"，亦无集市，但由于"地产木棉"，
嘉道年间增设直沟头、杨家沟、洪范池、丁泉集等四处集市，商贾于
"夏秋咸来负贩"，而冬春无之。③这四个集市距县城分别在12里至

----

①　嘉庆《清平县志》卷3《户书》；民国《清平县志》册3《实业志》。
②　宣统《清平县志》卷5《食货志》。
③　道光《东阿县志》卷2《镇集》。

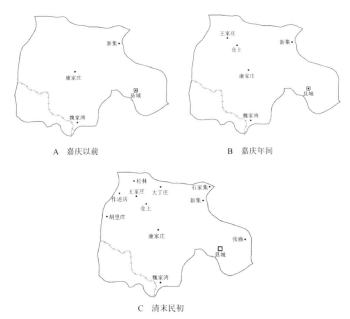

图 4—5　清代清平县棉花市分布的变迁

20 里之间,都偏于县境东及东南一隅,相当集中。又如东昌府的高唐州是山东最重要的棉花种植区和商品棉输出区,全境面积不过800 平方公里,道光年间有棉花集市数十处,尽管不知其确切的分布位置,在半径 16 公里的范围内集市数量如此之多,已足以说明其密集程度了。

3. 牲畜市

华北地区,骡马牛驴是农业和运输业最主要的生产资料。其中骡马多为富家大户所拥有,牛驴则是民间普遍使用的耕畜和役畜。

牛驴等大牲畜的交易在山东集市贸易中占有相当重要的地位。方志所载,山东 107 个州县的税收中均列有牛驴税,这无疑反映了牲畜交易的普遍性;同时在集市贸易的众多商品中,只有牛驴一税单独列项,也说明牲畜交易在农村市场中的重要性;牛驴税在山东各州县商税总额中约占 10%—20%的比重,有些州县甚至超过 30%。可以说,牲畜贸易是山东集市贸易中最重要的组成部分之一。

牲畜市有设于城镇者,临清、济宁、张秋、胶州、黄县等商业城镇均设有牛驴市,省城济南则设有马市。不过,设在四乡集镇的牲畜市数量更多,每县少则数处,多者可达十数处;各牲畜市的开市时间相互交错,每县每日总会有一两个牲畜市开市,一年之中除正月春节停集半个月外,几乎任何一天都可以在该县范围内买到牲畜。据笔者的考察,山东各州县的牲畜市基本是均匀分布的,其交易半径大体在5—9公里之间。也就是说,小农要购买牲畜,只要是赴距离最近的牲畜市,大约只需半日时间,最多一日即可来回。从分布均匀,方便购买的特点看,此类集市布局是以为购买者服务为主的,是需求型的市场格局。[1]

除粮食、棉花、牲畜之外,山东集市贸易中较重要的商品还有棉布、丝绸、果品等。

布市:如齐东县"民皆抱布以期准集市场,月凡五六至焉,交易而退,谓之布市"。清代中叶该县每年从各集"布市"汇集输出的棉布有数十万匹之多。[2]长清县 35 个集市中有 10 个设有布行。[3]郓城县萧皮口集布行自雍正六年四月至七年二月共开集 104 次,抽收税钱16 377文,占同期该集各行税钱总额的 22.5%。[4]登州府是山东的缺棉区,棉花多从江南输入,但民间纺织业却很普遍,府志记载,"纺绩花布以自衣被,穷乡山陬无问男妇为之。其织作须织工,勤有余布亦兼鬻于乡市,复有布贾贩之城市,庶人、在官及末作游寓者均需焉"。[5]棉布先在集市上汇集,再由"布贾"贩往城市或外地。陵县、齐河、馆陶等县集镇均有外来客商开设的布庄、布店收购棉布,运销东北或西北。[6]

丝市、绸市:临清城外之土桥有丝市,每逢"二、七日市",本地及邻邑所产之丝均在此货卖;又有绵绸市,三、八日集,"货卖者俱堂邑、冠县、馆陶人",每集所聚"不下千余匹",一年上市当有数万

---

①　此处有删节,详见许檀《清代山东牲畜市场》。

②　嘉庆《齐东县志续》,周以勋:《布市记》。

③　道光《长清县志续》卷 5《食货志》。

④　骆承烈等编:《曲阜孔府档案史料选编》第 3 编第 14 册,第 224—274 页;自雍正六年四月中旬—七年二月中旬 10 个月时间共计集期 120 次,其中因春节停集半月,因雨雪停集 11 次,共开集 104 次。

⑤　康熙《登州府志》卷 8《风俗》。

⑥　民国《陵县志》卷 3《工商业》;民国《齐河县志》卷 17《商业》;《馆陶县乡土志》卷 8《商务》。

匹或者更多。①沂州府是山东柞蚕丝与茧绸的主要产区,各州县"镇店集场绸、丝交易"均设牙抽税②;沂水县"岁出山茧、山绸无算,西客皆来贩卖,设经纪以抽税,岁入数千金"③。济南府济阳县曲堤镇每逢一、六日开集,集内有丝市交易,同治年间定例"每买卖丝一块,出秤钱一百二十文","通计一年得秤钱五十吊上下不等"④,则该集每年的丝交易量约有三四万斤之多。临朐县约有 1/3 的农户种桑养蚕,生丝先在冶原、五井等集市上汇集,然后转贩益都、周村,远销京师"行于八方","岁计货银百数十万"之多,为该县商品之最大宗。⑤

果品市:如东阿县北王村集,"枣梨胜他处,南艘多载之,居人享其利焉",每逢三八日为集期。⑥张秋镇附近乡村"枣梨颇饶,凡贩鬻江南者多从镇发";镇内有枣市、果枣杂粮市,城外又有新开枣市,"遇期果粮诸货往往而辏"。⑦东昌府是山东主要的果品输出区,运河沿岸各集市多为果品集散市场。如堂邑县梁家浅"四九大集,二七小集,出元枣……梨果";聊城县李海务"三八日集,出梨枣";博平之土桥闸,清平之魏家湾集,都有果品上市。⑧

猪市:临邑县 15 个集市中县城、胡家集、盘河镇、宿安镇、营口镇、田家口六个集市设有猪行。⑨清平县 14 个集市中设有猪行的有县城、魏家湾、康家庄、新集等四处,尤以魏家湾交易最盛,该集设有猪行经纪五人,而其余三集一共只设四人。⑩魏家湾地处运河沿岸,其猪只交易之所以盛于其他各集,很可能是由于此处交通方便,遂成为该县生猪输出或输入口岸的缘故。此外,有些集镇还设有专门的

---

① 乾隆《临清州志》卷 11《物产志》、《市廛志》。
② 康熙《沂州府志》卷 33《艺文》"严禁蚕场之弊批详"。
③ 吴树声:《沂水桑麻话》,《沂水县文史资料》第 3 辑,第 79 页。
④ 骆承烈等编:《曲阜孔府档案史料选编》第 3 编第 14 册,第 39 页。
⑤ 李文治编:《中国近代农业史资料》第 1 辑,第 647 页;光绪《临朐县志》卷 8《物产》。
⑥ 道光《东阿县志》卷 2《镇集》。
⑦ 康熙《张秋志》卷 1《物产》;卷 2《街市》。
⑧ 王浩:《运河程途备览》,转引自贾乃谦:《〈运河程途备览〉与运河城镇史初探》。
⑨ 道光《临邑县志》卷 2《地舆志》。
⑩ 嘉庆《清平县志》卷 8《户书》。

小猪行、小猪市，专门经营仔猪。[①]显然，那些未区分大猪、小猪的集市当是仔猪、成猪同时兼营了。

　　比较同一县境之内不同商品为主的集市分布，可以更明显地看出其市场布局的差异。表4—15列出了清平等县几种主要商品的市场分布状况，请参见。

表 4—15　清代中叶山东清平等县集市分布概况

1. 清平县（面积 600 平方公里）

	集市数	平均交易腹地（平方公里）	平均交易半径（公里）
全县集市	14	42.8	3.7
牲畜市	5	120	6.2
猪　市	4	150	6.9
棉花市	6	100	5.6
粮食市	11	54.5	4.2

2. 长清县（面积 1 238 平方公里）

	集市数	平均交易腹地（平方公里）	平均交易半径（公里）
全县集市	35	35.4	3.4
牲畜市	5	247.6	8.9
棉花市	10	123.8	6.3
布　市	10	123.8	6.3

3. 陵县（面积 800 平方公里）

	集市数	平均交易腹地（平方公里）	平均交易半径（公里）
全县集市	15	53.3	4.1
牲畜市	4	200	8.0
棉花市	4	200	8.0
布　市	4	200	8.0
粮食市	8	100	5.6

[①]　雍正《乐安县志》卷 20《艺文志》；康熙《张秋志》卷 2《街市》。

4. 临邑县(面积 830 平方公里)

	集市数	平均交易腹地(平方公里)	平均交易半径(公里)
全县集市	15	55.3	4.2
牲畜市	7	118.6	6.1
猪　市	6	138.3	6.6

5. 商河县(面积 1 325 平方公里)

	集市数	平均交易腹地(平方公里)	平均交易半径(公里)
全县集市	34	38.9	3.5
牲畜市	19	69.7	4.6
猪　市	4	331.3	10.3

资料来源:各县面积据林修竹《山东各县乡土调查录》(民国九年刊本)、集市数据各县县志统计。

东昌府清平县位于府治北偏东,运河经县境西南隅入临清州。该县面积为 600 平方公里,嘉庆时全县共有集市 14 处,平均每集交易腹地 42.8 平方公里,平均交易半径为 3.7 公里。这 14 个集市中以棉花交易著称的有 6 处,平均交易腹地为 100 平方公里,交易半径 5.6 公里;牲畜市有 5 处,平均交易腹地 120 平方公里,交易半径 6.2 公里;猪市有 4 处,平均交易腹地为 150 平方公里,交易半径 6.9 公里;该县粮食集市为数最多,共有 11 处,粮食各集平均交易腹地 54.5 平方公里,交易半径 4.2 公里。

济南府长清县位于省城西南,大清河沿西南—东北方向蜿蜒穿境而过。全县面积 1 238 平方公里,道光年间共有集市 35 处,每集平均交易腹地 35.4 平方公里,平均交易半径为 3.4 公里。其中棉花、布匹交易较盛的集市共 10 处,其平均交易腹地为 123.8 平方公里,交易半径 6.3 公里;该县有牲畜市 5 处,平均交易腹地 247.5 平方公里,交易半径为 8.9 公里。

济南府陵县位于府治西北,面积约 800 平方公里。道光年间共有集市 15 处,平均每集交易腹地 53.3 平方公里,交易半径 4.1 公里。该县各集中因粮食交易兴盛而设斗行者有 8 处,其平均交易腹地为 100 平方公里,交易半径 5.6 公里;棉花及布匹交易较盛,设有花行、布行者 4 集,每集平均交易腹地 200 平方公里,交易半径约为 8 公里;设有牛驴行的集市也有 4 处,平均交易半径亦为 8 公里。

与陵县相邻的临邑县面积约 830 平方公里。道光时也有集市 15 处,每集平均交易腹地 55.3 平方公里,交易半径 4.2 公里。该县设有牛驴市的集市 7 处,平均交易腹地 118.6 平方公里,交易半径 6.1 公里;设有猪行的集市 6 处,平均交易腹地 138.3 平方公里,交易半径 6.6 公里。

武定府商河县面积 1 325 平方公里,道光年间全县共有集市 34 处,平均每集交易腹地为 38.9 平方公里,每集交易半径为 3.5 公里。在这 34 个集市中,设有牲畜市者 19 处,其交易腹地为 69.7 平方公里,平均交易半径 4.6 公里;设有猪行的集市 4 处,每集交易腹地 331 平方公里,交易半径 10.3 公里。

五、庙会

庙会是农村集市的另一种形式。庙会以祀神、祈福、演剧而聚众,商人因以设市贸易,庙会本身有祀祷、娱乐、贸易等多种功能,我们这里讨论的主要是其贸易功能。

山东的庙会,亦称货会、山会(山市)、神会(神集)等,这种贸易形式至少在明代即有。如万历年间济南府禹城县有东岳庙会,每年三月为会期,届时"四方商贾云集"[1];临邑县娘娘庙会更为繁盛,每年四月八日至十八日设醮 10 日,"远近咸集";前来拜谒、游观者之众,据说"近庙三里井汲皆竭";贸易之盛则"富商巨贾几千人易价而去,曾无留资"。[2]又如青州府安丘县有"三山市","每岁二市,市各五日,自三月望、十月朔日起,皆平地张幕,列隧成巷,他县皆来贸易,红尘四合,烟云相连,涩嚣之声闻于数里"。[3]他如莱州府之掖县、平度州、昌邑等也都设有神集。[4]

清代,有关庙会的记载就更多了,这里仅举数例:

---

[1]　孙接武:《重修东岳庙记》,嘉庆《禹城县志》卷 10《艺文志》。
[2]　万历九年《奉山别庙纪胜碑》,道光《临邑县志》卷 15《金石志》。
[3]　万历《安丘县志》卷 5《建置考》。
[4]　万历《莱州府志》卷 5《市集》。

曹州府城武县于每年三月二十六日有"文亭山大会","邻封商贾数百里外皆辐辏焉"。①巨野县金山之碧霞元君祠,每岁季春设会三日,于金山下"设帐列肆,聚四方之货财",郓城、曹县、金乡、单县诸邑士女均前来赴会。②济南府邹平县碧霞元君会,每年四月八日"郡邑百里外乡民乞福至数万人,商贾百货屯集,咸获利焉"。③

东昌府夏津县,娘娘庙在东关,每年四月十八日为娘娘诞辰,"四方男妇会聚焚香,商贾亦为之云集";刘十八郎庙也在东关,每年三月望日"男女焚香充塞道途";大云寺在县城东35里,为山东名刹,"每年正月、十月望日商民麇集贸易,百货萃止,不减都会";地藏寺在县城西南8里,"每岁正月二十五日、十月初五日聚会焚香,百货亦通"。④

泰安府东阿县"三月二十八日祀东岳大帝,天齐庙演剧,远近香客云集,商贾因以为市,前后七八日甫散";"十月十五日三官庙演剧,远近香客云集,商贾因以为市百货,前后半月甫散"。⑤

青州府诸城县,白龙山、只沟、胜水、相州四处均有春秋山会,"每岁二月朔日、十月望日百货皆集,即地列肆,五日而罢"。⑥全县四处山会每年开市8次,共计40日。

莱州府昌邑县,会凡八:瓦城会,正月十四日、九月初一日;南孟会,三月初六日至初八日,十月初六日至初八日;东冢会,三月二十五日至二十七日,十月十五日至十七日;青乡会,四月初八日;塔儿埠会,四月十二日至十四日;新郭会,四月十八日,十月十八日至二十二日;羊山会,十月十一日至十三日;密城会,十月十四日。其时间分布计正月一次,三月两次,四月三次,九月两次,十月五次,共计十三次;每会开市一日或三五日,总计共三十一日。⑦

以上可见山东很多州县均有庙会,少则一二处,多则十数处。庙

---

① 康熙《城武县志》卷11《风俗》。

② 道光《巨野县志》卷18《艺文志》;卷22《金石志》。

③ 康熙《邹平县志》卷2《建置志》;嘉庆《邹平县志》卷11《古迹考》。

④ 乾隆《夏津县志》卷5《典礼志》。

⑤ 道光《东阿县志》卷2《风俗》。

⑥ 乾隆《诸城县志》卷5《疆城考》。

⑦ 乾隆《昌邑县志》卷2《市集》。

会与集市同为定期市，但集市开设是以旬为计，每旬两次或三四次；庙会开设则以年为计，有的一年只开一次，多者亦不过数次。庙会开设时间较多地集中地春耕之前或秋收之后，与农作季节密切相关。庙会的贸易范围也比集市大得多，大致可达方圆数百里，三五个县的范围，或者更大些；其商人来自各地，商品品种、数量和交易量都远远超过集市。

庙会中的商品以日用百货、牲畜、农具为主。所谓百货，如邹平县黄山会有"诸家居用物"①；禹城县东岳庙会则"山海珍错、吴越绫绮充满街衢"②。临邑县庙会中更是"珍货杂沓，以帛则吴绫、越罗、蜀锦、秦绒，梁之纤晋之靡；以器则饶瓷、吴铜、滇石，秦之篆款汉之隶识；以材则合围连抱，楠之理如绣，柏之纹如镂；以味则瑶柱丙穴及天目之笋，武夷之茗，上若之醾，诸凡竞侈……"③庙会商品不仅品种多、数量大，而且除一般日用百货之外也有高档商品及名产上市，如江南丝绸，江西瓷器，福建的茶，以及名贵木材和珠宝玉器古董，等等。故庙会除提供一般日用所需之外，还能够补充集市商品种类和档次之不足，满足农民婚嫁、年节之需，以及富贵之家较高层次的消费需求。

牲畜、农具等生产资料的贸易是庙会的另一项重要内容。如万历年间东昌府每年三四月间"转鬻牛马耕具……三日而罢"。④兖州府滋阳、邹、阳谷等县于每年四月十八日"结会市农具"，"远迩毕至"，自明代至清末相沿不变。⑤清代的记载如：泰安府平阴县、莱州府胶州、青州府诸城县每年四月都有庙会或山会，"买卖农具及牛马等物"。济南府禹城县的此类货会一年有21次，如以每次三日计算，一年之中至少有1/6的日期有牲畜、农具等生产资料出售。⑥

① 康熙《邹平县志》卷8《风俗》。
② 嘉庆《禹城县志》卷10《艺文志》。
③ 道光《临邑县志》卷15《金石志》；卷11《艺文志》。
④ 陈梦雷编：《古今图书集成·职方典》卷258《东昌府部纪事二》，第10092页。
⑤ 参见康熙《滋阳县志》卷2《风俗》；《邹县志》卷3《风俗》；《阳谷县志》卷1《风俗》；以及光绪《滋阳县志》、《邹县续志》等。
⑥ 许檀：《清代山东牲畜市场》。

又据民国年间《山东庙会调查》记载，金乡县一年之中有庙会140次之多，牲畜交易以城隍庙会最为繁荣，"盛时能上牲口一万余头，年景好了能销三四千头"。济宁四乡仅春季庙会就有16次，总计会期六十余日，均有牲畜销售。其中以寺崮堆庙会为最，"盛时牲口有一两万头，卖一二千头；最不济亦上一二千头，卖四五百头；十年衰旺平均，约上牲口三四千头，卖出八九百头"。①这虽是民国年间的记载，但这些庙会据说多系数百年的古会，在清代即便没有这么兴盛，当也会有一定的规模。

至于农具究竟包括些什么？清代记载大多语焉不详，民国年间的庙会调查对此有较详细的描述。例如济宁城南25里的大觉寺，每年二月底有会6天，上市的农具包括：各种木制品如大小车辆、犁耙耩耧、木锨、木杠棒、锨柄、镐杆、木叉、白蜡叉子等；铁制品如锨、锄、锹、镢、镰等"一切农用家伙"；竹柳制品如鞭杆、筛子、席围、荆篓、柳筐、簸箕；皮麻制品如鞦鞯、絪套、缰络、鞭挑梢以及麻苘绳套；石制品如石磨、石槽、磨石等等。东阿县少岱山庙会上，"有几十家铁匠店"遍布南山坡上，而北山坡则"自上至下有数顷之大都是农器（竹扫帚、打枣杆、打蜥蜴棍以及锄、镰、杈等）"，像这样的庙会各县均有，少者一年十数次，多者可达百余次。这些记载为上述明清时期庙会上的"农具"、"农器"提供了具体注释。民国年间山东的农业和家庭手工业生产条件较之明清并未发生显著变化，因而这些记载大体可以反映明清时期山东农具的购销状况。事实上，这些庙会有很多是数百年的古会，平原县庙会上一些卖镰刀的商贩，据说是"三四辈儿就赶这会"了。②

与集市中的常设牲畜市有所不同的是，集市中的购买者主要是小农，而庙会中的购买者既有作为直接消费者的小农，也有大量商贩；庙会既是牲畜、农具等商品的零售市场，也是其批发市场。

---

① 《山东庙会调查》金乡、济宁等县，李文海主编：《民国时期社会调查丛编·宗教民俗卷》，第235、224页。

② 《山东庙会调查》济宁、东阿、平原等县，《民国时期社会调查丛编·宗教民俗卷》，第225—226、212、207页。

六、结语

以上考察我们看到,山东集市的勃兴始于明代中叶,明末清初由于战乱灾荒的影响一度衰落,经康熙、雍正年间的恢复、整顿,到乾隆时进入全面、持续的发展阶段。清代中叶山东集市数量已达2 300个左右,光绪年间再增至近3 000个,平均每州县有集市二十余个,与明代相比增长了 70%。清代中叶,山东集市税收比康熙时增加了两倍多,有些州县甚至增长十余倍;而这一税额的增长是在对牙行、税收设置采取了一系列限制措施的前提下达到的,因而实际贸易额的增长要比税收所反映出来的更大得多。

清代中叶山东的集市密度以平原区的曹州、济南、东昌三府最高,鲁中山区的沂州府和东部沿海的登州府较低,平均交易半径为4—6 公里,小农赴集贸易一般步行半日即可往返。具体到各种不同商品,其交易半径多在 5—8 公里之间,个别较远的为 10 公里,山区可能更大些。换言之,小农赴集购买或出售某种特定商品,如果选择最近的集市,步行一般只需半日时间,最多一日可以从容往返。这一集市密度与北方其他省区相比差别不大[①],山东的集市密度或许还可算是较高的。而在江南地区,农民上市交易一般是利用清晨时间,并不需耽误一天的农作。这一点固然有南北方交通条件(江南水网区交通便捷)以及习惯上的差异,经济发展水平的不同当也是重要因素。集市开市频率也是反映其发展水平的一项指标,在既定的集市密度前提下,开市频率越高,市场实际效率也就越大。总体来看,山东的集市以每旬开市两次最为普遍,清代开市三次、四次者有较明显的增加趋势,但与南方某些省区日日市、隔日市的普遍化程度相比,仍有一定的差距。

农村集市的功能和作用,最基本的就是满足当地民众的生产和生活需求。山东集市的时间、空间分布都反映出它与小农生产与生活的密切联系。

---

① 参见[日]石原润:《河北省明·清·民国时期の定期市》,《地理学评论》第 46 卷第 4 期;魏志强:《明清时期关中区域市场结构》,中国社会科学院经济研究所硕士论文,1987 年。

从时间分布来看,首先相邻集市和相同层次集市的集期大多呈交叉搭配,这一点既可保证无论生活用品还是生产资料性商品,都可以在一年之中的任何一天在县境范围内购买或出售,同时也可在一定程度上弥补开市间隔较大的不便。换言之,在既定的集市密度和开市频率条件下,集期的交叉搭配为购买者和销售者提供了最大的时、空选择余地。同时,这种集期安排也充分证明了购销双方对交易地点的选择是自由的,不受限制的——这一点与专卖商品食盐的购销绝对不同。其次,农村集市贸易与农业生产的季节性密切相关,棉花收获的夏秋季节一些产棉区会增设棉花集市,以便棉农出售、棉商购买,冬春则无市。又如庙会开市大多集中在春耕前秋收后,一方面适应小农大量补充、更新牲畜、农具等生产资料的需要,另一方面则为满足辛劳了一年的农民收获之后的年节、婚嫁、建房等各项需求。

从空间分布来看,商品种类、性质不同,其集市密度与特点也不尽相同。山东不少州县是棉产区,其集市中有很多是以棉花交易著称,商人在此收购棉花运销外地。为便于棉农就近出售,棉商就近购买,这类集市多随棉花种植的发展而增设,或在棉花上市季节增设。此类市场可称之为"产地型",其特点是集市分布与生产布局相一致,相对密集。山东的牲畜集市不是以外销为主,而是为满足本地农民的需要,主要是为购买者服务的。此类市场是销售的终端,可称之为"需求型",其特点是集市分布比较均匀。山东还有不少集市属"中转型",如鱼台的谷亭镇、清平的魏家湾、利津的铁门关等,都是粮食中转型集市,此类集市的形成主要是因它们在交通方面的优势,因而多位于水路、陆路交通线上。再如临清、张秋、周村等商业城镇则是在更高层次上、更大范围内发挥中转作用了。当然,上述集市类型的划分是就某种特定商品购销意义上做出的,而一个集市的功能往往是多重的。实际上,在同一集市上买卖的商品种类很多,对 A 商品而言它是产地市场,对 B 商品而言它又是终端市场,也可能它同时还起着中转市场的作用。一般来说,粮食、棉花等商品的市场的密度总会高于牲畜、农具,这主要因为前者属经常性需求的商品,或曰"一次性"消费品;而后者属"耐用"消费品,一次购买至少可用几年或十几年。至于一些特殊商品或高档商品,如木料、车船,"闽广苏杭西洋巧丽之物"等,则较多地集中在庙会市场,或较高层的城镇市场之中,一般集市较少出现。

最迟在乾隆—道光年间,山东已形成了一个涵盖广阔、运作自如的农村集市网,这一基层集市网与处于流通干线上的商业城镇相联系,构成山东商品流通网的整体,通过这一流通网山东各州县可与全国大多数省区进行经济联系。据笔者估算,十九世纪中叶山东市场上每年流通的商品大致有:粮食2 000万石左右,棉花7 000万斤,棉布3 000万匹,干鲜果品6 000万斤,食盐1.5亿斤,大牲畜24万—48万头,等等,总计年交易额在5 000万—6 000万两[1],其中大部分商品是通过上述农村集市网集散和流转的。

农村集市是中国传统市场的重要组成部分。农村集市历史久远,至少可上溯到秦汉时代,但它的大规模发展是在明清。从每一个单独的集市来看,它不过是小生产者之间进行有无调剂、余缺调剂,以满足各自的生产和生活需求。然而作为一个网络体系的集市,至少在以下几方面发挥着重要作用:

(1)农村集市网是大规模、长距离的商品流通的基础。这一点显而易见,无需赘言。

(2)农村集市网是保障小农经济生产与再生产正常运转的重要环节。小农的农产品、手工业品的出售,其生产资料、手工业原料乃至口粮的购买都离不开集市;小农经济的商品化程度越高,对市场的依赖也就越大。

(3)农村集市网的形成使地区之间通过商品流通实现经济布局调整、资源优化配置成为可能。大规模的、经常性的商品流通使原本互不相关的一个个自然条件、发展程度各异的地区相互联系,成为一个整体,从而可以在较大范围、较高层面上形成地区分工,有利于发挥各自的优势,取长补短。十六至十九世纪山东几个经济小区经济布局的调整正是在这一基础上实现的。[2]

(本文原载《清史论丛》1995年号,有删节)

---

① 参见许檀:《明清时期山东经济的发展》,《中国经济史研究》1995年第3期。
② 详见许檀:《明清时期山东经济的发展》,《中国经济史研究》1995年第3期。

第三节　明清时期农村集市的发展

　　农村集市,是中国传统市场的重要组成部分。集市的发展,也是明清时期区域经济发展中一个十分引人注目的现象。关于农村集市的研究,自二十世纪三四十年代迄今已积累了相当数量的成果。[①]这些先行的研究从理论上、方法上,以及各区域的发展特色等方面,给笔者以诸多教益与启迪,本文拟在前人研究的基础上对明清时期农村集市的发展做一综合考察分析,并对农村集市的功能和作用提出一些个人的看法。

一、农村集市的发展概况

　　中国历史上农村集市起源很早,"日中为市","交易而退,各得其所",这种小生产者之间的贸易至少可上溯到秦汉时代。唐宋以降,随着社会经济的发展和坊市制度废弛,草市、墟集贸易日渐活跃。宋代已有不少墟市征收商税,还有一些草市、墟集更因交通便利、贸易繁盛,逐渐发展为镇市。

　　不过农村集市的大规模发展是在明中叶以后,它是随着商品经济的发展而发展的。据珠江三角洲地区番禺、顺德等十余州县统计,永乐年间共有墟市 33 个,嘉靖时增至 95 个,万历时更发展到 176 个。[②]福建顺昌县弘治年间只有墟市 4 处,嘉靖时增至 8 处;建宁县更从原来的一个增至 9 个。[③]在华北地区,州城、县城集市多是在明初设立的,乡村集市中则有相当一部分是在明代中叶成化—正德年间兴建,嘉靖—万历年间其数量更迅速增长。[④]到嘉靖—万历年间,全国各主要省区大体已形成一个初具规模的农村集市网(见表 4—16、表4—17)。

---

　　① 农村集市的研究,以日本学者加藤繁、山根幸夫等致力较早,六十年代中叶美国学者施坚雅将中心地理论引入区域市场研究,使集市研究进入一个新的阶段,七八十年代区域市场成为经济史研究的热点之一,论著颇丰(篇目见附录)。此外,吴承明、方行等学者也对农村集市进行了宏观考察论述。
　　② 叶显恩、谭棣华:《明清珠江三角洲农业商业化与墟市的发展》,《广东社会科学》1984 年第 2 期。
　　③ 陈铿:《明清福建农村市场试探》,《中国社会经济史研究》1986 年第 4 期。
　　④ [日]山根幸夫:《明清时代华北における定期市》,《史论》第 8 集。

明末清初的战乱天灾在相当大范围内造成人口流失,经济衰退,明中叶以降发展起来的农村集市也遭到很大破坏。如山东濮州明代后期已有集市三十余处,经明末清初兵燹水患,有 2/3 以上的集市"市椽无存,故址付之蔓草",或"仅存一二颓椽败瓦";有幸保存下来的几个集市也是"无南北聚物,市肆不过豆米麦及牲畜,较之昔已径庭也"。①河南淇县明代"旧有集场九处",清初"仅存北关一处,其余俱废"。②再如,广东灵山县明代中叶有墟市 24 个,"殆遭明季之乱,废墟者九,存者仅十有五"。顺治末年清政府为防范台湾郑成功反清势力,在东南沿海实行迁海,又使很多港口墟市遭到破坏。如潮州府澄海县因迁海展界,原有 12 个墟市"废六存六",几个重要港口墟市西港埠、东港埠、溪东埠等均因迁海而致"溪港湮塞"。高州府吴川县的 77 个墟市中有 16 个因迁海而废。③

从康熙中叶开始,在全国范围内战事已毕,社会经济复苏,集市也随之逐渐恢复,有些地区还有新的发展。如广东遂溪县两家滩墟位于遂溪、石城两县交界,原是一个重要的港口墟市,"迁海以来,商多陆行",该墟遂废。康熙中叶海禁开放之后逐渐恢复。④乾隆八年编纂的山东《宁阳县志》记载,该县明代有集市十余处,"明季群盗蜂起,在乡(集市)皆废,国朝顺治四年哀鸿甫定,乡集从白马庙起以渐而复,今则市廛密如也"。⑤又如河南裕州之北关、兴隆镇、大酒店、券桥店等集均系康熙二十九年、三十年知州潘云桂"招徕流寓"恢复或新设的;其后康熙四十五年莅任的知州董学礼设立了十二里河、表家店等集;雍正年间赴任的知州金理、宋名立等又先后增设了柏树冈、维摩寺、四里店、白草坟、五龙庙等数集。⑥不过,康雍年间也有相当部分地区尚处于战后恢复阶段,山东十府中就有六个府的集市此时尚未恢复到明代的平均水平。⑦

① 康熙《濮州志》卷 1《跋郡治考后》。
② 顺治《淇县志》卷 1《集市》。
③ 李华:《明清广东墟市研究》,《平准》第 4 辑(下),光明日报出版社 1989 年版。
④ 李华:《明清广东墟市研究》。
⑤ 乾隆《宁阳县志》卷 1《市集》。
⑥ [日]山根幸夫:《明·清初の华北の市集と绅士·豪民》,[日]佐久间重男、山根幸夫编:《中山八郎教授颂寿纪念明清史论集》,日本东京燎原书店 1977 年版。
⑦ 许檀:《明清时期山东集市的发展》。

二十世纪六七十年代,美国学者施坚雅(G. W. Skinner)将中心地理论引入区域市场研究,使集市研究进入一个新的阶段。七八十年代迄今,海内外已有很多学者对明清时期各省区农村集市的发展状况分别进行了考察,研究地区至少已涉及四川、江浙、安徽、湖广、江西、闽广、陕西、河北、山东等十余个省区(笔者所引用的论著见附录),这些研究大多检索了大量方志,对明清时期各省农村集市的数量进行了统计。笔者将这些数据进行归纳整理,制成表4—16。其中江浙皖三省因方志记载大多只列市镇,不记集市,故而是市镇数字,其余各省均为集市数。

表4—16　明清时期各省区集市发展状况表(1)

省　区	明　代(嘉靖—万历)		清　初(顺治—康熙)		清中叶(乾隆—道光)		清　末(咸丰—宣统)	
	州县数	集市数	州县数	集市数	州县数	集市数	州县数	集市数
直隶(关内)①	14	132	52	527	49	637	59	826
山　东②	42	704	64	1 126	74	1 580	56	1 555
陕西(关中)③	16	143	21	238	28	264	37	351
四川(盆地)④	—	—	13	135	93	2 484	80	2 655
湖　北⑤			33	548	47	1 430	57	2 074
江　西⑥	45	459	51	545	43	976	47	1 026
福　建(不含台湾)⑦	19	131	15	205	39	511	11	225
广　东⑧	—	—	72	1 270	71	1 969	—	—
江　苏⑨*	44	698	59	1 112			54	1 351
安　徽⑨*	23	294	31	708			23	671
浙　江⑨*	54	368	66	605			45	734

　　资料来源:①附录石原润第二篇文章表1;②许檀第二篇文章表1;③魏志强硕士论文附表;④高王凌第一篇文章表1;⑤李华第一篇文章(打印稿)附表3,该文正式发表时此表未刊出;⑥詹小洪硕士论文附表;⑦陈铿前引文(打印稿)附表,该文发表时此表未刊出;⑧李华第二篇文章表5。以上各省集市数据均按本表的阶段划分重新进行统计。⑨石原润第一篇文章表3,该表系以乾隆、

嘉庆为界将清代数据分为清代前半期、后半期两部分,本表分别将其归入清初、清末两栏,故与其他省区相比这三省清初数字可能偏高,清末数字可能偏低。

说明:※江苏、安徽、浙江三省系市镇数。

表4—17是依据表4—16数据所作的各省区每州县集市的平均数。该表可见,嘉靖—万历年间各省区虽然发展程度不一,但基本已形成一个初具规模的农村集市网;康熙、雍正年间集市数量较之明代已有增长,不过除个别省区外增幅尚属有限;乾隆—道光年间大多数省区集市数量较清初有显著增长,其中直隶、山东增长在20%以上,广东、湖北超过50%,四川、江西的数字更是翻了一番还多;清中叶以后,绝大多数省区仍保持着继续增长的趋势。

表4—17　明清时期各省区集市发展状况表(2)

省　区	平均每州县集市数				指数(以清初为100)			
	明代	清初	清中叶	清末	明代	清初	清中叶	清末
直隶(关内)	9.4	10.1	13.0	14.0	93	100	129	139
山　东	16.8	17.6	21.4	27.8	95	100	122	158
陕西(关中)	8.9	11.3	9.4	9.5	80	100	85	86
四川(盆地)	—	10.4	26.7	33.2	—	100	257	319
湖　北	—	16.6	30.4	36.4	—	100	183	219
江　西	10.2	10.7	22.7	21.8	95	100	212	204
福建 (不含台湾)	6.9	13.7	13.2	20.5	50	100	96	150
广　东	—	17.6	27.7	—	—	100	157	—
江　苏※	15.9	18.8	—	25.0	85	100	—	133
安　徽※	12.8	22.8	—	29.2	56	100	—	128
浙　江※	6.8	9.2	—	16.3	74	100	—	177

说明:※江苏、安徽、浙江三省系市镇数。

表4—18是依据表4—17中各州县集市平均数对全国集市数量进行的估计。在明代十三个布政司中我们有其中七个的集市数

字,如果再加上河南、湖广、广东等布政司,全国主要省区合计集市数量约在一万上下,比清初的数字稍低些。清代中叶,仅表中所列的 11 个省区集市合计已有 18 000 余个,若再加上河南、山西、湖南、广西等省的数字,全国集市总数至少可达 22 000—25 000 个,清末当会超过 30 000 个。

表 4—18　明清时期各省区集市发展状况表(3)

省　区	各省区州县总　数①	估 计 全 省 集 市 数			
		明　代	清　初	清中叶	清　末
直隶(关内)	130	1 222	1 313	1 690	1 820
山　东	107②	1 747	1 830	2 290	2 975
陕西(关中)	40	356	444	370	380
四川(盆地)	120	——	1 248	3 204	3 980
湖　北	72	——	1 195	2 189	2 621
江　西	79	806	845	1 793	1 722
福建(不含台湾)	58	400	795	760	1 189
广　东	88	——	1 549	2 438	——
江　苏※	70③	858	1 015	1 382*	1 750
安　徽※	60	768	1 368	1 560*	1 752
浙　江※	76	517	699	969*	1 239
合　计	——	6 674	12 301	18 645	21 866④

说明:①各省区州县总数系依收入集市数据的区域计算,故部分省区州县数与该省实际州县数有出入。另,有些省区州县数明清亦有变化。②山东明代及清初为 104 州县,清代为 107 州县。③江苏明代及清初以 54 州县计,清代以70 州县计之。④广东以清中叶数字计入。

※江苏、安徽、浙江三省系市镇数。

*系清初、清末两栏的平均数。

随着集市数量的大幅度增长,集市分布密度也大大提高了。清代中叶,全国大多数省区已形成一个具有相当密度的农村集市网。统计数字显示,清代中叶各省区的集市密度大体在每 100 平方公里

1—2 集,平均每集交易面积在 60—90 平方公里,其中平原多在 40—60 平方公里,山区多在 100 平方公里以上。至于每集交易半径,平原多为 3—5 公里,山区多为 5—7 公里,平均在 4—6 公里之间。也就是说,小农赴集贸易一般只需 1—2 小时的路程,步行半日即可往返;山区距离稍远,一日也可从容往返;河网区由于水路交通之便,实际耗时则少得多。各省区之间集市密度相当接近,这或许可看作清代集市发展的某种整体性。

进一步的分析可看到,人口、耕地资源,以及经济发展水平都是影响集市发展的重要因素。一定数量的人口与耕地是维持一个集市最基本的条件。市场是由需求决定的,一定数量的人口是保证这一需求的第一要素。但小农还必须有剩余产品可供出售,才能使他的各项需求从潜在的转化为现实的需求。比较表 4—19 中平原区与山区两部分,平原人口密度多在每平方公里 200 人以上,而山区人口密度多在 100 以下,山区集市密度普遍低于平原区,人口稀少显然是十分重要的因素之一。由于气候、水源条件的差异,南北方耕作制度亦有不同。华北平原为旱作区,农作物大多一年一熟,部分地区两年三熟;而长江以南各省均为稻作区,大多一年两熟,条件好的还可一年三熟。故维持一个人的生活所需要的土地数量南北方也相差较大,北方旱作区大致在 3—4 亩,而南方只需 1—2 亩。当然土质、水源条件不同、商品化程度不同,同样数量的土地其实际收益仍会相差很多。这些因素都会对市场需求量造成影响。下面我们来看各省区的差异(见表 4—19)。

河北、山东二省平原各府人口密度、耕地条件相差不多,其集市密度也大致相同;而位于丘陵山区的各府人口密度约为平原区的一半,土质、水源条件亦差,其集市密度较低也就是自然的了。

四川各府中成都府人口密度最高,达每平方公里五百余人,需求总量较大;重庆府人口密度虽不甚高,但人均耕地最多,土地可提供的剩余产品较多,这两府集市密度较他府为高;位于山区的龙安府人口密度仅数十人,人均耕地又不足一亩,人口需求和所能提供的剩余产品均属有限,故集市密度大大低于其他各府;至于保宁府人口密度虽低,但人均耕地较高,其集市密度与平原区的潼州府不相上下。

表 4—19　清代中叶各省平原、山区集市密度与人口、耕地资源对照表

	平　原　区				丘　陵　山　区		
地区别	集市密度集/100km²	人口密度人/km²	人均耕地/亩	地区别	集市密度集/100km²	人口密度人/km²	人均耕地/亩
直隶保定府	2.35	172.2	2.65	直隶永平府	0.66	55.9	3.60
直隶河间府	2.47	185.7	4.43	直隶遵化州	0.70	130.1	2.69
山东济南府	2.49	271.3	2.82	山东沂州府	0.87	95.3	3.23
山东东昌府	2.29	295.8	4.80	山东登州府	0.73	103.9	3.57
山东兖州府	1.51	198.2	3.59				
四川成都府	2.18	507.8	1.24	四川保宁府	1.23	30.6	2.61
四川重庆府	2.03	101.6	3.71	四川龙安府	0.60	67.7	0.67
四川潼州府	1.22	105.4	1.45				
江西九江府	1.06	208.7	1.34	江西赣州府	1.21	105.9	0.85
江西南康府	1.05	266.0	1.45	江西南安府	1.05	82.5	1.21
江西临江府	2.64	325.9	2.27				
广东广州府	3.53	306.8	1.87	广东南雄府	1.24	100.6	3.27
				广东嘉应州	0.56	146.0	0.92
江苏苏州府	1.96	1 073.2	1.14				
江苏松江府	2.69	626.6	1.54				

资料来源:(1)各府面积、人口据梁方仲《中国历代户口田地田赋统计》甲表88;山东分府面积有误,系据《中国历史地图集》清代山东省图以称重法求出;又,东昌府含临清直隶州,兖州府含济宁直隶州在内。(2)集市数字直隶据石原润、山东据许檀、四川据高王凌、江西据詹小洪、广东据李华前引各文集市表统计,清代中叶缺载的州县以相邻时段数字补入。江苏据刘石吉《明清时代江南市镇研究》第142—143页,系市镇数;樊树志、陈忠平等亦做过统计,数字差距不大。

　　江西各府中以临江府人口密度和人均耕地为最高,其集市密度也高于其他各府;赣州、南安二府虽位于山区,人口密度与人均耕地也低于其他诸府,但集市密度并不太低,这大概是由于这两府位于大庾岭商路,自乾隆二十二年清政府限定广州"独口通商",江浙闽诸省的丝、茶等货均需经江西翻越大庾岭入广东出口,而进口货物也需由广东翻越大庾岭入江西再转销各地,商品转运及流动人口的需求在一定程度上带动了这条商路沿线南安、赣州等府市场的发展。

广东各府中以位于珠江三角洲的广州府人口密度最高,集市密度也是最高的,每 100 平方公里墟市密度为 3.5 个,平均每集交易半径只有 3 公里,这一密度不仅在广东,即便在全国也是首屈一指的;而粤北山区的嘉应州人口稀少,耕地条件也差,平均 200 平方公里才有一个墟市;南雄州人口虽少,但耕地条件尚佳,而且位于大庾岭商道的广东一侧,其集市密度虽大大低于广州府,但与相邻的江西赣州、南安二府大体相同。

江南的苏州、松江二府是全国经济最发达的地区,这里人口密度最高,为平原区一般密度的 2—3 倍,耕地条件亦佳,但这里的集市密度并不是最高的。不过这二府的数字是市镇密度,这一现象提示我们集市的增长并非无限的,当它达到某一合理的购物距离之后,主要发展方向即可能转向另一个方面。

集市开市频率是反映其发展水平的又一指标。在既定的集市密度下,开市频率越高,市场的实际效率也就越大。

明清时期在集市数量增长的同时,集市开市频率也呈增长趋势。如福建邵武县和平墟、朱坊墟,明代每月仅开市一次,到清代中叶都已增为每旬两集,即每月开市六次;永定县溪口墟乾隆时每旬一集,道光时增至每旬两集。①山东金乡县康熙年间共有乡集 19 处,其中每旬开市两次的 9 集,开市四次的 9 集,另有 1 集每旬只开市 1 次,总计每月开市 57 次;乾隆年间该县乡集增至 23 处,并全部改为"十日四集",总计每月共开市 92 次。②

与集市密度相比,集市开市频率的多寡更明显地反映各地区经济发展水平,特别是商品化程度的差异。江南地区商品经济发展水平居全国之首,市场发育早于其他诸省,明代中叶基本上已是每日开市,每旬开市数次的定期市已十分罕见。③广东的墟市"大率

---

① 陈铿:《明清福建农村市场试探》,《中国社会经济史研究》1986 年第 4 期。
② 康熙《金乡县志》卷 2《乡社》;乾隆《金乡县志》卷 8《方社》。
③ 樊树志:《明清江南市镇探微》,第 35 页。

三日一市",以每旬三次最为常见,但在沿海地区也有相当一部分州县因"商贾辐辏无虚日"改为"逐日市"。如乾隆《潮州府志》所列该府九县 109 个墟市中"逐日市"者即有 60 个,占总数的 55%;每旬三市者 39 个,占 35%;每旬两市者 8 个,占 7.3%;而海阳、澄海两县的墟市已全部为"逐日市"了。①江西的墟市一般以每旬三次较为普遍,但在赣东北、赣东南山区也有不少每旬开市两次者;赣江中游的吉安、临江等府则出现了每旬四次、五次的墟期;至于"四时贸易如一"的常日市只有在南昌府、九江府才能见到。②四川的场市也以每旬三次者为多,乾嘉年间在川西平原的郫县、新繁一带已出现了每旬开市四次、五次的场市。③福建的墟期以"每旬两次为主要代表形式",仅在闽南沿海的部分州县每旬三次的墟期才较为多见。④山东的集市以每旬开市两次最为普遍,清代每旬开市三次、四次的集市有增长趋势,如上引金乡县的例子;在运河沿线亦可见到"日日集"的集镇,但这种现象并不多见;大多数州县系以每旬开市两次的集市为主,其中间有一二个或三五个集市每旬开市三次、四次等等。⑤

以上考察我们看到,清代全国大多数省区的集市以每旬开市两次、三次最为普遍。每旬开市两次者,其集期组合多为一六、二七、三八、四九、五十相搭配。如乾隆年间山东平原县共有乡集 29 处,其中以一六日为集期者 3 集,二七日为集期者 4 集,三八日为集期者 9 集,四九日为集期者 9 集,五十日为集期者 4 集。⑥每旬开市三次者,其集期组合以一四七、二五八、三六九最为常见。如广东增城县共有墟市 36 处,其中以一四七日为墟期者有庙潭、二龙、白石等 8 墟;以二五八日为墟期者有县城东街、小埔、仙村等 12 墟;以三六九日为墟期者有证果、高滩、冈见等 8 墟;此外还有少数墟市系以三六十日、三

① 乾隆《潮州府志》卷 14《墟市》。
② 詹小洪:《明清江西农村市场初探》,中国社会科学院经济研究所硕士论文,1986年。
③ 高王凌:《乾嘉时期四川的场市、场市网及其功能》,《清史研究集》第 3 集,第 79页。
④ 陈铿:《明清福建农村市场试探》。
⑤ 许檀:《明清时期山东集市的发展》。
⑥ 乾隆《平原县志》卷 2《市集》。

五八十日为墟期。①

　　这种集期的交叉搭配,不仅将一旬之内的集期均匀相隔,而且为相邻集市之间集期的交叉编排提供了可能。各州县集市中,相邻的若干集市开市日期往往相互错开,互不重叠。如乾隆年间湖南永绥厅筹建茶洞、花园等处集场时,茶洞"议以逢五逢十",花园"议以逢一逢六",以便和附近的"隆团、尖岩、永城等处场期按期接连,循环交易"。②这种现象十分普遍,直隶称之为"插花集",广西叫"交叉墟",四川叫"转转场"。在上面的考察中我们已经看到,每县每日总会有一两个、三五个或者更多的集市开市,也就是说各县居民在一年中的几乎任何一天都可在该县范围内赴集贸易,商人也可充分利用各集交错开设之便穿梭往还各墟集之间。而相邻集期的交叉编排更使得这种时间选择与就近贸易能够互相兼顾。显而易见,这种集期安排方式完全是以方便交易为目的的,同时也可在一定程度上弥补开市间隔较大之不便,从而在既定的集市密度下为买卖双方提供最大的便利和时、空选择余地。

二、集市牙行与税收制度

　　牙人、牙行是买卖双方的中介。牙人亦称经纪、牙侩、驵侩等。明代商书《士商类要》中写道:"买卖要牙,装载要埠","买货无牙,秤轻物假;卖货无牙,银伪价盲。所谓牙者,别精粗、衡重轻、革伪妄也"。③清代的记载称,"民间货物交易,评定价格,代为过付者谓之牙户";"凡城乡贸易之处置一卯簿,发给该牙行经纪,逐日逐起登簿收税。如不登簿,即以漏税查究"。④即牙行在评估物价、主持交易之外,还承担着为政府征收商税的职责。

　　明初政府曾一度禁牙,下令"天下府州县镇店去处不许有官、私牙……敢有称系官牙、私牙者,许邻里坊厢拿获赴京,以凭迁徙化外

---

① 嘉庆《增城县志》卷2《墟市》。
② 《湖南省例成案》卷34《户律·市廛》,社科文献出版社2013年版,第461—468页。
③ 转引自韩大成:《明代城市研究》,中国人民大学出版社1991年版,第177页。
④ 民国《福建通志》卷16《赋税志·清杂税》;黄六鸿:《福惠全书》卷8《杂课部》,《四库未收书辑刊》第3辑第19册,北京出版社2000年版,第100页。

……两邻不首,罪同"①。但牙人在商品交换中的作用是不可缺少的。明代中叶随着商品经济的发展,牙人的活动逐渐得到政府的正式承认,景泰二年收税则例已列有"牙钱";嘉靖二年的"市易法"更明文规定:"凡城市乡村诸色牙行及船埠头,准选有抵业人户充应,官给印信文簿。"②

明中叶以后不仅城市商埠设有牙行,很多地区的乡村集市也设牙征税。如嘉靖年间山东莱芜县城和乡集均设有斗秤牙行,共计208名。乐陵县集市原设有"斗秤牙行各色共六十六名",每名每月纳银一钱,共征银79两;万历年间"有新立集场,续添三十名",增加税银36两。③河南彰德府在万历年间查议各州县"市集繁简,贸物多寡,分为等则",定立各行户税额。④也有的地区集市牙行、牙税兴废无定,似尚未形成定制。如福建福安县富溪津市距县城30里,"明设巡拦,复改设官牙以平贸易,择公慎者为之;万历三十七年罢,商贩不便,三十九年复设;泰昌复罢"⑤。

牙行之设本为平定物价,主持公平交易,有促进商品流通的积极作用。然而利之所在,弊亦由此而生,不法奸牙借抽税为名中饱私囊,成为集市的一大弊端。如嘉靖年间广东东莞县牙人卢孟吉"违例用强抽收圩税",五年得银八百余两,却瞒报为78两;大埔县三河坝市乡宦曾某滥收商税,致"商民走讼"。⑥清初牙行之弊较明代更甚,往往导致"商贾裹足"。这一状况引起抚按大臣的严重关注,康熙年间起各地陆续下令清查整顿。

康熙十二年,左副都御使李赞元在弹劾鱼台知县科敛税银一案的奏疏中指出,奸民恶棍往往串同牙蠹向地方官"贿营行帖执照",然后"以朱标印信为护身符券,如虎而翼,公然肆诈"。因而,要革除牙

---

① 万历《明会典》卷35《户部·商税》,《续修四库全书》第789册,第158页。
② 杨嗣昌:《杨文弱先生集》卷12《恭承召问疏》,《续修四库全书》第1372册,第628页;刘惟谦:《大明律》卷10《户律·市廛》,《续修四库全书》第862册,第484页。
③ 嘉靖《莱芜县志》卷2《集市》;顺治《乐陵县志》卷3《课程》。
④ 万历《彰德府志》卷上《田赋志》。
⑤ 光绪《福安县志》卷3《街市》。
⑥ 叶显恩、谭棣华:《明清珠江三角洲农业商业化与墟市的发展》,《广东社会科学》1984年第2期。

行之弊,必须对地方官吏私给行帖严行禁止。部议获准,定例"凡贸易杂货有擅给行帖执照索税者,依私征私派例以赃论"①。

设立义集,或将原有集市改为义集,也是地方政府扼制牙行之弊的一项措施。各地义集既有官府设立,也有乡绅所为。如山东恩县的惠民、复兴、贸迁等十集均为康熙年间县令陈学海所立义集,"俱用义斗义秤,禁牙侩抽税,民甚便之"②。乾隆年间发展为山东中部商业重镇的周村,清初也曾饱受牙行之扰,以致"商困难苏"。康熙年间乡宦李雍熙、李斯伾祖孙二人相继捐资"代周村觅斗秤之夫,纳牙行之税"数十年,使周村成为义集,"市以不扰,商旅如归",商业得以迅速发展。③广东东莞县《凤岗陈氏族谱》家规条下记有:"圩市埠头,原以通商贸易也。圈套强压,使人念怒固不可;至若私借地主、牙行名目混行抽收,或狡猾顽徒逐队白拈,致使四方裹足不前,殊属恨事。今严行禁止。倘仍前放肆,重则呈究,轻则在祠责罚。圩甲容忍,一并责革。"④将禁革牙行之弊写入族规,更足见地方乡绅对维护集市贸易秩序的重视。

牙行之弊并非一省一地所独有,各地大致皆然,故雍正年间清政府在全国范围内对牙行进行了整顿。雍正四年,户部将各州县颁发牙帖的权力收归布政司,以杜地方官与地棍朋比为奸。⑤十一年,雍正皇帝又重申这规定,并下令各州县将牙行定额,除新设集市之外,只准在原额之内退帖顶补,不得额外增加,从而扼制了牙行无限度的增设。雍正十一年上谕如下:

> 各省商牙杂税额设牙帖俱由藩司衙门颁发,不许州县滥给,所以防增添之弊,不使殆累于商民也。近闻各省牙帖岁有增添,即如各集场中有杂货小贩向来无借牙行者,今概行给帖,而市井奸牙遂借此把持,抽分利息。是集场多一牙户即商民多一苦累,甚非平价通商之本意。著直省督抚饬令各该藩司因地制宜著为

① 光绪《海阳县志》卷8《艺文门》。
② 雍正《恩县志》卷1《市镇》。
③ 康熙《长山县志》卷9《艺文志》;卷6《人物志》;嘉庆《长山县志》卷14《艺文志》。
④ 转引自叶显恩、谭棣华:《明清珠江三角洲农业商业化与墟市的发展》。
⑤ 雍正《大清会典》卷53《户部·杂赋》。

定额,报部存案,不许有司任意增添。嗣后止将额内退帖顶补之处查明换给。再有新开集场应设牙行者,酌定名额给发,亦报部存案。庶贸易小民永免除牙行苛索之弊矣。①

关于牙行承充、退顶的手续,《武定府志》记载较详:(1)承充牙行,必须"查系殷实良民,本身并非生监者,取具邻佑及同行互保,各结详,请给帖纳税,由布政司钤盖印信颁发,不许州县滥给";(2)"如额内各牙遇有事故歇业及消乏无力承充者,官令退帖,随时另募顶补,换给新帖,总不得于额外增添";(3)"其有新开集场必应设立牙行者,确查结报,转详核给"。②稍后,清政府又制定了牙行五年编审,更换新帖的规定。

乾隆皇帝登基之后,又于雍正十三年十月、乾隆元年下令对各地集市税收进行清理整顿,凡属额外苛索或重复征收者"全行禁革",乾隆初年各省督抚陆续核查奏报。如广东巡抚奏请将揭阳等县"粪麸牛骨皮碎农具棉条等项""细微之物或农民肥田之具"的商税予以裁革;江苏巡抚奏报,上元、江宁、武进等州县"牛驴猪羊花布等税正盈银两并砀山县课程正盈各税"共银391两零,江阴、丹阳等县"牛驴猪羊灰场各税盈余"共银41两零,均属应裁之项,题请裁革。③乾隆五年清政府又定制:"各衙门胥吏有更名捏充牙行者,照更名重役例杖一百,革退;如有诓骗客货,累商久候,照棍徒顶冒朋充霸开总行例,枷号一个月,发附近充军;若该地方官失于觉察及有意徇纵,交部分别议处;受财故纵,以枉法从重论。"④

上述一系列的清查整顿和定制,虽不能完全杜绝牙行之弊,但多少扼制了牙行的负面作用,使集市贸易得以正常发展。同时,通过一系列的整顿,各地集市的牙行设置与管理基本制度化、规范化了。我们来看几个例子:

据乾隆三年六月江宁巡抚杨广斌奏报:江苏省江宁等十一府州

① 《清朝文献通考》卷31《征榷考六·杂征敛》,浙江古籍出版社1988年版,考5136。
② 咸丰《武定府志》卷12《田赋志》。
③ 中国社会科学院经济研究所藏《钞档》:户部尚书张廷玉乾隆二年四月二十七日题本。
④ 《大清律例》卷:《户律·市廛》,天津古籍出版社1993年版,第273页。

乾隆元年"原报牙行"25 022户，牙税额该银10 237.301两；乾隆二年吴江、昭文、昆山、娄县"歇闭行二十三户"，除豁税银10.6两；又因溧水、长洲、元和等18县有"新开集场，报增牙行六百五十八户"，新增税银228.27两；乾隆二年分实共牙行25 657户，税银10 454.701两。[①]表4—20是乾隆初年江苏十一府州牙行、牙税数额增减变化状况，请参见。

表4—20　乾隆初年江苏省江宁等十一府、州牙行、牙税增减变化表

年　分	上届奏报		歇闭除豁		新　增		实在额数	
	牙行（户）	税银（两）	牙行（户）	税银（两）	牙行（户）	税银（两）	牙行（户）	税银（两）
二年分	25 022	10 237.30	23	10.6	658	228.27	25 657	10 454.70
三年分	25 657	10 454.70	4	3.5	757	297.47	26 410	10 748.67
四年分	26 410	10 748.67	21	14.12	105	57.90	26 494	10 792.44
六年分	26 227	10 727.12	32	11.56	26	21.42	26 221	10 736.97
七年分	26 221	10 736.97	20	8.53	94	61.35	26 295	10 789.79
九年分	26 417	10 867.06	46	15.61	177	104.76	26 548	10 956.20
十年分	26 548	10 956.20	34	31.64	118	60.43	26 632	10 984.99
十一年分	26 632	10 984.99	272	73.93	254	75.87	26 614	10 986.94

资料来源：据《钞档》江宁巡抚杨永、张渠、陈大受等奏折统计。

关于牙行承充退顶，五年编审，更换新帖等制度的实际执行情况，孔府档案中有一份郓城屯屯官樊廷杰的申请，我们可借以了解其具体过程，抄录如下：

郓城屯屯官樊廷杰为申请牙帖承办课税事。查郓城屯集萧皮口、王家屯、张家楼三处旧集经纪张大和等已满五年，例应更换。今选得屯户王登高等堪以充膺郓城屯集经纪，取具保结，加

① 《钞档》：江宁巡抚杨永斌乾隆三年六月十五日奏折。

具钤结，造册申送，转咨请领牙帖，承办课税。理合具文申请。

伏乞 爵宪大人照验施行。

计申送：

保结、钤结二十二连，清册二本。　右申

袭封衍圣公府

道光十一年六月　　日申①

其中的一份"清册"如下：

郓城屯屯官樊廷杰造送郓城屯屯集经纪姓名清册：

郓城屯屯官樊廷杰为申送事。今将郓城屯集各行经纪姓名、年貌、住址造送申送。须至册者。计开：

郓城屯萧皮口粮行经纪王登高，年三十二岁，系本屯屯户，顶补张大和缺承办课税；

郓城屯萧皮口大秤行经纪萧见明，年三十四岁，系本屯屯户，顶补王德俊缺承办课税；

郓城屯萧皮口银行经纪唐凤祥，年四十八岁，系本屯屯户，顶补张义和缺承办课税；

郓城屯萧皮口布行经纪王箱，年四十岁，系本屯屯户，顶补王舒俊缺承办课税；

郓城屯萧皮口屠行经纪萧光寅，年三十一岁，系本屯屯户，顶补张大成缺承办课税；

郓城屯张家楼粮行经纪唐富安，年三十四岁，系本屯屯户，顶补张淑成缺承办课税；

郓城屯张家楼大秤行经纪王书勤，年四十岁，系本屯屯户，顶补张有礼缺承办课税；

郓城屯张家楼牛驴行经纪王喜南，年四十岁，系本屯屯户，顶补王向文缺承办课税；

郓城屯张家楼猪羊行经纪刘东亮，年五十二岁，系本屯屯户，顶补张浮荣缺承办课税；

郓城屯王家屯粮行经纪李考亭，年三十五岁，系本屯屯户，

---

① 《曲阜孔府档案史料选编》第 3 编第 14 册，第 153 页。

顶补张大岭缺承办课税;

郓城屯王家屯大秤经纪王琴,年三十五岁,系本屯屯户,顶补王向琴缺承办课税。

道光十一年六月　日①

这是孔府屯集经纪按期编审更换、申领牙帖的案例。也有未能按期换领的,如嘉庆二十一年衍圣公府曾发文至各屯"催缴各集经纪原领司贴",文称:"节准山东布政使司咨催,案查前奉户部咨开,饬将各屯集经纪按照五年编审例限清查更换,毋任朋充滋弊等因。查此案屡经本爵府札饬管勾,并各屯该管屯官遵照办理去后,迄今二年之久,未据详覆更换前来,殊属可恶,合行严提。为此仰役前赴　屯,着落屯官　,即将　集经纪,并携带原领司帖迅速呈验到案。本爵府以凭咨司更换新帖,以免朋充滋弊。事关钦定例限、户部咨催之件,倘敢仍前玩延,定将该管屯官参革不贷。"②

以上考察可见,孔府各屯集经纪的顶补更换、申领牙帖等事也是按照户部的规定执行的。稍有不同的是,各州县是由地方官负责落实,而孔府则是由各屯屯官负责"选择殷实老成之人照例造具册结,加具印结,具详兖州府",然后再由府转呈布政司,核查给帖。既然贵为"天下第一家"的孔府,牙行经纪的设置与管理仍是依照部例,我们可以认为,清政府关于牙行定额的各项制度,在各地应是不同程度地被执行了;至于各州县落实的好坏则与地方官的勤政程度密切相关。

清代设行征税乃是因地制宜,以地方"物产之丰者",或以"外来货物"交易量较大者为对象,因而各州县设行不尽相同。如前引郓城屯萧皮口集设有粮行、大秤行、布行、银行、屠行等;湖南祁阳县设有棉花行、饎食行、鱼鲊行、广货行、油梅行、杂货行、麦冬行,道州设有毡货行、枣柿行、靛青行、桐油行等;广东保昌县设有鱼苗行、京果行、棉布行、梭布行、铁锅行,等等。③

各省各州县牙帖数额及所征税银亦多寡不一。道光《户部则例》

① 《曲阜孔府档案史料选编》第3编第14册,第146—147页。
② 《曲阜孔府档案史料选编》第3编第14册,第120页。
③ 道光《永州府志》卷7《杂税》;乾隆《南雄府志》卷4《杂税》。

载:江西省额设牙帖 4 518 张,"上则每张征银三两,中则每张征银二两,下则每张征银一两"。也有的地区"不分等则",如直隶通州每张牙帖税额自 30 两至 9 钱不等,良乡每张征银自 25 两至 2.5 两不等;湖南省额设牙帖 1 101 张,不分等则,每张征银高者 12 两,低者仅只数钱。①

方志记载更为详细,如直隶永清县南关集设有斗行 8 人,共征收税银 8 两 8 钱;芝麻行 3 人,共征银 3 两 6 钱;驴行 7 人,共征银 7 两 7 钱;猪行 6 人,共征银 6 两 6 钱;木行 1 人,征银 1 两 2 钱;布行 2 人,共征银 4 两 7 钱。信安集设有斗行 1 人,征银 1 两 2 钱;估衣行 1 人,征银 1 两 2 钱;车行 2 人,共征银 4 两。全县合计共设牙行 66 人,征银 84.5 两,每行征银大多为 1 两 1 钱或 1 两 2 钱,车行、布行稍高些。②湖南东安县石期市设有牙行 6 户,其中棉花行 2 户,各税银 6 钱 5 分;布行 1 户,税银 7 钱 4 分;油梅行、餂食行各 1 户,税银均为 4 钱 5 分;鱼鲜行 1 户,税 3 钱 7 分。井头墟共有牙行 8 户,棉花行税银 6 钱 5 分,布行税银 7 钱 4 分,靛青行、烟叶行各税银 6 钱;毡货行、白蜡行各税 4 钱零;磁器行、鱼鲜行各税 4 钱;白牙市、芦洪市、渌步市、玉陛源、下花桥等墟市的棉花、布匹、靛青、鱼鲜等行,税额与上述各行大体相同。③

领帖征税的集市往往只是各州县集市中的一部分。如道光年间湖南祁阳县共有集市十余处,设行征税的仅只县城、白水、归阳、文明 4 处。④山东长清县 35 个集市中设行征税者仅县城、丰齐、张夏等 10 集,共计"布花行帖十张,牛驴行帖五张",其余潘村等 25 集无帖,亦不征税,有税之集还不到全部集市的三分之一。⑤商河县 34 个集市中有 31 个征收税银,不过商河全县税银只有 40 两,各集征银均属有限,高者不过二三两,低者仅仅二三钱。⑥

概括而言,清代大多数省区在集市征收的商税主要有畜税、牙税

① 道光《户部则例》卷 42《牙行额税》。
② 乾隆《永清县志》户书第二。
③ 道光《永州府志》卷 7《杂税》。
④ 道光《永州府志》卷 7《杂税》。
⑤ 道光《长清县志》卷 2《市集》;卷 5《杂税》。
⑥ 道光《商河县志》巷 3《课税》。

及各种商品税三项,多系牙行代为征收。其中,畜税一项有些地区只向骡、马、牛、驴等大牲畜征收,猪羊不在其内;也有的地区则包括猪羊在内。牙税、商税两项则大体包括了除牲畜以及专卖商品食盐之外集市贸易的各种主要商品。

表4—21是乾隆初年江苏省江宁、苏州二府的牙税、畜税统计。该表可见,江宁府属七县共征收牙税银1 050两,平均每县150两;共征收畜税311两,平均每县44两零。苏州府属九县共征收牙税银1 106两,平均每县120余两;共征收畜税90两,平均每县为10两。

表4—21　乾隆二年江苏省苏州、江宁二府牙税、畜税统计

单位:两

府县别	苏　州　府		府县别	江　宁　府	
	牙　税	畜　税		牙　税	畜　税
长　洲	112.5	2.7	上　元	366.45	37.737
元　和	229.2	6.93	江　宁	248.024	29.15
吴　县	228.4	28.5	句　容	105.6	22.2
吴　江	118.3	13.1	溧　水	39.483	20.0
震　泽	98.287	8.4	高　淳	47.325	12.0
常　熟	80.0	5.42	江　浦	67.8	89.463
昭　文	83.7	5.73	六　合	175.5	104.723
昆　山	105.1	6.68			
新　阳	50.7	12.92			
合　计	1 106.187	90.38	合　计	1 050.183	311.273

资料来源:中国社会科学院经济研究所藏《黄册·户部杂赋》。

道光年间山东济南府属16州县共征收牙杂税银96.501两,牛驴税银176.563两,课程(即商税)银425.25两,三项合计共征银698.314两,平均每州县43.645两。道光年间济南府各项税额详见表4—22。山东的畜税一般只向牛驴骡马等大牲畜征收,故称牛驴税。

表 4—22　道光年间济南府属十六州县商税统计

单位:两

州县别	课　程	牙杂税	牛驴税	三项合计
历　城	24.0	17.5	3.95	45.45
章　丘	30.1	3.9	10.05	44.05
邹　平	20.45	3.1	3.1	26.65
淄　川	14.58	3.1	4.5	22.18
长　山	8.456	0.62	3.0	12.076
新　城	49.128	3.9	13.1	66.128
齐　河	61.5	4.2	9.6	75.3
齐　东	18.0	1.004	1.1	20.104
济　阳	28.32	2.41	14.9	45.63
禹　城	27.3	8.6	13.9	49.8
临　邑	57.166	3.381	15.881	76.428
长　清	0.45	0.45	0.55	1.45
陵　县	15.6	5.736	6.1	27.436
德　州	6.0	6.3	52.732	65.032
德　平	18.0	1.4	3.5	22.9
平　原	46.2	30.9	20.6	97.7
合　计	425.25	96.501	176.563	698.314
平均每州县	26.578	6.031	11.035	43.645

资料来源:道光《济南府志》卷 14《田赋》。

比较同一府州县不同时期的税收变化,税额的增长明显可见。如陕西西安府泾阳县雍正年间畜税为 104 两,乾隆时增至 421 两,增加了三倍;凤翔府宝鸡县则从雍正年间的 52 两增至乾隆时的 483 两,增长更达 8 倍多;全府平均风翔、同州二府增长了 80%,西安府增长一倍以上。[①]山东兖州府属 14 州县乾隆年间牙杂、牛驴、课程三

---

① 据魏志强:《明清时期关中区域市场初》,中国社会科学院经济研究所硕士论文,1987 年,表 4 计算。

项税银分别为 1 483.713 两、404.71 两和 2 462.352 两,与康熙时的税额相比分别增长了 4 倍、2 倍和 3 倍;其中有些州县甚至增长 10 倍以上,如峄县康熙年间牙杂、牛驴、课程三项共征银 40.708 两,乾隆年间增为 449.68 两,为康熙时的 11 倍,牙杂、牛驴、课程三项分别增长了 42 倍、16 倍和 5 倍。[①]

全省合计,山东从康熙年间到乾隆中叶牙杂、牛驴、课程三项税额从12 444两增至24 218两,大约增长了一倍;嘉庆年间再增为38 485两,较乾隆时又增 50%,与清初相比已增长两倍多了。[②]河南省康熙年间各项商税合计为23 000两,嘉庆年间增至149 900两,增长了五倍多;他如直隶、江西、四川等省商税额也都增长了三五倍。[③]全国各省区合计,地方商税从康熙年间的 47 万两,到乾嘉年间增至90 余万两,增长也近一倍。[④]而这一税额的增长是在对牙行、税收设置采取了一系列限制措施的前提下达到的,因而实际贸易额的增长显然要比税收反映出来的更大得多。

三、几种不同类型的集市

不同的集市因其交易商品、交易对象的不同,经济功能会有所差异;由于生产与需求的不同,某些集市以某种商品交易为主,另一些集市则以另一些商品的交易著称,从而各种商品的集市分布亦有所不同。下面,我们来具体考察几种不同类型的集市,以求对明清时期的集市有进一步的了解。

1. 满足小农一般性需求为主的集市

直隶《长垣县志》记载,县境"居民稠密,其村落稍大者各为期日,贸易薪蔬粟布,亦名曰集,无他货物,盖以便民间日用所需耳"[⑤];陕西富平县"市集皆日用常物,无大贾也",贸易商品大率"粟米酒脯菜炭而止"[⑥];湖南桂东县"各乡墟集以二八、三七等日交易而退,皆布米菽粟

---

① 康熙《兖州府志》卷 12《田赋志》;乾隆《兖州府志》卷 13《田赋志》。
② 乾隆《山东通志》卷 12《杂税》;嘉庆《大清会典事例》卷 195《户部·杂赋》。
③ 康熙《大清会典》卷 35《户部·杂赋》;嘉庆《大清会典事例》卷 195《户部·杂赋》。
④ 参见许檀、经君健:《清代前期商税问题新探》,《中国经济史研究》1990 年第 2 期。
⑤ 嘉庆《长垣县志》卷 6《市集》。
⑥ 乾隆《富平县志》卷 2《建置志》;卷 1《地理志》。

之类,无奇货异物"①。此类集市规模大小不一,如湖南武冈州集镇"列肆多者八九百家,少至数十家,所集之货多盐米布帛,取便日用,无甚居奇罔利者"②,这种列肆多至八九百家的集镇似不多见;也有些偏远地区,集市规模十分有限,如粤北山区的连山县,附近多少数民族居住,"每月二七之期大保有墟",瑶民赴墟贸易"所携惟米盐茶油,试觅粥(鬻)园蔬无有也"③,大概主要是小生产者之间的有无互易,这样的集市在清代也不多见;绝大多数集市均有商贩参与其间,但商贾数量不是太多,记载多称"商贾无几",或曰市"无巨贾"云云。

2. 保证小农生产性需求为主的集市

牲畜、农具、肥料、种子等是小农进行生产不可缺少的生产资料,在集市贸易中占有重要地位。笔者曾对清代山东牲畜市场进行过专门的考察,山东各州县均有常设牲畜市,数量三五个或十余个不等,大致每县每日总会有一两个或三五个牲畜市开市,需求旺季还有大规模的牲畜市(即庙会中的牲畜市)开设。清代中叶山东全省牲畜的年交易量估计在 24 万—48 万头,各州县牛驴税约占商税总额的 10%—30%,是集市贸易中最重要的商品之一。④

其他各省的牲畜贸易状况,如广东肇庆府高明县榄冈墟"每年八月三六九日集,专鬻牛,至十月终散";开建县金装墟逢二七日墟期,"凡有客人买牛一只,不拘水牛、沙牛及牛牯牛母,俱系每只税银 5 分",每年征收牛税银"二十余两或三十余两不等";恩平县"水牛每只税银 8 分,沙牛每只税银 5 分"。⑤江苏省江阴县"农田各器耕牛豚豕等畜,春夏间某乡某镇俱有集期"⑥,江苏各州县也都征收牛税,表4—21 所列苏州、江宁二府各县畜税即为"牛、猪等税"。

农具,如河南嵩县皋南集在县东 50 里,"数十里内民货盐米农器,率担负柴炭入市交易";汝河镇离县百里,四周重山,"向无市,盐

① 同治《桂东县志》卷 9《风俗志》。
② 道光《宝庆府志》末卷中:《撫谈二》。
③ 康熙《连山县志》卷 10《艺文》。
④ 许檀:《清代山东牲畜市场》。
⑤ 康熙《高明县志》卷 2《墟市》;《钞档》:户部尚书张廷玉乾隆二年四月二十七日题本。
⑥ 道光《江阴县志》卷 9《风俗》。

米农器易于县,往返三四日,妨农功",遂于乾隆"三十年秋始为立集,民便之";庙湾集离县百余里,"溪岭错互",也是为方便山民"易盐米农器",于乾隆年间设立集市。①可以看出,即便最偏僻的集市,农具也是集市贸易的主要商品,保证小农的生产性需求乃是集市最基本的功能之一。又如,直隶定州集市上贸易的商品"用物惟镰锸筐筺盆碗布枲席","食物惟豆麦菽粟瓜菜","其畜物惟马牛骡驴羊豕鸡鹜"②,均属极为普通的农家必需品,也包括农具、牲畜在内。在南方蚕桑区,养蚕所需的各种生产资料也可在集镇墟场中购买。杨屾《幽风广义》记载江浙蚕桑区,"里有蚕市,春日卖筐箔帘荐一切蚕事器具,卖桑树,卖蚕连,卖蚁,卖蚕,卖桑,卖茧,卖丝,无不毕具"。再如广东顺德县龙山乡大墟"有蚕纸行,养蚕者皆取资焉,每岁计桑养蚕";又有桑市,"他乡之桑集于此","有蚕多而桑少者则以钱易诸市"。③

肥料,如山东清平县戴家湾集以麻饼为商品之最大宗,专设有麻饼行;利津县店子街集设有豆饼行。④江苏吴江县黎里镇"每日黎明乡人咸集,百货贸易,而米及油饼为尤多"。⑤江南农业集约化程度高,肥料需求量甚大,饼肥需从相邻的河南、山东、安徽数省大量输入。《续纂淮关统志》记载,该关关税"向以豆饼为大宗","豆饼出产之处,自豫东、徐州而来者谓之西河,自东省而来者谓之北河,自凤颍、洪湖而来者谓之南河"。⑥他如麦种、薯秧、烟草、树种、鱼苗、仔猪,以及作为手工业原料的丝、棉、竹、苇、染料等,也都能够在集市上购买。

3. 以某种特产商品的集散为主的集市

清代随着生产力的提高和商品经济的发展,小农可供出售的农产品和手工业品的数量不断增加,粮、棉、丝、茶、棉布、丝绸、烟草、染料等都成为集市中上市的大宗商品。小农赴集出售,商人赴集收买,

---

① 乾隆《嵩县志》卷 12《市镇》。
② 道光《定州志》卷 7《市集》。
③ 嘉庆《龙山乡志》卷 4《田塘》。
④ 嘉庆《清平县志》卷 8《户书》;光绪《利津县志》卷 5《户书》。
⑤ 嘉庆《黎里志》卷 2《形胜》。
⑥ 杜琳、元成等:《淮关统志》卷 6《令甲》,台湾成文出版社 1970 年版,第 102 页。

从而形成繁盛的集市贸易。清代这种因某种商品的集散而兴盛的集市比比可见,兹举要述之。

(1)粮食市。粮食是集市贸易中最主要的商品之一,即便最萧条的集市也会有少量粮食交易。而粮食贸易较盛的集市一般各州县也都会有,在粮产区它以汇集输出为主,在缺粮区则以转运分销为主。如河南嵩县"中熟产粟可供食年余",是个余粮县分,该县之田湖、葛砦、德亭、楼关、白土街等集镇都是粮食集散地。田湖镇在县东30里,"米粮聚集",温泉之黄庄、汪城,伊河东之花庙诸保之民"集期担负入市者相望于道";葛砦在县东南数十里,"市多闽商,民重载而入,恒轻赍以归";德亭镇在县西北40里,"市多积粟,由穆册关贩运宜永"。①

南方粮产区湖南、江西、四川等省每年有大批稻米输出,其粮食集市更为兴盛。如湖南黔阳县托口市为"附近乡村并邻近肩运米粟者"枭卖之所;新路市位于沅江之畔,有"米码头"之称,不仅附近小农售粮于此,稍远者"自龙潭来,朝发夕至,次日即返",米市夜间仍有买卖。②更高一级的粮食市如长沙府之湘潭县,系著名的米码头,凡"衡、永、郴、桂、茶、攸二十余州县"米谷均汇集于此,每届"秋冬之交米谷骈至,樯帆所舣独盛于他邑"。③长沙、宝庆、常德、岳州等府所产之米再经洞庭湖出长江聚于汉口,江浙客商多来此贩运。重庆之粮食市则为"川省总汇",凡川省粮食销往江楚诸省均需由此入长江东下,"夔州、保宁二府以及其余府属有产米地方……俱装至重庆就卖"④。至于江南的枫桥、浒墅、平望、黎里、乍浦等镇则是以转运分销为主的粮食市。关于江南市镇已有不少学者做过专门考察,此处从略。

(2)棉花市。棉花生产与贸易最盛者首推江南松江府和太仓州,所产除供本地之外还有大量棉花输往闽广、关东。乾隆时人诸华《木棉谱》记言:"闽粤人于三月载糖霜来卖,秋则不买布而买花以归,楼船千百皆装布囊累累。"嘉道时人杨光辅《淞南乐府》描述棉花交易状

---

① 乾隆《嵩县志》卷12《市镇》。
② 同治《黔阳县志》卷6《市镇》。
③ 乾隆《湖南通志》卷49《风俗》。
④ 《朱批谕旨》雍正六年二月初六日管承泽奏本,文渊阁《四库全书》第419册,台湾商务印书馆1982年版,第604页。

况曰："天未明棉花上市,花行各以竹竿挑灯招之,曰收花灯"。太仓州花市以鹤王市最盛,"每岁木棉有秋,市廛阗溢,远商挟重资自杨林湖径达",更有闽广商人"航海来市"。[①]

　　华北冀鲁豫平原是棉花的又一主要产区,棉花交易也十分活跃。直隶总督方观承《棉花图》记言:"每当新棉入市,远商翕集,肩摩踵错,居积者列肆以敛之,懋迁者牵牛以赴之,村落趁墟之人莫不负挈纷如。"山东清平县是清代新发展起来的棉产区,清代前期"木棉集市向来新集最盛",乾嘉之际"王家庄、康家庄、仓上等处亦多买卖,每日交易以数千金计",又有几个新的棉花市兴起,清末该县的棉花市更增至十余个。[②]

　　(3)棉布市。家庭棉纺织业是随着棉花种植的推广逐渐发展起来的,清代中叶华北平原已出现了一大批商品布产区和以棉布交易著称的集市。如嘉庆《滦州志》记载,该邑集市"日出聚货,日昃而退,所易……尤多棉布",大抵"用于居人者十之二三,运于他乡者十之八九"。乾隆年间直隶束鹿县和睦井集"布市排集如山,商贾尤为云集,称巨镇云"。河南正阳县"布市"以陡沟店最盛,"商贾至者每挟数千金,昧爽则市上张灯设烛,骈肩累迹,负载而来",其布匹输出"东达颍亳,西达山陕,衣被颇广"。[③]山东齐东县布市"民皆抱布以期准集于市,月凡五六至",嘉庆年间每年从各集"布市"上汇集输出的棉布有数十万匹,主要输往关东。[④]至于江南棉纺织业在明代即已相当发达,清代江南棉布的输出量每年高达4 000万匹之多[⑤],以棉布集散著称的市镇更是不可胜数。

　　江西布产以夏布(苎布)为著,如兴国县"衣锦乡、宝成乡各墟市习卖夏布,夏秋间每值集期,土人及商贾云集交易";石城县夏布"四乡集场皆有行市",其中以固厚墟为最,"岁出数十万匹,外贸吴越燕亳";宁都州夏布墟以安福乡之合同集、仁义乡之固厚集、怀德乡之璜

---

① 转引自樊树志:《明清江南市镇探微》,第153页。
② 参见许檀、经君健:《明清时期山东生产资料市场初探》。
③ 嘉庆《滦州志》卷1《风俗》;乾隆《束鹿县志》卷2《市集》;嘉庆《正阳县志》卷9《物产》。
④ 康熙《齐东县志》卷8《杂录编》;嘉庆《齐东县志续》,周以勋:《布市记》。
⑤ 许涤新、吴承明主编:《中国资本主义的萌芽》,第279页。

溪集、在城之军山集等为盛,"每月集期,土人及四方商贾如云",总计城乡各集所出夏布岁可售银数十万两。①

(4)丝、绸市。清代江浙、四川、广东是全国主要丝、绸产区。丝市、绸市以太湖周边的苏州、杭州、嘉兴、湖州等府为最盛。如湖州府南浔镇以"丝市最盛",仅丝行即有京庄、广庄、划庄、乡庄之分②;嘉兴府濮院镇以濮绸著称,各省商人在此设庄收买,"开行之名有京行、建行、济行、湘广、周村之别,而京行为最"③;苏州府吴江、震泽二县"凡邑中所产(绫绸)皆聚于盛泽镇"④。此外,江南著名的丝、绸市镇还有震泽、黄溪、菱湖、双林、乌青、王江泾、王店、石门、塘溪、临平、硖石、长安等,不下数十个。⑤

广东的蚕桑业是在外贸出口刺激之下发展起来的。明末清初,南海、顺德等县兴起"废稻树桑","废田筑塘"的热潮,或将"果基鱼塘"改为"桑基鱼塘",到清代中叶这里已形成一个以南海县九江、顺德县龙山、龙江等乡为中心,"周回百余里,居民数十万户,田地一千数百余顷"的专业化蚕区⑥,小农"所缫之丝率不自织而易于肆",有一首《竹枝词》这样写道:"呼郎早趁大冈墟,妾理蚕缫已满车;记问洋船曾到几,近来丝价竟何如?"⑦显然,墟市丝价与国际市场的需求已有密切的联系。

(5)烟草市。清代烟草种植以福建称最,江西、湖南、直隶、山东、河南等省亦各有名产。福建泉州、漳州、汀州诸府产烟,尤以浦城、长泰、海澄、永定等县所产为佳,每年"五六月间新烟初出,远商翕集,肩摩踵错,居积者列肆以敛之,懋迁者牵车以赴之,村落趁墟之人莫不负挈纷如,或遇东南风,楼船什佰悉至江浙为市"⑧。江西烟产以玉

---

① 道光《兴国县志》卷12《物产》;道光《石城县志》卷2《物产》;道光《宁都州志》卷12《土产志》。

② 咸丰《南浔镇志》卷22《农桑二·卖丝》。

③ 沈廷瑞:《东畲杂记》,转引自樊树志:《明清江南市镇探微》,第412页。

④ 乾隆《吴江县志》卷5《物产》;乾隆《震泽县志》卷4《物产》。

⑤ 参见刘石吉:《明清时代江南市镇研究》;樊树志:《明清江南市镇探微》。

⑥ 刘志伟:《试论清代广东地区商品经济的发展》,《中国经济史研究》1988年第2期。

⑦ 嘉庆《龙山乡志》卷4《田塘》;卷12,张臣:《竹枝词》。

⑧ 陈琮:《烟草谱》卷2《贩烟》,嘉庆刻本,第5页。

山、广丰、瑞金、新城、永丰、兴国等县为著,兴国县"种烟甚广,以县北五里亭所产为最,秋后吉郡商贩踵至,利视稼圃反厚";玉山县是附近诸县烟草加工中心,每值烟季"日佣数千人以治产烟,而声驰大江南北,骡马络绎不绝"。①湖南烟草以衡阳为加工集散中心,"祁(阳)、邵(阳)、茶(陵)、攸(县)所产皆售于衡郡,制为京包、广包,鬻之各省,俱称衡烟";"山西陕西大商以烟草为货者有九堂十三号,每堂资本出入岁十余万金,号大于堂……皆总于衡烟"②。

他如江西墟市贸易以茶油、桐油、纸张、靛青等特产为著。赣州府产茶油、桐油,"每岁贾人贩之不可胜计,故两关之舟载运者络绎不绝"③。广信府以产纸最著,弋阳县姜里村墟"产竹木、纸张,商民贸易",有"店铺三百余家";石城县横江墟所产"横江纸,岁不下累万金"。④铅山县更是"业之者众,小民借食其力者十之三四",该县之陈坊市、湖市等墟市均为纸张集散之所,尤以河口镇、石塘镇为盛,"富商大贾挟资来者率徽闽之人,西北亦兼有之"。⑤再如,广丰县五都墟"产靛青、竹木,一四七日为墟期,乡民聚集,贸易用米麦";洋口墟"产烟叶、茶油,二五八日为墟期,客商贩运聚集之所",据说该墟有"行铺千余家"。⑥

四川省产药材,如灌县之青城山产川芎、泽泻,该县太平、中兴二场即以药材为商品之大宗,这两个场的药材先汇集到石羊场,顺石羊水下运至元通场,商人在此把从各场收购来的药材汇集成庄,然后大批运出川省。⑦简州、资州、遂宁、内江等州县产红花,既是药材,又可作染料,江浙商人多千里迢迢赴川省购之染丝绸。乾隆年间陆炳有诗"红花行"记之曰:"简州四月采红花,简州城门动塞车;买花尽是苏杭客,姑苏余杭道路赊。争发红花趁头水……半月为限悉抵家;抵家之时方仲夏,颜色鲜新染轻纱。"⑧

---

① 同治《兴国县志》卷12《物产》;道光《玉山县志》卷11《风俗》,卷12《土产》。
② 同治《衡阳县志》卷11《货殖六》。
③ 乾隆《赣州府志》卷2《物产》。
④ 乾隆《广信府志》卷2《地理》;道光《石城县志》卷2《物产》。
⑤ 乾隆《广信府志》卷2《风俗物产》。
⑥ 同治《广信府志》卷1《疆域》。
⑦ 参见高王凌:《乾嘉时期四川的场市、场市网及其功能》。
⑧ 王培荀:《听雨楼随笔》卷5《简阳红花》,第326页。

清代,此类以某种商品的集散为主的集市,无论数量还是规模都有大幅度的增长,这是与农业的商品化和家庭手工业的发展密切相关的。

4. 庙会

庙会是农村集市的另一种形式。《清平县志》云:"此间庙宇林立,春秋佳日往往演剧赛神,年有定期,谓之庙会。每届会期则商贾辐辏,士女如云,车水马龙,奔赴络绎,极一时之盛。"[①]《武陟县志》亦言,所谓庙会者"敬事神明有祈有报,且因之立集场以通商贩"[②]。即庙会以祀神祈福、演剧而聚众,商人因以设市贸易。

庙会,也有的地方称货会、山会等,这种贸易形式明代即有。如万历年间山东临邑县有娘娘庙会,每年四月八日至十八日设醮十日,"远近咸集",前来拜谒、游观者之众,据说"近庙三里井汲皆竭";贸易之盛则"富商巨贾几千人易价而去,曾无留资"。[③]陕西华州城隍庙,四月一日、八月二日会;西关药王庙,六月六日、十二月八日会;西赤水红庙,十月十日会;华岳下庙,八月八日会;"凡会则商贩之货多于集市"[④]。

清代有关庙会的记载就更多了,如山西太谷县"四乡商贾以百货至,交易杂沓,终日而罢者为小会;赁房列肆,裘绮珍玩,经旬匝月而市者为大会;城乡岁会凡五十五次"[⑤]。山东巨野县金山之碧霞元君祠每年三月设会三日,于金山下"设帐列肆,聚四方货财,互相交易";郓城、曹县、金乡、单县诸邑士女皆前来赴会。[⑥]江西万载县之株潭,会期"在九十月间,商贾云集,货物骈臻,乡人嫁娶所需只待会期采办"。[⑦]又如河南林县"每年会场大约在三四月间,三月内初二日起合涧会三日,二十七日起临淇会三日,四月内十四日起在城会三日,十七日起临淇会三日,十八日起姚村会三日;入秋后惟九月十二日起南

---

① 民国《清平县志》册 4《礼俗志》。
② 道光《武陟县志》卷 10《风俗志》。
③ 道光《临邑县志》卷 15《金石志》。
④ 隆庆《华州志》卷 4《建置志》。
⑤ 咸丰《太谷县志》卷 3《风俗》。
⑥ 道光《巨野县志》卷 18《艺文志》;卷 22《金石志》。
⑦ 民国《万载县志》卷 4 之 3,台湾成文出版社 1976 年版,第 766 页。

关会三日",全年会期共计 18 日。①陕西永寿县庙会以"四月八日城隍会独盛,或淹至二三十日"。②

庙会与集市均为定期市,但集市开设是以旬为计,每旬两三次或四五次;庙会开设则以年为计,有的一年只开一次,多者也不过数次。庙会开设时间较多地集中在春耕之前,或秋收之后,与农作季节密切相关。庙会的贸易范围也比集市大得多,大致可达方圆数百里,三五个县的范围或更大些;其商人来自各地,商品品种、数量和交易量都远远超过集市。

庙会中贸易的商品大多以日用百货、牲畜、农具为主。所谓百货,如山西太谷县庙会中有"裘绮珍玩",江西万载县"乡人嫁娶所需"均于会期采办。再如山东禹城县东岳庙会"山珍海错,吴越绫绮充满街巷";直隶开州城隍庙会,"凡绸缎布匹及日用之类,无不毕具";陕西永寿县妇女"不闲纺织,惟有会日则群出购买衣裙绸布等物"。③还有的县志甚至称"平居一箕帚之微无从购置,惟恃庙会"④。庙会的商品不仅品种多,数量大,而且除一般日用百货之外,也有较高档的商品及名产上市,如江南丝绸、江西磁器、珠宝皮裘等。故庙会除提供一般日用之外,还能够补充集市商品种类和档次的不足,满足农民婚嫁、年节之需,以及富贵之家较高层次的消费需求。同时,越是集市商品匮乏的地区,对庙会的依赖程度也就越大。

牲畜、农具等生产资料的贸易是庙会的另一项重要内容,此类记载相当之多。牲畜,如山西高平县米山镇庙会,"羊马自千余里至"⑤;山东胶州九龙山庙会"每岁四月市马牛者集此"⑥。江西南昌、瑞州、临江、袁州等府各县均有"牛集",每年四五月间"牛牙俱各设厂,凡附近有牛欲售者,以及自外贩至者"汇集交易,福建、湖南及本

---

① 乾隆《林县志》卷 5《风土》。
② 乾隆《永寿县志》卷 3《市集》。
③ 嘉庆《禹城县志》卷 10《艺文志》;陈梦雷编:《古今图书集成·职方典》卷 140《大名府风俗考》;乾隆《永寿县志》卷 3《市集》。
④ 光绪《文水县志》卷 3《庙会》。
⑤ 同治《高平县志》卷 1《地理》。
⑥ 道光《胶州志》卷 12《山川考》。

省各地牛贩均前来"争相搀买"①;上高县路口墟每年八月大集,"数郡环而凑焉","牛马别群,如云如荼,耕人颇资其便"②;新昌县"每年秋八月设牛墟,就西城外河干为市集,乡民以牺犊来者蹄蹴万计,必鬻数日乃已"③。农具,如河南鄢陵县,每年四月县城西关有农器会;宜阳县,四月"祭城隍,商贩如云,街市农具山集"④。山东滋阳、邹、阳谷等县,每年四月十八日祀天仙,"结会市农具""远迩毕至";平阴县每岁四月十五日药王庙会"商贾辐辏,买卖农具及牛马等物"。⑤此外,小农建房及打造车辆、农具所需木料,也多是从庙会上购买的。

以上可见,这些定期庙会中的牲畜、农具买卖,时间大多集中在春耕之前、秋收之后。前者主要为满足农户春季备耕时添置农具、更换牲畜的需要;而后者之中一部分系供冬小麦或晚稻种植期对牲畜、农具的需求,另一部分则是农户在一年收获之后,视年景好坏,收入多寡,从容有秩地添置生产资料,为来年的生产作准备。

四、农村集市的功能与作用

集市的发展是明清时期商品经济发展的产物和重要组成部分。集市的勃兴大致始于明代中叶,乾隆以降进入一个全面的持续发展阶段。清代中叶,全国主要省区集市数量已超过两万,与明代中后期相比至少增长了一倍,并且仍然保着增长势头。康熙、雍正、乾隆年间清政府对集市牙行、税收制度进行了一系列的清理、整顿,使集市管理开始走上制度化、规范化的轨道,从另一个方面对农村集市的发展起了促进作用。

农村集市的功能和作用,最基本的就是满足小农的生产和生活需求。农村集市不仅是生活资料市场,也是生产资料市场;不仅为满

---

① 凌燽:《西江视臬纪要》卷3《禁开设牛厂贩宰》,《续修四库全书》第882册,第109页。

② 李荣陛:《李厚岗集》卷14,转引自方行:《清代农村市场的发展》,《历史研究》1987年第6期。

③ 胡思敬:《退庐全集·盐乘》卷8《讼狱志》,沈云龙主编:《近代中国史料丛刊》第45辑,第3208页。

④ 道光《鄢陵县志》卷6《地理志》;光绪《宜阳县志》卷6《风俗》。

⑤ 康熙《滋阳县志》卷2《风俗》;康熙《邹县志》卷3《风俗》;康熙《阳谷县志》卷1《风俗》;嘉庆《平阴县志》卷2《庙》。

足小农衣食日用方面的各种需要服务,同时也担负着保证小农经济生产与再生产正常运转的职能。集市的时间、空间分布都明显地反映出它与小农的生产与生活的密切联系。

最迟在乾隆—道光年间,全国大多数省区已陆续形成了一个涵盖广阔、运作自如的农村集市网;这一基层集市网与处于流通干线上的商业城镇相联系,沟通城乡市场,形成全国性的商品流通网络体系。通过这一流通网,几乎每一州县,甚至每一村落,都可与其他省区进行经济联系。

农村集市是中国传统市场的重要组成部分。农村集市虽历史久远,但它的大规模发展是在明清,这无疑是商品经济发展的产物。从每个单独的集市来看,它不过是小生产者之间进行有无调剂、余缺调剂,以满足各自的生产和生活需求。然而,作为一个网络体系的集市其作用远远不只此,而是具有更深层的意义,并至少在以下几方面发挥着重要作用:

1. 农村集市网是大规模、长距离商品流通的基础。中国历史上长距离贩运由来已久,不过其贩运的商品主要是奢侈品,即所谓"百里不贩樵,千里不贩籴";其消费对象多是王公贵族、豪门巨富;其贩运路线乃是从城市到城市,小农、乡村是被排除在外的。明清时期这种贸易格局发生了根本性的变化:民生日用品取代奢侈品成为大规模、长距离贸易的主体,小农既是这些产品的生产者,也是其消费者;农村与城市,小农与市场——与全国性的商品流通,乃至世界市场——联系在一起。而农村集市网在其中起着十分关键的作用,它是各种农产品、手工业品的集散市场,是大规模的商品流通的起点和源泉。

2. 农村集市网是保障小农经济生产与再生产正常运转的重要环节,它既是商品经济发展的产物,同时也已成为地区整体经济结构中不可缺少的组成部分。小农的农产品、手工业品的出售,其生产资料、手工业原料乃至口粮的购买都离不开集市;小农经济的商品化程度越高,对市场的依赖也就越大。

3. 农村集市网的形成使地区之间通过商品流通实现经济布局调整,资源优化配置成为可能。大规模的、经常性的商品流通,使原本互不相关的一个个自然条件、发展程度各异的地区相互联系,成为一个整体,从而可以在大范围、高层面上形成地区分工,有利于发挥各自的优势,取长补短。换言之,商品流通使地区之间重新分工,调整经济布局,优化资源配置成为可能。在这一点上,作为流通基础的农村集市网络体系的形成和正常运转无疑具有十分重要的意义。——事实上,明清时期这一商品流通网已在相当程度上开始发挥其调整经济布局、优化资源配置的作用。一个最具典型性的例子:江南地区以输入粮食、肥料,输出棉布、绸缎为主而形成的高收益型经济格局,即是建立在全国规模的粮、棉、布、绸的流通基础上的,如果没有一个庞大的商品流通网作为基础,这一切都将无法实现。

笔者认为,农村集市网是明清时期全国规模的商品流通网中一个极为重要、不可分割的组成部分。正是由于这一农村集市网的形成,才能沟通城乡市场,使商品流通几乎覆盖全国每一个角落,从而将处于不同发展阶段的各个经济区域联结为一个整体,形成分工互补。因而,我们对明清时期农村集市的功能与作用应从整体上予以评价。

附录:有关明清农村集市的论著

1.[日]百濑弘:《清末直隶省青县集市共同体杂考》,《东洋史研究》第 27 卷第 31 号;

2. 陈铿:《明清福建农村市场试探》,《中国社会经济史研究》1986 年第 4 期;

3. 陈学文:《明清时期的市场网络与市镇群体》,《中国封建晚期的商品经济》,湖南人民出版社 1989 年版;

4. 陈忠平:《明清时期江南市场的考察》,《中国经济史研究》1990 年第 2 期;

5. 樊树志:《明清江南市镇探微》,复旦大学出版社 1990 年版;

6. 高王凌:《乾嘉时期四川的场市、场市网及其功能》,《清史研究集》第 3 集,四川人民出版社 1984 年版;《乾嘉时期四川的场市和农村经济结构》,《未定稿》1982 年第 11 期;

7. 李国祁:《清代杭嘉湖宁绍五府的市镇结构及其演变初稿》,《中山学术文化集刊》1981 年第 27 集;《16 世纪后期至 20 世纪初山东莱州府的市镇结构及其演变》,《历史学报》1980 年第 8 期;

8. 李国祁、朱鸿:《清代金华府的市镇结构及其演变》,《历史学报》1979 年第 7 期;

9. 李华:《清代湖北农村经济作物的种植与地方商人的活跃》,《中国社会

经济史研究》1987 年第 2 期;《明清广东墟市研究》,《平准》第 4 辑(下),光明日报出版社 1989 年版;

10. 刘石吉:《明清时代江南市镇研究》,中国社会科学出版社 1981 年版;《明清时代江西墟市与市镇的发展》,《第二次中国近代经济史会议》,台北"中研院"经济研究所 1989 年版;

11. 罗一星:《试论清代前期岭南市场中心地的分布特点》,《广州研究》1988 年第 9 期;

12. [日]石原润:《华中东部における明・清・民国时代の传统的市について》,《人文地理》1980 年第 32 卷第 3 号;《河北省における明・清・民国时代の定期市》,《地理学评论》1973 年第 46 卷第 4 期;

13. 魏志强:《明清时期关中区域市场初探》,中国社会科学院经济研究所硕士论文,1987 年;

14. 许檀:《清代山东牲畜市场》,《中国经济史研究》1988 年第 2 期;《明清时期山东集市的发展——兼论农村集市的功能与作用》,《清史论丛》1995 年号;

15. 许檀、经君健:《明清时期山东生产资料市场初探》,《中国经济史研究》1988 年第 4 期;

16. 叶显恩、谭棣华:《明清珠江三角洲农业商业化与墟市发展》,《广东社会科学》1984 年第 2 期;

17. [日]中村哲夫:《清末华北の农村市场》,《近代中国社会史研究序说》第七章,法律文化社 1984 年版;

18. 詹小洪:《明清江西农村市场初探》,中国社会科学院经济研究所硕士论文,1986 年。

（本文原载《中国经济史研究》1997 年第 2 期,有删改）

第五章　明清时期城乡市场网络体系的形成及意义

　　关于中国传统市场的研究,日本学者致力较早。二十世纪六七十年代美国学者施坚雅教授将中心地理论引入区域市场研究,使之进入一个新的发展阶段。①八十年代迄今,海内外已有很多学者对明清时期各省区的市场发展状况分别进行了考察,研究地区至少涉及江浙、安徽、四川、湖广、江西、闽广、陕西、河北、山东等省区。这些先行的研究从理论上、方法上以及区域发展特色等方面,给我们诸多教益与启迪。目前已有可能在这些研究的基础上,对明清时期的全国市场做一些整体性的综合研究。本文仅对明清时期城乡市场网络体系的形成过程及其历史意义做一初步的探讨。

　　城乡市场网络体系的形成,是明清时期中国经济发展的一项重要内容。商业城镇的发展和农村集市网的形成,是这一市场网络中相辅相成、不可或缺的两大部分。比较而言,近年的明清经济史研究中对农村集市的关注较多,对商业城镇的研究相对较少。施坚雅教

---

　　①　施坚雅教授的中国市场体系理论和宏观区域理论可以说是八十年代以来对中国经济史研究影响最大的理论之一,其主要论著有:Marketing and Social Structure in Rural China,3 Papers Journal of Asian Studies,24,1-3(中译本:《中国农村的市场和社会结构》,中国社会科学出版社 1998 年版) *The City in Late Imperial China*,Stanford University Press,1977(中译本:《中国封建社会晚期城市研究》,吉林教育出版社 1991 年版)。

授提出的 1843 年各区域城市的"等级—规模"分布①包含有较多的理论推衍,与清代中叶中国城镇的实际布局有较大的出入。然而,对宏观区域做实证性的研究是一项十分巨大的工程,个人的力量实在极为有限,笔者花费十余年的时间陆续对七八个省区的四十余个城镇做了个案研究,但距离这一课题的最终完成仍有相当的距离。不过,目前已有可能对明清时期商业城镇的发展及其整体布局变化描述出一个大致的轮廓。

就市场层次而言,明清时期形成的城乡市场网络体系可区分为流通枢纽城市、中等商业城镇和农村集市三大层级。②其中,流通枢纽城市主要是指作为全国性或大区域的流通枢纽的城市,其贸易范围一般多覆盖数省或十数省,并多为中央一级的税关所在地;所谓中等商业城镇,这里主要指作为地区性商业中心在商品流通中发挥着承上启下作用的城镇,其贸易范围至少应能覆盖一两个府、十来个县,或者更大些;而作为基层市场遍布全国各州县的农村集市,则与小农的关系最为密切,正是由于农村集市网的形成,才使得城乡市场联结成为一个整体。下面我们对明清时期城乡市场网络的考察即按这三个层次分别进行。

第一节　流通枢纽城市的分布与变化

在交通工具落后的传统时代,水路运输是最便捷、低廉的运输方式,故流通枢纽城市多分布在主要水道沿线。从明代到清代,全国商品流通宏观布局最重要的变化,即从运河流通为主转向以沿海、长江流通为主。明代禁海,南北物资交流主要依赖京杭大运河,流通枢纽

---

① ［美］施坚雅:《19 世纪中国的区域城市化》,《中国封建社会晚期城市研究——施坚雅模式》,第 81—86 页。

② 施坚雅教授将城市和市场划分为八个等级,从高到低依次为:全国性大城市、区域性大城市、区域性城市、中等城市、地方级城市、中心集镇、中等集镇、一般性集镇(前引书第 158 页),这在理论上并无不妥。不过笔者感觉在做实证分析时,等级划分过细实际上很难操作,对较大的区域做宏观分析时尤为困难。笔者的划分主要是从市场的实际运行考虑,对其功能和作用做最简单的区分,以便于城乡市场网络的宏观分析。若作微观考察,对这三大层级亦可再做细分。笔者对流通枢纽城市、中等商业城镇的取舍,注重的主要是它在市场运行中的实际地位,而不考虑该城的行政建制,这是与施氏划分的又一区别。

城市也多集中在运河沿线;清代随着海禁的开放和长江中上游诸省的经济发展,沿海、长江航运渐取代运河成为全国最主要的流通干线,沿海、沿江一批重要的流通枢纽城市迅速崛起。到清代中叶,长江、沿海、运河三条水道在全国性商品流通中三分天下的格局已经确立,而长江、沿海航运的后来居上之势正方兴未艾。流通格局的上述变化,既是全国性经济布局变化的一个重要表征和组成部分,也代表着经济发展的必然趋势。①

流通格局的上述变化,在榷关设置和税收方面均有所反映。明代运河是全国商品流通的主干,全国八大钞关有七个设在运河沿线,万历年间运河七关商税共计 31 万余两,天启年间为 42 万余两,约占八大钞关税收总额的 90%。②清代随着沿海、沿江贸易的发展,清政府在沿海和长江沿岸新设立了一批税关,清代中叶全国性税关已达三十余个。

表 5—1 是清代前期运河、沿海及长江诸关关税在全国关税总额中所占比例统计。其中,运河诸关包括崇文门、天津、临清、淮安、扬州、浒墅、北新等;沿海诸关包括江海、浙海、闽海、粤海四关,不过天津既是运河税关,也是沿海贸易的重要港口,故这里将该关税收以各 1/2 的比例分别计入运河和沿海;长江诸关包括夔关、武昌关、九江关、芜湖关、龙江西新关等。这三条水道合计,税额占全国关税总额的 80%—90%,是全国最主要的流通干线。从康熙至嘉庆的一百数十年间,运河诸关税收额虽有增长,但它在全国关税总额中所占比重已从清初的 50% 降至 30% 左右;而沿海诸关所占比重则从 15% 上升到 37%,税收额更是大幅度增长,为清初的 9.7 倍;长江各关税收额增长了 2.6 倍,所占比重则变化不大,基本保持在 30% 上下;沿海与长江合计,税收额达 310 余万两,约占全国关税总额的 65%。

下面,我们对这三条水道沿线的流通枢纽城市在全国性市场网络中的地位做些具体考察。

---

① 详见许檀《明清时期区域经济的发展》、《清代前期流通格局的变化》二文。
② 参见许檀:《明清时期运河的商品流通》。

表 5—1   清代前期沿海、长江、运河诸关关税
及其在全国关税总额中的比重

分　类	康熙中叶	雍正初年	乾隆中叶	嘉庆中叶
全国关税总额	122.0 万两	151.5 万两	459.6 万两	481.0 万两
沿海诸关税额	18.2 万两	20.3 万两	103.2 万两	177.5 万两
占全国关税总额%	14.9%	13.4%	22.5%	36.9%
长江诸关税额	37.3 万两	48.7 万两	114.6 万两	134.7 万两
占全国关税总额%	30.6%	32.1%	24.9%	28.0%
运河诸关税额	61.6 万两	61.4 万两	150.5 万两	140.0 万两
占全国关税总额%	50.5%	40.5%	32.7%	29.1%
三者合计	117.1 万两	130.4 万两	368.3 万两	452.2 万两
占全国关税总额%	96.0%	86.0%	80.1%	94.0%

　　资料来源:据康熙《大清会典》、雍正《大清会典》、乾隆《户部则例》、嘉庆《大清会典事例》及《史料旬刊》第 27—30 期所载各关税额统计。

　　先看运河沿线。从明代到清代,运河在全国商品流通中的地位虽有下降,但运河的商品流通量实际上仍在不断扩大,商税收入也在不断增加。这是运河七关的总体态势。不过具体到每一个城市,从明代到清代的发展则不尽相同。

　　北京是明清两代的国都,是全国的政治、军事、文化中心。这里聚集了大量皇室贵族、满汉官员以及为之服务的各类人等,是最大的政治统治中心和消费城市。不过,清代北京城的经济功能也大大加强了。明代崇文门税关税额为 6.8 万两,清代乾隆年间该关关税定额为 10 万两,每年实征则为 20 万—30 余万两,在全国二十余个户关中居第五或第六位。[①]北京市场上的商品绝大部分都是从外地输入的,其中较大宗的主要有粮食、绸缎、布匹、纸张、茶叶、糖、瓷器、洋广杂货以及毛皮、牲畜等。这些输入的商品除满足本城居民的消费之外,也有一部分转销华北和西北,特别是西北的新疆、内外蒙古与俄国。

――――――――――

　　① 据中国第一历史档案馆关税档案统计。

　　临清和淮安是位于运河中部的两大商城,清代由于沿海贸易的发展而渐趋衰落。临清地处山东西北部,北界直隶,西近河南,又扼据运河与卫河交汇之处,明代中叶借运河流通之便成为华北最大的商业城市。万历年间临清钞关每年所征商税达83 000余两,居全国八大钞关之首。明代临清是华北最大的纺织品贸易中心,清代转为粮食贸易中心,粮食的年交易量在五六百万石以上,是冀、鲁、豫三省的粮食调剂中心。清代前期临清的地位已远不如明代,该关税收大体保持在5万—6万两,在全国二十余个税关中居于中等地位。乾隆中叶以降,该关税收开始出现征不足额的现象。①淮安位于江苏北部,北枕黄河,西濒洪泽湖,运河绕城而过,明清两代均为重要的漕运码头。该城位居江南、华北两大经济区交界之处,故南北商货中转贸易十分繁盛。万历年间淮安关每年征收税银2万余两,是全国八大钞关之一。清代前期淮安商业进一步发展,乾隆年间淮安关每年征收关税在30万—40万两,仅次于浒墅关,在运河七关中位居第二。经由淮安关流通的商品以粮食为最大宗,每年连檣而下贩往江南"不下数百万石",其中以大豆为最。其他较大宗的商品还有北方的枣、梨、棉花、烟草,南方的棉布、绸缎、纸、糖,等等。淮安作为运河商城的衰落晚于临清,主要是在清末运河淤塞以后。

　　位于运河南部的苏州、杭州两城当属工商业并重的城市。明代苏杭丝织业即已十分发达,清代更有进一步的发展,为全国的丝织生产、销售中心,其产品不仅销往华北、华中、西南、西北各省,且远销东南亚、欧美和俄国。苏州又是棉布加工业的中心,各地客商云集苏州采买丝、棉纺织品,同时也带来了各地物产,集中在苏之阊门、胥门一带贸易。苏州城外的浒墅关"地当南北通衢,为十四省货物辐辏之所,商船往来日以千计",乾隆年间该关每年征收商税高达五六十万两,位居运河七关之首。②杭州位于京杭运河的最南端,北上可抵苏松、江淮、山东、京津,南下由钱塘水系及海路可连接江西、闽广。明代杭州北新关即为运河七关之一,清代杭州设有北新、南新二关,北

---

① 参见许檀:《明清时期山东商品经济的发展》第四章第一节对临清的考察。
② 据中国第一历史档案馆关税档案统计。

新关征收杂货税,其税课"上赖江西、闽广,下赖苏、杭、常、镇等商货"[1];南新关征收竹木税,主要产自浙西山区的金华、严州、衢州等府,顺钱塘江上游各支流抵杭,转运江南各地。

沿海港口城市是在清代随着沿海贸易的发展逐渐发展起来的。清代自康熙二十三年开放海禁,二十四年清政府在东南沿海设立江、浙、闽、粤四海关作为沿海贸易的主要口岸,关署分别设在上海、宁波、厦门和广州。其中,以上海、广州发展最为迅速。此外,位于渤海湾内的天津,也由明代的漕运码头发展成为一个沿海港口城市。

上海,元代置县,明清两代均属松江府所辖。上海东临黄海,北依长江,又位居南北洋航线之中,这一得天独厚的自然地理位置使之在清代海禁开放之后很快成为南北洋贸易的重要枢纽。上海从东北、山东输入大豆、杂粮,从闽粤输入蔗糖、南果及进口洋货;输出则以江南所产棉花、棉布、丝绸为主,江西、湖广等省的稻米、纸张、茶叶、瓷器等商品也大量运抵上海,在此转口,北上京津、关东,南下闽广。嘉道年间每年进出上海港的南北海船合计在 4 000 艘左右,总吨位约为 50 万—70 万吨,货物年吞吐量约计为 170 余万吨,是东部沿海最大的港口城市。[2]

广州是南部沿海最大的港口,明代即为对外贸易的重要口岸,乾隆二十二年清政府的"独口通商"政策将与西方各国的贸易集中于粤海关,更赋予其特殊优越地位。清代前期中国出口货物以茶叶、生丝、绸缎等为大宗,仅茶叶、生丝及丝织品两项每年即达一千数百万元,占出口商品总值的 60%—80%。茶叶来自福建、安徽、浙江,丝及丝织品则主要产自江浙,每年经由大庾岭商道运往广州出口;洋船进口货物则以哔叽、羽毛、纱缎、棉花、檀香、胡椒、黑铅等项为大宗,其中绝大部分也是从广州经陆路、海路转销全国各地。进出口货物的云集使粤海关税收额大幅度增大,雍正初年粤海关关税定额仅 4 万余两,乾隆初增至 20 余万两,嘉道年间再增至 89 万余两,而实征税额则远超过这一定额,往往高达一百数十万两。"独口通商"政策

---

① 雍正《北新关志》卷 3《禁令》,国家图书馆藏数字方志,第 8 页。
② 许檀:《清代前期的沿海贸易与上海的崛起》,《城市史研究》第 15—16 辑。

使广州一跃成为全国最重要的口岸城市,并得以独占鳌头几达百年之久。①

厦门,明代属泉州府同安县,清初置厦门厅。明末厦门已取代月港成为福建与日本、东南亚及荷兰东印度公司贸易的重要港口。②清代康熙年间在厦门设闽海关,额定关税73 000余两,乾隆初年增至20万两。厦门港的贸易范围,北至宁波、上海、山东、天津、关东,南至台湾、广东,"一岁往来数次";对外则与东南亚的吕宋、苏禄、葛喇巴等国贸易,"冬去夏回,一年一次"。"独口通商"之后,闽海关仍准许吕宋等夷船入口交易,故货物聚集,关税充盈;嘉庆元年厦门有洋行八家,大小商行三十余家,洋船商船千余号。③

位于渤海湾内的天津,原为运河漕运码头。清代随着海运的发展,天津与东南沿海诸省以及东北地区的经济联系均得到长足的发展,在经济上迅速崛起,成为北方地区最大的沿海港口。天津从东北输入的主要是粮食,从南方江浙、闽广输入的商品有糖、茶、纸张、瓷器、药材、苏木、胡椒、果品、洋广杂货等。这些商品除供天津本地消费外,绝大部分转运北京,也有一部分沿运河南下销往直隶各府。道光年间天津已发展为一个有20万人口的港口城市,在城市人口中经商人口所占比例高达50%以上。④

长江沿线的流通枢纽。明代长江沿线的商品流通主要集中在中下游地区,清代随着两湖、四川等省开发的不断深化,整个长江流域各省间的经济往来日益频繁,流通规模大大增长,长江成为全国最重要的商品流通渠道和贯通东西的经济大动脉,长江沿线也形成了一批重要的流通枢纽城市,如重庆、汉口、九江、芜湖、南京等。

重庆位于四川盆地东部,嘉陵江在此与长江交汇,历史上向为军事重镇。清代随着四川盆地的开发和长江航运的发展,该城迅速崛起,成为长江上游和西南地区最大的流通枢纽城市,其流通所及不仅可达本省各府以及相邻的湘鄂陕豫、云贵、西藏等省,而且远及江浙

---

①　许檀:《清代前期流通格局的变化》。

②　参见林仁川:《明末清初的私人海上贸易》,华东师范大学出版社1987年版,第141—153页。

③　道光《厦门志》卷15《风俗记》,卷5《船政略》。

④　许檀:《清代前期的沿海贸易与天津城市的崛起》,《城市史研究》第13—14辑。

闽广。汇集于重庆市场上的商品主要有山货、广货、粮食、药材、染料、竹木、棉花、布匹、瓷器、锅铁、烟草、糖、酒、丝、麻、绸缎等。其中，粮食、药材、染料、木竹及"山货"等是从四川输出的主要商品，而瓷器、棉花以及"广货"则为输入商品之大宗。①

汉口，位于长江中游汉水入江口，通过长江可沟通洞庭水系的湘、沅等水，沿江而下可直达江西、安徽、江苏诸省，溯江而上可入四川盆地，溯汉水则可抵河南、陕西。明代中叶汉水改道为汉口的兴起提供了契机，而其大规模的发展则是在清代。康熙年间刘献庭记言："汉口不特为楚省咽喉，而云贵、四川、湖南、广西、陕西、河南、江西之货，皆于焉转输"②，大体反映出汉口在长江航运中所处的重要地位。到乾隆年间，汉口已是"人烟数十里，贾户数千家，鹾商典库咸数十处，千樯万舶之所归，宝货珍奇之所聚"③，成为长江中游最大的商业城市。粮食、木材、食盐、绸缎、布匹、药材、铜铅等都是汉口转输的大宗商品。

九江地处长江中游，上通川楚下至苏杭，又是赣江水系与长江的交汇点，是长江中游又一重要的流通枢纽城市。九江在明代即已设关，是八大钞关中惟一设在长江上的。万历年间其税额为25 000两，天启时为57 500两。至清代，随着长江沿线流通规模的迅速扩大，九江关税额大幅度增加，康熙年间定额为153 000余两，乾隆时增至350 000余两，嘉道间再增至539 000两，是清代前期长江各关中税收最高的税关。粮食和木材是经由九江关东下的最大宗商品，主要销往江南。此外，淮盐、江浙绸缎布匹溯长江至中上游地区，洋广杂货由大庾岭商道入鄱阳湖转中原各省，以及江西本省所产瓷器、纸张、夏布、药材等输往汉口、重庆等地均需经由九江转输。④

南京在明初曾是明王朝的国都，永乐迁都之后降为陪都，其城市经济主要是为皇室和政权机构的需要服务的。清代，南京的政治地位进一步下降，城市功能发生了很大变化，成为一个工商并重的城市。南京的民营丝织业在清代迅速发展，丝织品销行全国，成为堪与

---

① 许檀：《清代乾隆至道光年间的重庆商业》。
② 刘献庭：《广阳杂记》卷4，汪北平、夏志和点校本，中华书局1997年版，第193页。
③ 范锴：《汉口丛谈》卷3，江浦等校注本，湖北人民出版社1990年版，第211页。
④ 许檀：《清代前期的九江关及其商品流通》。

苏、杭并称的三大丝织城市之一。凭借长江水运之便,南京也成为南北、东西商品转运的枢纽。清代户、工二部均在此设关,西新关征百货税,龙江关征收竹木税。各地商人云集于此,安徽、江西、山陕、江苏、崇明、洞庭、浙江、湖州、福建、广东、山东、河南、两湖商人都在南京建有会馆,总计达三十余所。[①]

总之,从明代到清代,全国商品流通的总体格局发生了很大的变化。运河作为一条以漕运为主要目的的人工水道,其航运价值自然无法与海洋相比,因而清代海禁开放之后,逐渐为海运所取代即成必然之势;另一方面,随着长江沿线经济的发展,长江这条全国最长、水量最丰的天然水道,其航运价值日益被开发利用,成为贯通东西的经济大动脉和重要流通渠道。随着流通格局的变化,一批新的流通枢纽城市迅速兴起。实际上,近代重要的口岸城市如上海、广州、厦门、天津、汉口、重庆等都是在清代前期崛起的。

第二节　中等商业城镇的发展

除上述较大的商业城市和流通枢纽之外,明清时期因商业、手工业发展而兴起的中小城镇数量更多。它们或作为地区性商业中心,或为某种商品的加工、集散中心。对此类商业城镇的考察,除江南地区已有较多的成果外,其他地区的研究还较薄弱。地区一级的商业中心到底发展到一个什么样的程度? 其商业规模如何? 这些商业城镇的分布状况如何? 还几乎是一个无人问津的课题。笔者在近十年的时间内,陆续对山东、河南、河北、江西等省的三十多个城镇进行了一些实地调查,结合文献资料进行个案考察。本节仅以山东、江西两省为例,对其内部中等商业城镇的规模及其分布做些具体考察,目的是通过中观层面的考察,对地区内部的市场分布及其特点有更进一步的了解。

明清时期山东商业城镇的发展与山东的地理环境以及政府政策密切相关。京杭大运河循山东西境穿鲁西平原而过,是西部商品流通的干线;东部山东半岛有绵延三千多公里的海岸线,贸易往来也十

---

① 范金民:《明代南京经济略论》、《清代前期南京经济略论》,均见《南京经济史论文选》。

分方便;而中部的沂蒙山区则因群山环抱,交通阻隔,流通不畅。这一地理条件因素在很大程度上决定了山东商业城镇的分布特点:西、东两端繁盛而中部较差。在明代,运河是山东最主要的流通干线,故而山东商业城镇最早兴起于运河沿线;清代海禁开放之后,沿海贸易发展迅速,乾隆以降原由运河北上的商品渐转而利用更为便利、低廉的运输手段,由海路北上,运河商税开始出现征不足额的现象。而东部的胶州、黄县以及烟台等后起的商业城镇则日渐繁荣,贸易量不断增长;随着东部沿海贸易的发展,山东经济重心逐渐东移,东西之间的联系增强,内陆商业城镇也逐渐崛起。山东商业城镇布局的变化又是与山东经济发展轨迹与特点密切相关的。①

明清时期山东较具规模的商业城镇除前述作为全国性流通枢纽的临清之外,作为地区性商业中心的城镇计有:济宁、聊城、张秋、德州、胶州、莱阳、黄县、益都、潍县、周村、泰安、博山等;此外,烟台是清中叶前后兴起的港口城镇。其中,聊城、益都、泰安为府城,济宁、德州、胶州为州城,莱阳、黄县、潍县、博山为县城,而张秋、周村、烟台三者在建制上不过是一个镇。下面择要述之。

位于运河沿线的济宁是鲁西南地区的商业中心,明代中叶已十分繁荣,清代进一步发展。乾隆年间该城有大小布店 25 家,绸缎店 21 家,杂货店 35 家,竹木店 14 家等等,每年征收商税 7 900 余两。主要从江南输入绸缎、布匹、竹木、杂货分销兖州、曹州二府各州县,又汇集二府所产粮食、大豆、棉花、烟草、干鲜果品等输往江南、直隶和北部的东昌府。

聊城是鲁西北地区的商业中心,或许是因离临清较近的缘故,其发展略晚于其他运河商城,主要是在清代。嘉道年间该城仅山陕商人开设的店铺即有三四百家之多,主要从外地贩运铁货、板材、茶叶等商品赴山东售卖,同时大规模收购本地所产棉布、皮毛、毡货等运销西北、口外,其中年经营额在万两以上的大商号就有四五十家。聊城还是山东熏枣最主要的加工集散中心,东昌府所产果品很大一部分系在此装船南下。嘉道年间聊城的商业店铺作坊至少有五六百

---

① 关于明清时期山东商业城镇的发展,详见许檀:《明清时期山东商品经济的发展》第四章。

家,年经营额在 300 万两以上。

位于山东半岛南岸的胶州,是东部沿海兴起较早的港口城镇,明代隆万年间已是山东大豆、海产输往江南的重要码头。清代海禁开放之后,其贸易范围很快扩大到闽广台湾,贸易量也迅速增长。雍正年间重定船税,胶州每年征银 7 540 两,这一数字相当于清初山东沿海 18 州县、卫所船税总额 786 两的 9.6 倍,胶州海贸发展之速由此可见一斑。

乾隆以降,随着北洋贸易的发展和东北的开发,位于山东半岛北岸的烟台开始兴起,它虽起步较晚但发展迅速,道光年间渐取代胶州成为山东半岛最重要的港口城镇。民国《福山县志稿》卷五《商埠志》记载:

> (烟台)明为海防,设奇山所驻防军。东通宁海卫,西由福山中前所以达登州卫,设墩台狼烟以资警备。其始不过一渔寮耳。渐而帆船有停泊者,其入口不过粮石,出口不过盐鱼而已,时商号仅三二十家。继而帆船渐多,逮道光之末,则商号已千余家矣。维时帆船有广帮、潮帮、建帮、宁波帮、关里帮、锦帮之目……

短短的几行文字实际上概括了烟台从明初至清代道光之末数百年的发展脉络,也充分显示了烟台作为港口城镇是随着沿海贸易的发展而发展起来的。明初,烟台为登州卫所属地,为军事目的在此设立墩台,以资警备,烟台即以此得名。此时的烟台不过是一个渔村。乾隆以降,随着北洋贸易的大规模发展,位居渤海湾口的烟台遂成为商船往来出入的必经之地,各帮商人多来此贸易,帆船停泊渐多,成为山东半岛重要的港口城镇。咸丰九年郭嵩焘的报告称:"烟台为南北之冲,海船经过收泊较多于他处,故以此一口(收税)为较盛。"[①]英国驻烟台领事馆在《1865 年烟台贸易报告》中也写道:"在天津条约签订之前,烟台的贸易已表明它是一个重要之地,将近三十年来,它和渤海湾的其他几个港口一起成为欧洲与中国商品的巨大贸易中

---

① 档案:转见丁抒明主编:《烟台港史》,人民交通出版社 1988 年版,第 22 页。

心。"①也就是说,最迟在道光中叶,烟台已成为西方商品输入华北的重要转运码头。第二次鸦片战争后,烟台在山东诸口中首先被外国侵略者看中选为通商口岸,显然是由于当时它在山东沿海贸易中的地位,而绝非侵略者的拓荒之举。

明清时期江西商业城镇的发展多与大庾岭商道密切相关。位于江西南部赣粤边界的大庾岭,又称梅岭。自江西越大庾岭而南,至广东南雄入浈水,沿北江可直抵广州;江西一侧,在大庾岭脚下的大庾县即可入赣江水系,顺流而下抵鄱阳湖经长江转大运河,可达京师。故大庾岭是沟通珠江水系与长江、运河等主要水道的重要通道,自古即为岭南与中原的交通要道。明代禁海,清代乾隆年间的"独口通商"政策限定江浙闽诸省所产丝、茶等货必须由内陆经大庾岭商道运往广州出口,不许绕走海路,特殊的历史条件使大庾岭商道在长达数百年的时间内成为南北贸易的重要干线,江西也因此成为全国商品流通的必经之地,并从而形成了一批繁荣的商业城镇。除前述位于长江沿线的九江为全国性流通枢纽之外,省内重要的商业城镇则有赣州、大庾、樟树、吴城、河口、玉山、景德镇等。其中,赣州、大庾为府城,玉山为县城,樟树、吴城、河口、景德镇为镇城。除景德镇以瓷器烧造著称于世外,其余六个商镇主要都是因大庾岭商道而兴盛的,近代以降随着社会环境和交通条件的变迁,这些商镇也都不同程度地衰落了,但仍是地方性的商业中心。②

赣州是江西南部最重要的商城,章、贡二水在此合流为赣江,自南而北纵贯全省,直下鄱阳湖,是江西最重要的通航河道。户部在赣州设有税关,乾隆二十二年实行"独口通商"至道光二十年被迫开放五口,其间的八十余年是大庾岭商道贸易最盛的时期,赣关每年征收税银8万—10万两,最高曾达12万两。经由赣州流通的商品种类繁多,而以茶叶、生丝、绸缎、洋广杂货为大宗。由赣关输往广东的商品以茶叶、丝、绸为最大宗,茶叶来自福建、安徽、浙江,丝及丝织品主要产自江浙。由广东输往江西的商货主要有广东所产蔗糖、果品及

① 丁抒明主编:《烟台港史》,第22页。
② 关于江西的商业城镇,详见许檀:《明清时期江西的商业城镇》,《中国经济史研究》1998年第3期。

进口洋货,江西本地产品输出者则有桐油、茶油、瓷器、木材、烟草、纸张、夏布、粮食等。

　　大庾县(即南安府城)位于江西最南端,隔大庾岭与广东南雄州接壤。从县城至大庾岭仅25里,北来之货由赣州溯章水至此起旱,陆路挑运过岭;南来货物过岭至县,入章水可直下赣江。这里是大庾岭商道江西境内的第一站,是赣粤两省商货的过载码头。

　　清江县樟树镇、新建县吴城镇是赣江中游最重要的商业城镇和集散中心。五口通商之初洋货输入,但江轮未兴,湖北汉口、荆州、襄阳等地需用洋货仍仰给广东,其输出输入仍取道江西。"樟树、吴城帆樯蔽江,人货辐辏,几于日夜不绝。故咸丰以前江西商务可谓极盛时代。"①此外,樟树镇又以药材加工集散享誉全国,有"药码头"之号;吴城则以木材转运贸易为盛。

　　赣东北铅山县河口镇是一个以转运贸易为主的商业城镇,在河口镇集散的商品主要有茶叶、丝及丝织品、纸张、棉布、杂货、粮食等,尤以茶叶为最。武夷茶从福建至江西在河口镇入信江转销南北,其输出路线分为南北东三条:南路即运往广州交十三行出口的茶叶;北路主要销往俄国,其转运路程达万里之遥;东路则由信江上溯至玉山县,翻越怀玉山脉入浙江至上海。十九世纪上半叶中国出口东印度公司和俄国的茶叶主要就是在河口加工集散的。

　　其他各省此类中等商业城镇的发展与山东、江西大体相同,少则数个,多者可达十数个。如河南的周口、赊旗、北舞渡、朱仙镇、洛阳,湖南的湘潭、衡阳、郴州等等。

第三节　农村集市网的形成

　　农村集市,是中国传统市场的一个重要组成部分。集市的发展,也是明清时期中国经济发展中一个十分引人注目的现象。

　　中国集市的起源至少可上溯到秦汉时代,不过农村集市的大规模发展是在明中叶以后。明末清初的战乱天灾在相当大范围内造成人口流失,经济衰退,农村集市也遭到很大破坏,康熙、雍正年间逐渐恢复,乾隆—道光年间农村集市的发展进入一个全面、稳定的增长阶

──────────

①　傅春官:《江西商务说略》,《江西官报》光绪丙午年(1906)第27期。

段,全国大多数省区集市数量均较清初有显著增长,其中直隶、山东增长在20％以上,广东、湖北超过50％,四川、江西的数字更是翻了一番还多。清中叶以后,绝大多数省区仍保持着继续增长的趋势。笔者曾依据国内外学者对各省区的研究,对全国集市数量进行过总体估算:明代嘉靖—万历年间全国主要省区集市数量约在一万上下,清代中叶全国集市总数至少有22 000—25 000个,清末可能超过30 000个。①

随着集市数量的大幅度增大,集市分布密度也大大提高了。统计数字显示,清代中叶各省区的集市密度大体在每100平方公里1—2集,平均每集交易面积在60—90平方公里,其中平原多在40—60平方公里,山区则在100平方公里以上;至于每集交易半径,平原多为3—5公里,山区多为5—7公里,平均约在4—6公里之间。也就是说,小农赴集贸易一般只需1—2小时的路程,步行半日即可往返;山区距离稍远,一日也可从容往返;河网区由于水路交通之便,实际耗时则要少得多。

集市开市频率是反映其发展水平的又一指标。在既定的集市密度下,开市频率越高,市场的实际效率也就越大。与集市密度相比,集市开市频率的多寡更明显地反映各地区市场发展水平的差异。江南地区市场发育较早,明代中叶基本上已是每日开市了;广东的墟市"大率三日一市",在沿海地区有一部分州县已是"逐日市";江西的墟市以每旬三次较为普遍,而华北平原山东、直隶的集市则以每旬开市两次为主,清代每旬开市三四次的集市有所增长。

农村集市的功能和作用,最基本的就是满足小农的生产和生活需求。从每一个单独的集市来看,它不过是小生产者之间进行有无调剂、余缺调剂,以满足各自的需求。然而,作为一个网络体系的集市,其作用远不止此,而是具有更深层的意义,并至少在以下几方面发挥着重要作用:

1. 农村集市网是大规模、长距离商品流通的基础。中国历史上长距离贩运由来已久,不过贩运的商品主要是奢侈品,小农和乡村是被排除在外的。明清时期这种贸易格局发生了根本性的变化:民生

---

① 关于集市的各项数据,详见许檀:《明清时期农村集市的发展》。

日用品取代奢侈品成为大规模、长距离贸易的主体；小农既是这些商品的生产者，也是消费者；农村与城市、小农与市场——与全国性的商品流通乃至世界市场——联系在一起。

2. 农村集市网是保障小农经济生产与再生产正常运转的重要环节。农村集市网的形成既是商品经济发展的产物，同时也已成为地区整体经济结构中不可缺少的组成部分。小农的农产品、手工业品的出售，其生产资料、手工业原料乃至口粮的购买都离不开集市；小农经济的商品化程度越高，对市场的依赖也就越大。

3. 农村集市网的形成使地区之间通过商品流通实现经济布局调整，资源优化配置成为可能。大规模的、经常性的商品流通，使原本互不相关的一个个自然条件、发展程度各异的地区相互联系，成为一个整体，从而可以在大范围、高层面上形成地区分工，有利于发挥各自的优势，取长补短。一个最具典型性的例子：江南地区以输入粮食、棉花、肥料，输出棉布、绸缎为主而形成的高收益型经济格局，即是建立在全国规模的粮、棉、布、绸的流通基础上的。再如，珠江三角洲正在形成中的以外贸为导向、以转口贸易为中心的经济格局，虽然是由政策因素所促成，但也是建立在全国规模的流通基础上的。如果没有一个庞大的商品流通网作为基础，这一切都将无法实现。

笔者特别强调农村集市网形成的重要意义。农村集市网是明清时期全国规模的商品流通网中一个极为重要、不可分割的组成部分，农村集市网的形成乃是明清时期城乡市场网络体系形成中十分关键的一环。正是由于这一集市网的形成，才使得城乡市场联结成为一个整体。

第四节　明清时期城乡市场网络体系
形成的历史意义

明清时期中国经济的发展到底达到一个什么水平？中国的传统经济还有没有内在的发展动力？这是多年来学术界着力探讨的重要问题，也是论争的焦点之一。其中较为重要的，如二十世纪八十年代初关于中国封建社会为什么长期延续的讨论，近年来关于"过密化"理论的讨论，关于自然经济与商品经济的论争，关于传统经济近代化和中国近代经济史中心线索的讨论，等等。这些理论探讨从不同的角度开拓了人们的眼界，启发我们进一步思考。不过以往的研究较多地集中在生产力和生产关系领域，重生产、重分配，却在相当程度上忽视了流通在经济发展中所起的作用。今天，当我们亲身经历了改革开放二十年的历史进程，重新审视明清以来数百年的历史发展过程，我们更深刻地认识到市场机制的建立对于中国经济发展的重要意义。正是基于这一认识，笔者主要是从市场发育、商品流通和地区经济发展的相互关系角度探讨中国传统经济在明清时期的发展水平、发展轨迹和发展动力问题。

笔者认为，明清时期中国经济中最具时代意义和历史意义的发展，应是向市场经济的转化。具体而言，就是政府对经济直接干预的逐渐减弱，和市场机制在经济发展中作用的不断加强。这与希克斯在《经济史理论》一书中所阐述的，从习俗经济、命令经济向市场经济转换这一世界经济发展的总体趋势是一致的。①

明清时期城乡市场网络体系的形成具有十分重要的历史意义：

（1）城乡市场网络体系的形成是明清时期中国经济发展的一项重要内容。这一市场网络的形成过程，实际上也就是市场机制的逐渐形成过程。

因地制宜的地区发展和大规模的商品流通，可以说是明清时期中国经济发展中两个十分显著的特征。这二者之间是相互促进的。一方面，各区域自身的发展使之对市场的依赖不断增加，区域间的交流日益频繁，市场网络逐渐形成；另一方面，区域之间经济联系的加强，商品流通的扩大，又使各区域可以扬长避短，从而形成各自的经济特色，并获得较高的收益。换言之，因地制宜的地区发展有赖于区域之间的商品流通和优势互补；而商品流通的发展，又有赖于一个畅通的、有相当规模的市场网络；明清时期城乡市场网络体系的形成过程，既是区域经济发展的结果，也是大规模的商品流通的产物。

明清时期城乡市场网络体系的形成经历了一个曲折的渐进过程。其中，从禁海到开海的政策变化，对商品流通的宏观布局影响最著；农村集市网的形成也是历经曲折反复，乾隆以降才进入一个持续稳定的发展阶段。从明代到清代，政府对市场的管理也经历了一个

———————————

① 〔英〕约翰·希克斯：《经济史理论》。

禁止→放任→清理整顿,逐渐走上制度化、规范化的轨道,这一变化过程从另一个方面对市场网络的发展起了促进作用;特别是雍正、乾隆年间对牙行、税收制度以及吏治的一系列治理、整顿,对市场网络的正常运转至关重要。到清代中叶,在全国范围内已经形成一个涵盖广阔、运作自如的城乡市场网络体系。沿海、沿江贸易的发展逐渐取代运河成为最重要的流通干线,在沿海和长江沿线一批重要的流通枢纽城市相继崛起,这些港口城镇大多成为鸦片战争后最早的一批通商口岸;而在广大农村,最迟在乾隆—道光年间,一个具有相当密度的集市网已经形成,这一基层集市网与处于流通干线上的商业城镇相联系,沟通城乡市场,使商品流通几乎可以覆盖全国的每一州县,甚至每一村落,从而将自然条件、发展程度各异的各经济区域联结成为一个整体,使地区之间分工互补,调整经济布局,优化资源配置成为可能。明清时期中国传统经济在生产力和生产关系没有重大突破的条件下,仍然保持着内在的动力与活力,主要就是市场机制在起作用。

(2)明清时期城乡市场网络体系的形成和发展,是中国近代化过程的一项重要内容。

中国近代市场体系的形成并非始于开埠之后,至少从明代中叶已经起步,到清代中叶已具有相当的规模。十九世纪中叶外国资本主义入侵后,并非创建了一个新的市场体系,不过是利用和部分地改造了中国原有的市场体系来为之服务。鸦片战争后,帝国主义列强选择的通商口岸都是原来重要的流通枢纽,侵略者的洋货倾销和原料掠夺也都是利用了中国原有的市场网络——从城市直至农村集市。

十九世纪四十年代至六十年代开设的十几个主要通商口岸,如广州、厦门、上海、宁波、天津、牛庄(营口)、烟台、汉口、九江等,在开埠之前商业均已有相当程度的发展,它们或者是中央一级的税关所在地,或者是地区性的商业中心。但一些近代史论著对它们开埠之前的发展水平往往评价过低,从而夸大了帝国主义对中国经济发展的影响。如近代史著作中一般都把天津开埠以后的发展表述为从一个漕运城市转变为海港城市,而实际上天津的这一转变过程早在清代前期已经开始了。对上海的定位也存在类似问题,有相当一部分近代史论著将上海开埠之前描述为不过是"一个小小的县城",这是不符合历史实际的。笔者并不否认上海在开埠以后的飞速发展,需要强调的是,它作为东部沿海最大的港口城市的地位实际上在乾隆—道光年间就已经奠定;另一方面,由于"独口通商"政策的影响,也扼制了它本来可能的更大发展,而这一发展过程是在开埠以后实现的。

经济的发展有其连续性。近代化是一个历史的过程,中国的近代化过程无疑渗入了外来势力的影响,但不能因此而忽视中国传统经济自身的发展动力。1840年是一个政治性的界标,至少经济史的研究不应拘泥于这一界标。

（本文原载《中国社会科学》2000年第3期,有删节）

后 记

　　1982年我从南开大学历史系毕业，到中国社会科学院经济研究所从事经济史研究；2000年回到母校历史学院任教，2018年退休，三十六年的时间正好以2000年为界分为两个十八年。收入本书的就是这两个阶段中发表的具有一定代表性的论文，大致可分为区域经济、商品流通、城乡市场等几个部分。

　　"施坚雅理论"是二十世纪八十年代改革开放之后对经济史学界影响最大的理论之一，也是对我个人启发最大的理论。我最初选择以山东展开研究，并从市场切入，即受该理论的影响。收入本书的《明清时期的临清商业》、《清代山东牲畜市场》等论文是笔者对区域经济与城乡市场的最初探索；以后又陆续发表了《明清时期山东经济的发展》、《清代前中期的沿海贸易与山东半岛经济的发展》、《明清时期山东集市的发展》等。

　　1986年，经济研究所经济史研究室的古代史组承担了国家哲学社会科学"七五"规划重点项目"中国古代经济史断代研究"中的清代部分（即2000年出版的《中国经济通史·清代经济卷》）。由于参加这一课题，我的研究从山东逐渐扩大到全国，九十年代后期发表的《明清时期区域经济的发展——江南、华北等若干区域的比较》、《明清时期农村集市的发展》等论文即是在山东研究基础上对更大区域所做的比较研究和综合考察。

注重商品流通的研究,主要受经君健先生的影响[①]。八十年代中后期,在对上述"清代经济"课题总体框架的讨论中,经先生率先提出要注重商品流通的研究,并在《中国经济通史·清代经济卷》一书中专门设立了"商品流通篇",在该书的上、中、下三册中独占一册(中册)。参与该课题的研究,使我的学术视角较多地聚焦于以往学界较少关注的明清两代商品流通的发展变化,并从而大受裨益。收入本书的《明清时期运河的商品流通》、《清代前期流通格局的变化》二文是从宏观角度对明清时期商品流通发展变化的分析,而九江关,龙江、西新关,芜湖关等文则是从微观角度对商品流通所做的考察。

区域经济、商品流通和城乡市场网络体系,逐渐成为笔者学术研究的三大板块。这三者之间是密切联系、相辅相成、相互促进的。一方面,各区域自身的发展使之对市场的依赖不断增加,区域间的交流日益繁盛,市场网络逐渐形成;另一方面,区域之间经济联系的加强,商品流通的扩大,又使各区域可以扬长避短,因地制宜地发展,从而形成各自的经济特色,并获得较高收益。换言之,因地制宜的地区发展有赖于区域之间的商品流通和优势互补,而商品流通的发展又有赖于一个畅通的、有相当规模的市场网络;明清时期城乡市场网络体系的形成过程,既是区域经济发展的结果,也是大规模的商品流通的产物。作为引言的《明清时期中国经济发展轨迹探讨》,和最后一章的《明清时期城乡市场网络体系的形成及意义》,大体反映了笔者对明清时期中国经济发展轨迹和特点的宏观思考。

进入二十一世纪,笔者的研究较多地着力于利用商人会馆碑刻资料对地区性商业中心进行考察,陆续对河南周口、赊旗、北舞渡、洛阳、开封、朱仙镇、荆子关、清化镇,山东的周村、聊城、济南,直隶的张家口、多伦、祁州,以及归化城、锦州等十多个不同规模的商业城镇进行了个案研究。特别是利用商人会馆集资的"抽厘率"对其经营规模进行折算,利用商人捐款的地域分布考察各商镇的腹地范围,将传统商业城镇的量化分析推进了一步。由于篇幅所限,本书只收入了其中的《清代河南的商业重镇周口》、《清代河南赊旗镇的商业》、《清代中叶聊城商业规模的估算》等三篇;而《明清时期华北的商业城镇与

---

① 本书校对过程中,惊悉经君健先生仙逝,深感悲痛,谨此呈上深深的怀念与感激。

市场层级》一文则是在上述一系列个案基础上对华北商业城镇的空间分布与市场层级进行的综合分析，并对施坚雅"1843年各区域城市中心地的等级—规模分布"中的"华北"部分进行了修正。

由点到线到面的逐步推进，是笔者当年为完成"清代经济卷"的相关研究，在积累有限的情况下不得不采取的方法，因觉效果不错，故一直沿用。所谓点，即个案研究；所谓线，主要指运河、长江、沿海这三条全国商品流通的主要干线，也包括各区域的流通支线；所谓面，是指鲁西、山东、华北、江南等各个大小不同的区域。比较而言，个人更喜欢做个案，因为每一个个案或多或少总会有一点新发现，正是这一点一滴的发现汇集起来，逐渐形成了笔者对明清时期中国经济发展轨迹与特点的宏观思考。至于这一阶段性的认识是否正确，有否偏差，可以再回到个案研究中进行检验或者修正，发表于2016年的《明清时期华北的商业城镇与市场层级》一文就是笔者对2000年发表的《明清时期城乡市场网络体系的形成及意义》中提出的"三大层级"理论中的"中等商业城镇"——地区性商业中心的补充和修正。

上述论文有不少发表于二十世纪八九十年代，收入本书时基本保留原貌，未作修改，只是将各篇中相互重复的部分作了一些删节；另外，对文中所引资料尽可能地进行了核对，故有些注释采用了较晚近的版本。

许檀，2019年12月于南开园